J. Chr. Adelung · Deutsche Sprachlehre

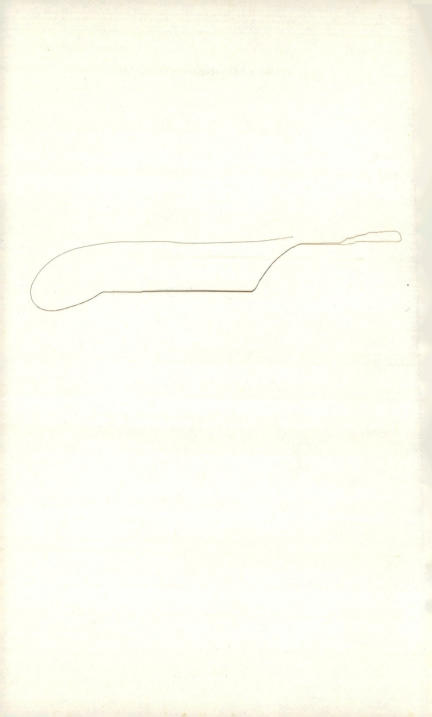

Johann Christoph Adelung

Deutsche Sprachlehre

1977
Georg Olms Verlag
Hildesheim · New York

Dem Nachdruck liegt das Exemplar der Staatsbibliothek Preußischer Kulturbesitz Berlin zugrunde.

Signatur: 360 216

Die fehlerhafte Paginierung wurde beibehalten.

Nachdruck der Ausgabe Berlin 1781
Printed in Germany
Hersteller: Strauss & Cramer GmbH, 6945 Hirschberg II
ISBN 3 487 06384 0

Johann Christoph Adelungs

Deutsche
Sprachlehre.

———

Zum

Gebrauche der Schulen

in den Königl. Preuß. Landen.

———

Mit allergnädigsten Privilegien.

═══

Berlin, 1781.

Bey Christian Friedrich Voß und Sohn.

Sr. Excellenz

dem

Königlich=Preussischen

wirklichen

Staats=Minister

Freyherren von Zedlitz

in

Ehrfurcht

gewidmet,

von

dem Verfasser.

Gnädiger Herr,

Gegenwärtige neue Deutsche Sprachlehre hat ihr Daseyn allein dem gnädigen Befehle Ew. Excellenz zu danken,

ken, und bloß Ihren so viel umfassenden Entwürfen ist es zuzuschreiben, wenn sie einigen Nutzen gewähren kann.

Die Deutsche Sprache auf Deutschen Schulen grammatisch zu lehren und zu lernen, dieser eines großen Königes und seines großen Ministers so würdige Gedanke, verdienet nicht bloß von den Zeitgenossen, verdienet von der spätesten Nachwelt, welche erst den völligen Nutzen davon einärnten wird, mit der lebhafte-

sten

sten Empfindung des Dankes verehret zu werden.

Aber wie demüthigend würde es für mich seyn, wenn Ew. Excellenz sich in der Wahl des Mannes, dem Sie die Ausführung eines Theiles Ihres so preiswürdigen Entwurfes auftrugen, geirret haben sollten? In diesem allerdings traurigen Falle würde mir nur das zu einiger Entschuldigung gereichen können, daß der Gegenstand selbst mit so vielen Schwierigkeiten umgeben iſt, daß auch der beſte gute Wille nur ein ſehr ſchwaches Hülfs= mittel iſt, die vielen Hinderniſſe zu über= winden, welche ſich hier bey jedem Schrit= te darſtellen.

Wird indeſſen gegenwärtiger Ver= ſuch nur dazu dienen, den jungen Lieb= haber der Sprache auf ihre bisher ſo ſehr verkannten Gründe aufmerkſam zu ma= chen, ihm ein wohlthätiges Licht über Gegenſtände, welche bisher mit einer

un=

undurchdringlichen Finsterniß umgeben waren, wo nicht anzuzünden, doch wenigstens vorzubereiten, und ihm den Pfad auch nur von weitem zu zeigen, welcher ihn mit gewissen und sichern Schritten durch das so sehr verwilderte Sprachgebieth leiten kann: so wird dieß allein so wohl dem Zeitgenossen, als der Nachwelt Bewegungsgrund genug seyn, den Nahmen desjenigen großen Ministers zu segnen, welcher bey so vielen andern erhabenen Verdiensten auch der Sprach=

kenntniß neue und fruchtbare Aussichten

zu verschaffen wußte.

Ich ersterbe mit der tiefsten Ehr=
furcht,

Ew. Excellenz

unterthänigst=gehorsamster,
Johann Christoph Adelung.

Vorrede.

Es gibt vornehmlich einen gedoppelten Weg, die Regeln einer Sprache vorzutragen und zu lehren: entweder, daß man dasjenige, was man in der Sprache bemerkt oder bemerket gefunden, unter gewisse allgemeine, größtentheils von ältern Sprachlehren entlehnte Rubriken neben einander stelle, ohne weiter zu untersuchen, was es ist, wie es ist, oder warum es ist; oder daß man das Wesen der Sprache in ihr selbst aufsuche, von allem was in derselben vorkommt, deutliche Begriffe zu bekom=

Vorrede.

bekommen und zu geben suche, und den Ursachen nachforsche, warum das Veränderliche in der Sprache gerade so und nicht anders eingerichtet ist.

Der erste Weg ist der leichteste, und daher auch der gewöhnlichste, ja wirklich der allgemeine, weil ich, die erst vor kurzem heraus gekommene philosophische und allgemeine Sprachlehre des verdienten Hrn. Rectors Meiner ausgenommen, in den ältern Sprachen sehr wenige, in den neuern aber keinen einigen Sprachlehrer kenne, der ihn mit vorzüglichem Glücke betreten, oder nur zu betreten versucht hätte.

Wie nachtheilig aber diese Art des Verfahrens der gesammten Sprachkenntniß geworden und werden müssen, darf wohl nicht erst gezeiget werden. Die Erlernung der Sprache ist dadurch ein bloßes Werk des Gedächtnisses geworden, bey welchem der Verstand auch nicht die mindeste Beschäftigung findet, und zwar das langweiligste und abschreckendste Gedächtnißwerk, welches man sich nur vorstellen kann, weil man sich überall ganz mit dunkeln und verworre=

Vorrede.

worrenen Begriffen behelfen mußte, und in keinem Falle nach Grund und Ursache fragen konnte oder durfte. Die Sprachlehre blieb dadurch immer auf der verächtlichen Stufe einer freyen Kunst stehen, welche selbst so sehr frey war, daß auch ein jeder, der über seine Sprache nachzudenken anfing, sich berechtigt halten konnte, ihr seine Einfälle als Regeln und Gesetze aufzudringen.

Ohne Zweiffel sahe derjenige erhabene Minister, auf welchen die Preussischen Staaten aus mehr als einer Ursache stolz zu seyn Ursache haben, und dessen scharfen Blicken auch die kleinsten Mängel in dem Vortrage der Wissenschaften nicht entgehen, die vielen Nachtheile, welche diese verkehrte Art des Vortrages nothwendig haben muß, ihrem ganzen Umfange nach ein. Ich müßte seines Vertrauens auch nicht in dem geringsten Grade würdig gewesen seyn, wenn ich es mir nicht zur ersten und wichtigsten Pflicht gemacht hätte, diesen nur zu lange betretenen Weg ganz zu verlassen, und dafür den zweyten zu wählen, der aber desto beschwerlicher und

müh=

Vorrede.

mühsamer war, weil er nicht allein durch ein unabsehbar weites Gebieth gehet, sondern auch im Ganzen so wenig Spuren eines glücklichen Vorgängers aufzuweisen hat.

Ich habe mich bemühet, das Wesen der Deutschen Sprache in ihr selbst aufzusuchen, und daraus ist denn auch die Einrichtung der gegenwärtigen Sprachlehre entstanden, dagegen andere immer noch Copien der lateinischen sind. Man wird daher hier sehr viele Lehren und ganze Abschnitte finden, welche man in andern Deutschen Sprachlehren vergebens sucht, so wesentlich und nothwendig sie auch sind, z. B. die von der Declination der eigenen Nahmen und fremden Wörter, von den zusammen gesetzten Wörtern, von der Participial-Construction u. s. f. Ich habe von den Redetheilen deutliche Begriffe zu geben, und daraus ihren ganzen Gebrauch in der Deutschen Sprache zu entwickeln, und die Gründe herzuleiten gesucht, warum die vornehmsten Erscheinungen in derselben so und nicht anders sind und seyn können.

Der

Vorrede.

Der letzte Punct war einer der schwersten und mühsamsten. Jede Sprache, folglich auch die Deutsche, ist von einem ganz rohen und sinnlichen Volke nach dunkel empfundenen Aehnlichkeiten erfunden und ausgebildet, und selbst im Fortgange der Cultur nach eben so dunkel empfundenen Aehnlichkeiten erweitert, und verfeinert worden. Alles dieses auf deutliche Begriffe zurück zu führen, ist nicht leicht, ist wenigstens eben so schwer, als eine alte in ihrem Ursprunge sehr einfache, aber durch Millionen dunkele Erfahrungen fast bis ins Unendliche vervielfältigte, erweiterte und ausgebildete mechanische Kunst nach Jahrtausenden ihrer mechanischen Ausübung auf deutliche und bestimmte Regeln zurück zu führen. In der Sprache ist solches schlechterdings unmöglich, wenn man nicht bis auf ihren ersten Ursprung zurück gehet, weil die wahren Gründe und Ursachen aller oder doch der vornehmsten Erscheinungen in der Sprache nur hier geschöpft, und nur aus ihm allein begreifflich gemacht werden können.

Ich

Vorrede.

Ich habe mich daher genöthiget gesehen, in einem eigenen Kapitel von dem Ursprunge der Sprache überhaupt und der Deutschen insbesondere zu handeln, ob ich gleich sehr gerne gestehe, daß solches bey der Wichtigkeit und dem überaus großen Reichthume des Gegenstandes und bey dem engen Raume, welchen ich dazu widmen konnte, nur sehr mangelhaft und unvollständig geschehen können. Indessen wird es hoffentlich hinlänglich seyn, von dem wahrscheinlichsten Ursprunge der Sprache überhaupt, und von dem Baue der Deutschen ins besondere, so viel allgemeine Begriffe zu bekommen, als zur gründlichen Einsicht des folgenden nothwendig ist. Lehrer werden in dem ausführlichen Lehrgebäude der Deutschen Sprache, welches gegen Michaelis dieses Jahres in dem Breitkopfischen Verlage hier in Leipzig fertig werden wird, einige mehrere Aufklärung über diesen Gegenstand finden, und die Fähigkeit und das Bedürfniß ihrer Untergebenen muß ihnen sagen, wie tief sie selbige in diese so wichtige, aber bisher so sehr verkannte Lehre führen können oder dürfen.

Wer

Vorrede.

Wer die weitere Ausführung dieses Gegenstanstandes noch vor Vollendung des eben gedachten Lehrgebäudes zu haben wünschet, kann sie in der hiesigen Breitkopfischen Buchhandlung unter der Aufschrift: über den Ursprung der Sprache und den Bau der Wörter, 5 Bog. in gr. 8. auch einzeln erhalten, wo auch die weitere Ausführung der Einleitung unter dem Titel: über die Geschichte der Deutschen Sprache u. s. f. 8 Bog. in gr. 8. gleichfalls einzeln zu haben ist.

Da ich in dieser neuen Sprachlehre jeden Begriff von einiger Wichtigkeit zur Deutlichkeit zu bringen bemühet gewesen, so erfordert die Erlernung der Sprache freylich einige Anstrengung mehr, als bey der bisher üblichen Art des Vortrages nothwendig war; allein doch gewiß nicht mehr, als auch den schwächsten und gemeinsten Fähigkeiten möglich ist, wenn nur die Geschicklichkeit des Lehrers ihnen in den nöthigen Fällen gehörig zu Hülfe kommt.

Die Begriffe einer Substanz oder eines selbständigen Dinges, einer Eigenschaft,

**

einer

Vorrede.

einer Beschaffenheit, eines Umstandes u. s. f. lassen sich auch einem Kinde deutlich machen, und werden ohnehin auf den meisten Schulen in andern Wissenschaften gelehret. In manchen Fällen ist es nicht einmahl nothwendig, einen Begriff bis zur möglichsten Deutlichkeit zu verfolgen, sondern es ist oft genug, wenn nur der Anfänger von den vornehmsten Erscheinungen in der Sprache allgemeine richtige Begriffe erhält, an den Gang des Geistes in Entwickelung seiner Begriffe und deren Ausdruck im Ganzen gewöhnt wird, und kurz, in den Sprachen richtig denken, und sie als ein Werk des Verstandes, nicht aber des bloßen Gedächtnisses betrachten lernet. Wird hierzu bey dem Vortrage der Sprache nur der erste Grund geleget, so wird es ihm nachmahls leicht werden, bey mehrerer Entwickelung seiner Fähigkeiten auf demselben weiter fort zu bauen, und immer mehr Licht und Deutlichkeit in seine Begriffe zu bringen.

Hingegen hat diese Art des Vortrages aller ihrer scheinbaren Schwierigkeit ungeachtet, sehr mannigfaltige und wichtige Vortheile. Ich will ihrer

Vorrede.

ihrer nur ein Paar gedenken. 1. Die Erlernung der Sprache wird dadurch angenehmer. Nichts ist dem menschlichen Geiste unangenehmer und ekelhafter, als sich Jahre lang mit Wörtern zu plagen, von welchen man keinen Begriff hat, und mit Regeln, von welchen man keine Ursache weiß. Und was ist unser bisheriges gänzes Sprach-Studium anders, als ein solches elendes und langweiliges Gedächtnißwerk, welches auch als solches nicht einmahl seine Absicht erfüllet, weil es unmöglich ist, alle in einer lebendigen alten und weitläufigen Sprache vorkommende einzele Fälle historisch neben einander zu stellen, und zu behalten, daher eine langwierige mechanische Uebung in allen Sprachen wo nicht alles, doch das meiste thun muß. 2. Man bahnet dadurch der Sprachlehre den Weg, sich zu einer Wissenschaft zu erheben, da sie bisher mit dem niedrigen Range einer freyen Kunst zufrieden seyn mußte, und eine der verächtlichsten unter denselben war, je weniger sie auf Verstand, Ordnung, und deutliche Begriffe gegründet war. Man sehe z. B. nur die Verwirrungen und Widersprüche,

Vorrede.

welche in allen Deutschen Grammatiken in der Lehre von dem Adjective und Adverbio herrschen, und welche so gleich wegfallen, so bald man von beyden nur deutliche Begriffe voraus setzt, Begriffe, welche noch dazu keine der schwersten sind.
3. Die in allen lebendigen Sprachen so häufigen Neuerungen einzeler Glieder der Gesellschaft werden, wo nicht ganz, doch größtentheils wegfallen. Nichts ist häufiger, als daß man, wenn man über seine Sprache ein wenig mehr nachdenkt, als gewöhnlich ist, und von einigen Theilen derselben deutliche Begriffe zu haben glaubt, tausend Mängel und Fehler in dem Ganzen gewahr wird, und sich sogleich zum Sprachverbesserer aufwirft. Allein der stolze Gedanke verlieret sich und muß sich verlieren, so bald man das Ganze mit eben der Deutlichkeit zu übersehen im Stande ist. Wie viele vorgeschlagene Verbesserungen fallen nicht von selbst dahin, so bald man aus dem ganzen Baue und der Einrichtung einer Sprache, und aus ihrer Geschichte in allen Jahrhunderten den Satz lernet, daß die höchste mögliche Verständlichkeit das erste Grundgesetz so wohl des

Spre=

Vorrede.

Sprechens als des Schreibens ist. 4. Gewöhnt man sich, nur eine Sprache mit deutlichem Bewußtseyn ihrer Gründe zu erlernen, so wird solches von einem überaus großen Nutzen in einer jeden andern seyn. Alle Sprachen haben einerley Ursprung, einerley wesentliche Theile, einerley Absicht und einerley Grundgesetze. Der Gang des menschlichen Geistes ist im Ganzen in der einen wie in der andern; nur in der Anwendung weichen sie von einander ab. Es wird daher leicht seyn, die in einer Sprache erworbenen deutlichen Begriffe in eine jede andere überzutragen, und ein wenig Beobachtung und Aufmerksamkeit wird die vorkommenden Abweichungen und ihre Gründe sehr bald entdecken.

Sehr gerne hätte ich mich in der ganzen Sprachlehre Deutscher Kunstwörter bedienet, wenn es mir möglich gewesen wäre. Die vielen so wohl in den ältern als neuern Zeiten gemachten Versuche, die Lateinischen Kunstwörter in der Grammatik durch Deutsche zu ersetzen, haben kaum ein halbes Dutzend hervor gebracht, welche

Vorrede.

welche alle Eigenschaften' eines guten neuen Kunstwortes in einem erträglichen Grade an sich haben, und diese habe ich neben den Lateinischen gebraucht. Alle übrige sind entweder buchstäbliche Uebersetzungen der Lateinischen, oder sind Beweise des irrigen oder doch dunkeln Begriffes ihres Erfinders, oder beleidigen den Geschmack, oder haben auch andere Mängel. Ich habe in solchen Fällen lieber die Lateinischen behalten, weil man an ihre eigentliche buchstäbliche Bedeutung nicht mehr denkt, und daher leicht einen jeden Begriff mit ihnen verbinden kann. In einem für Schulen bestimmten Buche ist diese Beybehaltung desto nothwendiger, da diese Kunstwörter bereits in allen Sprachen angenommen und jedem Lehrlinge bereits hinlänglich bekannt sind, daher der in einer Sprache mit denselben verbundene richtige Begriff sich leicht in eine jede andere übertragen läßt.

Ueber die Weitläufigkeit dieses Buches wird man sich wohl nicht leicht beschweren können, wenn man nur erwäget, theils daß die
Auf=

Vorrede.

Aufsuchung und Anführung der Gründe Raum erfordert, theils aber auch, daß hier mehrere wichtige, von andern gänzlich übergangene Lehren vorkommen. Eher wird man in manchen Stücken eine mehrere Vollständigkeit wünschen, besonders in dem Syntaxe und in der Orthographie. Allein alle Eigenheiten einer so alten und weit ausgebreiteten lebendigen Sprache in einen so engen Raum zusammen zu fassen, ist nicht nur unmöglich, sondern, wenn es auch möglich wäre, unnöthig, so bald man sich deutlicher und allgemeiner Begriffe befleissigt, aus welchen sich die meisten einzelen Fälle, wenn sie nicht bloß und allein von dem Gebrauche abhangen, entscheiden lassen. Am kürzesten mußte ich mich in dem Theile von der Orthographie fassen, welcher in andern Sprachlehren immer am weitläufigsten abgehandelt wird; allein man kann hier am ersten mit allgemeinen Grundsätzen auskommen, denn diejenigen Fälle, welche wieder bloß auf dem Gebrauch beruhen, lassen sich ohnehin nicht in Regeln bringen.

Vorrede.

Ich gestehe indessen gern, daß diese Sprach=
lehre eigentlich nur für Gymnasien und höhere
Schulen, und auch hier vielleicht oft nur für
die höhern Classen brauchbar seyn wird. Zum
Gebrauche der niedern Schulen wird in eben
diesem Verlage nächstens ein kurzer Auszug
von etwa zehen bis zwölf Bogen erscheinen, so
wie das schon gedachte größere Lehrgebäude
die Beweise und weitern Ausführungen solcher
Gegenstände enthalten wird, welche in dieser
Sprachlehre nur kurz und ohne allen Beweis
angeführet werden konnten.

Einen Umstand kann man Lehrern auf hö=
hern und niedern Schulen nie genug empfehlen,
nähmlich die frühe Bildung des Geschma=
ckes der ihr anvertraueten Jugend; ein Hülfs=
mittel, welches in dem ganzen gesellschaftlichen
Leben, in allen Künsten und Wissenschaften,
und vornehmlich in den Sprachen von der größ=
ten Wichtigkeit und Nothwendigkeit ist. Die
meisten Mißgeburten in der gelehrten, sittlichen
und gesellschaftlichen Welt rühren aus dem Man=
gel des wahren Gefühles des Wohlanständigen
und

Vorrede.

und Schönen her; er ist der Vater aller Pedanten und selbst der meisten Genies, in der heutigen verächtlichen Bedeutung dieses Wortes. In einer ausgebildeten und verfeinerten Schriftsprache kommt überaus vieles auf dieses feine und richtige Gefühl an. Ist der Grund dazu in den frühern Jahren geleget worden, welches von Lehrern und Vorgesetzten, (die aber freylich selbst Geschmack besitzen müssen) in allen Fällen nebenher und beyläufig geschehen kann, so hat solches den wichtigsten Einfluß auf das ganze künftige Leben. Um hier nur bey den Sprachen stehen zu bleiben, so wird ein feiner und richtiger Geschmack einen großen Theil der Sprachfehler, alle Härten, niedrige und unedle Ausdrücke, harte, dunkele und verworrene Verbindungsarten u. f. f. auch ohne tiefe Sprachkenntniß als solche empfinden und vermeiden, dagegen auch der gründlichste Sprachkenner, wenn dieses Gefühl in ihm verwahrloset ist, allenfalls wohl vor den erstern, nie aber vor den letztern gesichert seyn, sondern sich ihrer oft desto mehr schuldig machen wird, je größerer Sprach-

Vorrede.

kenner er zu seyn glaubt. Alle classische Schriftsteller aller Sprachen haben ihre Reinigkeit und ihr ganzes classisches Ansehen mehr ihrem feinen und richtigen Geschmacke, als ihrer tiefen Sprachkenntniß zu danken, von welcher viele unter ihnen nicht einmahl einen Begriff hatten.

Da diese Sprachlehre, im Ganzen genommen, der erste Versuch in dieser Art ist, so kann es ihm an Mängeln und Unvollkommenheiten nicht fehlen. Ich werde sie zu verbessern suchen, wo ich sie nur entdecke, ersuche aber auch einen jeden, der über seine Sprache nachzudenken fähig und geneigt ist, mir seine Bemerkungen oder Einwürfe auf jede beliebige Art bekannt zu machen. Dieß ist nicht nur Pflicht, sondern auch das wirksamste Mittel, der wohlthätigen Absicht eines großen Königes und seines würdigen Ministers so nahe zu kommen, als es eingeschränktern Kräften erlaubt ist. Noch bitte ich, vor dem Gebrauche, die am Ende bemerkten Schreib= und Druckfehler zu verbessern. Leipzig den 1ten May. 1781.

Inhalt.

Inhalt.

Einleitung.

Ueber Sprache, Deutsche Sprache und Sprachlehre.

Von der Sprache überhaupt, S. 3
Geschichte der Deutschen Sprache, 6
Deutsche Mundarten, 17
Deutsche Sprachlehre, 19

Erster Theil.
Von der Fertigkeit richtig zu reden.

1. Abschn. **Bildung der Wörter, oder die Etymologie.**

  1. Kap. Von den Buchstaben und ihrem Laute.
     1. Ihre Bestimmung und Eintheilung 27
     2. Nähere Erwägung derselben und ihres Lautes.
        Der Hülfs- und Doppellaute, 32
        Der Hauptlaute, 35

  2. Kap. Ursprung der Sprache und Bildung der Wörter, 53

  3. Kap. Von dem Tone der einfachen Wörter, 71

2. Abschn.

Inhalt.

2. Abschn. Von den Wörtern als Redetheilen und ihrer Biegung.

1. Kap. Von den Arten der Wörter, oder den Redetheilen überhaupt.   S. 83
2. Kap. Von dem Substantive oder dem Hauptworte.
   1. Dessen Arten   92
   2. Dessen Bildung   100
   3. Geschlecht   113
   4. Plural   127
   5. Declination   135
      a. Der eigentlich Deutschen Wörter   135
      b. Der fremden allgemeinen Nahmen   164
      c. Der eigenen Nahmen   177
3. Kap. Von dem Artikel   188
4. Kap. Von den Zahlwörtern   193
   1. Bestimmte   194
   2. Allgemeine   203
5. Kap. Von dem Adjectiv.
   1. Allgemeine Betrachtung desselben,   210
   2. Declination   214
   3. Steigerung   224
   4. Adjective Zahlwörter   227
   5. Adjective als Hauptwörter   231
6. Kap. Von dem Pronomine   234
   1. Persönliche Pronomina   239
   2. Possessive   244
   3. Demonstrative   248
   4. Determinative   250
   5. Relative   253
   6. Fragende   256

7. Kap.

Inhalt.

7. Kap. Von dem Verbo.
1. Dessen Bildung S. 257
2. Arten der Verborum 265
3. Von der Conjugation überhaupt 268
4. Von den Hülfswörtern 275
5. Reguläre Conjugation 280
6. Irreguläre 282
7. Von den Verbis Neutris 297
8. Von den zusammen gesetzten Verbis 305
9. Von den Verbis reciprocis 309
10. Von dem Verbo impersonali 311

8. Kap. Von dem Participio 314

9. Kap. Von dem Adverbio.
1. Dessen Arten 322
2. Bildung 324
3. Concretion 335
4. Steigerung 338

10. Kap. Von den Präpositionen 344

11. Kap. Von den Conjunctionen 370

12. Kap. Von den Interjectionen oder Empfindungswörtern, 374

3. Abschn. Von der Composition oder Zusammensetzung der Wörter.
1. Kap. Erklärung derselben 376
2. Kap. Arten der zusammen gesetzten Wörter 380
3. Kap. Regeln für die zusammen gesetzten Wörter 389
4. Kap. Ton derselben 396

4. Abschn.

Inhalt.

4. Abschn. Von dem Syntaxe oder dem Redesatze.

1. Kap. Verbindung einzeler Wörter mit einander   S. 401
   1. Bestimmung des Substantives durch den Artikel   402
   2. Verbindung des Substantives mit andern Substantiven   410
   3. Verbindung des Adjectives mit dem Substantive   418
   4. Gebrauch der Zahlwörter   422
   5. Gebrauch der Pronominum   425
      a. Der persönlichen   426
      b. Der possessiven   430
      c. Der demonstrativen   433
      d. Der determinativen   434
      e. Der relativen   437
      f. Der fragenden   439
   6. Gebrauch des Verbi.
      a. Der Personen   439
      b. Der Zahlen   441
      c. Der Zeiten   442
      d. Der Modorum   446
      e. Der Hülfswörter   450
   7. Verbindung eines Verbi mit dem andern   452
   8. Verbindung des Verbi mit dem Substantive   458
      a. Von dem Verbo mit dem Nominative   459
      b. Mit dem Genitive   462
         c. Mit

Inhalt.

c. Mit dem Dative	466
d. Mit dem Accusative	471
9. Gebrauch der Adverbien	475
10. Gebrauch der Präpositionen	483
11. Gebrauch der Conjunctionen	487
12. Gebrauch der Interjectionen	507

2. Kap. Von der Wortfolge, oder der Ordnung, wie die Wörter in der Rede auf einander folgen.

1. Von derselben überhaupt	S. 509
2. Veränderung der natürlichen Wortfolge nach der Beschaffenheit der Rede	522
a. Stellung des Subjectes hinter das Verbum	526
b. Stellung des Verbi an das Ende der Rede	529
3. Von der Inversion oder Versetzung	532

3. Kap. Von den Sätzen.

1. Verschiedene Arten derselben,	537
2. Zusammenziehung derselben durch die Adverbia und Participia, oder von der Participial-Construction	551
a. Zusammenziehung der Sätze durch die Adverbia	552
b. Durch das Participium Präteriti	556
c. Durch das Participium Präsentis	560
d. Fehlerhafter Gebrauch dieser Construction	562

Inhalt.

Zwepter Theil.

Von der Fertigkeit richtig zu schreiben oder von der Orthographie.

1. Kapitel. Allgemeine Grundsätze derselben
574
2. Kapitel. Orthographie einzeler Buchstaben
584
3. Kapitel. Von der Theilung der Sylben.
617
4. Kapitel. Von zusammen gesetzten Wörtern.
620
5. Kapitel. Von den im Schreiben üblichen Zeichen,
622

Einlei=

Einleitung
über
Sprache,
Deutsche Sprache
und
Sprachlehre.

1. Sprache überhaupt.

§. 1.

Sprechen heißt im engern und gewöhnlichsten Verstande, die Reihe seiner Vorstellungen durch vernehmliche Laute ausdrücken; ein Vermögen, welches nur allein dem Menschen eigen ist. Sprache ist in diesem Verstande sowohl dieses Vermögen, als auch der ganze Inbegriff vernehmlicher Laute, vermittelst welcher die Menschen die Reihe ihrer Vorstellungen ausdrücken.

§. 2. Die Erfahrung lehrt uns, daß es mehrere Arten gibt, seine Vorstellungen und Begriffe durch vernehmliche Laute auszudrücken, und daß es folglich auch mehrere Sprachen gibt. Diejenige Menge Menschen, welche bey einer gemeinschaftlichen Abstammung einerley Vorstellungen durch einerley Laute und auf einerley Art ausdrückt, heißt ein Volk oder eine Nation, und in so fern ist Sprache derjenige Inbegriff vernehmlicher Laute, durch welche ein Volk sich seine Vorstellungen mitzutheilen pflegt. Eine solche Sprache heißt die **Muttersprache** deſſen, der von dieſem Volke iſt.

§. 3. Völker entſtehen, werden verändert, und gehen unter; ſo auch die Sprachen. Sprachen, welche noch jetzt von ganzen Völkern geſprochen werden, heiſſen **lebendige**, ihre Gegenſätze aber **todte Sprachen**. Diejenigen unter den letztern, durch welche uns der Weg zur Gelehrſamkeit gebähnet wird, werden im vorzüglichſten Verſtande **gelehrte Sprachen** genannt.

§. 4. Jede Sprache ſtehet mit der Erkenntniß eines Volkes und deſſen Art zu denken, in dem genaueſten Verhältniſſe. Bey einem armen, rohen und ungeſitteten Volke iſt ſie arm, rauh und ganz auf ſinnliche Gegenſtände eingeſchränkt; bey einem geſitteten, blühenden und ausgebildeten Volke wortreich, biegſam, aller Begriffe und ihrer Schattirungen fähig; bey einem durch den Luxus entnervten Volke aber, ſo weich, üppig und kraftlos, als das Volk ſelbſt.

§. 5. Außer dieſer nothwendigen Verſchiedenheit der Sprache eines Volkes zu verſchiedenen Zeiten, gibt es auch Gründe, warum ſie unter den verſchiedenen Theilen eines und eben deſſelben Volkes zu einerley Zeit verſchieden ſeyn kann und muß. Dieſe Verſchiedenheiten machen das aus, was man **Dialecte** oder **Mundarten** einer Sprache nennt. Clima, Zeit, Entfernung, Cultur und hundert andere Umſtände können das, was anfänglich nur eine Mundart war, zu einer

eigenen

1. Sprache überhaupt.

eigenen Sprache machen, und auf diese Art sind die meisten Sprachen in der Welt entstanden.

§. 6. Es ist eine sehr undankbare Untersuchung, welches die erste und älteste Sprache in der Welt gewesen. Gesetzt, es habe einmal nur eine einige Sprache gegeben, so mußte sie doch, nach der Natur aller Sprachen, sich mit der Zeit verändern, und sich bey der Verbreitung der Menschen und ihrer zunehmenden Erkenntniß in unzählige Mundarten verwandeln, welche sich mit Hülfe der Zeit, des Clima, der Lebensart und der veränderten Begriffe nach und nach zu eigenen Sprachen umbildeten. Die *Hebräische Sprache* ist freylich die älteste, von welcher wir beträchtliche Überbleibsel haben; allein sie ist um deßwillen nicht die ursprüngliche. Der Abstand von ihr bis zum Ursprunge des menschlichen Geschlechts ist zu weit und mit zu großen Veränderungen durchwebt.

§. 7. Europa ist größten Theils von dem nordöstlichen Asien aus bevölkert worden; dort stammen also auch die Anfangsgründe seiner Sprachen her. Man fasset die alten Sprachen des nördlichen und westlichen Europa gemeiniglich unter die allgemeinen Namen der *Scythischen und Celtischen Sprache* zusammen, und gibt dadurch zu dem Irrthume Anlaß, daß es daselbst ehedem höchstens nur zwey Hauptsprachen gegeben. In manche südliche Theile Europens haben die *Phönizische* und andere West-asiatische Sprachen, und in die *Griechische* vielleicht auch in die *Ägyptische* große Einflüße gehabt.

§. 8. Die heutige **Deutſche, Isländiſche, Schwediſche** und **Däniſche** Sprache, welche unter ſich verwandte Sprachen ſind, ſind die vornehmſten und älteſten Überbleibſel der alten Europäiſchen Sprachen, wohin man noch die **Schottiſche, Irländiſche** und die Volksſprachen mancher einzelen Provinzen in England, Spanien, Frankreich u. ſ. f. rechnen kann, die aber von den erſtern in ihrem Bau und weſentlichen Unterſcheidungsſtücken mehr oder weniger abweichen.

2. Deutſche Sprache.

§. 9. Die Geſchichte der Deutſchen Sprache theilet ſich in ſechs Hauptabſchnitte, welche mit der Geſchichte der Cultur und der Sitten in der genaueſten Verbindung ſtehen. 1. Von dem Urſprunge der deutſchen Völkerſchaften an, bis zur großen Völkerwanderung. 2. Von da bis auf Carln den Großen. 3. Von deſſen Regierung an bis zu den Schwäbiſchen Kaiſern. 4. Von dieſen bis um die Mitte des vierzehnten Jahrhunderts. 5. Von da bis zur Reformation; und endlich 6. von der Reformation bis zur gegenwärtigen Zeit. In allen dieſen Abſchnitten hat die Nation in den Sitten, in der Cultur und folglich auch in der Sprache, im Ganzen genommen, ſehr mächtige Fortſchritte gemacht, bis ſie endlich auf diejenige Stufe der Feſtigkeit, Macht, Einſicht, Gelehrſamkeit und Verfeinerung gelanget iſt, auf welcher wir ſie gegenwärtig erblicken.

2. Deutsche Sprache.

§. 10. Die Deutsche Sprache ist die Muttersprache eines sehr alten und zahlreichen Volkes, welches sich wieder in mehrere kleinere Völker oder Stämme theilte, die ihre Wohnsitze ursprünglich in der Gegend des schwarzen und Caspischen Meeres hatten, und auf verschiedenen Wegen und zu verschiedenen Zeiten, aber doch sehr frühe, nach dem heutigen Deutschlande gewandert sind. Ihre Sprache mußte sich also der Natur der Sache nach schon in den ältesten Zeiten in mehrere Mundarten theilen, und aus den wenigen noch übrigen eigenthümlichen Namen erhellet, daß sie ihrem Baue und ihren wesentlichen Eigenschaften nach, schon damals die heutige war.

§. 11. Allein diese Sprache war in dem ersten Zeitraume noch so arm, rauh und wild, als die Seele und Sitten des Volks selbst waren. Im Mittelstande zwischen der völligen Wildheit und der Cultur lebten die alten Germanen, so wie die heutigen Wilden in Nord-Amerika, ein sinnliches unstätes Leben, ohne viele Bedürfnisse, folglich auch ohne Künste und Wissenschaften. Ohne Cultur und Sitten verrieth alles, folglich auch die Sprache, den armen und bloß sinnlichen Zustand des Volkes, welches sich kaum noch an der Schwelle der bürgerlichen Gesellschaft befand.

§. 12. Die vielen Kriege, welche die Deutschen mit den Römern mehrere Jahrhunderte hindurch führten, machten sie zwar mit dem Luxus und mit den Sitten fremder Völker bekannt, aber ohne sie darnach lüstern zu machen. Sie verachteten sie eben so sehr, als der wilde Canadier die

8 **Einleitung.**

Sitten und Bequemlichkeiten des Europäers verachtet, unter welchem er lebt, und sahen sie so, wie dieser, als das Grab der Freyheit und als das Angeld der Knechtschaft an.

§. 13. Vermuthlich würden sie noch sehr lange in diesem Zustande der Wildheit geblieben seyn, wenn sich nicht in den ersten Jahrhunderten nach Christi Geburt eine Begebenheit eräugnet hätte, welche ihre Ausbildung gewaltig beschleunigte, und gewisser Maßen nothwendig machte. Es war solches die große Gährung unter den nördlichen Völkerhaufen in Asien und Europa im 3ten und den folgenden Jahrhunderten, wo ein Schwarm den andern nach Westen und Süden drängte, und nicht nur Deutschland, sondern auch das ganze westliche und südliche Europa mit neuen Völkern und Volksstämmen anfüllete. Deutschlands Einwohner änderten ihre Wohnsitze von neuem, daher auch die Mundarten verpflanzt, und vermuthlich auch hin und wieder vermischt wurden. Es kamen neue, zum Theil verwandte, zum Theil auch ganz fremde Volksstämme nach Deutschland und brachten neue Mundarten und neue Sprachen mit. Unter den letztern verdienen vorzüglich die Slaven bemerkt zu werden, welche, wo nicht eher, doch wenigstens jetzt in den östlichen und nördlichen Gegenden Deutschlands festen Fuß faßten, und in den Ländern, deren sie sich bemächtigten, ihre Sprache einführten.

§. 14. Unter den mit den Deutschen verwandten Völkern, welche sich um diese Zeit westwärts bewegten, sind in Ansehung der Sprache

beson-

2. Deutsche Sprache.

besonders die Gothen merkwürdig; ein zahlreiches und mächtiges Volk, welches ehedem am schwarzen Meere wohnte, sich aber jetzt, von den Hunnen gedrängt, nach Westen wandte, und sich zu beyden Seiten der untern Donau sehr weit ausbreitete. Ein Theil derselben, welcher in dem alten Mösien oder der heutigen Wallachey wohnte, hatte es bey der Nachbarschaft des Griechischen Reichs schon zu einem beträchtlichen Grade in der Cultur gebracht, und bereits die christliche Religion angenommen; und diesen Mösischen Gothen haben wir zugleich das älteste Denkmal einer Deutschen Mundart, ich meine des Ulphilas Übersetzung des neuen Testaments, zu danken.

§. 15. Noch während der Völkerwanderung mußten die wandernden Völker schon sehr starke Schritte zur Verfeinerung und Cultur machen, und kaum hatten sich die brausenden Wogen gelegt, so zeigte sich diese schon in einem sehr merklichen Lichte. Es entstehen ordentliche Staaten; der bisher wilde Deutsche muß seinen Lieblingshang zur unumschränkten Gleichheit ablegen, und sich zur Unterordnung bequemen. Die christliche Religion faßt an der Donau und dem Rheine festen Fuß, hilft das rohe Volk stät und gesittet machen, und bereichert die Nationen mit neuen Begriffen und die bisher noch rohe Sprache, mit neuen Wörtern und Biegungen. Der rohe ungeschlachte Deutsche Boden wird von seinen ewigen Wäldern und Morästen befreyet, die bürgerliche Gesellschaft fängt an, sich zu verfeinern, die Nation fängt an zu schreiben, und entlehnt dazu das

Lateinische Alphabet. Die Franken waren das erste Deutsche Volk, welches sich zu bilden anfing, wozu sie nach ihrer Niederlassung in dem schon gesitteten Gallien die nächste und beste Veranlassung hatten, und dieser ihrer frühen Cultur hatten sie zugleich die Mittel zu danken, durch welche sie sich sehr bald einen großen Theil von Europa unterwerfen, und die Fränkische Monarchie stiften konnten.

§. 16. Daß diese Veränderung einen sehr großen Einfluß auf die Sprache haben mußte, wird sehr bald deutlich, wenn man nur erwägt, daß diese Ausdruck der Begriffe und Vorstellungen ist, welche sich in dem gesitteten Zustande unglaublich vermehren. Indessen war doch die Veränderung nicht so groß, als bey andern angränzenden Völkern. Die Sprache blieb im Ganzen was sie war, und da das Feld der Stammwörter schon lange vorher erschöpft war, so benutzte man zum Ausdrucke der neuen, so wohl sinnlichen als unsinnlichen Begriffe, den innern Reichthum so gut man konnte.

§. 17. Der Fortschritt war freylich nur langsam und unmerklich, theils wegen der Natur der Sache selbst, theils aber auch wegen der Dazwischenkunft mancher innern und äussern Umstände, durch welche die Cultur der Nation und der Sprache aufgehalten ward. Einer der vornehmsten war die Monarchie des Lateins. Der Adel, ganz dem Kriege und den ritterlichen Übungen ergeben, verachtete die Künste des Friedens. Die Geistlichen, welche allein die Vertrauten derselben waren, schätzten nichts als das verderbte Latein ihrer Zeiten, und da sie zugleich die einigen waren, welche
schrei-

2. Deutsche Sprache.

schreiben konnten, so wurden alle öffentliche Verhandlungen in Lateinischer Sprache ausgefertigt. Das gemeine Volk war Sclave und ward von beyden eben so verachtet, als dessen Sprache, von welcher man glaubte, daß sie sich nur sehr schwer schreiben lasse. Es sind daher nur sehr wenig Denkmähler dieser Sprache aus dem ersten Zeitpuncte der Cultur vor Carln dem Großen übrig.

§. 18. Mit diesem Kaiser brach die Dämmerung der Deutschen Litteratur an, obgleich mehrere Umstände zusammen kamen, warum es jetzt noch bey der bloßen Dämmerung blieb. Carl war nicht nur der größte Held, sondern auch der größte Redner, Sprachgelehrte und Philosoph seiner Zeit; er suchte sein Volk so gelehrt und weise zu machen, als er selbst war; unter seinen Händen entstanden Ordnung und Wohlstand; er stiftete Schulen und besetzte sie mit den berühmtesten Männern seiner Zeit; er ehrte die Künste, suchte Künstler und fand keine. Er führte die Predigten in Deutscher Sprache ein, ließ die alten Gesetze und nur mündlich vorhandenen Heldenlieder seiner Zeit sammeln, und aufschreiben, und die letztern in die damahlige Mundart seiner Nation übertragen; er verfertigte selbst Gedichte, und legte so gar Hand an eine Deutsche Sprachlehre. Nur Schade, daß uns von allen seinen großen Bemühungen um seine Muttersprache nichts als der bloße Nahme übrig ist!

§. 19. Sein Sohn und Nachfolger, **Ludwig der Fromme**, (814 — 840) eiferte ihm wenigstens in der Liebe für seine Sprache nach. Er veranstaltete zum Besten der neu bekehrten

Sachsen

Sachsen eine gereimte Übersetzung der Bibel in ihre Mundart. Er fuhr fort, Schulen anzulegen, und ob man gleich in denselben nichts weniger als Deutsch lehrete, so dienten sie doch bey allen ihren Mängeln zur Bildung des noch äusserst rohen Geschmackes. Aus Schwachheit theilte er seine Staaten unter seine drey Söhne, **Lothar, Ludwig** und **Carl**; ein Schritt, bey welchem wenigstens die Sprache gewann. Deutschland bekam in **Ludwig dem Deutschen**, (841 — 876) seinen eigenen König, der die Sprache seines Volkes liebte, und dadurch die wenigen guten Köpfe seiner Zeit aufmunterte, die bisher so sehr vernachlässigte Sprache zu studiren und zu schreiben, wovon sich doch der Nutzen erst unter den folgenden Regierungen zeigte.

§. 20. Die übrigen Deutschen Könige aus Fränkischem Stamme (877 — 911) thaten, so viel man weiß, nichts für die Sprache. Nach Conrad I. kam die Deutsche Krone auf das Sächsische Haus, (919 — 1024.) Deutschland ward unter demselben immer mehr gebildet, obgleich die unaufhörlichen Unruhen von innen und Kriege von aussen den Fortschritt der Cultur verzögerten. Es entstanden Städte, und in ihnen Zünfte, Handwerke und Manufacturen; die Handlung fing an aufzublühen, und mit ihr keimten Wohlstand und Luxus. Allein die übermächtigen Vasallen, eine Folge der Lehnsverfassung, hinderten durch ihre ewigen Befehdungen, durch das traurige Faustrecht, und durch ihre Raubereyen die Cultur, besonders unter dem Adel. Die Klöster und Stifter mehrten
und

und bereicherten sich in dieser allgemeinen Verwirrung und wurden nachmahls das mächtigste Hinderniß der Aufklärung des Verstandes.

§. 21. Nach Heinrichs 2 Tode bekam das Deutsche Reich wieder Beherrscher aus dem Fränkischen Hause, (1024 — 1125) unter welchen es einen sehr hohen Grad der Macht, des Ansehens und des Wohlstandes erreichte. Zugleich that es mächtige Fortschritte in der Cultur, und obgleich die innern Unruhen und die Zwistigkeiten mit dem Römischen Hofe, welche unter Heinrich 4ten und 5ten Deutschland verwirreten, den schönen Morgen, welchen diese Morgenröthe verkündigte, noch eine Zeitlang zurück hielten, so konnten sie ihn doch nicht ganz unterdrücken.

§. 22. Er brach für die Sprache und schönen Künste unter den Schwäbischen Kaisern gegen das Ende des 12ten Jahrhunderts, an. Jetzt keimte der in den vorigen Jahrhunderten ausgestreute wohlthätige Same, und trug Früchte, welche der Deutsche Boden bisher noch nicht gesehen hatte. Der Überfluß zeugte Künste, welche zu allen Zeiten Töchter desselben sind; der Geschmack ward verfeinert, und unter dem Glanze der Lehnsverfassung bildeten sich die Schwäbischen Dichter, welche in ganz Deutschland Bewunderung und Nachahmung fanden. Zugleich ward die durch Geschmack und Dichtkunst ausgebildete Alemannische oder Schwäbische Mundart die Hofsprache des ganzen gesitteten Deutschlandes.

§. 23. Allein es vereinigten sich mehrere Ursachen, warum die Dichtkunst dieser Zeit noch nicht

nicht die hohe Staffel einer wirklich schönen Kunst erreichen konnte. Der Geschmack hatte noch nicht die gehörige Richtung bekommen, und die Sitten waren noch nicht genug verfeinert, das wirklich Schöne in der Natur aufzusuchen, und es immer auf eine schöne Art vorzutragen. Die Dichter dieser Zeit dichteten entweder, weil es Mode war, oder ums Brot; blühende Einbildungskraft und wahre Begeisterung sind von ihnen eben so fern, als ihnen die schönen Kunstwerke der Alten unbekannt sind. In den ernsthaftern Wissenschaften herrscht überall noch Nacht und tiefe Barbarey. Die Dichtkunst dieser Zeit ist da, wo sie noch am stärksten glänzt, nichts als rohe Nachahmung der rohen ungebildeten Natur; verlieren sich die Dichter aus diesem Felde, welches der Fall nur gar zu oft ist, so werden sie matte und kalte Reimer. Eben das gilt auch von der Sprache, welche unter diesen Umständen noch nicht den höchsten möglichen Grad der Ausbildung erhalten konnte.

§. 24. Es war daher diese ganze Erscheinung auch nur von einer kurzen Dauer. Die Lehnsverfassung und das Ritterwesen hatten ihren höchsten Gipfel erreicht, und dieser war auch der Anfang ihres Falles. Der Adel, der sich durch seine Verschwendungen arm gemacht hatte, ergab sich den Befehdungen und der Raubsucht, seine Seele fing an zu verwildern und verschloß sich den sanftern Künsten des Friedens. Ihm zur Seite hatten sich die Städte gebildet, (jetzt das Ziel seines Raubes,) waren Zufluchtsörter der Freyheit, und

Wohn-

2. Deutſche Sprache.

Wohnſitze des Fleiſſes und des Wohlſtandes gewor‑
den. Stolze und üppige Ritter retteten nicht ſel‑
ten die Trümmer ihres Glanzes in die Städte, und
die Dichter gingen nach Brot und ſanken zu **Mei‑
ſterſängern** hinab.

§. 25. Doch dieſer Verfall der Schwäbiſchen
Dichtkunſt ward in der Folge der Sprache vortheil‑
haft, deren Cultur ſich im vierzehnten und dem
folgenden Jahrhunderte über die ganze Nation ver‑
breitete, ohne an eine Provinz, oder an einen
Stand allein gebunden zu ſeyn. Dieſe Verände‑
rung rührete ohne Zweifel von dem blühenden
Wohlſtande der Städte her, welche durch Erfind‑
ſamkeit und Handlung reich, aufgeklärt und mäch‑
tig geworden waren. Deutſchland beſtand nicht
mehr bloß aus zwey Hauptclaſſen, aus Herren und
Sclaven; es hatte jetzt zwiſchen beyden auch freye
und mächtige Bürger, welchen Künſte, Sitten und
Wiſſenſchaften allemahl das meiſte zu danken haben.
Die Erfindung des Papiers vermehrte zum Beſten der
Sprache die bisher ſo koſtbaren Schreibematerialien;
nach der Eroberung Conſtantinopels verbreiteten die
verſcheuchten Muſen Wiſſenſchaften und Geſchmack
über das abendländiſche Europa, und die bald darauf
erfundene Buchdruckerkunſt machte die Hülfsmittel
beyder allgemein. Alle Begriffe erweiterten und ver‑
feinerten ſich, und die Deutſche Sprache konnte dabey
unmöglich leer ausgehen, ſie müßte denn nicht
Ausdruck der Begriffe und Vorſtellungen ſeyn.

§. 26. Die zu Ende des 15ten Jahrhunderts
gemachten Entdeckungen zur See erhöheten und
bereicherten die menſchlichen Kenntniſſe noch mehr,

und

und die Reformation war die erste und vornehmste Frucht dieser stufenweise erweiterten Begriffe. Sie ward zugleich Reformation aller Wissenschaften, und die Aufklärung des Verstandes verbreitete ein bisher ungewohntes Licht über alles was nur ein Gegenstand desselben war. Mit der Sprache ging zugleich eine sehr wichtige Veränderung vor, und die in den Obersächsischen Provinzen durch Wissenschaften, Künste, Geschmack und Wohlstand verfeinerte und bereicherte Oberdeutsche Mundart trat in die Stelle der vernachlässigten ältern und ward unter dem Nahmen der Hochdeutschen, nach und nach die Hofsprache des ganzen gelehrten und gesitteten Deutschlandes.

§. 27. Von dieser Zeit an ward sie immer mehr erweitert und ausgebildet, so wie sich Geschmack, Sitten, Künste und Wissenschaften immer mehr der Vollkommenheit näherten. Nach Luthers Tode geschahe solches nicht so schnell, als bey seinem Leben, woran verschiedene innere und äussere Ursachen Schuld waren, obgleich von Zeit zu Zeit Sprachlehrer aufstanden, und die schönen Künste hier und da vorzublicken versuchten. Der wahre schöne Zeitpunct in der Deutschen Sprache fängt sich erst in der ersten Hälfte des gegenwärtigen Jahrhunderts an, da Vernunft und Geschmack völlig in die ihnen so lange vorenthaltenen Rechte traten, und sich nicht allein die Philosophie sondern auch die schönen Künste eigen machten.

§. 28. Ob die Deutsche Sprache an Vollkommenheit noch beträchtlich zunehmen kann, oder ob sie den Mittag ihres Glanzes bereits überlebt hat,

hat, muß aus dem Grade des Geschmacks und der Kenntniße unserer Zeiten entschieden werden; allein diese Entscheidung gehöret mehr vor den Richterstuhl der Nachwelt als der Zeitgenossen.

3. Deutsche Mundarten.

§. 29. Die Deutsche Sprache theilet sich von Alters her in zwey Hauptmundarten, die südliche oder Oberdeutsche, und die nördliche oder Niederdeutsche. Jede derselben zerfällt wieder in eine Menge kleinerer, jenen untergeordneter Mundarten.

§. 30. Die erste oder die Oberdeutsche unterscheidet sich durch ihre hohe Sprache, durch ihren vollen Mund, durch ihren Hang zu hauchenden blasenden und zischenden Mitlauten, zu den breiten und tiefen Selbstlauten und zu rauhen Doppellauten, durch ihre Härten, durch ein weitläufiges Wort- und Sylbengepränge, durch weitschweiffige Ausdrücke, Überfüllungen und hohe Figuren. Sie ist dabey reich an Wörtern und Ausdrücken, fast alle Begriffe mit allen ihren Schattirungen oder Graden der Stärke auszudrucken, und verräth dadurch ihre frühe und lange Cultur, aber einer Cultur ohne Geschmack und feines Gefühl.

§. 31. Die Niederdeutsche oder Niedersächsische Mundart ist von ihr gerade das Gegentheil;

theil; eine Feindinn aller vollen Hauch- Zisch - und Blaselaute, aller harten Doppellaute, des vollen Oberdeutschen Mundes und des leeren Wortgepränges, und dagegen eine erklärte Freundinn aller sanften und leicht fließenden Töne, der höhern Vocale und einer viel sagenden, aber auch oft unperiodischen Kürze. Sie ist reich an Kunstwörtern für das Seewesen, hingegen arm an Ausdrücken für unsinnliche Gegenstände, weil sie weit weniger ausgebildet worden, daher sie in solchen Fällen immer genöthigt ist, von ihrer reichern und üppigern Schwester zu borgen.

§. 32. Die unter dem Nahmen des Hochdeutschen bekannte jüngere Schriftsprache ist eine Tochter des Oberdeutschen, doch mehr der nördlichen als der südlichen Provinzen. Es ist die durch den Obersächsischen Dialect gemilderte und durch Geschmack, Künste und Wissenschaften ausgebildete und verfeinerte Oberdeutsche Mundart. Sie hat nebst ihren ältern Schwestern, den Fränkischen, Thüringischen und Obersächsischen Dialecten von der weichen, schlüpfrigen und kurzen Sprache des Niederdeutschen nur gerade so viel angenommen, als zur Milderung der rauhen und schwülstigen Oberdeutschen nöthig war, und ist seit der Reformation nicht allein die Büchersprache aller Schriftsteller von Geschmack, sondern auch die Hofsprache des gesittetern und verfeinerten Umganges geworden.

§. 33. Sie wird daher auch gemeiniglich vorzugsweise gemeinet, wenn man von der Deutschen

4. Deutsche Sprachlehre.

schen Sprache überhaupt, von dem was rein Deutsch, gut Deutsch, schön Deutsch u. s. f. ist, spricht, in welchem Falle sie als die herrschende allgemeine Sprache den Mundarten der Provinzen entgegen gesetzt wird. Da ihr Äusseres ganz von dem Zustande der Cultur und des Geschmackes abhängt, und dieser in den obern Classen der Nation beständig entweder steigend oder fallend ist, so ist sie, wie aus dem vorigen erhellet, auch gar sehr der Veränderung unterworfen. Sie wird steigen, so lange noch die Nation in gründlichen Kenntnissen und im guten Geschmacke wächset, und wird fallen, so bald sie darin abnimmt.

4. Deutsche Sprachlehre.

§. 34. Diese Mundart verdienet daher vorzüglich, grammatisch, d. i. mit Bewußtseyn und Beobachtung der Sprachregeln, erlernet zu werden. Sprachregeln sind allgemeine Vorschriften, nach welchen die Wörter einer Sprache gebildet, gesprochen, verändert, verbunden und geschrieben werden, und sie zusammen genommen, machen die Grammatik oder Sprachlehre aus, welche es demnach bloß mit der Richtigkeit der Ausdrücke zu thun hat, so wie sich die Logik mit ihrer Wahrheit, und die Redekunst mit ihrem Schmucke beschäftigt.

§. 35. Jede Sprache entstehet bey einem Volke in dessen noch rohen und ungebildeten Zustande, daher es dabey nicht anders als nach dunkeln Vorstellungen ähnlicher Fälle verfahren kann. Dadurch entstehet eine übereinstimmige Art des Verfahrens in ähnlichen Fällen, welche die Analogie oder Sprachähnlichkeit genannt wird.

§. 36. Aber da die Spracherfinder dabey nur nach dunkeln Vorstellungen verfuhren, so geschahe es, daß sie da Ähnlichkeit zu sehen glaubten, wo wir bey mehrerer Deutlichkeit oder einer andern Vorstellungsart keine mehr gewahr werden. Oft ist man auch bey mehrerer Cultur durch tausend zufällige Umstände nach und nach von der anfänglich empfundenen Ähnlichkeit abgewichen. Sehr oft treffen in einer Sprache, besonders bey ihrer Ausbildung in einem Falle mehrere einander widersprechende Arten der Ähnlichkeit zusammen, von welchen doch nur eine befolgt werden kann. Alle diese Umstände veranlassen in allen Sprachen so viele Abweichungen von der Ähnlichkeit, oder Ausnahmen von den Regeln.

§. 37. Aber es findet sich noch ein Umstand, welcher macht, daß die Sprachregeln nicht alle einzele Fälle gleich bestimmt entscheiden können. Die Natur thut nie einen Sprung, folglich auch nicht in den Sprachen. Der Mensch schreitet in allen seinen Handlungen nur sehr unvermerkt von einer Analogie zur andern, und in den Sprachen ist der Übergang von einer Art der Ähnlichkeit zu der andern allemahl so unmerklich, daß man die zwischen beyden in der Mitte gelegenen Fälle mit

ei-

4. Deutsche Sprachlehre.

einerley Recht so wohl zur einen als zur andern rechnen kann. Die Sprachregeln aber können sich nur auf die am meisten hervor stechenden Fälle erstrecken, und müssen die mittlern Glieder der Kette oft wo nicht unberührt, doch wenigstens unentschieden lassen.

§. 38. Was wahre Ausnahmen von den Regeln sind, kann, wenn anders die Sprache eine Absicht haben soll, nur allein der herrschende und übereinstimmige Gebrauch entscheiden, welcher zugleich der höchste Gesetzgeber in allen Sprachen ist, nicht aber ein Tyrann, wofür er von so vielen ausgearteten Söhnen der Nation ausgegeben worden.

§. 39. Die Herrschaft des Sprachgebrauchs erstrecket sich über alle Theile der Sprache, über die Bildung der Wörter und ihre Bedeutung, über ihre Veränderung am Ende und über ihre Verbindung, über die Art sie auszusprechen und zu schreiben. Was demselben entgegen ist, wird ein Sprachfehler, und wenn es auch die beste Analogie vor sich hätte.

§. 40. In einer durch Schrift und Geschmack ausgebildeten Sprache, dergleichen die Hochdeutsche ist, bestehet dieser Gebrauch in der herrschenden und übereinstimmigen Gewohnheit des besten und weisesten Theiles der Nation, besonders der besten und weisesten Schriftsteller.

§. 41. Die gesetzgebenden Theile einer Sprache stehen demnach in folgender Ordnung unter einander: 1. der Sprachgebrauch, als die höchste und unumschränkteste Macht. Was diese nicht bestimmt, entscheidet 2. die Sprachähnlichkeit oder Analogie. Wenn auch diese schweigt, so nimmt 3. die Abstammung oder Etymologie das Wort, und wenn in einem Falle alle diese nichts entscheiden, so gebühret 4. dem Wohlklange eine Stimme. Zum B. ob man mauren, mauren oder mauern, eurem, euerem oder euerm, ries'len, rieselen oder rieseln schreiben und sprechen müsse.

§. 42. Es folget hieraus, zugleich: 1. daß die Sprachregeln, als bloße Erfahrungssätze durch Bemerkung der übereinstimmigen Art des Verfahrens in jeder Sprache selbst aufgesucht, und nicht willkührlich gemacht werden müssen. 2. Das sie bloß wahrscheinlich sind, und als Erfahrungssätze durch Beyspiele erwiesen werden müssen; und 3. daß sie in einer lebendigen Sprache nicht unveränderlich sind, sondern ihr in allen ihren Veränderungen folgen müssen.

§. 43. Hieraus fließen zugleich die Pflichten und Befugnisse des Sprachlehrers. Er ist nicht der Gesetzgeber der Nation, sondern nur ihr Sprecher und Dolmetscher. Er dringet ihr keine Vorschriften auf, sondern sammelt nur

die

4. Deutsche Sprachlehre.

die von ihr von Zeit zu Zeit gemachten und in dem Herkommen aufbehaltenen Gesetze, spüret ihren Gründen und Gränzen nach, bemerkt die Fälle, wo sie sich widersprechen oder zu widersprechen scheinen, zeigt der Nation, wo sie aus Übereilung, aus Mangel der Aufmerksamkeit oder aus Unkunde wider Willen ihre eigenen Gesetze übertreten, und überläßt endlich alles der Entscheidung der meisten und weisesten Stimmen.

§. 44. Daß die Sprachkunst von Alters her zu den freyen Künsten gezählet worden, ist ihr sehr nachtheilig gewesen. Sie ist des wissenschaftlichen Vortrages eben so sehr fähig, als jede andere Wissenschaft, welche sich mit einem hohen Grade der Wahrscheinlichkeit begnügen muß, und sie und die Sprache werden bey einem solchen Vortrage allemahl gewinnen.

§. 45. Die Sprache ist vernehmlicher Ausdruck der Reihe unserer Vorstellungen durch Worte. Diese werden entweder gesprochen, oder geschrieben; und daraus ergeben sich zwey Haupttheile der Sprachlehre, wovon der eine, die Fertigkeit richtig zu reden, und der andere, die Fertigkeit richtig zu schreiben, (die Orthographie) betrifft.

§. 46. Der erste Theil, als der wichtigste und weitläufigste beschäftigt sich wiederum: 1.

mit dem Ursprunge und der Bildung der Wörter überhaupt, oder der **Etymologie**; 2. mit den Arten der Wörter, und ihrer Biegung, der **Flexion**; 3. mit der Zusammensetzung einzeler Wörter oder der **Composition**; und endlich 4. mit ihrer Verbindung zu ganzen Sätzen und Reihen von Vorstellungen, **dem Redesatze oder dem Syntax.**

Erster Theil.
Von
der Fertigkeit
richtig zu reden.

Erster Abschnitt.
Bildung der Wörter oder die Etymologie.

§. 1.

Die Lehre von der Bildung der Wörter handelt, 1. vorläufig von ihren einfachen Bestandtheilen oder den Buchstaben und deren Laut; 2. von dem Ursprunge und der Bildung der Wörter selbst; und 3. von dem darin gegründeten Tone.

Erstes Kapitel.
Von den Buchstaben und ihrem Laute.

1. Ihre Bestimmung und Eintheilung.

§. 2.

Alle Wörter lassen sich in gewisse einfache Bestandtheile auflösen, welche Buchstaben genannt werden; ein Nahme, welcher so wohl den einfachen Laut, als auch den Lauter, oder dessen sichtbares Zeichen, bedeutet.

§. 3. Diese einfachen Laute sind in der Deutschen Sprache der gewöhnlichen Ordnung nach folgende:

gende: a, ä, b, ch, d, e, f, g, h, i, j, k, l, m, n, o, ö, p, r, s, ß, sch, t, u, ü, w, z. Welche aber durch folgende Zeichen ausgedruckt werden: a, ä, b, c, ch, d, e, f, g, h, i, j, k, l, m, n, o, ö, p, q, r, s, (s,) ß, sch, t, u, ü, v, w, y, z,

§. 4. Unter diesen Lauten findet ein sehr wesentlicher Unterschied statt. Einige werden durch die bloße Öffnung des Mundes oder sanfte Niederlassung der Lunge, die meisten aber durch den Druck irgend eines Theiles des Mundes gebildet. Die ersten werden gemeiniglich **Vocale** oder **Selbstlaute**, die letztern aber **Consonanten** oder **Mitlaute** genannt. Da diese Benennungen unschicklich sind, so wollen wir die erstern lieber **Hülfs-** und die letztern **Hauptlaute** nennen.

§. 5. Die **Hülfslaute** oder **Vocale** werden durch die bloße Öffnung des Mundes oder sanfte Niederlassung der Lunge gebildet, und sind von der größten Öffnung des Mundes an biß zur kleinsten folgende acht: a, ä, e, i, o, ö, u, ü, Sie bilden eine Art natürlicher Tonleiter, und bezeichnen ursprünglich die verschiedene Höhe und Tiefe des Tones. Als Tonleiter müßten sie von dem tiefsten Tone an so auf einander folgen: u, o, a, ö, ä, e, ü, i,

§. 6. Werden zwey Hülfslaute mit einer und eben derselben Öffnung des Mundes ausgesprochen, oder vielmehr, gehet der Mund von einer Öffnung unvermerkt und ohne Absatz zu der andern über, so entsteht ein **Diphthonge** oder **Doppellaut**. Solcher Doppellaute sind im Hochdeutschen: ai, (ay,) au, äu, ei, (ey,) oi, (oy,) und, obgleich selten,

1. Kapitel. Von den Buchstaben. 29

selten, ui. Dreylaute oder Triphthongen kennt die Hochdeutsche Mundart nicht.

§. 7. Die Hauptlaute sind die ausdrückendsten und wesentlichsten Bestandtheile der Wörter und lassen sich auf mehrere Art in gewisse Classen theilen. Entweder, nach den Theilen des Mundes, durch deren Druck sie vornehmlich hervor gebracht werden; und da giebt es: 1. einen Lungenlaut, der mit einem bloßen gelinden Stoße von der Lunge gebildet wird, h; 2. drey Gurgellaute, wenn der Stoß durch die verengerte Gurgel verstärkt wird: ch, g, k, (q;) 3. einen Gaumenlaut, wenn die Luft durch den verengten Gaumen gedruckt wird: j; 4. Fünf Lippenlaute, welche durch den stärkern oder schwächern Druck der Lippen entstehen: w, b, f, (v,) p, m, 5. fünf Zungenlaute, an deren Hervorbringung die Zunge den meisten Antheil hat: d, t, (th,) l, n, r; und endlich, 6. vier Zahnlaute, wobey die Zähne am geschäftigsten sind, ohne doch die Zunge davon auszuschließen: s, ß, z, (c,) sch.

§. 8. Oder nach der jedem Buchstaben eigenthümlichen Art des Lautes, doch zugleich mit Rücksicht auf die verschiedne Öffnung des Mundes, mit welcher jeder hervor gebracht wird. Da giebt es.

1. Halb-Vocale, oder halbe Hülfslaute, welche ohne merkliche Öffnung des Mundes hervor gebracht werden können. Diese sind wieder:

Flüssige,

a. Flüssige, wegen ihrer leichten Aussprache: der Lalllaut, l; der Mampflaut, m; und der Nennlaut, n.

b. Ein Zitterlaut, das r, der schwerste unter allen Hauptlauten, daher er auch bey ganzen Völkerschaften fehlet.

c. Der Sauselaut oder Säuseler, nach den Graden der Stärke, s, (s,) ß, z,

d. Der Zischlaut oder Zischer, sch.

2. Stumme, welche schon eine merklichere Öffnung des Mundes erfordern, und daher nicht ohne Dazwischenkunft eines Hülfslautes oder Vocales ausgesprochen werden können. Sie sind wiederum:

a. Bebelaute: b und p.
b. Blaselaute: w, f, (v.)
c. Hauchlaute: h, ch.
d. Gacklaute: j, g, k, (q.)
e. Tödtende oder Stotterlaute: d, t, (th.)

§. 9. Von diesen sind s, b, w, h, j und d, die gelinden, ß und g, die geschärften, und z, p, f, ch, k und t, (th,) die harten Laute ihrer Classe, je nachdem sie jede Art des Lautes mit verschiedener Stärke ausdrucken.

§. 10. Wenn zwey dieser Hauptlaute durch einen und eben denselben Druck ohne merkliche Öffnung des Mundes dazwischen hervor gebracht werden, so entstehet ein doppelter oder zusammen gesetzter Hauptlaut: ff, ll, ks, (x;) pf; tz, u. s. f.

§. 11. Billig sollte jeder einfache Laut sein eigenes einfaches Zeichen, und auch nicht mehr als eines haben.

1. Kapitel. Von den Buchstaben.

haben. Allein, weil die Deutschen ihre Buchstaben von den Römern entlehnten: so haben sich dabey allerley Unbequemlichkeiten eingeschlichen. 1. Es werden einfache Laute mit zusammen gesetzten Zeichen ausgedruckt: ch, sch, th, das ß in der größern Schrift durch SS, ä, ö, ü, durch Ae, Oe, und Ue. 2. Dagegen hat ein zusammen gesetzter Laut ein einfaches Zeichen: x für ks. 3. Oft hat man für einen und eben denselben Laut zwey und mehr Zeichen: k, q und c vor a, o, u; z und c vor e, i; f, v und ph; t und th; s und ſ; chs, ks und x. 4. Eben so oft muß ein Zeichen verschiedene Laute vertreten. So lautet e bald tief, wie ä, bald höher wie das Lateinische e; i ist, besonders in der größern Schrift, bald ein Hülfslaut, bald der Hauptlaut Jod; das c lautet bald wie k, bald wie z; das s lautet bald gelinde bald scharf, das ß bald scharf, bald gedoppelt, das ſ lautet in manchen Fällen wie ein sch; das y druckt bald ein langes i bald das Griechische υ aus. 5. Oft unterscheidet man einerley Hülfslaut, wenn er gedehnt gesprochen wird, durch mehrere verschiedene Zeichen, bald aber auch nicht: aa, ah; äh; ae, eh; ih, ie, y; oo, oh; öh; uh und üh, bezeichnen weiter nichts als ein gedehntes a, ä, e, i, o, ö, u und ü. 6. Auch in der Art die gedoppelten Hauptlaute zu bezeichnen, ist die Deutsche Sprache sich nicht gleich. Bald schreibt man sie neben einander, bb, ll, mm, rr, tt; bald ziehet man sie zusammen, ff, ſſ; bald hat man andere Zeichen, ck für kk, tz für tſ. Doch das sind Mängel, von welchen keine Sprache frey ist, und

die

die man dulden muß, so lange der Sprachgebrauch sie duldet

2. Nähere Erwägung der einzelen Buchstaben und ihres Lautes.

Hülfs = und Doppellaute.

§. 12. Im Ganzen behält im Deutschen jeder Buchstab in allen Fällen seinen eigenthümlichen Laut; das ist, man schreibt so, wie man spricht, und man spricht so, wie man schreibt. Allein in einzelen Fällen finden manche Abweichungen statt, welche, was die Aussprache betrifft, hier bemerket werden müssen. Das übrige gehöret in die Orthographie.

§. 13. Die Hülfslaute a, i, o und u werden im Hochdeutschen mit der jedem eigenen Öffnung des Mundes ausgesprochen, und lauten daher eben so rein und unvermischt, als in dem Lateinischen.

§. 14. Ä, ö und ü sind lange Zeit von allen Sprachlehrern für Doppellaute gehalten worden, ungeachtet sie nur mit einer einigen einfachen Öffnung des Mundes ausgesprochen werden. Eben so wenig verdienen sie den Nahmen der unreinen Vocale, indem ihr Laut in ihrer Art völlig rein ist.

§. 15. Das e hat einen gedoppelten Laut: 1. einen tiefen oder niedern, (offenen oder dunkeln,) genau wie ä, in Schwert, Herd, Krebs, Weg, Predigt, fliehen, stöhnen; und 2. einen höhern, (scharfen, hellen,) wie das Lateinische e in heri, meus, merito. Dahin die erste Sylbe in stehen, sehen, gehen, Gewühl,

1. Capitel. Von den Buchstaben. 33

wühl, Gesicht, die letzte in Freude, Gabe, Liebe, und die beyden ersten in geschehen, gestehen u. s. f. Eben dieses gilt auch von dem ee; es lautet tiefer in Meer, Heer, scheel, (schel;) höher in See, Seele, Beet, Klee. Die Fälle, wo jedes statt findet, lassen sich nicht unter Regeln fassen, sondern müssen aus dem Gebrauche erlernet werden. Doch S. §. 92.

§. 16. Aa, ee, und oo sind in eigentlichen Deutschen Wörtern bloße Zeichen gedehnter Hülfslaute, und daher so wenig Doppellaute als die ähnlichen Zeichen ah, eh, und oh. Nur ee wird zuweilen zweysylbig gesprochen: 1. wenn es zu zwey verschiedenen Sylben gehöret, be-ehren, be-endigen; und 2. wenn es, um das Gesicht nicht zu beleidigen, die Stelle eines dreyfachen e vertritt: die See-en, des Kle-es, die Arme-en, für See-een, Klee-es, Armee-en.

§. 17. Auch ie ist kein Doppellaut, sondern seinem heutigen Gebrauche nach ein bloßes Zeichen eines gedehnten i. Ausgenommen sind dies oder dieß, vierte, Viertel, vierzehn, vierzig und Dienstag; ingleichen gieng, fieng, hieng und Schmied, wenn es daselbst noch geschrieben wird, wo es überall geschärft lautet. Auch in gieb, du giebst, er giebt, und lies lautet es bey vielen geschärft. Getheilt hingegen wird es ausgesprochen, wenn es aus iee zusammen gezogen ist: kni-en, die Kni-e, sie schri-en, für knie-en, Knie-e, schrie-en.

§. 18. In den fremden Wörtern lautet es getheilt, wo die Natur dieser Wörter es erfor-

C

dert:

dert: Hieroglyph. So auch in der Endsylbe, wenn sie den Ton nicht hat: Histori=e, Komödi=e, Lili=, Schlesi=en, ein Spáni=er, Ari=e, Kyri=e. Hat sie aber den Ton, so ist es wieder bloß ein gedehntes i: Geographïe, Poesïe, Melodïe, Philosophïe, Ceremonïe, Barbïer, Officïer, Courïer, Copïe. Ausgenommen ist auch hier der Plural eben dieser Wörter, wenn ie für ie=e stehet: Ceremoni=en, Poesi=en, Geographi=en.

§. 19. Das y hat im Deutschen ein doppeltes Amt. 1. In Wörtern, welche aus dem Griechischen und Lateinischen herkommen, vertritt es die Stelle des Griechischen υ und Lateinischen y, und ist alsdann ein einfacher Hülfslaut: Sylbe, System. In ursprünglich Deutschen Wörtern ist es ein Überbleibsel einer ältern rauhen Aussprache, welche dem i am Ende einer Sylbe noch ein j nachschleichen ließ: allerley, wie allerle=ij, (ehedem allerleige.) Die Hochdeutsche Aussprache hat dieses j in der Aussprache nach dem a und e verworfen, und da lauten ay und ey wie ai und ei: Bay, May, Kinderey; nach o und u aber behalten, daher lauten Hoya, Hoyers=werda, Boy, huy, pfuy, wie Hoja, Hojers=werda, Boj oder Boje, huj, pfuj, und werden auch am besten so geschrieben.

§. 20 Die Doppellaute ai, ei, äu, eu und oi unterscheiden sich durch die Öffnung des Mundes, vermittelst welcher sie entstehen, sehr merklich, und müssen daher in der Aussprache nicht mit einander verwechselt werden. Der unangenehme

nehme Oberdeutsche Doppellaut ai findet im Hochdeutschen nur noch in einigen wenigen Wörtern statt: **Waise**, orphanus, **Kaiser, Saite,** chorda, **Laie, Main, Hain. Oi** ist nur noch in einigen eigenthümlichen Nahmen gangbar: **Groitzsch, Boitzenburg:**

Hauptlaute.

§. 21. Die gelinden Hauptlaute müssen in der Aussprache von den scharfen, und diese von den harten ihrer Classe gehörig unterschieden werden. Die gelinden und geschärften können ihren eigenthümlichen Laut eigentlich nur zu Anfange einer Sylbe oder am Ende nach gedehnten Hülfslauten haben; aber auch hier gehen sie oft in den verwandten harten Laut über.

§. 22. B lautet eigentlich schärfer als w und gelinder als p. Diesen seinen eigenthümlichen Laut hat es vorzüglich: 1. zu Anfange eines Wortes oder einer Sylbe: **Baum, bleiben, zahlbar, Schabracke.** 2. Vor den Flexions- und Ableitungssylben, wenn sie sich mit einem Hülfslaute anfangen: **die Körbe, dem Knaben, lieben, gläubig.** 3. Vor einem ausgeworfenen oder verbissenen e: **Diebsgesindel, Schreibart, Hebamme, Hebopfer, Knoblauch;** wohin auch die Ableitungssylben ler, lein, ling, nen und ner gehören: **Hübler, Knäblein, Körblein, Sterblinge, Herbling, An-**

schiebling, Hübner, besiebnen. Nur vor einem t kann es nicht anders als hart lauten, wenn gleich ein e ausgestoßen ist: er liebte, Geliebter, die Verlobte, du bebtest. 4. Wenn es in einem und eben demselben einfachen Worte verdoppelt wird: Abba, Ebbe, Krabbe. Zwischen zwey Hülfslauten und nach dem e und r wird es oft so gelinde als ein w ausgesprochen: Bibel, Liebe, sieben, Pöbel, Schwalbe, Elbe, Erbe, herbe.

§. 23. In andern Fällen lautet es hart wie p. Folglich: 1. Am Ende eines Wortes: Lob, Raub, Korb, gelb, lieb, ab, ob, grob, Kalb, derb. 2. In den damit zusammen gesetzten: grobähric, Lobopfer, liebäugeln, Liebhaber. 3. Am Ende einer Sylbe vor einem Hauptlaute, wenn kein e verschlungen ist: Erbse, Liebling, löblich, leblos, trübselig, Grobheit, Begräbniß, Labsal, überbleibsel, Erbschaft. 4. Vor einem andern Hauptlaute in einer und eben derselben Sylbe: Abt, Herbst, Krebs, Obst, Kürbs, hübsch.

§. 24. Das c, ein Deutscher Buchstab, so gut als irgend ein anderer, hat seinem jetzigen Gebrauche nach ein dreyfaches Amt. 1. Hilft es mit dem h den einfachen starken Hauptlaut ch bezeichnen. 2. Lautet es wie k, so wohl vor einem Hauptlaute: Clausur, Credit, Creilsheim, Sclave; als auch am Ende einer Sylbe, Spectackel,
wo

1. Capitel. Von den Buchstaben

wo es besonders in dem ck die Stelle eines k vertritt: wacker; als endlich auch vor a, o, u, ai, und au: Carl, Conrad, Colberg, Cunigunde, Cur. Endlich 3. lautet es wie ein z vor ä, e, i, ö, ü, y, und den daraus entstehenden Doppellauten äu, eu, ei und ey: Cäsar, Cicero, Ceilon, Cider, Cypresse. Ausgenommen sind die Nahmen Cöln, Cüstrin und Cöthen, wo es wie ein k lautet, und nach der ehemahligen Schreibart auch Cärnthen, Cörper u. s. f. welche doch jetzt lieber mit einem k geschrieben werden.

§. 25. Das ch ist das zusammen gesetzte Zeichen eines einfachen Lautes, welcher stärker haucht, als h. Dieser sein eigenthümlicher Laut ist entweder gelinde und einfach, zu Anfang einer Sylbe, Bretchen, Bißchen, Bildchen, ingleichen nach einem gedehnten Hülfslaute, Gesuch, suchen, brach, Sprache, Bücher, räuchern; oder stark und gedoppelt nach einem geschärften Hülfslaute, sicher, Löcher, lachen, lächerlich, verpichen, Stiche. Ausgenommen sind die Beywörter auf lich, wo das ch am häufigsten einfach lautet, wenn der Ton auf der nächsten Sylbe vorher liegt, obgleich das i ungedehnt ist, freündliche, liebliche; gedoppelt aber, wenn die zweyte vorher gehende Sylbe den Ton hat, die veränderlichen, fürchterliche Vorstellungen.

§. 26. In einigen Fällen lautet ch wie k, und zwar: 1. Zu Anfange eines ursprünglich Deutschen Wortes, wovon aber nur noch Chur und Char mit ihren Zusammensetzungen üblich sind. 2. Zu Anfange einiger fremden Wörter, Charte, Character, Chor; besonders vor einem r, Christ, Christus, christlich, Christian, Christoph, Chronick, Chronologie, Chrisam. In andern aber behält es seinen eigenthümlichen Hauchlaut, China, Chaos, Chymie. 3. Vor einem s in einer und eben derselben Sylbe, da denn chs wie ks oder x lautet: Dachs, Wachs, Lachs, Fuchs, Flachs, Büchse, Achsel. In Zusammensetzungen und Zusammenziehungen behält es seinen eigenthümlichen Laut: nachsehen, wachsam, Dachspäne, des Buchs, des Dachs, er sprachs.

§. 27. D lautet weicher als t und th und kann daher nur nach einem gedehnten Hülfslaute stehen. Diesen seinen gelinden Laut hat es: 1. Zu Anfange eines Wortes und einer Sylbe: da, du, das, Dach, Bruder. Vor den Flexions- und Ableitungs-Sylben, wenn sie mit einem Hülfslaute anfangen: Blöde, Rede, die Räder, freudig, stündig, ständig, das Weidicht. 3. Vor einem ausgeworfenen oder verschwiegenen e: dem würdgen, du fandst, Tadler, Adler, Schuldner, Nadler, widmen, Ordnung, Handlung, redlich, Weidmann, Bodmerey, Mündlein, Kindlein. Wohin auch die

auf

1. Capitel. Von den Buchstaben.

auf ling gehören: **Blendling, Fremdling, Gründling, Findling, blindlings.** 4. Wenn es in einem und eben demselben einfachen Worte verdoppelt wird: **Widder, Edda, Nidda.**

§. 28. Hart und wie ein t hingegen lautet es: 1. Am Ende eines Wortes: **Tod, blind, Bad, Bild, Gegend, Jugend, liebend.** 2. In den damit gemachten Zusammensetzungen, wenn gleich ein Hülfslaut folgt: **Abendopfer, Schuldopfer, Handarbeit, Mundart.** 3. Am Ende einer Sylbe vor einem Hauptlaute, wenn kein e ausgestoßen ist: **Bildlich, niedlich, schädlich, Mädchen, Bändchen, Handlanger, Bündniß.**

§. 29. Das dt findet eigentlich nur statt, wenn es aus dt zusammen gezogen ist, und dann lautet es wie t; **gewandt, verwandt, gesandt, beredt, todt, tödten.** Außer diesem Falle der Zusammenziehung ist **Stadt** noch das einige Wort, in welchem es üblich ist.

§. 30. Das f bläset stärker als das w, und weicht von diesem seinem eigenthümlichen Laute nur selten ab: **Farbe, Faden, fliegen, der Hof, die Hülfe.** Nach einem Hauptlaute und gedehnten Hülfslaute lautet es einfach: **strafen, rufen, die Schafe, scharf, bedürfen, Töpfer, Sumpf;** nach einem geschärften aber doppelt: **Affe, treffen, schaff.**

Nach denjenigen Doppellauten, welche mehr geschärft als gedehnt ausgesprochen werden, lautet das f doppelt, wenn es gleich nur einfach geschrieben wird: laufen, pfeifen, saufen, Weise, Seife. In einigen wenigen Fällen lautet es im gemeinen Leben so gelinde als b oder w: Briefe, Schwefel, Hafen, Hafer, prüfen, zwölfe, Wölfe.

§. 31. Das g muß in der Aussprache so wohl von dem weichern j, als hauchendern ch, und härtern k, gehörig unterschieden werden. Im Hochdeutschen behält es seinen eigenthümlichen Mittellaut zwischen j und k in allen Fällen, wo man es geschrieben findet, es sey am Anfange einer Sylbe, Gabe, gehen, Glaube, Glocke; oder am Ende, Tag, Krieg, Sieg, arg, Berg, Sarg, Zwerg, Talg, möglich, läugnen, klug, frug, Essig, Fittig, ewig, jagte, sagte, Zögling; oder in der Mitte, Angst, sags, verbirgs; oder in der Verdoppelung, Flagge. Folgende wenige Fälle ausgenommen, wo es wie k lautet: 1. Nach einem geschärften Hülfslaute, wo doch der Beyspiele nur wenig sind, weg, flugs. Und 2. am Ende einer Sylbe nach einen n, davon so gleich. Mundarten, die sich zum Niederdeutschen neigen, sprechen Klocke, Klaube, Tak, möklich, ark, Sark, Berk, u. s. f.

§. 32. In ng schmelzen n und g in der Nase unvermerkt zusammen, und bilden einen Laut, welcher

1. Capitel. Von den Buchstaben. 41

welcher dem Französischen n nach einem Hülfslaute, (en, on, un,) nahe kommt; nur mit dem Unterschiede, daß das g in manchen Fällen seinen eigenthümlichen Laut behält, in andern aber wie ein gelindes k lautet. 1. Gelinde lautet es, theils wenn ein Hülfslaut folget, enge, bange, geringe, lange, singen, bringen, und ihren Ableitungen und Zusammensetzungen, bänglich, geringfügig, engbrüstig, Singart, du singst, der engste; theils vor einem Hauptlaute, oft auch wegen eines ausgestoßenen Hülfslautes, angst, Hengst, jüngst, längst, Pfingsten. In empfänglich, vergänglich, verfänglich, unbezwinglich, langsam, langwierig, langweilig, lautet es wie ein k. 2. Diesen Laut hat es vornehmlich am Ende eines Wortes, Ring, Gesang, Ding, Klang, Gang, ging, sing, jung, lang, Häufung, und ihren Ableitungen und Zusammensetzungen, Jungfrau, Junggesell. Ausgenommen sind Jüngling, dinglich, und länglich, wo es gelinde lautet. Wenn n und g durch die Zusammensetzung zusammen kommen, so behält jedes seinen eigenthümlichen Laut: un=gern, Un=glaube, an=gewöhnen, Ofen=gabel.

§. 33. Das h hat im Deutschen ein dreyfaches Amt. 1. Ist es ein vernehmlicher Laut, welcher in einem gelinden Hauche bestehet. Er siehet so wohl am Anfange eines Wortes, wo er am schärfsten lautet: Haar, haben, hoch, erhaben.

haben, be-haupten; als auch in der Mitte, zwischen zwey Hülfslauten, wo er gelinder iste Oheim, Uhu, frühe, blühen, die Schuhe, ströhern. Am Ende eines Wortes kann es gar nicht ausgesprochen werden, Stroh, Schuh, rauh. So auch in den Zusammensetzungen, wenn gleich ein Hülfslaut folget, Stroharbeit, Frühobst, Frühkirche, Schlehdorn. 2. Oft ist es ein Zeichen eines gedehnten Hülfslautes besonders vor dem l, m, n, und r, wo es wiederum stumm ist: Mahl, zahl, zahm, nehmen, Fahne, mehr, Jahr. Und endlich 3. dienet es, den harten Laut des c, p und t zu mildern, oder vielmehr mit denselben gewisse einfache Laute zu bezeichnen, für welche wir keine eigene Zeichen haben. Siehe ch, ph, th.

§. 34. Das j, der Hauptlaut, (Jod,) der weichste Buchstab seiner Classe stehet selten am Ende einer Sylbe, Boj, huj; häufiger aber am Anfange, wo es allemahl einen Hülfslaut nach sich hat, und weder mit dem g verwechselt werden muß, ja, Jahr, jagen, jähe, jung; noch mit dem e wie ein langes i lauten darf, je, jemand, jetzt, jeder, jemahls u. s. f. nicht wie ie, imand, izt, imahls

§. 35. K, der härteste Gaumenlaut, lautet am stärksten am Anfange eines Wortes vor einem Hülfslaute, und am Ende einer geschärften Sylbe, kommen, kaum, stark, Bank, Sack; ein wenig

1. Capitel. Von den Buchstaben. 43

wenig gelinder vor den flüssigen Buchstaben und dem r, und nach einem gedehnten Hülfslaute, klein, kraus, Haken. Sollte es nach einem geschärften Hülfslaute doppelt stehen, so wird dafür ck gebraucht, Ecke, Hacke.

§. 36. Die drey flüssigen Buchstaben, l, m, n, weichen von ihrem eigenthümlichen Laute nie ab. Nur das n schmilzt mit den Gaumenlauten g und k, in einer und eben derselben Sylbe, sanft in der Nase zusammen; krank, denken, dingen. S. auch §. 32. Eben dieses thut es, doch nur im gemeinen Leben, vor einem ie, da denn i in ein sanftes j, übergehet, Linie, Pinie, wie Linje, Pinje.

§. 37. Das p muß mit seinem weichern Genossen, dem b, nicht verwechselt werden, wie im Oberdeutschen gewöhnlich ist. Pf ist ein verstärkter Blaselaut, der daher nicht wie das einfache f gesprochen werden darf: Pferd, Pfand, Pfund, Hopfen, pfropfen. Ph kommt nur in fremden Wörtern vor, und lautet alsdann wie f: Philosophie, Phantasie, Adolph, Zütphen, Westphalen, wohin auch das aus Apium gebildete Epheu gehöret.

§. 38. Das q vertritt die Stelle eines k, wenn dieses ein w nach sich haben sollte, bekommt aber statt dessen ein u zu seiner Begleitung, quetschen,

ſchen, Quelle, Qualm, wie kwetſchen, Kwelle, Kwalm.

§. 39. Das r iſt für die Ausſprache der ſchwerſte Buchſtab, weil er mit einer zitternden Bewegung der Zungenſpitze an dem Gaumen hervor gebracht werden muß, daher deſſen Laut bey manchen gern in ein fehlerhaftes Lallen oder Schnarren übergehet. Es noch durch einen nachſchleichenden Hauch zu verſtärken, iſt im Hochdeutſchen ungewöhnlich, ob man gleich noch nach dem Muſter der Griechen und Lateiner Rhein, von Rhenus, und Rhede für Rehde, ſchreibt.

§. 40. Der Säuſelaut, der Lieblingslaut der Hoch-und Oberdeutſchen, theilet ſich in vier verſchiedene Arten, je nachdem er mit einem ſchwachen oder ſtarken Druck des Mundes hervor gebracht wird; den gelindeſten ſ, den einfachen ſcharfen ß, den verdoppelten ſcharfen ſſ, und den harten z. Die beyden erſten können nur nach gedehnten, und der verdoppelte nur nach geſchärften Hülfslauten geſetzt werden; das z verträgt beyde, ob es gleich im Hochdeutſchen nur ſelten nach einem gedehnten Hülfslaute zu ſtehen kommt. Zur Bezeichnung dieſer verſchiedenen Stufen hat man die Schriftzeichen ſ, s, ß, ſſ, und z, wovon ſ den gelinden, s und ß den einfachen ſcharfen, ß und ſſ den verdoppelten ſcharfen, und z den harten ausdrücken.

Gelinde,

1. Capitel. Von den Buchstaben.

Gelinde.	Scharf.		Hart.
	Einfach.	Verdoppelt.	
Nach gedehnten Hülfslauten.	Nach gedehnten.	Nach geschärften.	Nach gedehnten oder geschärften.
Die Rose.	Röschen. Das Röß im Bienenstocke.	Die Rosse.	Rózan, in Pohlen. Der Rotz.
Die Reise.	Das Reis, surculus.	Des Reisses.	Oryza.
Reisen.	Der Reiß, oryza.	Reissen.	Reitzen.
Die Reiser.			
Die Muse, Musa.	Die Muße, otium.	Müssen.	Mózyr, in Pohlen.
	Das Muß, Brey.		Die Mütze.
Der Busen.	Die Buße.	Bússo, ein Nahme.	Búzo, ein alter Nahme.
Die Blase.	Das Bläschen.	Erblassen.	Plaaz, ein Nahme.
Der Glaser.	Das Glas.		Plätzen.
	Claß, (Nicolaus.)	Die Classe.	Gläz. Die Glätze.
Weise, sapiens.	= = =	Weiß, albus.	
Waise, orphan.	= = =	Weissen.	Wizo, ein Nahme.
			Der Weitzen.
Die Maser.	Die Maße, mensura.	Die Masse. massa.	Miez.
Die Schleuse.	Schließen.	Sie schlossen.	Schlözer.
	Die Schlößen, Hagel.		

Allein

1. Kapitel. Von den Buchstaben.

Allein in der Anwendung finden hier noch manche Ausnahmen statt.

§. 41. Das ſ, das Zeichen des gelindeſten Sauſelautes, behält 1. dieſen seinen eigenthümlichen Laut, wenn ein Hülfslaut in einem und eben demſelben Worte darauf folgt, oder folgen sollte: ſehen, Seele, böſe, Perſon, ſieben, raſen, blaſen, Verſe, empfindſam, wirkſam, Amſel, Pfirſich, er bläſ't, ſie raſ'ten. 2. Scharf aber lautet es in der Mitte einer Sylbe, ſo wohl wenn t und p darauf folgen: der Weſt, die Weſte, die Raſt, geſtern, Weſpe, liſpeln, Veſper; als auch nach b, ch, g, k, und p, wenn ein Hülfslaut darauf folgt, beſonders wenn es aus dem ſcharfen s entſtanden iſt: Krebſe, Rebſe, wachſen, die Gewächſe, drechſeln, druckſen, wickſen, Mengſel, des Gypſes, klappſen. Nur die Endung ſam behält ihren gelinden Laut, was auch für Hauptlaute vorher gehen mögen: wachſam, langſam. 3. In den Ziſchlaut ſch gehet es über, vor dem t und p zu Anfange eines Wortes und in den damit zusammen geſetzten Wörtern: Stand, ſtehen, Stein, Stern, Spaß, Sprache, ſpeiſen, erſtehen, Edelſtein, Abendſtern, verſprechen; wohin auch die fremden Wörter gehören, welche ſich mit ſc, (vor a, o, u und einem Hauptlaute, denn vor ä, e und i, lautet es wie ſz, Scävola, Scepter, Scipio) ſl, ſk und ſm anfangen: Sclave, Skelet, Skalde, Slave, Slavonien, Smaragd. Eben dieſen Laut hat es gemeiniglich auch in dem ſt in der Mitte und am Ende einer Sylbe, wenn ein r vorher gehet: der Durst, die Bürste, Gerste, der erste, bersten, garstig. Ausgenommen ist 1) die zweyte Person der Zeitwörter: du wirst, begehrst, lehrst, hörst, warst; und 2) die superlative Endung ste, wo es scharf lautet: der sicherste, schwerste. In den übrigen Fällen lautet ſ in ſt scharf, er iſt, du biſt, besonders wenn es in einem und eben demselben Worte zwischen zwey Hülfslauten ſiehet, da es denn in der Aussprache getheilet wird: Chriſ-ten, geſ-tern, fliſ tern.

§. 42. Das s wird nie anders als am Ende einer Sylbe gesetzt, und kann daher nie anders als scharf ausgesprochen werden: es, was, das, des Daches, böslich, die Bosheit, Eis, Maus, Dachs. Es stehet: 1. am Ende solcher Sylben, welche nicht weiter verlängert werden, es, des Daches. Ausgenommen sind das und was, obgleich dessen und wessen davon gemacht werden. 2. Wenn es aus dem gelinden ſ entstanden ist, oder doch in der Flexion wieder in dasselbe übergehet: böslich, boshaft, Bosheit, von böse, Beweis, Maus, Aas, weil man sagt, beweisen, die Mäuse, die Äser. Nach dem r sprechen niedrige Mundarten es gerne wie ein sch aus, Vers, Mars, wie Versch, Marsch. Erfordert die sanfte Hochdeutsche Aussprache am Ende mancher Wörter ein gelindes ſ, so wird demselben noch ein e angehängt, böse, Franzose, leise, für die härtern bös, Franzos, leis.

§. 43.

1. Kapitel. Von den Buchstaben

§. 43. Das ß, (im gemeinen Leben eszet,) welches aus dem ſs der Lateiner entstanden ist, ist allemahl ein Zeichen eines scharfen Sauselautes, der, das ſſ ausgenommen, im Hochdeutschen nur am Ende und in der Mitte einer Sylbe stehen kann. Es ist, 1. einfach geschärft, nach einem gedehnten Hülfs- und Doppellaute, wenn der Sauselaut in der Biegung und Ableitung einfach geschärft bleibt: groß, den Größen, die Größe, vergrößern, bloß, entblößen, der Gruß, grüßen, süß, versüßen, die Süßigkeit, der Spaß, spaßen, spaßhaft, sie saßen, sie äßen, fließen, gießen, stößen. 2. Gedoppelt geschärft, nach einem geschärften Hülfslaute, wenn der Sauselaut in der Verlängerung in ein ſſ übergehet, oder daraus entstanden ist: Häß, häßlich, hässen; Schloß, die Schlösser, sie schlössen; ich wußte, von wissen; er ißt, frißt, mißt, von éssen, fréssen, méssen; Sprößling, von sprössen; Schößling, von schössen.

§. 44. Das ſſ, oder der verdoppelte scharfe Sauselaut, wird nur nach geschärften Hülfs- und Doppellauten gesetzt, wenn ein anderer Hülfslaut darauf folget: Wasser, wissen, beflissen, beissen, weissen, heissen, der Bissen, lassen.

§. 45. Der Zischlaut, welchen wir durch das Zeichen sch ausdrucken, ist in manchen Fällen ein einfacher, in manchen aber auch ein aus dem ſ und dem Gaumenlaute zusammen gesetzter Laut: schaden, schreiben, schieben, rauschen, sie wuschen, sie draschen. In einer geschärften Sylbe, und wenn noch ein Hülfslaut darauf folget, wird es doppelt ausgesprochen: wáschen, háschen, Muschel, desTisches.

§. 46. Das t, der harte Buchstab seiner Classe, muß mit seinem weichern Verwandten d nicht verwechselt werden. In den aus dem Lateinischen entlehnten Wörtern wird ti, wenn noch ein Hülfslaut darauf folget, wie zi ausgesprochen, Motion, Portion. Der eigenthümliche Laut des th ist jetzt im Deutschen ausgestorben, daher es da, wo es noch geschrieben wird, nicht anders als t lautet.

§. 47. Das v ist in der Aussprache von dem f nicht unterschieden, es stehe nun zu Anfange einer Sylbe, oder am Ende: Vater, Vetter, von, viel, Vogel, brav. massiv, Nerve. Zwischen zwey Hülfslauten wird es daher, gleich dem f, oft so gelinde ausgesprochen, wie ein w: Frevel, Stüver, Sclave.

§. 48. W, der sanfteste Blaselaut, kann wegen seiner gelinden Aussprache nur vor einem Hülfslaute stehen: wehen, Wind, ewig, Löwe. Das x ist das Zeichen eines gedoppelten Lautes, welches da, wo es eingeführet ist, wie ks lautet: Hexe, Axt, Kur, Eidexe.

§. 49. Das z ist der härteste Sauselaut, (Siehe §. 40.) aber um deßwillen so wenig ein doppelter Hauptlaut, als k, p und t und das gleichlautende Lateinische c vor ae, e, i und oe. Es stehet so wohl zu Anfange einer Sylbe, zahl, ziehen, Kanzel, Unze, zwey, setzen, blitzen, da denn die Ableitungssylben s, sen, seln u. s. f. nach einem t allemahl in zen, zeln übergehen,

Schatz,

Schatz, Hitze, hitzen, platzen, für Schats, Hitse, hitsen, platsen. Nach einem gedehnten Hülfslaute kommt das z im Hochdeutschen nicht leicht vor, außer in Nahmen, Provinzialwörtern und fremden Ausdrücken: Miez, Kieze, Plaaz, Schlözer, Buzo. Cuzilo für Conrad.

Zweytes Kapitel.

Ursprung der Sprache und Bildung der Wörter.

§. 50.

Aus diesen einzelen Buchstaben nun entstehen Sylben und Wörter. Eine Sylbe ist ein vernehmlicher Laut, welcher mit einer einigen Oeffnung des Mundes ausgesprochen wird, daher sie auch nicht mehr als einen einigen Hülfs- oder Doppellaut haben kann. Ein Wort aber ist ein vernehmlicher Ausdruck einer Vorstellung, welcher ohne Absatz und auf einmahl ausgesprochen wird. Es enthält so viele Sylben, als Hülfs- oder Doppellaute darin vorkommen.

§. 51. Wie aus einzelen Buchstaben Sylben und Wörter entstehen, lehret die Etymologie oder Wissenschaft des Ursprungs und der Bildung der Wörter, welche zugleich die Wissenschaft des Denkens und des Stufenganges der menschlichen Erkenntniß ist, aber keinen gewissen Schritt thut, wenn sie nicht biß auf den Ursprung der Sprache selbst zurück gehet.

§. 52.

§. 52. Die Sprache ist von Menschen, aber von rohen, noch ganz ungebildeten und sinnlichen Menschen erfunden worden, nicht zur Lust oder bloß zur Bequemlichkeit, sondern aus einem in seinen Fähigkeiten und in seinen Umständen gegründeten Bedürfnisse, ohne welches er nicht Mensch gewesen seyn würde, so wie er ohne eine erfundene und zum Theil ausgebildete Sprache nicht ein vernünftiger Mensch seyn kann.

§. 53. Alle Wörter sind entweder ein = oder mehrsylbig. Die einsylbigen bestehen entweder aus einem einigen Hauptlaute und einem Hülfs=oder Doppellaute, ob, ab, ein, an, lau, du, da, zu welchem sich entweder vorn oder hinten noch ein anderer gesellet, blau, frey, eins, alt, Erz; oder auch aus zwey Hauptlauten mit einem Hülfslaute in der Mitte, Bär, bar, Haus, Bach, biß, und diese nehmen oft, entweder vorn, oder hinten, oder an beyden Orten zugleich noch einen Hauptlaut an, und sind alsdann, besonders im letzten Falle, ihrer Bedeutung nach auf das genaueste bestimmt: blaß, blöd, Blut, Krieg; Balg, bald, Berg, fest, ganz; Blitz, Platz, Glanz, glatt, Gruft. Die mehrsylbigen sind entweder offenbar aus mehrern Wörtern zusammen gesetzt, Goldstaub, Sprach=lehre, aufstehen; oder sie sind vermittelst gewisser Sylben von einem einsylbigen Worte gemacht, welches mit andern Sylben und in einerley oder doch ähnlicher Bedeutung mehrmahls vorkömmt, des Bild=es, dem Bild=e, die Bild=er, bild=lich, bild=en, Bild=ner, ge=bild=et;

2. Kapitel. Ursprung der Sprache. 55

so wie sich eben diese Sylben wieder zu einer Menge anderer Wörter gesellen, und ihre Bedeutung auf ähnliche Art bestimmen: des Dach=es, des Stuhl=es, des Tag=es, dem Haus=e dem Mann=e, die Männ=er, die Häus=er, glück=lich, gelb=lich, geh=en, trag=en, ge=färb=et u. s. f. Wir schließen daraus, theils, daß die mehrsylbigen Wörter nicht ursprünglich mehrsylbig sind, sondern von einem einsylbigen herkommen; theils aber auch, daß die ihnen angehängten Sylben keine leeren Schälle sind, sondern ihre gewisse Bedeutung haben.

§. 54. Die Sprache bestehet aus Wörtern und diese sind Ausdrücke, d. i. hörbare Merkzeichen, unserer Vorstellungen, welche wenigstens klar seyn müssen, wenn ihre Ausdrücke zum Merkmahle dienen sollen. Eine klare Vorstellung entstehet aus einer dunkeln, wenn die Seele bey dem dunkel empfundenen Gegenstande verweilet, und sich ein Merkmahl von demselben absondert, um ihn wieder zu erkennen. — Eben so entstehen die Ausdrücke klarer Vorstellungen, d. i. die Wörter, aus den Ausdrücken der dunkeln, oder aus einzelen Lauten.

§. 55. Diese Laute können ursprünglich nichts anders seyn, als Nachahmungen des empfundenen Naturlautes, weil die Sprache eigentlich nichts hörbar bezeichnen oder ausdrucken kann, was nicht vorher hörbar empfunden worden.

§. 56. Der erste hörbare Ausdruck der Empfindung durch das Gehör ist ein ungeschlachter Hauptlaut mit seinem Hülfslaute, wovon der erste das Eigenthümliche des Lautes, der letztere aber die Höhe oder Tiefe des Tones bezeichnet: wa, we, wi, wo, wu, ra, re, ab, eb, as, es, is u. s. f. Ein solcher Laut, welcher nur noch eine dunkele Empfindung, aber doch den Grund des Ausdrucks der klaren Vorstellung enthält, heißt ein Wurzellaut. Wird durch fortgesetzte Aufmerksamkeit noch ein Merkmahl entdeckt, folglich der Begriff klärer, und dieses Merkmahl hinten mit dem gehörigen Hauptlaute ausgedruckt, watz, wetz, witz u. s. f. wach, wech, wich; wad, wed, wid, u. s. f. so entstehet ein nacktes Wurzelwort.

§. 57 Oft ließen sich an dem gehörten Gegenstande neue Merkmahle entdecken, und durch vorn oder hinten, oder auch an beyden Orten zugleich angehängte Hauptlaute ausdrucken: trab, grab, trief, schreib, tret, krach; raps, ritz, rutsch, bams, sums; platz, blitz, kratz, spritz. Ein solches genau bestimmtes Wort heißt ein ausgebildetes Wurzelwort. Die Wurzellaute und Wurzelwörter werden mit einem allgemeinen Ausdrucke auch Wurzeln genannt. Allein nicht alle Wörter sind so genau bestimmt, entweder weil sich in den Naturlauten keine neue Merkmahle entdecken ließen, oder auch, weil man es versäumte, den Ausdruck bestimmter zu machen, so wie die Vorstellung klärer ward. Oft bildete man dafür den bloßen Wurzellaut aus: alt, arg, blau, früh.

§. 58. Ist gleich der erste Versuch zur Sprache Nachahmung der tönenden Natur, so folgt daraus nicht,

2. Kapitel. Ursprung der Sprache.

nicht, daß alle Wurzelwörter, welche einerley Sache bezeichnen, auch völlig gleichlautend seyn müßten. Der Naturlaut ist sich nicht in allen einzelen Fällen vollkommen gleich, und da ein Geschlecht diesen, ein anderes jenen Fall zur Nachahmung wählete, so liegt schon darin eine der ersten Ursachen der so großen Verschiedenheit der Sprachen. Daher heißt der Donner bey dem Hebräer raam, bey dem Slaven Hromb und Gromb, bey dem Niedersachsen Grommel, bey dem Scandinaven Thor, bey dem Schwaben Thorn, bey dem Hochdeutschen Donner, bey dem Lateiner Tonitru, bey dem Griechen βροντη u. s. f. Bey aller ihrer Verschiedenheit doch lauter getreue Nachahmungen der Natur

§. 59. Hieraus folget nun: 1. Daß Sprache und Vorstellungskraft sich gegenseitig entwickelt und ausgebildet haben, daher wir jetzt nicht anders als in Worten denken können. 2. Daß die Consonanten oder Hauptlaute die wesentlichsten Theile jedes Wortes sind, die Vocale oder Hülfslaute aber nur die Höhe und Tiefe des Tones ausdrucken. 3. Daß der erste Versuch der Sprache aus lauter einsylbigen Schällen bestand, aus wahren Interjectionen, welche daher nicht allein der älteste Redetheil, sondern auch der Grund der ganzen Sprache sind. 4. Daß der wahren Wurzelwörter in jeder Sprache nur wenige sind, im Deutschen höchstens 600, weil die merklich unterschiedenen Naturlaute von bestimmter und eingeschränkter Anzahl sind.

§. 60. Da die Sprache eine Absicht hatte, so bezeichnete dieser nachgeahmte Naturlaut sehr bald so wohl die Bewegung und Handlung, welche den Laut hervor brachte, als auch das Ding, woran man ihn bemerkt hatte, als auch die Eigenschaft, diesen Laut hervor zu bringen, u. s. f. Und so entstand die erste Sprachfigur oder übergetragene Bedeutung.

§. 61. Eigentlich bezeichnete jedes erste Wurzelwort nur gerade das Ding oder die Veränderung, welche dasselbe zuerst veranlaßt hatte. Allein, da der Naturlaut unter einerley Umständen mehrmahls wieder kam, so ward sein Ausdruck ganz natürlich der Nahme aller ihm gleich tönenden Dinge oder Veränderungen. Der erste Löwe, dessen Leuen oder Brüllen sein Nahme geworden war, hieß nicht allein Löwe, sondern zugleich alle ähnliche Thiere seiner Art, wenn man sie gleich nicht brüllen hörte. Das war die zweyte Sprachfigur, und zugleich der erste Schritt zu allgemeinen Nahmen und Begriffen. Von den Arten der Dinge lernte man nach und nach auch die Geschlechter und Classen bezeichnen, je nachdem sie in einem allgemeinen tönenden Merkmahle überein kamen. Fisch, von der schnellen gleichsam zischenden Bewegung im Wasser, Vogel, von der schnellen Bewegung in der Luft, Thier, unbestimmte Nachahmung der tönenden Bewegung überhaupt.

§. 62. Durch die Übertragung des ersten Wurzelwortes auf den Gegenstand, auf die Handlung u. s. f. durch den Gebrauch desselben von Arten, Gattungen und Classen hatte sich die Seele
schon

schon an die Abstraction und Association gewöhnt, und sie konnte nunmehr nach und nach weiter gehen, und auch Dinge mit tönenden Nahmen belegen, die sie nicht allemahl, und oft gar nicht tönen hörte. Das Licht verräth sich sehr bald durch seine unglaublich leichte Geschwindigkeit, daher ward der Laut der leichten Bewegung zugleich der Nahme des Lichtes. Die rothe Farbe greift ungewohnte Augen mächtig an, daher ward ihr Nahme von dem eigenthümlichen Laute einer heftigen erschütternden Bewegung entlehnet. Eben so verhält es sich mit den übrigen Sinnen, indem die dadurch erweckte Empfindung immer eine Ähnlichkeit mit einer bloß durch das Gehör empfundenen hat.

§. 63. Noch waren die Begriffe nur einzele Vorstellungen, und die Sprache eine Sammlung einsylbiger unbiegsamer Wurzelwörter. Allein die erstern reiheten sich bald an einander, so wohl die Arten der Vorstellungen, als auch die Verhältnisse der Gegenstände zu empfinden, und die Sprache folgte langsam nach. Man gebrauchte dazu die unbestimmt tönenden Wurzellaute, weil man von der Sache selbst nur sehr dunkele Vorstellungen haben konnte, und knüpfte sie mit der Zeit an das Wurzelwort an, welches dadurch geschickt ward, nicht allein die Art der Vorstellung, sondern auch die Verhältnisse der Dinge zu bezeichnen.

§. 64. Diejenigen Sylben, welche Verhältnisse der Dinge bezeichnen, heissen Flexions- oder Biegungssylben, und werden im Deutschen insge-

insgesammt hinten an das Wurzelwort angehängt. Es sind folgende:

e. 1. Die erste einfache Person der Zeitwörter, ich lieb=e, liebt=e. 2. Die dritte einfache Person der vergangenen Zeit, er liebt=e; 3. Ein bestimmtes einzeles Ding in den Bey=wörtern, der gut=e Mann. 4. Der Dativ, dem Mann=e. 5. Die Mehrheit, die Händ=e, Gesetz=e.

m, em, zur Bezeichnung des Dativs, dem, manch=em, ihm.

n, en. 1. Den einfachen Genitiv und Dativ in manchen Nennwörtern, des, dem Bub=en, des, dem gut=en, des Mensch=en, dem Herz=en. 2. Eine Mehrheit, so wohl in Nennwörtern, die Glock=en, die Flieg=en, die Ader=n; besonders im Dativ, den Mütter=n; als auch in Zeitwörtern, wir lieb=en, sie liebt=en.

r, er. 1. Ein männliches Ding in den Bey=wörtern, ein gut=er Mann, gut=er Freund. 2. Die Mehrheit in manchen Nennwörtern, Männ=er, Häus=er.

s, es. 1. Der Genitiv, des Mann=es, des Herzen=s, Häuschen=s. 2. Das unbestimmte Neutrum in den Adjectiven, ein alt=es Haus.

st, est, die zweyte einfache Person der Zeit=wörter, du lieb=est, liebt=est, han=del=st.

t, et.

2. Kapitel. Ursprung der Sprache.

t, et. 1. Die dritte einfache Person des Präsens, er lob=et oder lob=t, er ha=t. 2. Die zweyte mehrfache Person, ihr lieb=et, lieb=t, ihr liebt=et. 3. Die vergangene Zeit, ich lieb=t=e, du lieb=t=est, sie lieb=t=en, gelieb=t.

§. 65. Die Ableitung, wo vermittelst eines Nebenbegriffes und dessen Bezeichnung ein Wort aus dem andern gebildet wird, geschiehet oft durch die bloße Änderung des Hülfslautes. Vogel, Vögel, Vater, Väter, Mutter, Mütter. So auch bey manchen Zeitwörtern, und ihren Nennwörtern, bind, ich bind=e, Imperf. ich band, der Bund, und das Bund; fließ, Imperf. floß, der Fluß; grab, Imperf. ich grub; bieg, ich bog, der Bug. Ingleichen zum Unterschiede mancher neutren Zeitwörter von ihren Factitivis: trinken, tränken, sinken, senken, setzen, sitzen, wanken, winken, drängen, dringen..

§. 66. Noch häufiger geschiehet die Ableitung durch Ableitungssylben, d. i. durch Anhängung gewisser Laute und Sylben an das Wurzelwort, einen Nebenbegriff an demselben zu bezeichnen. Diese Ableitungssylben und Laute sind von gedoppelter Art; einige werden dem Worte vorgesetzet, und heissen Vorsylben, andere an dasselbe angehängt, und heissen Nachsylben. Beyde sind wiederum entweder unbestimmte Wurzellaute, oder nackte Wurzelwörter, von welchen die letztern näher und genauer bestimmen als die erstern.

§. 67.

§. 67. Diejenigen **Vorsylben**, welche aus unbestimmten Wurzellauten bestehen, sind b oder be, und g oder ge: be=gleiten, be=rühren, be=stehen, b=leiben; ge=winnen, ge=stehen, ge=braust, ge=wonnen, ge=standen, Ge=nick, Ge=biß, Ge=treide, Ge=sinde, Ge=murmel, Ge=heul, ge=birgig, ge=trost, ge=hässig; g=lauben, G=nade. Nackte Wurzelwörter hingegen sind folgende vier, welche insgesammt nur vor Verbis gebraucht werden: er, ent oder emp, ver und zer: er=fahren, er=steigen, ent=stehen, ent=sagen, emp=fehlen, ver=bergen, ver=mehren, zer=treten, zer=stören.

§. 67. Zahlreicher sind die **Nachsylben**, welche den Nebenbegriff hinten an das Wurzelwort anknüpfen. Es sind 1. **Wurzellaute**, deren Bedeutung daher sehr unbestimmt ist.

ch, ich. 1. Eine Verstärkung, Ler=ch, horch=en, schnar=ch=en. 2. Ein Ding Subject, Att=ich, Bott=ich, Gänser=ich, Wüther=ich, Sitt=ich, Wegerich.

d, de. 1. Ein Ding oder Subject, und hernach Abstracta, Jag=d, Gelüb=d, Schul=d, Freu=de, Gna=de, Sün=de, das Gemähl=de. Wirklich thuend oder leidend, wagen=d, lieben=d, leben=d, Win=d.

e, ein Ding Subject, und hernach Abstracta, Fläch=e, Flies=e, Platt=e, Blas=e, Achs=e; besonders weibliche Dinge dieser Art, ein=e, gut=e.

f, eine

2. Kapitel. Ursprung der Sprache. 63

f, eine Verstärkung, hüp-f-en, Hop-f-en, Pfrop-f, stop-f-en.

ft, das Ding und hernach Abstracta, Ver-nun-ft, Ankun-ft, Brun-ft.

g, ig. 1. Eine Verstärkung, besonders in Zeitwörtern, besicht-ig-en, pein-ig-en, nöth-ig-en. 2. Ein Ding, Subject, Kön-ig, Hon-ig, Pfenn-ig, Käf-ig. 3. Den Besitz, das Daseyn, güt-ig, adel-ig, sel-ig.

icht. 1. Ein Collectivum, Kehr-icht, Feil-icht, Eich-icht. 2. Eine Ähnlichkeit, holz-icht, gras-icht, fleisch-icht.

ing, ung. 1. Ein Ding, Subject, Här-ing, Bück-ing, Mess-ing, Horn-ung. 2. Abstracta, Theur-ung, Erzieh-ung, Prüf-ung. 3. Collectiva, Holz-ung, Wald-ung, Stall-ung, Feld-ung.

inn, ein weibliches Ding, Bäcker-inn, Mahler-inn, Esel-inn, Hünd-inn, Schweizer-inn, Gatt-inn.

k, einen hohen Grad der Verstärkung, blan-k, kran-k, win-k-en, sin-k-en.

l, el. 1. Ein wirkendes Ding und Werkzeug, Flüg-el, Schlüss-el, Nad-el, Ang-el. 2. Eine Beschaffenheit, ed-el, eit-el, dunk-el, ek-el. 3. Eine Verkleinerung, Mäd-el, Münd-el, kränk-el-n, fröst-el-n, spött-el-n, schnitz-el-n. 4. Eine Nachahmung, klüg-el-n, witz-el-n. 5. Eine Wiederhohlung, streich-el-n, rütt-el-n, ries-el-n.

n, en, em.

n, en, em. 1. Den Zustand des Wirkens oder Seyns, lieb=en, krach=en, geh=en. 2. Das handelnde Ding selbst, Schlitt=en, Lad=en, Beck=en, Bod=en. 3. Eine Beschaffenheit, einen Umstand, eb=en, selt=en, ob=en, geg=en, gebor=en, gebund=en, gefund=en. 4. Eine Materie, gold=en, birk=en, kiefer=n, silber=n. 5. Factitiva, öff=en=en, fest=n=en, leh=n=en, zeich=n=en. 6. Eine Verstärkung, mah=n=en, läug=n=en, sehn=en, mal=m=en.

r, er. 1. Ein Zittern, und hernach eine Wiederhohlung, zitt=er=n, flatt=er=n, polt=er=n. 2. Einen höhern Grad, größ=er, süß=er, bess=er. 3. Factitiva, faf=er=n, stänk=er=n, folg=er=n.- 4. Eine Ähnlichkeit, kind=er=n, kälb=er=n, läch=er=lich. 5. Eine Materie, hölz=er=n, bley=er=n, zinn=er=n. 6. Eine Beschaffenheit, bitt=er, sau=er, laut=er, heit=er. 7. Eine Begierde, schläf=er=n, hung=er=n, läch=er=n. 8. Ein Subject und Werkzeug, Ad=er, Ack=er, Ächt=er, Sechs=er, Polst=er, Pfeil=er. Besonders 9. männliches Geschlechts, Täub=er, Gäns=er=ich, ein gut=er, ein=er, Mahl=er, Bürg=er, Röm=er.

s, es, is und das verstärkte z. 1. Ein Ding, Kleck=s, Bar=s, Hül=s=e. 2. Ein Umstand, abend=s, ander=s, nirgend=s, eilend=s. 3. Eine Verstärkung, Scher=z, Göt=z,

2. Kapitel. Ursprung der Sprache.

Göt=z, Klot=z, Lef=z=e, gedun=s=en, sum=s=en, blin=z=en, äch=z=en.

sch, isch. 1. Ein Subject, Ding, Men=sch, Deut=sch. 2. Eine Ähnlichkeit, dichte=r=isch, himml=isch, engl=isch. 3. Einen Besitz, eine Anwesenheit, mißtrau=isch, argwöhn=isch, tück=isch, hüb=sch. 4. Eine Verstärkung, knir=sch=en, klat=sch=en, for=sch=en.

st. 1. Das Subject, und hernach Abstracta, Dien=st, Brun=st, Kun=st, Gespin=st, Gewinn=st, Ang=st. 2. Der höchste Grad seiner Art, lieb=st=e, süße=st=e. 3. Eine Ordnung, vierzig=st=e.

t, te, th, ath, uth, verwandt mit d und de, nur verstärkt. 1. Ein Ding, und hernach Abstracta, Fur=t, Blü=th=e, Fahr=t, Bar=t, Na=th, Drah=t, Pflich=t, Wach=t, Mon=ath, Heim=ath, Arm=uth. 2. Eine Ordnung, zwey=te, vier=te, sieben=te. 3. Eine Beschaffenheit, geehr=et, nack=et, nack=t.

§. 69. Aus diesen einzelen unbestimmten Wurzellauten entstehen denn verschied'ne zusammen gesetzte Ableitungssylben: end, für die Participia, lieb=end; erich, oder rich, Ant=erich, Wüth=erich; ern, hölz=ern, eis=ern; ert, Blaff=ert, u. s. f. Besonders für die Verba, deren Grundbedeutung dadurch auf mannigfaltige Art abgeändert werden kann. Die vornehmsten sind:

chen, schnar=chen, hor=chen.

ken, blin=ken, win=ken, hin=ken.

eln, samm=eln, bröck=eln, wack=eln.

ern, steig=ern, blink=ern, erschütt=ern, läch=ern.

enzen, faul=enzen, bock=enzen.

fen, stop=fen, pfrop=fen, hüp=fen.

igen, befleiss=igen, ängst=igen, zücht=igen, nöth=igen.

men, mal=men, schal=men.

nen, deh=nen, seh=nen, stöh=nen.

seln, drech=seln, dries=eln, ries=eln.

sen und zen, schluck=sen, rapp=sen, sum=sen, lech=zen, äch=zen, grun=zen.

schen, klat=schen, herr=schen, for=schen.

§. 70. Bestimmter, der Bedeutung nach, sind 2. diejenigen Nachsylben, welche aus wahren Wurzelwörtern bestehen, die aber für sich allein veraltet sind, daher sie jetzt nur noch als Ableitungssylben betrachtet werden. Es sind folgende:

bar. 1. Ein Mangel, für los und leer; eine jetzt veraltete Bedeutung. 2. Einen Besitz, ein Gewähren, Bringen, frucht=bar, nutz=bar. 3. Eine Ähnlichkeit, Möglichkeit, trag=bar, wunder=bar, sicht=bar, jagd=bar.

chen, eine Verkleinerung, Männ=chen, Herz=chen.

ey, ein Concretum und Abstractum, Schlä=ger=ey, Bettel=ey, Tändel=ey, Tyrann=ey.

haft.

2. Kapitel. Ursprung der Sprache.

haft. 1. Eine Anwesenheit, nahr-haft, vortheil-haft. 2. Eine Ähnlichkeit, erd-haft, fieber-haft.

heit. 1. Ein Ding, Subject, Thor-heit, Gott-heit. 2. Collectiva, Christen-heit. 3. Ein Zustand, eine Eigenschaft, Schwachheit, Klug-heit.

keit, einen Zustand, eine Beschaffenheit, Bitter-keit, Göttlich-keit, Selig-keit.

lein, eine Verkleinerung, Mägd-lein, Knäb-lein, Söhn-lein.

ley, Art, Gattung, Geschlecht, aller-ley, einer-ley, vieler-ley.

lich, eine Ähnlichkeit, Möglichkeit, Anwesenheit, gött-lich, fürst-lich, brüder-lich, glück-lich.

ling, ein Ding, Subject, Flücht-ling, Sonder-ling, Jüng-ling, Lieb-ling.

niß, eine Handlung, einen Zustand, ein wirkendes oder gewirktes Ding, Erlaub-niß, Fahr-niß, Geheim-niß, Vermächt-niß.

sal, sel, ein Subject, Ding, ein Zustand, Drang-sal, Lab-sal, Scheu-sal, Schleif-sel, Räth-sel.

sam, eine Ähnlichkeit, einen Besitz, friedsam, gleich-sam, müh-sam, sorg-sam.

schaft. 1. Eine Beschaffenheit, einen Zustand, Feind-schaft, Gefangen-schaft. 2. Collectiva, Bürger-schaft, Juden-schaft. 3. Ein einzeles Ding, Buhl-schaft, Graf-schaft.

thum. 1. Ein Ding, Subject, Heilig-thum, Herzog-thum. 2. Zustand, Eigenschaft, Würde, Priester-thum, Alter-thum. 3. Collectiva, Heiden-thum.

zig, ßig, an Zahlwörtern, zwan-zig, drey-ßig, vier-zig.

§. 71. Ein vermittelst dieser Biegungs- und Ableitungssylben seinen Verhältnissen und Nebenbegriffen nach genau bestimmtes Wurzelwort, heißt ein angekleidetes Wurzelwort, in Rücksicht auf dasjenige aber, von welchem es gebildet worden, ein abgeleitetes oder abstammendes Wort, so wie jenes in Rücksicht desselben das Stammwort genannt wird. Verbergen ist für sich allein betrachtet, ein angekleidetes Wurzelwort, in Ansehung seiner Entstehungsart aber ein abgeleitetes Wort von dem Stammworte bergen, dessen Wurzel berg lautet. Nicht alle Wurzelwörter sind zugleich Stammwörter; aber auch nicht jedes Stammwort ist deswegen ein Wurzelwort, weil auch von einem abgeleiteten Worte, neue Ableitungen gemacht werden können.

§. 72. So wie die Bemerkung und Bezeichnung der Nebenbegriffe und Verhältnisse das Associations- und -Abstractions-Vermögen erhöhete, und den Umfang der Begriffe vermehrete, so häuften sich nunmehr auch die übergetragenen Bedeutungen von hörbaren Dingen auf nicht hörbare, und endlich auf ganz unsinnliche. Giß und gisch, eine Nachahmung eines sehr kenntlichen Naturlautes, ward in Geist und Geisten der Nahme des Windes und Blasens,

dann

2. Kapitel. Ursprung der Sprache.

dann des Athems, ferner des Lebens, der Lebhaftigkeit, dann des denkenden Wesens in uns, und endlich eines jeden unkörperlichen vernünftig denkenden Wesens. Die Sprache verlohr immer mehr das Tönende, und mit demselben ging auch die Eigenthümlichkeit des Hülfslautes verlohren, daher die Öffnung des Mundes in manchen Wörtern jetzt wirklich durch alle Vocale durch gehet: brechen, brach, bräche, brich, gebrochen, Bruch, Brüche; sprechen, sprach, spräche, sprich, gesprochen, Spruch, Sprüche; binden, band, bände, Bund, Bünde.

§. 73. Der Hauptlaut oder Consonant ward zwar dabey auch nicht ganz verschont, indem er seine Stütze, worauf er sich steifte, den Naturlaut, verlohren hatte; allein die Willkühr hatte hier ihre Gränzen, indem sie sich nicht zu viel Gewalt über ihn anmaßen durfte, ohne das Wesen des Wortes zu zerstören. Sie erstreckt sich daher selten weiter, als auf die Verwechselung der verwandten oder doch ähnlichen Hauptlaute: Geld und gelten; hindern und hinten; fliehen, Flucht; sehen, Gesicht, sichtbar; hoch, höher, Hügel, Höcker; schneiden, Schnitt; geben, Gift; mögen, mochte, Macht; kommen, Kunft u. s. f. Von geringerer Bedeutung sind die Versetzung des Hülfslautes vor dem r, bernen und brennen, Born und Brunn, dauern und dauren; die Anhängung des mildernden e, blöde, böse, Bube, Franzose, Schwabe, Auge, für die härtern blöd, bös, Bub, Franzos, Schwab;

Schwab; die Einschiebung des n vor den Gaumenlauten, Gang, gegangen, von gehen, Fang, fangen, von fahen, und andere Veränderungen mehr, welche an ihrem Orte vorkommen werden.

§. 74. Indessen lassen sich die Ableitungslaute und Sylben jetzt nicht ohne alle Einschränkung gebrauchen, neue Wörter vermittelst derselben abzuleiten. Bey denjenigen, welche aus einzelen Buchstaben und Wurzellauten bestehen, findet diese Freyheit am seltensten statt, weil ihre schon anfänglich dunkle Bedeutung durch die Länge der Zeit noch unbestimmter geworden ist. Ein wenig mehr Freyheit hat man in Ansehung derjenigen Ableitungssylben, welche aus ganzen Wurzelwörtern bestehen, deren Bedeutung daher auch bestimmter ist, wie haft, heit, keit u. s. f. Allein auch hier stehet diese Freyheit mit der Bestimmtheit der Bedeutung in genauem Verhältnisse, daher man mit der Ableitungssylbe thum am seltensten neue Wörter bilden darf, weil ihre Bedeutung unbestimmt und nicht mehr so kenntlich ist.

§. 75. Dessen ungeachtet wurden doch die Biegungs- und Ableitungssylben eine sehr fruchtbare Quelle für die Erweiterung der Sprache, weil die wenigen hundert Wurzelwörter dadurch auf viele tausend vermehret wurden. Hier ist ein einiges zur Probe. Weh, weg, wech, weck ist ein Wurzelwort mit verwandten Dienstlauten, wovon der folgende immer einen stärkern Grad des Lautes folglich auch der Bewegung bezeichnet, als der vorher gehende. Durch Hülfe der Biegungs-

2. Kapitel. Ursprung der Sprache.

gungs- und Ableitungsſylben erhält man davon folgende neue Wörter.

weh: weh-en, ich weh-e, u. ſ. f. weh-end, die Weh-ung, ge-weh-et, die Wind-weh-e, ver-weh-en, Wind.

weg: die Interjection weg! der Weg, des Weg-es, u. ſ. f. weg-ſam, Weg-ſam-keit, Weg-erich, weg-en, be-weg-en, ich be-weg-e, u. ſ. f. be-weg-end, be-weg-t, Be-weg-ung, be-weg-lich, Be-weg-lichkeit, Be-weg-niß, Be-weg-er, Be-weg-erinn, ge-wog-en, Ge-wog-enheit, er-weg-en, Erwegung, ver-weg-en, Ver-weg-enheit, ver-weg-ener, weg-ern, weig-ern, weig-erlich, Weig-erung, verweig-ern, Verweig-erung, Wag-e, Wag-en, Wäglein, Wag-ner, wag-en, Wag-niß, wäg-en, Wäg-er, Wieg-e, wieg-en, Wieg-er, Wieg-erinn, wieg-eln, Auf-wieg-ler, auf-wieg-le-riſch, die Wog-e.

wech, wach, wich: Ge-wich-t, wich-t-ig, Wich-tigkeit, Wuch-t, wuch-ern, Wuch-er, wuch-erlich, Wuch-erer; wach, wach-en, be-wach-en, Be-wach-ung, er-wach-en, ver-wach-en, die Wach-e, wach-ſam, Wach-ſamkeit, Wach-t, Wäch-ter, Wäch-terinn; weich, weich-en, ge-wich-en, er-weich-en, Er-weich-ung, weich-lich, Weich-lichkeit, Weichling; wach-sen, gewach-sen, be-wach-sen, er-wachsen, ver-wach-sen, Miß-wachs, Wach-s-thum, Ge-wäch-s, Wuch-s; Wech-sel, wech-seln, ver-wech-seln, Ver-wech-selung, Wech-seler.

weck, wak: weck-en, Weck-er, er-weck-en, er-weck-lich, Er-weck-lich-keit, Er-weck-ung; wack-er; wack-eln, wack-elig; wick-eln, Wick-el; mit eingeschaltetem Nasenlaut, wank-en, Wank-elmuth, wank-elmüthig, sch-wank-en, Wink, wink-en, ent-wink-en.

§. 76. Als endlich auch das Hülfsmittel der Ableitung erschöpft zu seyn schien, die neuen Begriffe, welche sich bey dem Fortschritte in der Cultur darbothen, auszudrucken, so setzte man zwey klare Vorstellungen zu einem einigen Begriffe zusammen, und druckte sie auf ähnliche Art durch ein zusammen gesetztes Wort aus. Doch von dieser Quelle der Sprachbereicherung handeln wir im Folgenden in einem eigenen Abschnitte.

§. 77. Was bisher von dem Bau der Deutschen Wörter gesagt worden, gilt unter den nöthigen Veränderungen zugleich von allen Sprachen. Es erhellet daraus zugleich, daß die Sprachen weder so göttlich oder metaphysisch sind, als einige glauben, noch so willkührlich, als andere vorgeben. Sie beruhen ganz auf dunkel empfundenen Ähnlichkeiten, und ob man gleich nachmahls in der Vorstellung vieles davon zur Klahrheit und Deutlichkeit brachte, so konnte doch der Ausdruck nicht

überall

überall nachfolgen, weil er eigentlich nur das Hörbare ausdrucken konnte.

§. 78. Aus der Lehre von dem Baue der Wörter läßt sich nunmehr auch die Verwandtschaft der Sprachen bestimmen. Wenn zwey Sprachen in ihren Wurzelwörtern, Biegungs- und Ableitungssylben im Ganzen, d. i. biß auf einzele Ausnahmen, mit einander übereinstimmen, und der Unterschied bloß in den Hülfslauten und verwandten Hauptlauten bestehet, so sind sie bloße Mundarten von einander. Erstreckt sich die Abweichung auch auf andere als verwandte Hauptlaute, und finden sich in den Ableitungen und Biegungen merkliche Unterschiede, so sind es *verwandte Sprachen*, welche Verwandtschaft denn wieder ihre mannigfaltigen Stufen hat. Ganz verschiedene Arten der Ableitung und Biegung, und größerer oder geringerer Unterschied in den Wurzeln und ihrer Bedeutung geben mehr oder weniger *verschiedene Sprachen*.

Drittes Kapitel.

Von dem Tone der einfachen Wörter.

§. 79.

Der Ton, welcher mit der Länge und Kürze der Sylben nicht verwechselt werden muß, ist die vorzügliche Erhebung der Stimme, mit welcher eine Sylbe vor der andern ausgesprochen wird. Eine Sylbe, welche auf solche Art vor den andern heraus gehoben wird, heißt eine betonte Sylbe.

§. 80. Diese Erhebung der Stimme hat einen gewissen Nachdruck zum Grunde, welcher entweder in der Willkühr des Sprechenden liegt, oder nicht von derselben abhängt, sondern in dem Worte selbst gegründet ist. Die erste Art des Tones heißt der **Redeton**, und die zweyte der **Wortton**. Der Redeton ist veränderlich; z. B. in dem Satze, **ich habe es ihm schon gesagt,** kann der Ton auf sechsfache Art verändert werden, nachdem man jedes Wort und dessen Begriff vor den andern herausheben will. Er kann auch auf Sylben zu stehen kommen, welche den Wortton niemahls haben können: **er hat ihn nicht nur geschlagen, sondern auch erschlagen.** Doch von diesem Tone reden wie hier jetzt nicht.

§. 81. Der **Wortton** oder Ton schlechthin, ist so wohl in Ansehung seiner Stärke als auch der Dauer von verschiedener Art. 1. In Ansehung der Stärke, wenn in einem mehrsylbigen Worte zwey Sylben betont sind, in welchem Falle die eine mit mehr Erhebung der Stimme ausgesprochen wird, als die andere, wie die zweyte Sylbe in **Geséllscháft**. Ein solcher Ton heißt der **Hauptton** oder **volle Ton**, der schwächere aber der **Nebenton** oder **halbe Ton**. 2. In Ansehung der Dauer, ist der Ton entweder **gedehnt**, wenn er länger auf dem Hülfslaute verweilet, wie in **Schāf, schief**; oder **geschärft**, wie in **blĭtz, urplötzlich**.

§. 82.

3. Kapitel. Von dem Tone.

§. 82. Der Ton hängt im Deutschen überhaupt von der größern oder geringern Bestimmtheit der Sylben ab. Je mehr sie ihrer Bedeutung nach bestimmt sind, oder je mehr sie zur Bestimmung der ganzen Vorstellung und ihres Ausdruckes beytragen, desto merklicher ist auch ihr Ton. Daher haben die größern und genau bestimmten Redetheile allemahl den vollständigsten und merklichsten Ton, die Artikel, persönlichen Fürwörter und Partikeln aber, wenn sie bloß zur nähern Bestimmung eines andern Wortes dienen, haben für sich allein keinen merklichen Ton, sondern überlassen denselben dem Worte, welches sie bestimmen: er ságt, der Mánn, ein Háus, sehr schön. Doch davon an einem andern Orte.

§. 83. In einem mehrsylbigen nicht zusammen gesetzten Worte wird die Stamm = oder Wurzelsylbe allemahl mit der stärksten Erhebung der Stimme ausgesprochen, weil sie den Grund des ganzen Wortes enthält: veréhren, Gebíeter, entérbeter, Beschäffenheit. Ausnahmen sind nur: 1. Das Wort lebéndig für lébendig. 2. Die abgeleiteten Wörter auf ey, Raseréy, Tändeléy, Spieleréy, Kinderéy. Und 3. die Zeitwörter mit der ausländischen Endung iren, hanthíren, haselíren. Alle Wörter, welche den Ton nicht auf der vermuthlichen Stamm = oder Wurzelsylbe haben, sind daher fremden Ursprungs: Alkóven, Barón, Kapáun, Soldát, Altán, Aníes, Elephánt.

§. 84. Diejenigen Ableitungssylben, welche aus Wurzelwörtern bestehen, bar, chen, haft, heit,

heit, keit, lein, ley, niß, sal, sam, schaft, und thum haben einen halben Ton, welcher doch nur alsdann vorzüglich merklich ist, wenn sie am Ende wachsen: óffenbár, óffenbáren, tändelháft, Bedrängnisse, Alterthümer, Trübsále. Die Sylben lich, sel und zig oder sig sind tonlos, außer daß lich, in solchen Fällen, wenn der Hauptton auf der vierten Sylbe vom Ende liegt, einen halben Ton bekommt, weil drey tonlose Sylben hinter einander wider die Natur der Deutschen Sprache seyn würden: veränderliche, väterliche, lächerlicher.

§. 85. Alle übrigen sind nebst den Vorsylben und Biegungssylben tonlos. Ausnahmen machen hier: 1. der eigenthümliche Nahme Gébauer, Entschluß und Entwurf, doch nur nach der unrichtigen Aussprache einiger, vermuthlich, weil sie selbige als Zusammensetzungen von Ende ansehen. 3. Diejenigen Ableitungssylben, welche am Ende wachsen, wenn der Hauptton auf der vierten Sylbe vom Ende fällt, da sie denn einen halben Ton bekommen: dichterische, vier Gänseriche, Begünstigungen, Meisterinnen. 4. Die zusammen gesetzte aber im Hochdeutschen seltene Ableitungssylbe enzen, fáulénzen, bóckénzen. 5. Einige alte zum Theil verunstaltete Ableitungssylben: Heiland, Elend, Arbeit, Leumund, Heimath, Armuth, Brósame, Ahorn, Héróld, Bástárd, Gheim, und andere dergleichen mehr, die man vermuthlich für zusammen gesetzte Wörter gehalten.

§. 86.

3. Kapitel. Von dem Tone. 75

§. 86. Beyde Arten des Tones, so wohl der volle, als der halbe, sind entweder gedehnt oder geschärft. Der erste verweilet länger auf dem Hülfslaute, und der folgende Hauptlaut kann alsdann eigentlich nur einfach ausgesprochen und geschrieben werden. Ausnahmen machen hier nur diejenigen Fälle, wo durch die Biegung und Ableitung zwey Hauptlaute hinter einem gedehnten Vocal zu stehen kommen: du liebst, er fühlt, der schönste, begegnen, Weitzen, spreitzen, Begierde, Behörde, Beschwerde, Geberde, Gemählde, Labsal, die Jagd, regnen, segnen, Rübsen (für Rübsamen,) Räthsel, latschen, quitschen, Zierde; besonders wenn ein e ausgeworfen ist, des Gehörs, er sprachs, du redst, er flucht, der späteste.

§. 87. Wenn durch die Ausbildung eines nackten Wurzelwortes, ingleichen durch die Ableitung vermittelst einzeler Hauptlaute zwey Consonanten hinter einem gedehnten Hülfslaute zu stehen kommen, so gehet derselbe gemeiniglich in einen geschärften über: sehen, sicht, stehen, Stand, bären, Bürde, fliehen, Flucht, wehen, Wind. Allein es sind doch auch hier viele ausgenommen, welche ihre ursprüngliche Dehnung beybehalten. Die vornehmsten davon sind:

Agtstein. Arsch. Art. Arzt, aber Arzeney ist geschärft. Bart. Bord, Borte. Börse. Bars. Dienst. Düster. Erde. Erst. Das Erz, aber erz= die Vorsylbe ist geschärft. Fahrt. Fährte. Feind. Freund. Geburt.

Geburt. Gefährte. Der und das Harz. Herd. Herde. Husten. Jagd. Rebsehe, Rebsweib. Krebs. Magd. Mond. Nest. Nebst. Obst. Osten. Ostern. Pferd. Quarz. Rösten. Schuster. Schmutz, al. Schmütz. Schwarte. Schwert. Stätte, besser Stäte. Stets. Todt, für todet. Trost. Vogt. Werden. Werth. Wuchs, al. Wüchs. Zart. Wust, Wüste.

Ingleichen folgende fremden Ursprunges: Bratsche, Bretzel, Kloster, Papst, Propst. Hingegen werden Dorsch, Vers, Gelübd, Hirse, im Hochdeutschen geschärft.

§. 88. Der gedehnte Ton einer Sylbe wird erkannt:

1. An dem Hülfs- oder Döppellaute am Ende, bey, blau, grau, nie, da, die, so, ja, ha! je; wo doch die tonlosen Biegungs- und Ableitungssylben eine Ausnahme machen. Die einsylbigen Partikeln haben in diesem Falle nur einen halben gedehnten Ton.

2. An den gewöhnlichen Dehnungszeichen, aa, ee, oo und ie, wohin auch das h gehöret, wenn es auch ein Theil der Wurzel ist, oder in dem th das t begleitet: Aar, See, Seele, hier, nie, Liebe, Priester, froh, nahe, sah, Rath, That, thun, Blüthe, Thor. Nur wahrlich wird gemeiniglich geschärft gesprochen. Daß auch das ie in einigen Fällen geschärft laute, ist schon §. 17. bemerket worden.

3. An

3. Kapitel. Von dem Tone.

3. An dem einfachen Hauptlaute am Ende der Sylbe, wohin auch das ß gehöret, so fern es bloß das Zeichen des geschärften Säuselers ist: spät, trat, wer, Spur, mir, hören, schön, kam, Pfad, Tag, Gras, Weg, Nase, groß, Größe, süß, Fuß, (S. §. 43.) Ausgenommen sind: 1) eintge einsylbige kleine Redetheile, welche geschärft lauten: ab, ob, das, des, was, es, bis, hin, in, weg, an, er, man, um, von, un. Ingleichen, er hat, gib, grob, Herzog, genüg, Vortheil, der Schmid, und bey vielen auch das Lob. 2) Das ch, welches nie verdoppelt wird, und daher kein Merkmahl der Art des Tones abgeben kann. Es schließt eine gedehnte Sylbe in Buch, fluchen, suchen, hoch, Schmach, Kuchen, Sprache; aber eine geschärfte in sprechen, Rache, Sache, Roch, Küche, brechen. 3) Eben das gilt auch von dem sch, welches gleichfalls nicht verdoppelt wird, aber auch nur selten nach einem gedehnten Hülfslaute stehet, sie wüschen, es dräuscht, die Mäsche, besser Masche. Daß die tonlosen Biegungs- und Ableitungssylben nicht hierher gehören, verstehet sich schon von selbst.

§. 89. Der Doppellaut ist kein allgemeines Zeichen der Dehnung, indem er vor dem f und ſ oft sehr merklich geschärft lautet, daher diese alsdann billig doppelt geschrieben werden: reissen, weissen, dealbare, schmeissen, du weißt, er weiß, beissen, Meissen, Preussen, das Äussere, greiffen, pfeiffen, sauffen, Hauffen.

Der

Der Übergang von dem gedehnten Tone zu dem geschärften geschiehet, wie alles in der Sprache, nur sehr unmerklich, daher es auch Fälle giebt, wo es zweifelhaft ist, ob der Ton mehr gedehnt, als geschärft ist, laufen, Zweifel, taufen, befleißigen, wo doch die Dehnung vorzustechen scheinet.

§. 90. Noch weniger sind die weichen Hauptlaute b, d, w, g u. s. f. sichere Zeichen der Dehnung und die harten p, k und t der Schärfe. Besonders stehen t und k im Hochdeutschen sehr häufig, und im Niederdeutschen das k noch öfter nach einem gedehnten Hülfslaute: spät, gut, Blut, Ekel, Haken, Laken, Bake, Wieke, Wake, er buk, spüken, Luke, Schnake, takeln, erschrak, Pauke, Mauke, Rauke, gaukeln, schaukeln, u. s. f.

§. 91. Den geschärften Ton einer betonten Sylbe erkennet man vornehmlich an den gedoppelten Hauptlauten am Ende, sie seyn nun von einer oder von verschiedener Art, äll, Fäll, Lämm, Herr, soll, oft, gern, Städt, emsig. Die Ausnahmen sind bereits §. 87. angeführet worden.

§. 92. In dem zwiefachen gedehnten e weichen die Deutschen Provinzen sehr von einander ab. Im Hochdeutschen findet das tiefe gedehnte e, welches wie ä lautet, vorzüglich in folgenden Wörtern und ihren abgeleiteten statt: Beben, Beere, begegnen, Befehl, begehren, behen, (besser bähen,) bequem, bescheren, Besen,

3. Kapitel. Von dem Tone.

bethen, Gebeth, bewegen, Breme, Bret, Bretzel, Degen, dehnen, der, dem, den, denen, derer, drehen, eben, Eber, edel, Ekel, Elend, Erde, entbehren, erst, das Erz, Esel, Feder, fegen, Fehde, fehlen, Fleder, Flegel, Frefel, geben, gegen, Gegend, genesen, der Geren, Hebel, heben, Hederich, Hedwig, Hefen, Heer, hegen, hehlen, her, Herd, Herde, Herlinge, Hering, (Häring,) her, Kebs, Kefig, Kegel, Kehle, kleben, Knebel, kneten, Krebs, leben, Leber, Leder, ledig, legen, Legel, lehnen, lesen, Meer, Mehl, Meth, neben, nebst, Nebel, nehmen, Nest, Pferd, pflegen, predigen, Quehle, quer, Rebe, Rede, regen, regnen, Rekel, Schedel, (Schädel,) schel, Schemen, Schemel, (Schämel,) Schere, scheren, Schlegel, (Schlägel,) Schmer, schweben, Schwefel, schwer, Schwert, Segel, Segen, segnen, Sehne, sehnen, versehren, selig, Speer, Steg, stehlen, stet, stetig, (stät,) stets, streben, Theer, Treber, (Träber,) Trester, treten, Verweser, Weser, Feldwebel, weben, Wedel, weder, Weg, bewegen, verwegen, wegern, (weigern,) Wegerich, wehen, wehren, wem, wen, wer, werden, Werth, Wesen, zehen, decem, zehren.

Das höhere, wie das Lateinische e in meus, merito, lautet gedehnt in, Beet, area, Beete, eine Art Kohles, Ceder, Cleve, Demuth,

Eden, Ege, ehe, eher, die Ehe, ehern, Ehle, Ehre, Epheu, ewig, See, flehen, gehen, geschehen, Herold, je, jeder, jener, jemahls, jemand, kehren, (bey vielen aber auch tief, wie Kähren,) Klee, Lamprete, leer, das Lehen, Darlehn, lehnen, lehren, Magnet, mehr, Meve, Muskete, Peter, Pastete, Poet, Regel, regiren, Rhede, Reh, Scene, Schlehe, Schlesien, Schnee, Schweden, See, Seele, sehen, sehr, Spree, Sprehe, stehen, Tapete, Thee, Trompete, wehe, wenig, die Zehe, Zeter, zween.

Das geschärft betonte e ist allemahl tief, Becher, Becken, besser, und so viele hundert andere. Das unbetonte e in den Ableitungs- und Biegungssylben ist hoch, wenn es für sich allein, oder auch am Ende der Sylbe stehet, Lieb=e, Beschwer=de, ge=liebt, be=fehlen; aber tief, wenn noch ein Hauptlaut darauf folgt, Gott=es, ver=geb=en, er=zähl=en, ent=steh=en, Räth=sel.

§. 93. Was einen vollen Ton hat, ist in der Prosodie allemahl lang, der Ton sey gedehnt oder geschärft; was nur einen halben Ton hat, kann lang oder kurz gebraucht werden; was aber tonlos ist, ist allemahl kurz. Von dem Tone der zusammen gesetzten Wörter wird an seinem Orte gehandelt werden.

Zweyter

Zweyter Abschnitt.
Von den Wörtern als Redetheilen und ihrer Biegung.

Erstes Kapitel.
Von den Arten der Wörter oder den Redetheilen überhaupt.

§. 94.

Die Wörter sind ihrer Materie nach entweder Wurzelwörter, oder abgeleitete, oder zusammen gesetzte. Von den beyden ersten haben wir im vorigen geredet, die zusammen gesetzten kommen im folgenden vor. Hier haben wir es nur mit ihrer Form, oder der Art des Begriffes zu thun, welche sie bezeichnen.

§. 95. In dieser Betrachtung haben wir zwey Hauptarten von Wörtern, wovon die eine unsere Empfindungen als bloße Empfindungen, die andere aber unsere klare Vorstellungen von den Dingen und ihren Bestimmungen bezeichnet. Die ersten heissen Interjectionen oder Empfindungswörter, und enthalten, wie wir oben gesehen haben, die Anfangsgründe aller übrigen, sind aber, weil sie die Empfindungen als bloße Empfindungen bezeichnen, der kleinste und unbedeutendste Theil der Rede.

§. 96. Alle Dinge in der Welt sind entweder für sich selbst bestehend oder nicht; das erstere sind alle **Substanzen**, das letztere aber alles, was von ihnen gedacht und gesagt werden kann. Unsere Gedanken bestehen daher darin, daß wir einem selbständigen, oder doch als selbständig gedachten Dinge etwas unselbständiges einverleiben; das heißt, jeder Gedanke ist ein **Satz**, der aus einem Subjecte, einem Prädicate und einem Worte bestehet, vermittelst dessen wir dieses jenem zu- oder absprechen.

§. 97. Jeder dieser drey Theile kann wieder auf mannigfaltige Art bestimmt seyn, und da wir ein Ding nicht mit allen seinen nöthigen Bestimmungen auf einmahl denken, noch weniger aber mit einem Worte ausdrucken können, so haben wir dazu mehrere Wörter nöthig. So fern nun die Wörter die verschiedenen Arten unserer Vorstellungen in der Reihe der Begriffe oder in einem Satze ausdrucken, werden sie **Redetheile** genannt.

§. 98. Die Zahl der Redetheile ist sich nicht in allen Sprachen gleich, weil manche Arten von Bestimmungen in manchen Sprachen nicht ausgedruckt, andere aber mit andern Redetheilen verbunden werden. Wir bezeichnem im Deutschen:

1. Das **Selbständige**, oder die **Substanz**, und alles, was wir uns als selbständig oder für sich bestehend, vorstellen, dessen Nahme das **Substantivum** oder **Hauptwort** gibt.

2. Das

1. Kapitel. Ueberhaupt.

2. Das Unselbständige, oder alles, was sich an dem selbständigen Dinge unterscheiden lässet.

1) An und für sich, ohne als an dem selbständigen Dinge gedacht. Dieses ist:
  a. eine Beschaffenheit, deßen Ausdruck gibt die **Adverbia** oder Beschaffenheits*wörter*; oder
  b. ein Umstand, das Umstandswort:
    α. an und für sich, Umstandswort im engsten Verstande;
    β. als das Verhältniß zweyer selbständigen Dinge, die **Präposition**.
    γ. als das Verhältniß der Sätze oder ihrer Glieder, die **Conjunction**.

2) In der Beylegung begriffen, oder dem selbständigen Dinge wirklich beylegend, das **Verbum**.

3) Als schon beygelegt, dahin alle concrescirte Redetheile.
  a. Eine beygelegte Beschaffenheit, das **Adjectiv** oder *Eigenschaftswort*.
  b. Ein Umstand.
    1. Der Selbständigkeit, der **Artikel**.
    2. Des zufälligen Verhältnisses der Person, das **Pronomen**.
    3. Des Umfanges, das **Zahlwort**.

Wir haben demnach folgende Redetheile:

§. 99. 1. Das **Substantivum** oder *Hauptwort*, der erste und wichtigste Redetheil; auf welchen sich alle übrige beziehen, und um dessen willen sie insgesammt vorhanden sind. Es ist der Nahme nicht nur aller vor sich bestehenden, sondern

dern auch aller als selbständig gedachten Dinge. Es bezeichnet entweder ein einzeles Ding mit Ausschluß aller übrigen, und heißt alsdann ein eigener **Nahme**, (Nomen proprium,) oder ganze Arten, Gattungen und Claſſen von Dingen, (Nomen appellatiuum,) ein Gattungsnahme. Nach der erſten Abſicht der Spracherfinder ſollte jeder Nahme ein eigener Nahme ſeyn; da aber derſelbe nur ein einziges und noch dazu ſehr allgemeines Merkmahl, nähmlich das Hörbare an einem Dinge ausdrucken konnte, ſo ward er unvermerkt und zum großen Glücke ein Gattungsnahme, und verlohr dadurch zugleich die Selbſtändigkeit, die er urſprünglich haben ſollte.

§. 100. Um ihm nun dieſe Selbſtändigkeit da, wo ſie nothwendig iſt, wieder zu geben, führten die Deutſchen nebſt manchen andern Völkern 2. den **Artikel** ein, welcher aus der ganzen Menge aller einerley Nahmen führenden Dinge dasjenige heraus hebt, auf welches ſich das Prädicat beziehen ſoll. Ihn für ein bloßes Zeichen des Geſchlechts zu halten, und daher das Geſchlechtswort zu nennen, heißt ſeine Natur und Beſtimmung ganz verkennen.

§. 101. Außer der Selbſtändigkeit mußte ſehr oft auch noch der Umfang der bezeichneten ſelbſtändigen Dinge angegeben werden, und dieſes geſchiehet 3. durch **Numeralia** oder Zahlwörter mancherley Art, nachdem der Umfang allgemein, beſtimmt, oder unbeſtimmt angegeben werden ſoll.

§. 102. Außer der Selbſtändigkeit und dem Umfange bleibt aber oft noch ein Verhältniß zu bezeich-

bezeichnen übrig, welches bem selbständigen Dinge in dem Augenblicke, da man von ihm spricht, nur allein zukommt; nähmlich das Verhältniß der Person, und dieses wird 4. durch die Pronomina oder Personwörter ausgedruckt, welche auch, obgleich sehr unbequem, Fürwörter genannt werden, indem ihre Vertretung der Hauptwörter nur etwas zufälliges ist.

§. 103. Wenn das selbständige Ding auf solche Art nach seiner Selbständigkeit, seinem Umfange und seiner jedesmahligen Stellung in dem Satze auf das genaueste bezeichnet worden, so ist noch die Bezeichnung seiner Merkmahle oder Eigenschaften oder desjenigen Unselbständigen übrig, welches man als ihm beygelegt vorstellig macht. Dieses geschiehet 5. durch die Adjectiva, Eigenschaftswörter oder Beywörter, welche zum Merkmahle, daß sie dem Hauptworte als schon zugeeignet gedacht werden, allemahl ihr concretes Biegungszeichen haben müssen, groß-er Mann, der groß-e Mann, ein schön-es Haus.

§. 104. Das Prädicat in jedem Satze ist allemahl etwas unselbständiges, oder doch als unselbständig gedachtes, daher auch Hauptwörter mit allen ihren Bestimmungen in demselben Platz nehmen können. Oft ist es eine bloße Beschaffenheit, welche zwar dem selbständigen Dinge zugeeignet, aber doch nicht als schon zugeeignet gedacht wird, der Mann ist groß, das Haus ist schön. Die Wörter, wodurch dieses geschiehet, heissen 6. Adverbia, wohin man aber auch alle diejenigen Wörter rechnet, welche einen

F 4

bloßen

bloßen Umstand bezeichnen, und zugleich zu näherer Bestimmung alles Unselbständigen in der Rede dienen.

§. 105. 7. Dasjenige Wort, welches das unselbständige Prädicat mit dem selbständigen Dinge verbindet, ist allemahl ein **Verbum** oder **Zeitwort**, welches sich in zwey sehr ungleiche Classen theilet. Es druckt entweder die bloße Einverleibung und weiter nichts aus, oder es schließt nebst derselben auch das Unselbständige oder die Beschaffenheit mit in sich. Das erste geschiehet durch das so merkwürdige Wort seyn, **der Mann ist groß, das Haus war schön;** das letztere aber durch alle übrigen Zeitwörter, welche daher eigentlich aus einem Adverbio und dem Verbo seyn zusammen gezogen sind, oder sich doch in dieselben auflösen lassen, **er schläft** oder er **ist schlafend, starren** oder starr seyn.

§. 106. Außer diesen Redetheilen sind oft noch Wörter nothwendig, gewisse Verhältnisse zu bezeichnen, welche durch die vorigen nicht deutlich ausgedrückt werden konnten. Dahin gehören 8. die **Präpositionen,** welche das Verhältniß zweyer selbständigen Dinge bezeichnen, in welches sie durch das Prädicat gesetzet werden, und welche das Mangelhafte und Unbestimmte in den Declinationen ersetzen.

§. 107. 9. Die **Conjunctionen** bezeichnen das Verhältniß so wohl zwischen den Gliedern eines Satzes, als auch zwischen ganzen Sätzen, und sind nebst den vorigen einer der wichtigsten Theile einer vollkommen ausgebildeten Sprache.

§. 108.

1. Kapitel. Ueberhaupt.

§. 108. Den Beschluß machen endlich 10. die Interjectionen oder *Empfindungswörter,* welche die Empfindungen als bloße Empfindungen bezeichnen.

§. 109. Gemeiniglich führet man auch, noch die Participia oder *Mittelwörter* als einen eigenen Redetheil auf; allein es sind bloße Adverbia und Adjectiva mit dem Nebenbegriffe der Zeit, und bezeichnen entweder Beschaffenheiten oder Eigenschaften, je nachdem sie dem Hauptworte als schon zugeeignet gedacht werden oder nicht. Dagegen verdienen die *Zahlwörter* als ein eigener Redetheil aufgenommen zu werden, weil sie sich so wohl in ihrer Bestimmung, als auch in dem Gebrauche von den übrigen unterscheiden.

§. 110. Da das Prädicat auf sehr mannigfaltige Art von dem Subjecte gesagt werden kann, so entstehen daraus allerley zufällige Verhältnisse, in welche so wohl das Hauptwort als auch das Verbum gesetzt werden können. Da man in der Kindheit der Sprache von denselben nur sehr dunkele Begriffe haben konnte, so konnte man sie auch nicht anders als durch einzele Wurzellaute ausdrucken, welche mit der Zeit an das Wurzelwort angehänget wurden. Einen Redetheil nach allen seinen zufälligen Verhältnissen mit den einmahl angenommenen Wurzellauten versehen, heißt denselben flectiren oder *biegen,* die Wurzellaute aber, wodurch dieses geschiehet, *die Flexions- oder Biegungssylben.*

§. 111. Diese Verhältnisse sind aber wieder von verschiedener Art. 1. Das Verhältniß des im Prädicate befindlichen selbständigen Dinges gegen das Subject. Die Reihe dieser Verhältnisse an einem Hauptworte ausdrucken, heißt dasselbe **decliniren**. Decliniret aber werden nicht allein die Hauptwörter, sondern auch alles was unmittelbar zu ihrer Bestimmung dienet, folglich der Artikel, das Pronomen, viele Zahlwörter, und das Adjectiv, weil sie insgesammt Theil an den Verhältnissen ihres Hauptwortes nehmen.

§. 112. 2. In allen bekannten Sprachen sind die Nahmen selbständiger Dinge in verschiedene Geschlechter vertheilet, daher ihre Bestimmungswörter ihnen auch darin ähnlich werden müssen. Dieses Verhältniß des Geschlechts an den Bestimmungswörtern des Hauptwortes ausdrucken, heißt sie **moviren**. Ein Hauptwort durch die Ableitungssylbe aus einem Geschlechte in das andere versetzen, Held, Heldinn, gehöret nicht hierher, indem es Ableitung und nicht Biegung ist.

§. 113. 3. Wenn ein aus einem einigen Begriffe bestehendes Prädicat vor sich allein gedacht wird, so heißt es eine **Beschaffenheit**, und die Wörter, welche dieselben bezeichnen, heissen, Adverbia, z. B. groß. Soll aber diese Beschaffenheit als einem Dinge wirklich einverleibt vorgestellet, folglich zu einer **Eigenschaft** erhöhet werden, ein großer Mann, so wird sie concresciret, und die Sylben, wodurch selbiges geschiehet, die aber mit den Motions- und Declinations-Sylben einerley sind, heissen die Concretionstions=Sylben. Concresciret können nur werden die Adverbia und alles was zu ihnen gehöret.

§. 114. 4. An denjenigen Redetheilen, welche Beschaffenheiten und Eigenschaften bezeichnen, läßt sich gar oft noch das Verhältniß eines höhern und höchsten Grades ausdrucken. Dieses Verhältniß mit seinen gehörigen Biegungssylben bezeichnen, heißt solche Wörter steigern, oder, obgleich nicht so richtig, compariren.

§. 115. 5. An dem Verbo, dem wichtigsten Theile des Prädicates, lassen sich verschiedene Verhältnisse bezeichnen, welche insgesammt in den zufälligen Bestimmungen desselben in Ansehung des Subjectes gegründet sind; z. B. die Art, wie das Prädicat von dem Subjecte gesagt wird, (Modus,) die Zeit, wenn es von ihm gesagt wird, (Tempus,) und endlich die Person, welche das Subject des Satzes ist, und zwar so wohl nach ihrer einfachen als vielfachen Zahl, (Persona und Numerus.) Ein Wort nach Maßgebung aller dieser Verhältnisse durch die gehörigen Biegungssylben führen, heißt dasselbe conjugiren.

§. 116. Die übrigen Redetheile beziehen sich entweder nicht unmittelbar auf ein selbständiges Ding, oder doch nicht auf eines allein, und können daher keines Livree tragen, folglich auch nicht gebogen werden. Sie werden Partikeln genannt, weil die meisten und ältesten von ihnen theils aus Wurzellauten, theils aus nackten Wurzelwörtern bestehen; so wie man das Hauptwort mit allen seinen unmittelbaren Bestimmungswörtern, dem Artikel, Pronomen, Zahlworte und

Adjectiv,

Adjectiv, Nomina oder Nennwörter nennet, weil sie zu Bezeichnung des Nahmens der Dinge gehören.

Zweytes Kapitel.
Von dem Substantiv oder Hauptworte.

1. Dessen Arten.

§. 117.

Das Substantivum oder Hauptwort ist der Nahme eines als selbständig gedachten Dinges. Da alle unsere Vorstellungen und Gedanken durch selbständige Dinge veranlasset werden, und sich wieder auf sie beziehen, so sind auch die Hauptwörter der erste und wichtigste Redetheil, um dessen willen alle übrige da sind.

§. 118. Die Dinge, welchen der Mensch Nahmen gegeben hat, sind entweder wirklich für sich bestehende Dinge, oder sie sind es nicht, sondern werden nur von uns als selbständig gedacht. Die Hauptwörter theilen sich daher in zwey Hauptclassen, in solche, welche wirklich selbständige Dinge bezeichnen, concreta, und solche, welche unselbständige Dinge als selbständig ausdrucken, abstracta.

§. 119. Die concreten Hauptwörter sind nach der verschiedenen Art, nach welcher wir die Dinge betrachten und benennen, wieder von verschiedener Art. Entweder, wir betrachten die Dinge so
selb-

Substantiv. 1. Dessen Arten.

selbständig als sie wirklich sind, als Individua, in welcher Betrachtung jedes einzele Ding nur ein einiges Mahl vorhanden ist, oder nach gewissen Merkmahlen, welche sie mit andern gemein haben, oder nach einer gewissen Menge einzeler Dinge, in welcher wir nichts einzeles zu unterscheiden pflegen. Im ersten Falle erhalten wir eigene Nahmen, Nomina propria, im zweyten allgemeine oder Gattungsnahmen, appellativa, im dritten aber Sammelnahmen oder collectiva, wozu man noch die Materialia rechnen kann, welche bloß die Materie an den Dingen benennen: Eisen, Holz, von Stein, Bein.

§. 120. Jedes einzele für sich bestehende Ding ist schon durch sich selbst vollkommen bestimmt und von allen übrigen Dingen unterschieden. Da aber dessen Nahme nicht alle die Merkmahle bezeichnen kann, die es zu einem Individuo machen, indem die Sprache eigentlich nur ein allgemeines hörbares Merkmahl ausdrucken kann: so sind alle eigene Nahmen eigentlich gemeine Nahmen, welche nur auf ein einzeles Ding angewandt werden. Carl, ein tapferer Mann, Christian, ein Christ, Elbe, ein Fluß, Leipzig, Lindenstadt, wie allgemein sind sie nicht.

§. 121. Die eigenen Nahmen sind so vielfach, als es selbständige Dinge gibt, welche als einzeln in ihrer Art zu bezeichnen nöthig sind, Landesnahmen, Ortsnahmen, Personennahmen u. s. f. Wenn mehrere einzele Dinge einerley eigene Nahmen führen, so legt man einem Dinge oft mehr als einen bey, alle Verwirrung zu vermeiden,

meiden, und so entstanden bey Menschen die Vor- oder Taufnahmen, und die Geschlechtsnahmen, welche alsdann Arten von Gattungsnahmen werden, wozu oft noch Zu- oder Beynahmen kommen.

§. 122. Ein eigener Nahme ist seiner Selbständigkeit nach schon vollkommen bestimmt, daher bedarf er, als ein solcher, keines Artikels, außer in dem Falle, wenn ein Personennahme im Deutschen keine Casuszeichen annehmen kann, und dieser Mangel durch den Artikel ersetzt werden muß, der Tempel des Salomo, die Lustspiele des Aristophanes, die Schriften des Plato. Davon im folgenden. Da sie auch nur einem einzelen Dinge allein zukommen, so leiden sie auch keinen Plural.

§. 123. Indessen können die eigenen Nahmen oft auch als Gattungsnahmen gebraucht werden, so wohl, wenn mehrere einzele Dinge einerley eigenen Nahmen führen, als auch, wenn ein eigener Nahme zu Bezeichnung einer Eigenschaft gebraucht wird, als endlich auch, wenn der eigene Nahme ein Eigenschaftswort vor sich bekommt, in welchem Falle er als ein Gattungsnahme angesehen wird. In allen diesen Fällen sind sie so wohl des Artikels als des Plurals fähig: Frankreichs Ludwige, der Alexander Nordens, der Salomo der Deutschen, der 14te Ludwig, der große Newton.

§. 124. Der ersten dunkeln Absicht der Spracherfinder nach, war jedes Hauptwort ein eigener Nahme, weil es gerade nur das Ding bezeichnete,

zeichnete, welches ihn veranlaßte. Allein da das tönende Merkmahl, welches den Nahmen herliehe, allgemein war, so wurden alle diese Nahmen Gattungsnahmen, und zwar zum großen Glücke, so wohl für die Sprache, als für die Erkenntniß; für die Sprache, weil das Gedächtniß unter der ungeheuren Menge eigener Nahmen hätte erliegen müssen, für die Erkenntniß aber, weil der Mensch dadurch genöthigt wurde, sich allgemeiner Begriffe zu befleissigen, welche der Grund unserer ganzen vernünftigen Erkenntniß sind.

§. 125. Die Gattungsnahmen, (Appellativa,) bezeichnen die selbständigen Dinge nach einem gemeinschaftlichen Merkmahle, welches mehreren derselben zukommt. So nennen wir gewisse hochstämmige Gewächse Bäume, gewisse Raubfische Hechte, alle mit Floßen versehene und im Wasser lebende Thiere Fische, gewisse Raubvögel mit krummen Schnabel Falken, alle sich in der Luft vermittelst der Federn bewegende Thiere Vögel. Diejenigen einzelen Dinge, welche in einem allgemeinen Merkmahle mit einander übereinkommen, heissen eine Art oder Gattung. Da sich aber mehrere Merkmahle an den Dingen bezeichnen lassen, wovon eines immer mehrern einzelen Dingen zukommt, als das andere, so finden auch mehrere solcher Arten oder Gattungen statt, wovon immer eine die andere in sich schließt, und folglich höher ist, da man sie denn durch die Nahmen Art, Geschlecht, Gattung, Ordnung, Classe u. s. f. zu unterscheiden pflegt. Hecht ist der Nahme einer Art, worunter alle

einzele

einzele Fische gehören, welche sich durch ihre scharfen Zähne und spitzigen Kopf vor andern auszeichnen; der Nahme Raubfisch begreifft mehrere Arten in sich, so wie die Nahmen Seefisch, Fisch, Wassergeschöpf, Thier, Körper, Substanz, immer höhere Classen bezeichnen, wovon die höhere immer alle untern in sich schließt. Alle diese Nahmen zusammen nennen wir Gattungsnahmen oder Appellativa.

§. 126. Ein jedes Wort verlieret, wider seine erste Bestimmung, den Begriff der Selbständigkeit, so bald es als ein Gattungswort gebraucht wird, und verliert ihn immer mehr, je höher die Classe ist, welche es bezeichnet. Man würde es daher nicht ohne Dunkelheit von einem einzelen Dinge gebrauchen können, wenn man nicht ein Mittel gefunden hätte, ihm die Selbständigkeit, so oft es nöthig ist, wieder zu geben; und dieses geschiehet in den abendländischen Sprachen durch den Artikel, welcher daher bloß um der Selbständigkeit der Gattungswörter da ist, keinesweges aber das Geschlecht der Hauptwörter zu bezeichnen. S. das folgende Kapitel von dem Artikel.

§. 127. Weil die Gattungswörter allgemeine Nahmen mehrerer einzeler Dinge von einem gemeinschaftlichen Merkmahle sind, so müssen sie auch geschickt seyn, mehrere Dinge ihrer Art zu bezeichnen, welches durch Anhängung gewisser Biegungssylben geschiehet. S. im folgenden von der Declination.

§. 128. Die Sammelwörter oder Collectiva bezeichnen eine unbestimmte Menge solcher einze-

einzelen Dinge, welche wir entweder nicht von einander unterscheiden können, oder nicht zu unterscheiden pflegen; Wasser, Wein, Korn, Weitzen, Obst, Sand, Volk, Mehl, u. s. f. Als Sammelwörter leiden sie keinen Plural, wohl aber, wenn sie Gattungswörter werden, und mehrere Arten oder auch wohl Quantitäten bezeichnen, gebrannte Wasser, süße Weine. Manche werden nur allein im Plural gebraucht, Leute Erbsen, Linsen. Von manchen lassen sich vermittelst der Sylbe ge neue Collectiva bilden, sowohl eine Menge, als auch die sämmtliche Menge, zu bezeichnen, das Gewässer, die ganze Menge Wasser, das Geblüt, Gebüsch, Getreide. Dahin gehören auch die Frequentativa, welche eine öftere Wiederhohlung bezeichnen, Gebelle, Gebelfer, Gemurmel, Gefratze.

§. 129. Ihnen gleichen die Materialia, nur daß sie den Begriff der Selbständigkeit noch mehr verlieren, und bloß die Materie ausdrucken, Eisen, Gold, Silber, Speck, Butter, Milch, Holz, Stein, Bein. Da sie von dem Begriffe der Selbständigkeit am wenigsten haben, und sich den bloßen Adverbiis nähern, so leiden sie auch keinen Artikel, außer wenn sie wieder Gattungswörter werden, der schwarze Stein, ein Holz, ein Brot.

§. 130. Die zweyte Hauptclasse der Hauptwörter, die Abstracta, stellen etwas Unselbständiges als selbständig dar. So sehr sie auch von der metaphysischen Wahrheit abweichen, so nothwendig sind sie doch für die gelehrte Erkenntniß, welche ohne Wörter dieser Art nicht statt findet, daher sie sich auch bey einem Volke häufen, je mehr es in der Cultur wächset. Sie theilen sich wieder in verschiedene Arten, nachdem das Unselbständige an den Dingen beschaffen ist, welches als selbständig betrachtet wird. Die vornehmsten sind folgende.

1. Das wirkende an einem Dinge, die wirkende Ursache: **Schicksal, Glück, Unglück, Ursache, Grund.**

2. Die Wirkung und eine jede Veränderung: **Zusage, Bitte, Ruf, Lauf, Anfang, Bothschaft, Hinderniß, Nachricht, Schlag, Tod.**

3. Der Übergang des Unselbständigen in das Selbständige, das Concresciren einer Beschaffenheit. Von dieser Art sind alle Infinitive, so bald sie als Hauptwörter gebraucht werden, **das Begegnen, das Betrachten, das Wirken.**

4. Die Handlung als etwas Selbständiges, sowohl indem sie noch vollbracht wird, dergleichen die Verbalia auf ung sind, **Begegnung, Betrachtung, Wirkung;** als auch als schon vollbracht, dergleichen die sind, die mit dem Imperfect der irregulären Zeitwörter oder der Wurzel ihres Supini, oder auch mit der Wurzel des Infinitivs der regulären gleichlautend sind, **der Betracht, Betrug, Sprung, Stich, Flucht, Gang, Stand.**

5. Eine Beschaffenheit, wozu besonders die Neutra der Adjectiven gebraucht werden:

das

Substantiv. 2. Bildung.

das Große, das Edle, das Saure, das Süße.

6. Eine Eigenschaft an einem selbständigen Dinge, die Größe, die Säure, die Schärfe, die Süßigkeit, die Schönheit, ehedem Schöne, das Alter. Diese Bedeutung unterscheidet sich von der vorigen dadurch, daß die Eigenschaft allemahl einem selbständigen Dinge schon als einverleibt, die Beschaffenheit aber allein und für sich selbst betrachtet wird.

7. Ein Zustand, die Armuth, der Adel, die Theurung, die Jugend, der Reichthum, die Seligkeit, das Verderben.

§. 131. Bey manchen dieser Arten abstracter Hauptwörter durchkreutzen sich die Bedeutungen; allein man muß sich doch hüten, daß man sie nicht für gleich bedeutend halte. Das Große ist etwas anders als die Größe, das Einschränken etwas anders als die Einschränkung und Eingeschränktheit, das Vollziehen etwas anders als Vollziehung und Vollzug, Ansprache, etwas anders als das Ansprechen, die Ansprechung und der Anspruch. Diejenigen, welche Handlungen bedeuten, leiden zuweilen auch Collectiva, das Gemurmel, Geheul, Geschrey, Geplauder. Viele derselben können auch wirklich selbständige Dinge bezeichnen, die Säure, ein saurer flüssiger Körper, eine Schönheit, eine schöne Person.

§. 132.

§. 132. Was den Plural betrifft, so sind sie von verschiedener Art, nachdem ihre Bedeutung verschieden ist. Ursachen, Handlungen, Wirkungen, Eigenschaften, können mehrfach seyn, oder doch an mehrern selbständigen Dingen gedacht werden, und sind also auch eines Plurals fähig. **Glück** und **Unglück** leiden ihn nicht, weil sie als die einige höchste Ursache des zufälligen Guten und Bösen betrachtet werden. Wenn die Adjectiva Neutra Beschaffenheiten als selbständig bezeichnen, so bezeichnen sie selbige entweder überhaupt, oder im Ganzen an einem gewissen Dinge, und leiden also keinen Plural, **das Saure**, alles was sauer ist, **das Böse in der Welt**. Eine Eigenschaft an einem selbständigen Dinge, kann, so fern sie an einem Dinge nur einzeln ist, nur in der Bedeutung mehrerer Arten, oder von diesem Prädicate in mehrern Subjecten vielfach gebraucht werden, **die Größen, die Säuren, die Alter.** Abstracta, welche einen Zustand als selbständig bezeichnen, leiden ihn am wenigsten, weil der Zustand an jedem Dinge nur einfach ist. Manche Abstracta könnten einen Plural haben; allein er ist nicht gewöhnlich, z. B. **Anfang, Rath, Ende.**

2. Bildung der Hauptwörter.

§. 133. In Ansehung der Bildung sind die Hauptwörter entweder **Wurzelwörter** oder **abgeleitete.** Die erstern bestehen aus Wurzeln aller Arten, und sind gemeiniglich Gattungswörter: **Ball, Balg, Bank, Bär, Bach, Bahn, Beet, Bauch, Baum, Asch, Aas, Ast,**

Aſt, Bein, Bett, Bild, Bier, Aal, Ahm, Aar, Eis, Ey, Bock, Dach, Damm, Daum, Dieb, Deich, Schlaf, Fall, Halt. Aber auch nicht ſelten Abſtracta: Bad, Bau, Bann, Lauf, Eid, die Acht, Art. Dahin gehören auch diejenigen, welche mit der Wurzel der vergangenen Zeit eines Verbi gleich lautend ſind, und eine Handlung als ein ſchon vollbrachtes ſelbſtändiges Ding bezeichnen: der Bedacht, Betracht, Andacht, Spruch, Sprung, Gang, Band, Bund, Stand, Gang, Stoß, Stich, Biß, Bug, Trieb, Hieb, Schnitt, Griff. Ingleichen diejenigen concreten Gattungswörter, welche bloß das mildernde e am Ende annehmen: Bube, Auge, Knabe, Preuſſe, Schwabe.

§. 134. Die abgeleiteten können auf verſchiedene Art betrachtet werden, entweder nach den Redetheilen, von welchen ſie abgeleitet worden, oder nach den Ableitungsſylben vermittelſt welcher es geſchiehet, oder nach der Bedeutung der Hauptwörter. In Anſehung der erſtern Art iſt die Ableitung oft ungewiß, weil die Wurzel ſich zu gleicher Zeit in mehr als einen Redetheil hat ankleiden können, ohne daß eben einer von dem andern abſtamme: Liebe, lieben, lieblich, können insgeſammt unabhängig von einander von der Wurzel lieb gebildet ſeyn. Wir wollen die beyden letzten Betrachtungsarten zuſammen nehmen, und die vornehmſten Ableitungsſylben, welche jeder Form der Hauptwörter jetzt am häufigſten zukommt

zukommt, anführen, denn im Ganzen durchkreutzen sich die Bedeutungen hier desto mehr, je schwerer die Unterschiede in der Kindheit der Sprache zu bemerken waren.

§. 135. 1. In die Bildung der **Gattungswörter** oder eigentlichen **Appellativen** haben die Vorsylben be und ge keinen bestimmten und deutlichen Einfluß. Be ist eigentlich eine Ableitungssylbe für Zeitwörter, und von diesen stammen die damit versehenen Hauptwörter ab: **Belege, Besteck.** Die Vorsylbe ge scheint, wo sie nicht Collectiva bildet, etwas Gewirktes zu bezeichnen, **Gebiß, Geäß, Geschenk, Gestell, Geschöpf, Gesicht, Gewölbe.**

§. 136. Bestimmter und zahlreicher sind für die Gattungswörter die Endsylben.

chen, (nicht gen) verkleinernde Wörter aus andern Hauptwörtern zu bilden, **Becher-chen, Bild-chen, Söhn-chen**; oft mit dem Nebenbegriffe der Zärtlichkeit, **Herzchen, Hündchen.** Gemeiniglich werden alsdann in dem Stammworte die Hülfslaute a, o, u in ä, ö und ü verwandelt, **Häuschen, Böckchen, Mütterchen.** Allemahl aber werden die Ableitungssylben e und en an dem Stammworte weggeworfen, **Äffchen, Bübchen, Bällchen, Küßchen,** von Kuß. Einige wenige leiden noch andere Veränderungen, **Mädchen.** Diese Verkleinerungssylbe ist den Hochdeutschen, besonders in der vertraulichen Sprechart vorzüglich eigen, da sie denn, wenn sich das

Stamm-

Stammwort schon auf einen Hauchlaut endigt, wohl noch die verkleinernde Sylbe el einschieben, Sächelchen, Büchelchen, Sprüchelchen, Stängelchen. Oft nehmen ihn auch die Plurale auf er an, Bücherchen, Dingerchen, Häuserchen, Lämmerchen. Wo Verstand und Wohlklang es erlauben, da lassen sich mit dieser Sylbe noch immer neue Verkleinerungswörter bilden.

d, de, ist vorzüglich den Abstractis eigen, hilft aber auch Concreta bilden, Herde, Behörde, der gehörige Ort, Gemählde, Gebräude, Zierde, Hemd.

e, ein Ding weibliches Geschlechtes, Leuchte, Schere, Ähre, Ante, Bahre, Beere, Base, Asche, Äsche, Biene, Platte, Eiche, Eule.

el. 1. Ein Ding, welches etwas thut, Büttel, Weisel, Igel, Hebel, Sauerteig, Stöpfel, Wachtel, Friesel. 2. Was gethan wird, Speichel, Findelkind. 3. Ein Werkzeug, Schlägel, Stachel, Flügel, Hebel, Schlüssel, Deckel. 4. Das von welchem etwas gesagt wird, Frevel, Tadel, Kitzel, Wechsel, Giebel, Esel, Kugel, Kegel. 5. Eine Verkleinerung, doch nur in oberdeutschen Wörtern, als eine Verkürzung von lein, Mädel, Mündel, Fässel, Bündel.

em, en, ein Ding, von dem etwas gesagt wird, Schlitten, Laden, Becken, Balken,

Ballen, Batzen, Besen, Brassen, Brodem, Athem, Fehm, von fahen, Blume von blühen, Eisen.

er, 1. Ein Mann, ein Ding männliches Geschlechts, verwandt mit dem Pronomen er, der Anter, Ganser, Kater, Täuber. Besonders eine Person männliches Geschlechts, welche etwas thut, welche Wörter häufig von Verbis, oft auch von andern Redetheilen gebildet werden, Bäcker, Bader, Bettler, Bauer, Mahler, Jäger, Läufer, Vater, Einsiedler, Gärtner, Riemer, Seiler, Schäfer, Schuldner. 2. Gentilia männliches Geschlechts zu bilden, Römer, Frankfurter, Berliner, Leipziger, Märker, Engländer. 3. Ein Werckzeug, Bohrer, Hammer, Schnitzer, Klammer, Folter, Leyer. 4. Was gethan wird, das von dem etwas gesagt wird, Donner, Fehler, Seufzer, Absenker, Eiter, Acker, Anger, Ächter, der geächtet wird, Tagelöhner, der Tagelohn empfängt, Märtyrer, der gemartert wird, Sechser, Münze von sechs Pfennigen, ein Funfziger, ein Mann von 50 Jahren.

ey, einen Ort, Aufenthalt, Meierey, Schäferey, Brauerey, Gießerey, Färberey, S. das Collectivum ey, von welchem diese Bedeutung abstammt.

ich, ein Ding, besonders männliches Geschlechts, Äppich, Attich, Ästrich, Änterich,

Gänserich, Täuberich, Wegerich, Wütherich, wo es eigentlich die zusammen gesetzte männliche Endung **erich** ist.

ig, ein Ding, Subject, **König, Pfennig, Bottig, Honig, Sittig, Käfig.**

ing, ein einzeles Ding, von welchem etwas gesagt wird, **Häring, Bücking, Messing,** die **Halsing,** ein Halsband, **Rimming.**

inn, eine Person weiblichen Geschlechts, **Christinn, Poetinn, Fürstinn, Königinn, Herzoginn, Diebinn, Enkelinn, Freundinn, Feindinn, Nachbarinn.** Besonders an den Hauptwörtern auf **er,** wenn sie eine männliche Person bezeichnen, **Bürgerinn, Mahlerinn, Kaiserinn, Baderinn, Künstlerinn, Sünderinn, Römerinn, Berlinerinn.** Einige verändern dabey **a, o** und **u** in **ä, ö** und **ü, Bäuerinn, Schwägerinn, Schwätzerinn, Männinn, Gräfinn, Närrinn, Köchinn.** Die männlichen Nahmen auf **erer,** werfen des Wohlklanges wegen das eine **er** weg, **Gotteslästerinn, Plauderinn, Zauberinn, Wanderinn, Wucherinn.** Auch Thiere weibliches Geschlechts, **Eselinn, Wölfinn, Hündinn, Löwinn, Tiegerinn, Bärinn.** Bey den Jägern sind noch viele andere dieser Art üblich, welche sonst nicht vorkommen, **Häsinn, Dächsinn, Füchsinn,**

sinn, **Störchinn.** Nicht alle männliche Nahmen leiden diese Ableitung, besonders die nicht, welche ein eigenes Fämininum haben, z. B. **Vater, Mutter; Sohn, Tochter; Herr, Frau,** obgleich **Herrinn** in einer andern Bedeutung gebraucht wird; **Knecht, Magd; Bock, Ziege; Wittwer, Wittwe.** Von Adjectiven lassen sich dergleichen weibliche Wörter nicht bilden, weil diese ihre eigene weibliche Endung haben; daher **Verwandte, Anverwandte,** nicht **Verwandtinn, Bekannte** nicht **Bekanntinn, Geliebte** nicht **Geliebtinn, Heilige** nicht **Heiliginn, Gelehrte** nicht **Gelehrtinn.** Doch nennet man die Gemahlinn eines Gesandten eine **Gesandtinn,** um sie von einer **Gesandte,** d. i. einer abgesandten weiblichen Person zu unterscheiden. **Äbtissinn** nach Abbatissa, ist die Vorgesetzte eines Nonnenklosters, **Äbtinn,** aber die Gattinn eines Lutherischen Abtes. Es den eigenen Geschlechtsnahmen zur Bezeichnung der Gattinn oder Tochter eines Mannes anzuhängen, ist unnöthig, wenn das Geschlecht schon durch die übrigen Beysätze bestimmt genug ist, **Frau Wolf, Jungfer Schwarz;** aber nöthig, wenn sich keine andere Bestimmung dabey befindet, **die Schwarzinn, die Küstnerinn.** Wenn es geschiehet, so verändern solche Nahmen, welche sonst auch als Appellativa üblich sind, ihren Vocal nicht,

nicht, die Wolfinn, die Grafinn, die Hasinn, nicht die Wölfinn, Gräfinn, Häsinn.

lein, ein kleines Ding seiner Art, welche Sylbe besonders im Oberdeutschen und der höhern Schreibart der Hochdeutschen für chen üblich ist, Kindlein, Weiblein, Männlein, Büchlein.

ling, ein Ding, Subject, von welchem das Wurzelwort etwas saget, Astling, Gründling, Jährling, Hänfling, Kämmerling, Flüchtling, Silberling, Findling, Ankömmling, Bückling, Lehrling, Erstling, Jüngling, Fremdling. Zuweilen mit einem verächtlichen Nebenbegriffe, Dichterling, Klügling, Frömmling, Witzling.

niß, ein Ding, Subject, nur keine Person, Gefängniß, Begräbniß, beyde von dem Orte, Fahrniß, Behältniß, Bildniß. Häufiger wird diese Sylbe jetzt von Abstracten gebraucht, S. im folgenden.

sal, sel, ein Ding, Subject, Labsal, Scheusal, Überbleibsel, Abschabsel, Stöpsel, Einschiebsel.

t, th, vermuthlich ein Ding, Subject, Furt, von fahren, Faust, von fassen, Naht, von nähen, Draht, Last, Blüthe und Blut von blühen.

thum, ein Ding, Subject, Heiligthum, Reichthum, aber auch einen Bezirk,

Fürstenthum, Herzogthum, Bißthum. S. auch die Collectiva und Abstracta. ung, in einigen wenigen, wo es mit ing verwandt ist, ein Ding, Subject zu bezeichnen, Hornung, Mündung, Mastung. Am häufigsten bildet es Abstracta. Wohin endlich noch einige alte und seltene, Heimath, Monath, Heiland, Faland u. s. f. und eine Menge fremder auf al, ant, ast, at, ent, et u. s. f. gehören, Cardinal, Advocat, Testament, Prophet.

§. 137. 2. Collectiva werden gebildet, theils vermittelst der Vorsylbe

ge, Geflügel, Gebein, Getreide, Geschmeide, Gerüst, Geschirr, Gesinde, Gestein, Gestirn. Die Hülfslaute a, o und u, werden dabey in ä, ö und ü, e aber zuweilen in ie verwandelt, Gehölz, Gewürm, Gewölk, Geblüt, Gewässer, Gesäme, Gebirge, von Berg, Gefilde von Feld, Gefieder von Feder, Geschwister von Schwester. Wenn ein weicher Hauptlaut am Ende seinen gelinden Laut behalten soll, so bekommt er das mildernde e, Gesinde, Gehäuse, Gebirge. Außerdem ist es fehlerhaft; also nicht Gehölze, Geblüte, Gewölke, Gerippe, sondern Gehölz, Geblüt, Gewölk, Geripp.

Theils aber auch vermittelst der Nachsylben.

ey, Reiterey, Länderey, die alten Liberey für Bibliothek, Bürgerey, für Bürgergerschaft. Dahin scheinen auch diejenigen Wörter zu gehören, wo diese Sylbe einen Aufenthalt, eigentlich den Inbegriff mehrerer Geschäfte und Dinge einer Art bezeichnet, die Meierey, Schäferey, Jägerey, Stuterey, Bäckerey, Brauerey.

icht, das Kehricht, Feilicht, Spühlicht, Dickicht, Weidicht, Getreidicht für Getreide.

schaft, Barschaft, Bürgerschaft, Bauerschaft, Judenschaft, Brüderschaft, Bekanntschaft, Dorfschaft, Landschaft, Mannschaft, Geräthschaft. Briefschaften ist davon allein nur im Plural gebräuchlich

thum, doch nur in einigen, das Heidenthum, Alterthum.

ung, Waldung, Holzung, Hutung, Feldung, Stallung, Markung.

§. 138. 3. Zu den Iterativis oder Wiederhohlungswörtern dienen vornehmlich,

die Vorsylbe ge, welche Wörter von Infinitivis mit Weglassung der Sylbe en bildet, das Gebrüll, Geheul, Gemurmel, Gepolter. Im gemeinen Leben bildet man noch täglich häufige Wörter dieser Art, da man denn nur das n des Infinitivs wegzulassen pflegt, das Gebelle, Geweine, Gebettele, Gebrumme, Gedehne, Gefrage, Gefluche, welchen Wörtern denn insgesammt ein verächtlicher Nebenbegriff anklebt.

die

die Endsylbe ey, gleichfalls von Verbis, **Betteley, Grübeley, Prügeley, Witzeley, Plauderey**; oft noch mit vorgesetzter Sylbe er, **Balgerey, Äfferey, Büberey, Fresserey, Prahlerey**. Die Wörter dieser Art gehen unvermerkt in die Gattungswörter über, können daher auch von einzelen Handlungen ihrer Art im Plural gebraucht werden.

Die **Materialia** haben keine eigene bestimmte Ableitungssylbe.

§. 139. Reicher sind 4. die **Abstracta**, besonders an Nachsylben, obgleich selbige ursprünglich lauter Concreta bezeichneten, und erst in der Folge auf jene übertragen wurden, daher sie in vielen Fällen auch noch jetzt wieder Gattungswörter werden können. Ihnen dienen vornehmlich die Laute und Sylben:

d, de, von Zeitwörtern mit Wegwerfung der Sylbe en, eine Handlung und zuweilen auch einen Zustand zu bezeichnen, **Jagd, Freude, Zierde, Sünde, Gnade, Bürde, Würde, Ärnde, Begierde, Tugend, Schuld**. Auch **Armuth** scheint für **Ärmde** zu stehen.

e, einen Zustand, eine Beschaffenheit, von Adjectivis, **Güte, Liebe, Stärke, Größe, Härte, Fläche, Beitze, Ehe, Nässe, Schwere**. Die Hülfslaute a, o und u werden dabey in ä, ö und ü verwandelt. Das Neutrum eines Adjectivs muß, wenn es als ein Concretum gebraucht wird, nicht

nicht damit verwechselt werden, das Gute, das Große, das Harte.

en, das Concresciren, oder den Übergang eines unselbständigen Dinges in ein selbständiges zu bezeichnen. Von dieser Art sind alle Infinitive, wenn sie als Hauptwörter gebraucht werden.

el, doch nur zuweilen, eine Beschaffenheit, einen Zustand auszudrucken, der Adel, Ekel, Mangel, Schwindel, Tadel, Kitzel, Wandel, Wechsel.

er, eigentlich auch eine Gattungssylbe, bezeichnet doch auch zuweilen eine Beschaffenheit oder einen Zustand, das Alter, der Eifer, die Feier, die Dauer, die Heuer, d. i. Miethe.

ey, eine Beschaffenheit, Tyranney, Jägerey, die Kunst eines Jägers, Büberey, Heucheley, Tändeley. Doch alle damit abgeleiteten Wörter gehen unmerklich in Gattungswörter, Collectiva und Iterativa über.

ft, eine Beschaffenheit, einen Zustand, Haft, von haben, Kunst von kommen, Vernunft von vernehmen.

heit, welches ehedem ein eigenes Wort war, und eine Person bedeutete, ist jetzt eine fruchtbare Ableitungssylbe, eine Beschaffenheit und einen Zustand zu bezeichnen; so wohl von Hauptwörtern, Gottheit, Menschheit, Mannheit, Kindheit, Schalkheit, Narrheit, Thorheit; als auch und
zwar

am häufigsten von Adjectiven, die sich aber nicht auf bar, ig, lich, sam und er, (Sicherheit und einige wenige ausgenommen,) endigen dürfen, Blindheit, Bosheit, Dunkelheit, Ergebenheit, Freyheit, Einheit, Wahrheit, Wildheit, Zagheit.

keit, welches mit dem vorigen nahe verwandt ist, aber nur den Adjectiven angehängt werden kann, welche sich auf die Ableitungssylben, bar, er, ig, lich und sam endigen, Dankbarkeit, Brauchbarkeit, Strafbarkeit, Bitterkeit, Heiterkeit, Billigkeit, Ewigkeit, Ehrlichkeit, Friedlichkeit, Grausamkeit, Einsamkeit. Solche Adjective, welche keine eigentliche Ableitungssylbe haben, nehmen erst ig an, ehe Abstracta auf keit daraus gebildet werden können, Frömmigkeit, Kleinigkeit, Süßigkeit, Feuchtigkeit, Mattigkeit, daher denn solche Wörter mit denen auf heit odere andern Ableitungssylben nicht völlig gleich bedeutend sind, Kleinheit ist etwas anders als Kleinigkeit.

niß, eine Handlung, einen Zustand, Säulniß, Ärgerniß, Hinderniß, Erlaubniß, Bekenntniß, Betrübniß, Begängniß, Bündniß, Geständniß, Gedächtniß, Befugniß.

sal,

Substantiv. 2. Bildung.

ſal, eine Veränderung, einen Zuſtand, doch nur in einigen wenigen, Trübſal, Drangſal.

ſam, ſame, einen Zuſtand, wovon nur noch einige wenige üblich ſind, Gehorſam, Gerechtſame, Gewahrſam.

ſchaft, einen Zuſtand, eine Beſchaffenheit, Bereitſchaft, Feindſchaft, Freundſchaft, Endſchaft, Bekanntſchaft, Knechtſchaft, Gefangenſchaft, Rechenſchaft, Wiſſenſchaft

ſt, einen Zuſtand, Angſt, Kunſt, Brunſt, Gunſt, Gewinnſt, Dienſt.

t, einen Zuſtand, von Zeitwörtern, wobey diejenigen, deren Dienſtlaut ein g oder h iſt, denſelben gemeiniglich in ch verwandeln, Macht, von mögen, Pracht von brechen, glänzen, oder auch von prangen, Zucht, von zeugen und ziehen, Gewicht, von wiegen, Gerücht von dem alten ruchen, Schlacht von ſchlagen, Tracht von tragen, Flucht von fliegen, Geſicht von ſehen, Verzicht von verzeihen. Nur von jagten kommt im Hochdeutſchen Jagd, (Niederſ. Jacht.)

thum, eine Beſchaffenheit, beſonders Würde, Prieſterthum. Noch häufiger einen Zuſtand, Eigenthum, Alterthum, Reichthum, Wachsthum, Chriſtenthum, Irrthum.

H ung,

ung, eine ergiebige Ableitungssylbe, Handlungen und den darin gegründeten Zustand selbständig auszudrucken. Man bildet die Wörter dieser Art von den Infinitiven thätiger Zeitwörter durch Wegwerfung ihrer Endung en, **Änderung, Bändigung, Befestigung, Erziehung, Warnung, Salbung, Handlung.** Von Neutris lassen sich dergleichen Wörter nicht ableiten, wohl aber von Reciprocis. Ja man kann vermittelst dieser Sylbe ganze Redensarten in ein Hauptwort verwandeln, die **Schadloshaltung, Auseinandersetzung;** wobey man doch den Wohlklang nicht aus den Augen setzen muß.

Wohin auch die fremden Ableitungssylben, **anz, el, ie, on** oder **ion, ur** u. s. f. gehören, **Observanz, Poesie, Chymie, Pardon, Religion, Figur.**

§. 140. Die Freyheit in Ansehung der Bildung neuer Hauptwörter vermittelst dieser Ableitungssylben hängt ganz von ihrer Bestimmtheit und noch bekannten Bedeutung ab. Daher kann man jetzt keine neue Hauptwörter auf d, de, e, el, en, st, ich, icht, ig, ing, sal, sam, schaft, t, th, und thum, bilden. Auch lassen sich keine neue Concreta auf unz, keine Abstracta auf el und er, und keine Collectiva mit der Vorsylbe ge mehr bilden. Ein wenig mehr Freyheit hat man in Ansehung der Sylben, ling, wenn sie im verächtlichen Verstande gebraucht wird, niß, heit und keit; weit mehrere aber in Betrachtung

trachtung der iterativen Vorsylbe ge, und der Endsylben chen, lein, er, so fern diese gebraucht wird, männliche Hauptwörter von Verbis zu bilden, inn, ey, und ung, Verbalia zu bilden, weil ihre Bedeutung, wenigstens in manchen Fällen bestimmter und deutlicher ist. Doch müssen dabey Analogie, Bedeutung und Wohlklang auf das strengste beobachtet werden.

§. 141. Außer diesen Ableitungssylben hat die Deutsche Sprache auch noch den Vortheil, daß sie fast einen jeden andern Begriff als ein selbständiges Ding betrachten, folglich fast jeden andern Redetheil als ein Hauptwort gebrauchen kann. Mein Ich, Streit über das Mein und Dein, sein Ist ist besser als sein War, es ist ein Aber dabey, dein Ach, in welchem Falle aber dergleichen Wörter keiner Declination fähig sind. Besonders gehören dahin die Adjective, welche sowohl als Appellativa, der Weise, die Schöne, ein Gelehrter, als auch als Abstracta gebraucht werden können, das Schöne, das Große, davon bey den Adjectiven. Ja es lassen sich nach Art der Griechen ganze Redensarten als Hauptwörter behandeln; das hin und her gehen, das durch die Finger sehen, davon bey den Zusammensetzungen.

3. Geschlecht der Hauptwörter.

§. 142. Alle bekannte Sprachen theilen ihre Hauptwörter nach den Geschlechtern in verschiedene Classen; ein Umstand, welchen ohne Zweifel der an den Thieren bemerkte Unterschied des Geschlechts veranlaßte, welchen man nachmahls auf alle selbständige und als selbständig gedachte Dinge anwandte.

§. 143. Die Deutschen Hauptwörter theilen sich in zwey Hauptgeschlechter, das **persönliche** und das **sächliche**, (Neutrum,) von welchen beyden das erste wiederum entweder **männlich**, (Masculinum,) oder **weiblich** ist, (Fämininum.) Alles, was man als Person sahe oder dachte, ward zu einem der persönlichen Geschlechter gerechnet, was man aber nicht als Person zu denken für gut befand, blieb für das sächliche.

§. 144. Daß dabey in Ansehung solcher Dinge, welche nicht wirklich nach Geschlechtern verschieden sind, vieles, wo nicht alles nach sehr dunkeln Ähnlichkeiten bestimmt werden müssen, läßt sich leicht begreiffen. Indessen scheinet es, daß man alles, was den Begriff der Stärke, der Lebhaftigkeit, der Wirkung, der Thätigkeit hatte, **männlich**, was man sanft, angenehm, leidend u. s. f. dachte, **weiblich** gebrauchte, woran man aber dergleichen nicht gewahr ward, oder es wenigstens nicht ausdrucken wollte, dem **sächlichen** Geschlechte überließ.

§. 145. Weil dabey das meiste auf dunkele Vorstellungen ankam, so scheint uns jetzt das Geschlecht der Wörter in allen Sprachen sehr willkührlich zu seyn, und muß daher mehr aus der Übung, als nach Regeln erlernet werden. Indessen haben wir doch im Deutschen einige allgemeine Regeln, welchen

Substantiv. 3. Geschlecht.

welchen wenigstens eine beträchtliche Menge unserer Hauptwörter folgen. Diese sind folgende.

§. 146. **Männlich sind:**

1. Alle männliche eigene Nahmen, alle Gattungsnahmen, welche eine männliche Verrichtung, männlichen Stand, ein männliches Verhältniß bezeichnen: **Mann, Vater, Sohn, Bruder, Freund, Feind, Kaiser, König, Fürst, Bürger, Bauer, Mahler, Bäcker.** Ausgenommen sind nur die Verkleinerungswörter, und einige zusammen gesetzte mit übergetragener Bedeutung, **die Männsperson, das Mannsbild.**

2. Der Nahme Gottes und aller Geister, **Gott, Kobold, Teufel, Alp, Geist, Engel.**

3. Die Nahmen der Winde, Jahreszeiten, Monathe, und Tage. **Der Ost, Nord, Süd, West, Sommer, Herbst, Frühling, Winter, Jenner, Hornung, Sonntag, Sonnabend.** Ausgenommen **das Jahr und die Mittwoche.**

4. Die meisten abgeleiteten auf er, wenn sie ein Werkzeug bedeuten; diejenigen welche in männliches Verhältniß ausdrucken, sind schon mit unter der ersten Regel begriffen. **Der Trichter, Bohrer, Fächer, Hammer, Leuchter.** Ausgenommen sind, **das Messer, das Ruder, die Klammer, die Klapper, die Halfter, die Leiter, die Leyer.**

5. Alle

5. Alle abgeleitete auf en, der **Laden, Schlitten, Haken, Boden, Graben.** Ausgenommen, das **Almosen,** das **Becken,** das **Füllen,** das **Küssen,** das **Lehen,** das **Wapen,** das **Zeichen,** das **Eisen,** die **Fasten,** und alle Infinitive, folglich auch das **Erdbeben,** das **Gewissen,** das **Gebrechen,** das **Vermögen,** das **Vergnügen,** das **Leiden,** das **Essen,** das **Trinken,** das **Leben,** das **Wesen,** u. a. m. welche ursprünglich Infinitive sind.

6. Alle abgeleitete auf ing und ling, der **Schilling, Zwilling, Häring, Jüngling, Frischling, Silberling, Häckerling, Zwilling.** Ausgenommen sind das **Messing,** die **Halsing,** der Jäger, und die **Kimming** der Böttcher, in welchen beyden letztern doch ing für ung steht.

§. 147. Weiblich sind:

1. Alle eigene Nahmen weiblicher Personen, und alle Gattungsnahmen weiblicher Verhältnisse, Verrichtungen und Stände, folglich auch alle abgeleitete auf inn: die **Frau, Braut, Mutter, Tochter, Base, Schwester, Muhme, Magd, Fürstinn, Gräfinn, Dichterinn.** Ausgenommen sind, das **Weib,** das **Mensch,** im verächtlichen Verstande, das **Frauenzimmer,** das **Weibesbild, Weibesstück.**

Substantiv. 5. Geschlecht. 119

2. Alle abgeleitete auf ey, heit, keit und schaft: die Tändeley, Bäckerey, Sicherheit, Freyheit, Seligkeit, Erbschaft, Freundschaft. Der Schaft, der Brey, das Ey, das Geschrey, und andere, worinn diese Sylben nicht Ableitungssylben sind, gehören nicht hierher.

3. Alle abgeleitete auf ung: die Waldung, Feldung, Befriedigung, Begünstigung. Ausgenommen ist der Hornung für Horning.

4. Die Abstracta von Adjectivis, wenn sie eine Eigenschaft selbständig darstellen, die Größe, Güte, Liebe, Höhe.

§. 148. Sächlichen Geschlechts oder Neutra sind:

1. Die Nahmen der Metalle, Buchstaben, Länder und Örter: das Gold, Silber, das Eisen, das große A, das s, das große Deutschland, das reiche England, das heisse Afrika, das volkreiche Berlin, das wollüstige Paris, das berühmte Lützen. Ausgenommen sind, der Stahl, der Zink, der Tomback, die Pfalz, Eifel, die Schweiz, die Mark, die Lausitz, die Ländernahmen auf ey, die Wallachey, Türkey, Lombardey, und einige zusammengesetzte Länder = und Ortsnahmen, welche dem Geschlechte der letzten Hälfte der Zusammensetzung folgen, die Wetterau, der

H. 4 Hunds=

Hundsrück, der Rheingau, der Königstein, die Sachsenburg.

2. Alles was substantive gebraucht wird, ohne ein Hauptwort zu seyn, das Aber, das letzte Lebe wohl, das liebe Ich, folglich auch alle Infinitive, wenn sie als Hauptwörter stehen, das Essen, das Gehen, Reiten, Trinken, Daseyn, Wesen, Leben, Gewissen, Verbrechen, Vergnügen, Vermögen.

3. Alle Verkleinerungen auf chen und lein: das Söhnchen, Töchterchen, Bübchen, Mädchen, Söhnlein, Büchlein, folglich auch das Fräulein.

4. Alle abgeleitete auf thum, das Fürstenthum, Priesterthum, Bisthum, Eigenthum, Alterthum. Ausgenommen, der Reichthum, Irrthum, Beweisthum und Wachsthum, welches letztere doch von vielen auch sächlich gebraucht wird.

5. Alle Collectiva und Iterativa mit der Vorsylbe ge, Gebälk, Gewühl, Gemurmel, Gespräch, Gesuch, Gezänk, Geblüt; welchen auch Gemüth, Gemählde, Gedicht, Gebet, Gebiet, Geschoß, Geboth, Gefäß, Geheiß, Gemach, Gelübde, Gebiß u. a. m. folgen. Die übrigen, bey welchen diese collective und iterative Bedeutung nicht statt findet, sind bald männlich, bald weiblich.

Männlich:

Männlich: der Gedanke, Gefährte, Gehülfe, Gebrauch, Gehalt, Gehorsam, Gelaß, Genoß, Genuß, Geruch, Geschmack, Gestank, Geschmuck, Gesell, Gespan, Gespiele, Gewinn, Gewinnst, Gebrauch, Gesang, Gevatter.

Weiblich: die Gebühr Geburt, Geduld, Gefahr, Gefährde, Gemeinde, Genüge, Gerade, Geschichte, Geschwulst, Gestalt, Gewalt, Gewähr. Die auf heit, keit, schaft u. s. f. mit der Vorsylbe ge folgen den vorigen Regeln.

§. 149. In die abgeleiteten auf niß theilen sich das weibliche und sächliche Geschlecht, doch so, daß in einer Provinz dieses, in einer andern jenes am üblichsten ist. Im Hochdeutschen sind am gewöhnlichsten:

Weiblich: Bedrängniß, Begegniß, Bekümmerniß, Besorgniß, Betrübniß, Bewandtniß, Empfängniß, Eräugniß, Erkenntniß, Erlaubniß, Ersparniß, Fahrniß, Fäulniß, Finsterniß, Kenntniß, Kümmerniß, Verdamniß, Wildniß.

Sächlich: Ärgerniß ohne Unterschied der Bedeutung, Bedürfniß ohne Unterschied, Befugniß, Begräbniß, Behältniß, Bekenntniß, Bildniß, Bündniß, Einverständniß, Erforderniß, Geheimniß, Gedächtniß, Gefängniß, ohne

Unterschied, Gelöbniß, Geständniß, Gleichniß, Hinderniß, Mißverständniß, Verhältniß, Verhängniß, Verlöbniß, Vermächtniß, Versäumniß, Verzeichniß, Verständniß, Zeugniß.

§. 150. Die zusammen gesetzten Wörter behalten das Geschlecht des bestimmten, folglich des letzten Wortes, der Kirchenrath, das Rathhaus, der Maßstab. Ausgenommen sind die Neunauge, die Nachricht, (der Bericht, der Unterricht,) die Antwort, das Tagelohn, Macherlohn, der Abscheu, der Verhaft, eigene Nahmen, das Hanau, das Torgau, das Hamburg, das Straßburg, u. s. f. welche der vorigen Regel folgen, und einige mit Muth zusammen gesetzte, welche weiblich sind, die Anmuth, Demuth, Großmuth, Kleinmuth, Sanftmuth, Schwermuth, Wehmuth.

§. 151. Wörter aus fremden Sprachen behalten ihr ursprüngliches Geschlecht: der Canal, das Sacrament, die Periode, die Synode, wofür zuweilen auch der Period, der Synod, vorkommen. Ausgenommen sind, der Part, der Gegenpart, das Labyrinth, der Punct, der Katheder, das Echo, der Altar, das Almosen, der Sphinx, der Tempel, die Kanzel, das Fieber, das Pulver, der Körper, das Fenster, der Makel, der Pact, das Chor, u. a. m.

§. 152. Manche Wörter werden mit Beybehaltung ihres eigenthümlichen Geschlechtes von

Personen beyderley Geschlechts gebraucht, der Gatte, von beyden Theilen, der Liebling, der Zwilling, der Findling, der Sonderling, von Personen beyderley Geschlechts, wohin auch der Gevatter und der Pathe, nach dem Gebrauche mancher Gegenden gehören. Andere verändern ihr Geschlecht ohne Ableitungssylbe, der oder die Pathe, der oder die Gevatter, in einigen Gegenden. Andere bezeichnen zugleich das weibliche Geschlecht durch die weibliche Ableitungssylbe, der Erbe, die Erbinn, der Gatte, die Gattinn, der Gevatter, die Gevatterinn, der Gemahl, die Gemahlinn.

§. 153. Andere Wörter werden nach ihrer verschiedenen Bedeutung in verschiedenem Geschlechte gebraucht: die und das Armuth, der und das Band, der und die Buckel, der und das Bund, die Ecke und das Vieleck, der und das Erbe, der und das Gemahl, die Gift in Mitgift, und das Gift, der und die Haft, das und die Lehen, die und der Leiter, die und das Mandel, der und das Mensch, der und das Pack, der und das Schild, die und der Schwulst, der und die See, der und die Sprosse, der und das Theil, der und das Verdienst, der und das Zeug.

Wohin doch diejenigen nicht gehören, welche wirklich verschiedenen Ursprunges sind, ob sie sich gleich in der Aussprache und Schreibart gleich sind: der und das Bauer, die und der Geissel, der und das Harz, das und der Haft, der und die Heide, der und die Hut, der und die

die Kiefer, der und das Roth, das und die Kuppel, das und der Leich, das Laub und der Urlaub, die und das Mandel, die und das Mark, die und der Marsch, der und die Mast, der und die Mangel, der und das Messer, der und das Mohr, der und das Muth, (modius,) der Reiß und das Reis, der und das Ohm, der und das Reiter, der und das Stift, der und das Thor.

§. 154. Viele Wörter sind in mehr als einem Geschlechte üblich, und zwar nicht allein in mehrern, sondern oft in einer und eben derselben Provinz. Außer den schon angeführten auf niß, sind noch zu merken: der Lohn; daher der Arbeitslohn, Gnadenlohn, Dienstlohn, aber das Bothenlohn, Gesindelohn, Fuhrlohn, Wochenlohn, Macherlohn, Druckerlohn u. s. f. die Haft, aber der Verhaft; der Besuch, der Versuch, aber das Gesuch; die Scheu, aber der Abscheu; der Muth, daher der Edelmuth, Gleichmuth, Hochmuth, Wankelmuth, Zweifelmuth, Unmuth, Heldenmuth, Übermuth, Löwenmuth, aber die Großmuth, Kleinmuth, Demuth, Langmuth, Sanftmuth, Schwermuth, Wehmuth, Anmuth.

§. 155. Von solchen Wörtern, welche in verschiedenen Provinzen verschiedenen Geschlechtes sind, merke man vornehmlich folgende mit ihrem üblichsten Geschlechte im Hochdeutschen: der Abscheu,

scheu, die Aderlaß, die Ahle, die Ahme
oder Ohme, der Alaun, der Altar, die
Ammer, die Angel, die Armbrust, die
Asche, der Aufruhr, der Bach, die Backe,
der Balg, die Bank, der Bast, der Block,
die Boy oder Boj, die Brosame, der Buch=
stab, die Butter, das Chor, der Dacht,
das Docht, der Damm, das Daus, die
Deichsel, die Distel, der Dotter, das
Drangsal, der Ducaten, der Duft, der
Dunst, die Ecke, der Eiter, die Fahne,
der Falz, die Falze, die Feifel, die Fessel,
der Flachs, der Fladen, das Floß, die
Flur, das Fräulein, der Fries, das Gat-
ter oder Gitter, das Gebrechen, der Ge=
danke, der Gehalt, das Geheiß, der
Geißel, obses, das Gelübd, der Gesang,
der Gestank, die Gewalt, die Grütze,
der Gurt, der Gyps, der Hag, die Half=
ter und Holfter, der Halm, der Haspel,
das Heft, die Heuschrecke, die Hirse, der
Hobel, der Honig, die Horst, der Huf,
die Hummel, der Husten, der Iltiß, der
Irrthum, das Juchart, die Juwele,
der Käsich, der Katheder, die Kerbe,
der Kiefer, (Kinnbacken,) der Kiel, der
Kien, die Klafter, der Kloß, der Klotz,
das Knie, das Knäuel, der Koben, der
Köder, die Kolbe und der Kolben, der
Kürbiß, die Lache, der Lärm, die Leiste,
ein langer schmahler Körper, der Leisten des
Schusters, die Lerche, der Lohn, S. oben,

die

die Luft, die Lunte, der Makel, das Malter, der Marder, der Markt, das Maß, die Maße in einigen andern Bedeutungen, der Meissel, der Mennig, das Messing, der Meth, die Milz, die Mißgunst, die Mittwoche, das Model, der Monath, das Mos oder Moos, das Münster, der Nerve, die Nestel, die Niere, die Ohme oder Ahm, der Ort in allen Bedeutungen, die Otter, der Pacht, der Pack, ein Packet, das Pack, liederliches Gesindel, das Pech, der Pfirsich aber die Pfirsche, die Pflugschar, der Pfühl, der Pfuhl, die Pistole, das Pult, der Punct, der Quast, die Quelle, seltener der Quell, der Rahm, Milchrahm und Ruß, der Rahmen, eine Einfassung, der Ratz, die Haselmaus, die Ratze, große Art Mäuse, das Revier, der Ritz und die Ritze, der Rückgrath, der Schaft, das Scharmützel, die Schaukel, die Scheitel, die Schlacke, der Schlitz, das Schmer, der Schmelz, die Schmiere, so auch die Wagenschmiere, der Schmutz, die Schnecke, die Schnepfe, der Schoß oder Schooß, sinus, der Schrecken, der Schutt, die Schwalbe, die Socke, der Spargel, der Sparren, der Speck, der Speer, der Sprenkel, der Strauch, der Streit, die Striegel, die Stülpe, der Talg, die Taufe, der Teller, die Tenne, das Thal, der Thau, der Thron, der Troß, die Trübsal, die Trüffel, das Tuch,

das

das Ufer, der Ungestüm, der Unrath, der Unterricht, der Urlaub, der Verhaft, das Verhör, der Wachsthum, die Wade, das Wamms, die Weihe, ein Raubvogel, das Werft, die Willkühr, der Wimpel, die Windel, die Wisel, das Wispel, die Zehe, der Zeisig, das Zepter, der Zierath, der Zink, der Zoll, das Zugehör, die Zwiebel.

4. Von dem Plural der Hauptwörter.

§. 156. Da die Gattungswörter entweder einem einzelen Dinge ihrer Gattung allein, oder mehrern derselben zukommen können, so ist es nothwendig, diesen gedoppelten Unterschied an ihnen zu bezeichnen. Es geschiehet solches durch die Numeros oder Zahlen, deren man im Deutschen zwey hat, den Singular oder die Einheit, welcher von einem, und den Plural oder die Mehrheit, welcher von mehr als einem gebraucht wird.

§. 157. Der Plural wird auf verschiedene Art aus dem Singular gebildet; entweder allein durch den Umlaut, d. i. durch die Verwandelung der tiefern Hülfslaute a, o und u, in die nächsten höhern ä, ö und ü, der Vater, die Väter, die Mutter, die Mütter; oder durch Anhängung gewisser einfachen Wurzellaute, das Brot, die Brote, der Geist, die Geister, der Bothe, die Bothen, die Achsel, die Achseln; oder durch beyde Mittel zugleich, die Gruft, die Grüfte, der Gott, die Götter. Oft wird
die

die Mehrheit durch nichts von der Einheit unterschieden, und alsdann lauten der Singular und der Plural einander gleich, der Kaiser, die Kaiser, der Batzen, die Batzen, das Geleise, die Geleise.

§. 158. Die einfachen Wurzellaute, vermittelst deren die Mehrheit im zweyten und dritten Falle ausgedruckt werden kann, sind folgende vier, e, er, en und n. Die Niedersachsen haben für solche Plurale, welche im Hochdeutschen dem Singular gleich sind, noch den fünften, ein s, die Jungens, die Mädchens, der aber den Hochdeutschen fremd ist.

§. 159. Die ersten Spracherfinder hatten allerdings ihre Ursachen, warum sie in Bildung des Plurals in jedem Falle gerade diesen und keinen andern Weg gingen. Allein da diese ganz auf die dunkele Empfindung des Hörbaren in der Mehrheit beruheten, wir aber statt dessen den klaren Begriff der Mehrheit haben: so können wir jetzt von der Bildung des Plurals nicht in allen Fällen bestimmte Regeln geben, sondern müssen denselben größten Theils aus dem Gebrauche erlernen. Was sich davon bestimmen läßt, wird bey den Declinationen vorkommen.

§. 160. Da nur das eigentlich einen Plural haben kann, was in seiner Art mehrfach vorhanden ist, so folget daraus, daß der Plural eigentlich nur um der Gattungswörter willen da ist, und daß kein Wort eines Plurals fähig ist, welches nicht ein Gattungswort ist, oder als ein solches gebraucht wird. Daß auch
die

auch die eigenen Nahmen als solche vorkommen können, und alsdann auch eines Plurals fähig sind, ist bereits oben §. 123. bemerket worden.

§. 161. Eigentlich sollten also alle Gattungswörter eines Plurals fähig seyn, und die allermeisten sind es auch wirklich. Allein es gibt deren doch einige, in welchen er jetzt ungewöhnlich oder doch selten ist; entweder weil sie ursprünglich Abstracta waren und einen Zustand oder eine Beschaffenheit bezeichneten, oder aus bloßer Unterlassung des Gebrauchs aus Mangel der Veranlassung. Ganz ungewöhnlich ist er von Rath, (consilium,) Dank, Wille, Bund, u. a. m. selten, wenigstens im Hochdeutschen, von Bann, Bau, Knall, Bräutigam, Vorwand, Lohn, Tausch, Kauf, List, Taufe, Burg, Mund, Nachdruck, Aufruhr, Strand, Schatz, (Abgabe,) u. s. f.

§. 162. Dagegen sind andere Appellativa im Hochdeutschen nur im Plural allein üblich: die Gefälle, Einkünfte, Kosten, Unkosten, Ältern, Ahnen, Alpen, Rötheln, Beinkleider, Hosen, Waffen, Schranken, Gebrüder, Kriegesläufte, Zeitläufte, Nisse, Gerechtsame, Gliedmaßen, Kaldaunen, u. s. f. und die fremden, Spesen, Sporteln, Annaten, Repressalien, Insignien u. s. f. Von andern wird der Singular nur seltener gebraucht, ob er gleich wirklich vorhanden ist, die Austrägte, Fußstapfen, Lumpen, Ränke, Schwänke, Dünen, Sandhügel, Pocken, Blattern, Masern, Ehehalten, Schlo-

J ßen,

ßen, Schläfe, Trümmer, Vorfahren, Nachkommen, Schlacken, Fratzen, Rapern.

§. 163. Da die Collectiva oder Sammelwörter bereits eine gewisse, obgleich unbestimmte Menge bedeuten, so bedürfen sie auch als solche eigentlich keines Plurals. Indessen sind sie von verschiedener Art. Einige sind als Collectiva nur allein im Singular üblich: Troß, Geblüt, Zugehör, Wäsche, Vieh, Volk, Geld, Gesinde. Andere werden so wohl im Singular als Plural collective gebraucht: das Haar und die Haare, das Geräth und die Geräthe, die Geräthschaft, und die Geräthschaften, das Geschirr und die Geschirre, das Geschwister und die Geschwister, das Gedärm und die Gedärme, die Mannschaft, und die Mannschaften, die Fleischbank und die Fleischbänke, die Kleye und die Kleyen, das Gewürm und die Gewürme. Noch andere werden nur im Plural allein collective gebraucht, und sind alsdann gemeiniglich ihrem Ursprunge nach wahre Gattungswörter, Leute, Treber, Molken, Truppen, Agen, Worte für Rede, Flaumen, rohes Fett von den Gedärmen, Briefschaften, Franzosen, von der Krankheit, Weihnachten, Ostern, Pfingsten, Ferien u. s. f. Hierher gehören auch die Iterativa, besonders die mit ge, welche als solche auch nur den Singular leiden, das Gewühl, Gewimmer, Gebrüll.

§. 164.

§. 164. Die Materialia, oder diejenigen Wörter, welche bloß die physische Materie, oder moralische Beschaffenheit als selbständig darstellen, ohne Rücksicht auf die dazu gehörigen einzelen Dinge, sind gleichfalls keines Plurals fähig: Beute, Raub, Ruß, Schlamm, Unflath, Unrath, Speichel, Athem, Dung, Schimmel, Most, Rost, Talg, Thon, Speck, Honig, Kien, Schmalz, Fett, Holz, Staub, Fleisch, Blut, Gift, Gold, Silber, Elfenbein, Mark, Mehl, Butter, Stroh, Pöbel, Wachs, Milch, Asche, Erde, Luft, Schnee, Tand, Putz, und tausend andere mehr. Einige schmelzen mit den Collectivis zusammen, und werden alsdann materialiter nur allein im Plural gebraucht, Erbsen, Linsen, Wicken, Korallen, Hefen, Molken.

§. 165. Von ähnlicher Art sind die Nahmen so vieler Gewächse, welche vermuthlich als Materialia oder eigenthümliche Classen=Nahmen angesehen worden, und daher wohl von mehrern Arten, aber nicht von einzelen Individuis im Plural gebraucht werden können: Klee, Kresse, Hanf, Flachs, Gerste, Hafer, Fenchel, Spargel, Kümmel, Hopfen, Knoblauch, Kohl. Selbst nicht wenn sie aus Gattungswörtern zusammen gesetzt sind, Bingelkraut, Geißbart, Bocksbart, Dreyblatt, Fieberwurz.

§. 166. Zu den Materialibus gehören auch alle Nahmen, welche eine Zahl, ein Maß, und ein Gewicht bezeichnen, und so oft sie ein bestimmendes Zahlwort vor sich haben, keinen Plural

ral leiden; vermuthlich, weil man hier Zahl, Maß und Gewicht bloß als selbständige Materialia betrachtet: zehn **Acker Feld, sechs Rheinische Ahm Wein, drey Faß Bier, sechs Stück Vieh, fünf Paar Tauben, sieben Stab Taffent, hundert geometrische Fuß lang, zehn Pfund** schwer. So auch, **Mahl,** (ein **Mahl,** auf vier **Mahl,**) **Loth, Gran, Klafter, Schock, Schritt, Zoll, Rieß, Haupt,** als ein Zahlwort des Viehes, **Monath, Alphabet, Bund, Buch,** als ein Maß des Papieres, **Schuh, Last, Oxhoft, Kopf,** als ein Oberdeutsches Maß, **Groß,** zwölf Dutzend, **Stein, Mann,** als ein Zahlwort für Personen u. s. f. Ausgenommen sind nur, 1. die weiblichen auf e, **Ele, Meile, Woche, Stunde, Tonne, Ruthe, Unze, Metze, Hufe** u. s. f. 2. Die Wörter **Tag, Jahrhundert, Glas, Sack** und **Kopf,** als ein Zahlwort für **Mann: hundert Köpfe stark, acht Tage, sechs Säcke Weitzen, zwey Gläser Wein. Jahr Blatt,** und einige andere vertragen auch den Plural, **sechs Jahr,** und **sechs Jahre, zwey Monath,** und **zwey Monathe, drey Blatt** und **drey Blätter.** Von Münzen gilt diese Regel nicht, außer etwa von dem Worte Ort.

§. 167. Wenn eine Präposition vorhergehet, die den Dativ erfordert, so stehen die Zeitmaße im Plural: vor zwey Jahren, Monathen. Die übrigen vertragen beyde Zahlen, eine Länge von zehn **Schritt** oder **Schritten,** ein Gewicht,

Gewicht von fünf Pfund oder Pfunden, in drey Mahlen. Nur bleiben die, welche als Gattungswörter den Umlaut haben, hier ohne Umlaut: ein Feld von hundert Fuß oder Fußen, nicht Füßen; ein Garten von drey Ackern Nur Mann allein leidet auch mit Präpositionen keinen Plural, ein Regiment von tausend Mann.

§. 168. Die Abstracta betrachten etwas Unselbständiges als selbständig, doch ohne allen Begriff des einzelen, und leiden alsdann keinen Plural. Dahin gehören besonders: 1. Diejenigen, welche eine Eigenschaft oder eine Beschaffenheit entweder überhaupt oder an einem gewissen Dinge als ein selbständiges Ganzes darstellen, Stärke, Wärme, Hitze, Kälte, Gehorsam, Gewalt, Mühe, Trost, Vernunft, Hang. 2. Diejenigen, welche bloß die abgezogene Art oder Beschaffenheit als eigenthümliche Classennahmen bezeichnen, und auch zu den Materialibus gerechnet werden können, Mord, Lob, Tadel, Zwang. 3. Die welche einen Zustand ausdrucken, Armuth, Reichthum, Ehre, Schande, Trunkenheit, Abnahme, Zunahme, Elend, Hunger, Durst, Glück, Heil, Tod, Leben, Schlaf, Trauer. Besonders einen Gemüthszustand: Furcht, Liebe, Verdruß, Zorn, Huld, Argwohn, Neid, Geitz. 4. Diejenigen, welche eine Veränderung als ein selbständiges aber untheilbares Ganzes benennen, Zank, Streit, Unterricht, Empfang, Ankunft, Aufkunft, Flucht, Anfang, Ende,

Ende. Dahin besonders die Infinitive und die Verbalia auf ung, so fern die letztern nicht als Gattungswörter von einzelen Veränderungen üblich sind, das Essen, Trinken, Schlafen, Wachen, Gehen; die Besserung, Benachrichtigung, Anbethung.

§. 169. Viele dieser Wörter, sie seyen nun Collectiva, Materialia oder Abstracta bleiben ihrer ersten Bestimmung so getreu, daß sie dieselbe auch in keinem Falle verläugnen, folglich nie eines Plurals fähig sind: Blut, Glanz, Zorn, Hunger, Durst, Flucht, Schande, Tod, Gehorsam, Lob, Raub, Dauer, Kummer, Eil, Urlaub, Haß, Stolz; und erfordern daher eigene Ableitungen oder Umschreibungen, wenn sie als Gattungswörter gebraucht werden sollen, Arten des Blutes, Zänkereyen, Streitigkeiten, Raubereyen, Todesarten, Todesfälle, Lobeserhebungen, Lobsprüche, Erlaubnisse.

§. 170. Andere können zu Gattungswörtern werden, und entweder einzele Eigenschaften und Veränderungen bezeichnen, Andachten, Bewegungen, Käufe, Täusche, Händel, Freuden; oder mehrere Arten, Alter, Gerüche, mineralische Erden, reiche Erze, Weine, Biere; oder mehrere Quantitäten oder Ganze, Völker, Gelder, Erze; oder concrete Dinge, welche die Beschaffenheit an sich haben, Schönheiten, schöne Personen, Eitelkeiten, Stähle, stählerne Werkzeuge, Dreheisen. Daher denn so viele Wörter in manchen Bedeutungen

eines

eines Plurals fähig sind, in andern aber nicht; ja manche haben in verschiedenen Bedeutungen einen verschiedenen Plural, davon im folgenden Abschnitte.

5. Von der Declination.

a. Der eigentlich Deutschen Wörter.

§. 171. Außer dem Umstande der Zahl können sich die in einem Satze befindlichen Hauptwörter noch in verschiedenen Verhältnissen befinden, welche um der Deutlichkeit willen ausgedruckt werden müssen. Diese sind, das Verhältniß, worin das Subject des Satzes gegen das Prädicat steht, das Verhältniß des persönlichen Gegenstandes, um dessen Willen das Prädicat von dem Subjecte gesagt wird, das Verhältniß des leidenden Gegenstandes, das Verhältniß des Mittels oder Werkzeuges, die Erklärung eines jeden im Satze befindlichen Verhältnißbegriffes, u. s. f. In dem Satze: das Kind des Todes hat dem Urheber seines Lebens die Freude seines Alters zerstöret, ist das Kind des Todes das Subject, und das Verbum hat zerstöret mit seinem Zubehör das Prädicat; dem Urheber seines Lebens ist der persönliche, und die Freude seines Alters der leidende Gegenstand. Die selbständigen Dinge aber Kind, Urheber und Freude bezeichnen Verhältnißbegriffe, welche ohne einen andern Begriff nicht völlig verstanden werden können.

§. 172. So fern nun diese und andere ähnliche Verhältnisse, in welche ein selbständiges oder als selbständig gedachtes Ding gesetzt werden kann, an dem Worte selbst ausgedruckt werden, nennt man sie Casus oder Fälle. Der Deutsche druckt an seinen Nennwörtern gemeiniglich nur vier, selten fünf solcher Fälle aus, und diese sind: 1. der Fall des Subjectes in Ansehung des Prädicates, und zwar wenn es in der ersten, oder dritten Person stehet, durch den Nominativ, und wenn es das Subject der zweyten Person ist, durch den Vocativ, der aber im Deutschen nur in einer Art von Hauptwörtern von dem Nominativ unterschieden ist. 2. Der Fall des persönlichen Gegenstandes, durch den Dativ. 3. Der Fall des leidenden Gegenstandes, durch den Accusativ. Und 4. der Fall, welcher zur Erklärung aller in einem Satze vorkommenden Verhältnißbegriffe dienet, durch den Genitiv; der schwerste und weitläufigste Fall, weil er unter allen nur am dunkelsten empfunden werden konnte, und daher auch in allen Sprachen der verwickeltste ist.

§. 173. Weil in dem Nominativ und Vocativ das Prädicat unmittelbar von dem Subjecte gesagt wird, so heissen sie Casus recti; die übrigen aber obliqui. Da alle jetzt gedachten Verhältnisse an dem selbständigen Dinge statt finden, es mag einzeln oder mehrfach seyn, so müssen sie auch so wohl im Singular als im Plural an den Nennwörtern bezeichnet werden können.

§. 174. Die Deutschen bezeichnen diese Verhältnisse durch gewisse Wurzellaute, welche dem Nennworte angehänget werden; allein sie sind damit sehr sparsam umgegangen, ohne Zweifel, weil sie von diesen Verhältnissen nur sehr dunkele Empfindun-

Substantiv. 5. Von der Declination. 137

pfindungen haben konnten. Für den Nominativ haben sie bey den Hauptwörtern im Singular keine eigene Biegungssylbe. Den Genitiv der Einheit bezeichnen sie durch es oder s, durch en oder n, oder durch das zusammen gesetzte ens, oft aber auch gar nicht. Für den Dativ haben sie e oder en, laſſen ihn aber noch öfter völlig unbezeichnet. Der Accusativ bekommt zuweilen en oder n, wird aber noch öfter gar nicht ausgedruckt. Der Vocativ ist selten von dem Nominativ unterschieden; nur in den Adjectiven, wenn sie als Hauptwörter gebraucht werden, wird er so wohl im Singular als im Plural angedeutet, davon im folgenden. Der Nominativ des Plurals wird durch die schon angezeigten Biegungssylben der Mehrheit zugleich ausgedruckt. Von den übrigen Fällen des Plurals wird nur zuweilen der Dativ durch en oder n ausgezeichnet. Das Mangelhafte wird durch den Artikel ersetzt; die übrigen Verhältniſſe aber, welche der Deutsche an seinen Nennwörtern nicht zu bezeichnen pflegt, werden durch Präpositionen ausgedruckt.

§. 175. Ein Wort in diese gewöhnlichsten möglichen Fälle setzen, und jedes Verhältniß mit seinem gehörigen Wurzellaute andeuten, heißt es decliniren oder abändern. Wenn mehrere Wörter diese Verhältniſſe so wohl im Singular als im Plural auf einerley Art andeuten, so entstehet daraus eine Declination. Jede Sprache hat also so viele verschiedene Declinationen, als es in derselben Arten gibt, diese Verhältniſſe an den Hauptwörtern zu bezeichnen.

§. 176. Da diese Verhältnisse von den Sprach=
erfindern nur dunkel empfunden werden konnten,
und diese Empfindung in einem Falle so und in
einem andern anders war, so lassen sich von den
Declinationen nur wenig allgemeine Regeln geben,
sondern sie müssen größtentheils aus der Übung ge=
lernet werden. Alles was sich allgemein an ihnen
bestimmen lässet, ist etwa folgendes: 1. Alle Neutra
machen den Accusativ dem Nominativ gleich. 2.
Alle Fäminina bleiben im Singular unverändert;
die wenigen Ausnahmen kommen im folgenden vor.
3. Alle Wörter, welche im Genitiv es haben,
müssen im Dativ e bekommen; welche aber nur s
allein haben, lassen den Dativ unbezeichnet. 4. Die=
jenigen Hauptwörter, welche sich im Nominativ
des Plurals auf n endigen, bleiben im ganzen
Plural unverändert; welche aber auf e, l und r
ausgehen, nehmen im Dativ ein n an.

§. 177. Wir haben gegenwärtig im Hoch=
deutschen acht Declinationen, von welchen die sechs
ersten größten Theils männliche und sächliche Wör=
ter, die beyden letzten aber allein weibliche in sich
fassen.

Erste Declination.

Singular.	Plural.
Nomin.	Nomin. e.
Genit. es oder s	Genit. e.
Dat. e.	Dat. en.
Accus.	Accus. e.

§. 178. Das e ist in dieser Declination ein
charakteristischer Biegungslaut, daher es auch in
eigent=

eigentlich Deutschen Wörtern im Genitiv und Dativ nie verbissen werden sollte, ob es gleich im gesellschaftlichen Umgange häufig geschiehet, Baums, Arms, Oheims, Wohls, Aufschubs, Abends, für die richtigern Baumes, Armes, Oheimes, Wohles, Aufschubes, Abendes. Einige wenige auf m, welche im Plural nicht gebräuchlich sind, erfordern zwar diese Verbeissung um des Wohllautes willen, Bräutigams, Gehorsams, Athems, Brodems; allein es ist, wenigstens von den drey letzten noch ungewiß, ob sie nicht vielmehr zur folgenden dritten Declination zu rechnen sind. Aber nicht so Leichnames, Eidames, Pilgrimes, Oheimes, Grames u. s. f. zumahl da sie dieses e im Plural ohne Übellaut annehmen. Da das e hier ein eigentlich Deutscher Biegungslaut ist, so vertragen die eigenen Nahmen, und viele aus fremden Sprachen entlehnte Wörte denselben nicht allemahl; davon im folgenden.

§. 179. Wo das e im Genitiv nicht verbissen werden darf, da darf es im Dativ noch weniger wegfallen, Bäume, Arme, zu seinem Wohle, an diesem Abende. Die es aber im Genitiv nicht leiden, dulden es auch im Dativ nicht, dem Gehorsam, Athem, Brodem, Bräutigam.

§. 180. Die vielen Wörter, welche nach dieser Declination gehen, sind ohne Unterschied, Wurzelwörter, und abgeleitete. Besonders gehören dahin, 1. alle abgeleitete auf ling; 2. Alle Neutra auf niß, S. oben §. 149. 3. Die Collectiva und Iterativa mit der Vorsylbe ge, wenn sie kein milderndes e annehmen, und sich nicht auf el und er endigen, Gerücht, Gehirn, Geschenk, Gebüsch, Geläut, Geräusch, Gebrüll; denen daher auch kein solches e angehängt werden darf. Die es erfordern, gehen nach der dritten.

§. 181. In Ansehung des Geschlechtes sind die Wörter dieser Declination theils Masculina, theils Neutra. Von den erstern haben einige den Umlaut, andere nicht, welche aber bloß aus der Übung erlernet werden müssen.

Von denen, welche den Umlaut haben, merke man besonders folgende: Abt, Aufruhr, Asch, ein Gefäß, Band, der Einband und ein Theil eines Buches Bischof. Block, Brand, Bug, Dacht, (besser Docht und ohne Umlaut,) Darm, Diebstahl, Draht, Duft, Fang, Flor, ein Zeug, Fund, Gaul, Geruch, Gesang, Hahn, Kahn, Kauf, Kautz, Klotz, Klumpf, Latz, Lauf, Markt, Morast, Muff, Mund, Pacht, Pallast, Rausch, Rost, darauf zu braten und im Bergbaue, Sarg, Schacht, Schaft, Schmaus, Schlauch, Schooß, Schopf, Schwan, Schwung, Spaß, Spund, Stahl, Strauß, von Blumen, Trumpf, Wanst, Wulst, Zoll, Abgabe von Waaren. Ingleichen die fremden: Altan, Altar, Canal, Capellan, Cardinal, Castellan, Choral, Fiscal, Magistrat, Marschall, Pocal, Propst, Tribunal.

Substantiv. 5. Von der Declination.

Von denen aber, welche ihn nicht haben: Aal, Aar, Ahorn, Amboß, Anwalt, Arm, Ballast, Bastard, Bau, Bord, Dachs, Dolch, Dorsch, Eidam, Falz, Flachs, Fraß, Gemahl, Gurt, Halm, wenn es collective, gebraucht wird, Harnisch, Hauch, Herold, Herzog, (nicht die Herzöge,) Huf, Jrrsal, Kalk, Kobold, Kumpf, Küraß, Kuß, Lachs, Leichnam, Luchs, der Mast, Mastbaum, Mittag, Molch, Ort, collective, Pack, Pfad, Pfau, Schrot, Spalt, Staar, Stoff, Strauß, ein Vogel, Tag, Trunkenbold, Uhu, Vielfraß, Widehopf, Zoll, ein Längenmaß, Zahnstocher. Ingleichen die fremden: Admiral, Balsam, Bisam, General, Grad, Gran, Journal, Part in Gegenpart und Widerpart, Plan, Pol, Port, Psalm, Puls, Punct, Salat, Scorpion, Tact.

Einige werden, selbst im Hochdeutschen, so wohl mit als ohne Umlaut gebraucht: Dacht, Dolch, Draht, Druck, ausgenommen die zusammen gesetzten, Abdruck, Eindruck, Ausdruck, u. s. f. welche ihn jederzeit haben, Forst, Huf, Knall, Lachs, Tausch.

§. 182. Die Neutra dieser Declination haben den Umlaut nie, die Garne, Brote, Bothe, (ein Fahrzeug,) Dochte, Gestade, Haare, Harze, Kleinode, (nicht Kleinodien,) Maße, Metalle, Paare, Pfunde, Pulte, Rohre, von das Rohr, Rosse, Salze, Schick=

Schickſale, Schocke, Taue, Worte, collective. Ausgenommen ſind die Arſenäle, Chöre und Flöße, welche beyden letztern aber von dem männlichen Singular, der Chor, und der Floß, für das Chor und das Floß, ſeyn können.

Zweyte Declination.

Singular.	Plural.
Nomin.	Nomin. er.
Gen. es oder s	Genit. er.
Dat. e.	Dat. ern.
Accuſ.	Accuſ. er.

§. 183. Dieſe Declination iſt aus der erſten entſtanden, nur daß ſie im Plural, zum ſtärkern Ausdruck der Mehrheit, ſtatt des e das beſtimmtere er angenommen hat. Das e iſt daher im Genitiv und Dativ hier eben ſo nothwendig, als in der erſten, und fällt nur dann weg, wenn ſich der Nominativ ſchon auf ein e endigt, wovon doch Gewölbe faſt das einige iſt, welches ſeinen Plural aber auch nach der dritten macht. Den übrigen, welche ſich auf keinen weichen Hauptlaut endigen, Gemüth, Geſchlecht, Geſpenſt, Geſicht, oder wo der weiche Hauptlaut im Nominativ ausdrücklich hart lautet, Gewand, noch ein e anhängen zu wollen, würde fehlerhaft ſeyn.

§. 184. Alle Wörter dieſer Declination haben den Umlaut. Die allermeiſten, welche nach derſelben gehen, ſind Neutra, wohin auch alle abgeleitete auf thum gehören: das Aas, die Äſer, Amt, Bad, Band, Bild, Blatt, Bret,

Bret, Buch, Dach, Daus, Ding, Dorf, Ey, Fach, Faß, (wenn es kein bestimmtes Maß bezeichnet, S. §. 166.) Feld, Geld, Gemach, Gemüth, Gesicht, Gespenst, Gewand, Gewölbe, Glas, Glied, Grab, Gras, Gut, Haupt, Haus, Holz, Horn, Huhn, Kalb, Kind, Kleid, Korn, Kraut, Lamm, Land, Licht, Lied, Loch, Mahl, Maul, Nest, Pfand, Rad, Reis, Rind, Schloß, Schwert, Stift, eine gestiftete Anstalt, die aber auch Stifte leidet, Thal, Trumm, (pl. die Trümmer, nicht Trümmern,) Tuch, Volk, Wamms, Weib, Wort. Und von fremden: Kamisol, Hospital, oder Spital, Parlament, Regiment u. s. f.

Und folgende wenige männliche, Bösewicht, welches auch nach der ersten gehen kann, Geist, Gott, Irrthum, Leib, Ort, Mann, (wenn es kein Zahlwort ist S. §. 166.) Rand, Reichthum, Vormund, Wald, Wurm.

§. 185. Im gemeinen Leben und in manchen Provinzen rechnet man noch dahin: Beet, im Garten, Beil, Block, Brand, Darm, Fleck, Floß, Gebet, Gemüse, Gemählde, Gesang, Geschlecht, Geschwätz, Gewicht, Grind, Halm, Hag, Hemd, Joch, Kamehl, Kloß, Klotz, Klump, Kreutz, Kummet, Muß, Pflock, Packet, Roß, Scheit, Seil, Sieb, Strauch, Strauß, Vieh, Zelt, Ziel; welche

welche aber im Hochdeutschen lieber nach andern Declinationen gemacht werden.

§. 186. Da die Wörter dieser Declination vornehmlich solche sind, an welchen man das individuelle und distributive in der Mehrheit durch den sehr stark bestimmenden Biegungslaut er vorzüglich auszeichnen wollen, so werden manche Wörter im distributiven Verstande nach dieser Declination gebeuget, welche im collectiven nach einer andern, besonders nach der ersten gehen. Im Hochdeutschen hat man von diesen Wörtern.

	Collect.	Distribut.
Band,	Bande,	Bänder.
Ding,	Dinge,	Dinger.
Dorn,	Dornen,	Dörner.
Horn,	Horne, Arten Horns,	Hörner.
Land,	Lande,	Länder.
Mahl,	Mahle, vices,	Mähler.
Ort,	Orte,	örter.
Unding,	Undinge.	Undinger.
Testament,	Testamente,	Testamenter, Exemplare.
Wort,	Worte.	Wörter.

Wohin noch einige andere gehören, welche in einer Bedeutung nach dieser, in einer andern aber nach einer andern Declination gehen: Gesicht, Gesichte, Erscheinungen, Gesichter,

in

Substantiv. 5. Von der Declination.

in allen übrigen Bedeutungen; der Mensch, die Menschen, das Mensch, ein verächtliches Weibesbild, die Menscher, der Schild, die Schilde, zur Beschirmung, die Schilder, zum Aushängen.

In manchen Gegenden unterscheidet man auf ähnliche Art, Beine und Beiner, Bleche und Blecher, blecherne Gefäße, Gemählde und Gemählder, Gewichte und Gewichter, Gesänge und Gesänger, Stücke nnd Stücker, Werke und Werker u. s. f. wovon man aber im Hochdeutschen nichts weiß, sondern dafür ohne Unterschied Beine, Bleche, Gewichte, Gesänge, Stücken und Stücke, Werke, u. s. f. gebraucht; außer daß man in Obersachsen einen unnöthigen Unterschied unter Lichte und Lichter macht, der doch für die Schriftsprache von keiner Verbindlichkeit ist.

Dritte Declination.

Singular.	Plural.
Nomin.	Nomin.
Genit. s.	Genit.
Dat.	Dat. n.
Accus.	Accus.

§. 187. Diese kommt völlig mit der ersten überein, nur daß sie in der Biegungssylbe kein e verstattet, daher sie auch keine Biegungssylbe für den Nominativ der Mehrheit hat, und weiter nichts, als den Genitiv in der Einheit und den Dativ in der Mehrheit bezeichnen kann. Die sich im Singular bereits auf n endigen, dürfen daſſelbe im Plural nicht erſt annehmen. Denen auf er im Plural noch ein e anzuhängen, Bürgermeiſtere, Befehlshabere, gehöret zu den Überbleibſeln einer alten Oberdeutſchen Mundart.

§. 188. Die Wörter, welche nach dieſer Declination gehen, ſind ſo wohl Maſculina als Neutra; von den erſten haben viele, von den letzten aber nur einige wenige den Umlaut. Es ſind: 1. lauter abgeleitete auf el, er und en; 2. alle Verkleinerungswörter auf lein und chen; 3. Neutra mit den Vorſylben be und ge, und dem mildernden e am Ende; und 4. die meiſten fremden Wörter und viele eigene Nahmen auf el, en und er.

§. 189. 1. Abgeleitete auf el, und zwar ſo wohl Maſculina als Neutra.

Maſculina. 1) Mit dem Umlaute: **Apfel, Hammel, Mangel, Mantel, Nabel, Nagel, Sattel, Schnabel, Vogel.**

2) Ohne Umlaut: **Adel, Bakel, Buckel, Hagel, Haspel, Hobel, Knorpel, Knauel, Marmel, Pudel, Stapel, Strudel, Tadel, Zobel.**

3) Des Umlautes an ſich unfähige; z. B. **Ärmel, Artikel, Bengel, Beutel, Büffel, Bügel, Bühel, Büttel, Deckel, Ekel, Engel, Enkel, Eſel, Gürtel, Gräuel, Hebel, Henkel, Himmel, Kegel, Keſſel, Knebel, Pöbel, Scheffel, Schlüſſel** u. ſ. f.

Hierher gehöret auch das Wort Kerl, des Kerls, Plur. die Kerl, (nicht Kerle oder Kerls,) wo das bloße l ſo viel als el iſt.

Neutra,

Neutra, alle ohne Umlaut: Achtel, Drittel, u. s. f. Ferkel, Geflügel, Geklingel, Gemurmel, Gepraffel, Getümmel, Gewinfel, Legel, Mittel, Model, Scharmützel, Segel, Siegel, übel, Räthfel, und alle übrige auf fel.

§. 190. 2. Abgeleitete auf er, und zwar so wohl:

Masculina. 1) Mit dem Umlaute: Acker, Bruder, Hammer, Schwager, Vater.

2) Ohne Umlaut, deren die meisten sind: Achter, After, Alabaster, Adler, Anger, Anker, Bohrer, Brander, Donner, Dotter, Dragoner, Ganser, Hafer, Hamster, Hader, Junker, (im Plural nicht Junkern,) Kober, Marder, Kaiser, Pfarrer, Pranger, Schober, Sommer, Tauber, Thaler, Zuber, Zucker u s. f. Wohin auch alle männliche von Verbis abgeleitete auf er gehören, welche den Umlaut im Plural nie annehmen: Mahler, Schafner, Sporer u. s. f.

3) Des Umlauts unfähige: Barbierer, Bäcker, Becher, Biber, Eber, Feiler, Finger, Splitter, im Plural nicht Splittern, Gegner, u. s. f. Als auch.

Neutra, gleichfalls ohne Umlaut: Abenteuer, Alter, Luter, Fenster, Feuer, Fieber, Juder, Futter, Gefieder, Gelächter, Gepolter, Geschwader, Geschwister, Gewitter, Gaiter, Gitter, Laster, Luder, Malter, Opfer, Polster u. s. f. Den Umlaut haben nur Kloster und Lager

Latzer, bey welchem letztern er doch nicht einmahl allgemein ist.

§. 191. 3. Abgeleitete auf en.

Masculina. 1) Mit dem Umlaute: Boden, Bogen, (beyde auch ohne Umlaut, und letzteres allemahl, wenn es von Bogen Papiers gebraucht wird,) Faden, Garten, Graben, Hafen, Laden, (wenn es einen Handelsladen bedeutet, aber Fensterladen hat keinen Umlaut,) Ofen, Schaden. Noch mehr aber,

2) Ohne Umlaut: Alkoven, Balken, Ballen, Batzen, Bolzen, Braten, Busen, Ducaten, Fladen, Funken, Flecken, Galgen, Gefallen, Groschen, Gulden, Haken, Hahmen, Hausen, Hopfen, Husten, Kasten, Karpfen, Kloben, Knochen, Knorren, Knollen, Kuchen, Kragen, (auch mit dem Umlaute,) Lappen, Letten, Lumpen, Morgen, Nacken, Nutzen, Orden, Possen, Rasen, Regen, Rogen, Schatten, Scherben, Schlitten, Schnuppen, Setzen, Sparren, Stollen, Watzen, (auch mit dem Umlaute,) Zapfen.

3) Des Umlauts ohne hin unfähige: Degen, Besen, Bissen, Felsen, (welches, wenn es Fels, lautet, auch nach der vierten gehet,) Schmerzen, (welches auch nach der fünften gehet,) Leisten, Lärmen, Schrecken, Riemen, Weitzen, u. s. f.

Neutra, alle ohne Umlaut: Almosen, Becken, Eisen, Füllen, Küssen, Lehen, Treffen, Wapen, Zeichen, Gebrechen,

Ver=

Substantiv. 5. Von der Declination. 149

Verbrechen, und alle Infinitive, wenn sie als Hauptwörter gebraucht werden.

§. 192. Im Oberdeutschen bricht man fast allen männlichen Wörtern auf en die Ableitungssylbe ab, und bieget sie alsdann nach der folgenden vierten Declination: Gart, Brat, Ducat, u. s. f. Diese Form ist auch im Hochdeutschen so ganz ungewöhnlich nicht, wo man noch verschiedene zuweilen so gebraucht findet; Brunn, Daum, Fels, Gaum, Klump, Lärm, Nutz, Rahm, Reiff, Riem, Striem, Streiff, für Brunnen, Daumen u. s. f. welche aber alsdann gleichfalls der folgenden vierten Declination folgen müssen.

Noch lieber pflegt man einigen solcher Wörter im Hochdeutschen das mildernde e anzuhängen, und sie alsdann nach der fünften Declination zu biegen, welche eigentlich aus solchen Wörtern entstanden ist. S. diese Declination.

§. 193. 4. Alle Verkleinerungswörter auf chen und lein, welche im Plural keines Umlautes fähig sind, auch da nicht, wo er bey der Ableitung unterblieben ist: Knäbchen, Mädchen, Söhnchen, Mäulchen, Kindlein, Söhnlein. Den Plural der Wörter dieser Art auf cher nach der zweyten Declination zu machen, Mädcher, ist nur einigen gemeinen Mundarten eigen.

§. 194. 5. Alle Neutra mit den Vorsylben be und ge, welche um des gelinden Hauptlautes am Ende willen, das Hochdeutsche mildernde e erfordern: Beschläge, Eingeweide, Gebinde, Gebirge, Gemählde, Gebäude, Gefälle,

Gefälle, Gelübde, Gedinge, Gefolge, Gebläse, Gemüse, Gestade, Gewinde, Geschmeide, Gedränge, Gepränge, Gesinde, Getöse, Gekröse, Geleise, Geschiebe, Getreide, Gefilde, Gewebe, Gewerbe, Gewölbe, (auch nach der 2ten,) Gehäge, Gehäuse, u. s. f.

Hierher gehören noch das Erbe, ein erbliches Grundstück, ein Erbtheil, das Ende, wenn es allenfalls von Arten des Beschlusses gebraucht wird, denn von dem Letzten eines körperlichen Dinges gehet es nach der sechsten, und das männliche der Käse.

§. 195. 6. Viele fremde Wörter und eigne Nahmen auf ein unbetontes el, en und er: Apostel, Engel, Discipel, Kapitel, Mirakel, Preussen, Schweden, Baiern, Spanien, Asien, Persien, Schweizer, Holländer, Charakter, Magister, Minister, Diameter u. s. f.

Vierte Declination.

Singular.			Plural.		
Nomin.			Nomin.	en oder	n.
Genit.	en oder	n	Genit.	en —	n.
Dat.	en —	n	Dat.	en —	n.
Accus.	en —	n	Accus.	en —	n.

§. 196. Diese Declination bestehet aus lauter männlichen Wörtern ohne Umlaut, ingleichen aus lauter Wurzelwörtern, welchen zum Theil nur das mildernde e im Nominativ angehänget worden, daher

Substantiv. 5. Von der Declination. 151

her sie statt des en nur eines bloßen n bedürfen. Den Accusativ dieser Declination dem Nominativ gleich zu machen, den Held, den Fels, den Fürst, kann nur zuweilen den Dichtern übersehen werden.

§. 197. Nach dieser Form gehen: 1. Männliche Wörter mit dem Hochdeutschen mildernden e am Ende, welche daher in der ganzen Declination nur ein n annehmen dürfen: Affe, Barde, Bothe, Bube, Buhle, Bulle, Bürge, Drache, Erbe, Falke, Farre, Finke, Gatte, Gefährte, Gehülfe, Genosse, (auch nur Genoß,) Gespiele, Götze, Hase, Heide, Hirte, (oder nur Hirt,) Junge, (S. auch die 5te,) Knabe, Knappe, Kunde, Laffe, Laie, Löwe, Nachkomme, Neffe, Ochse, Pathe, Pfaffe, Rabe, Rappe, Riese, Schenke, Scherge, Schulze, Schurke, Schütze, Sclave, Trappe, Waise, Zeuge. Ausgenommen ist hier nur Bursche, welches im Plural gemeiniglich Bursche für Burschen hat.

Dahin auch viele Volkesnahmen, welche sich nicht auf er endigen, und im Hochdeutschen das mildernde e erfordern: Böhme, Britte, Däne, Finne, Franke, Franzose, Grieche, Hesse, Jude, Irre, Lette, Pohle, Portugiese, Preusse, Russe, Sachse, Schotte, Schwabe, Schwede, Slave, Türke, Wende.

§. 198. 2. Männliche Wörter ohne dieses e: Bär, Brunn, (besser Brunnen nach der 3ten,)
K 4   Fels

Sels, (besser Felsen, 3.) Fürst, Geck, Gesell, Graf, Hagestolz, Geld, Herr, (im Dativ der Einheit gemeiniglich nur Herrn für Herren, aber ohne hinlänglichen Grund,) Mensch, Mohr, Narr, Nord, Ost, Pfriem, (auch Pfriemen 3.) Prinz, Psalm, (auch nach der 1ten,) Süd, Schuldheiß, Schulz, Steinmetz, der Thor, Vorfahr, West, Zehent.

Ingleichen die meisten fremde auf ant, ar, ast, at, ent, et, ist, it, oß, ot u. s. f. welche den Ton auf der letzte Sylbe haben: Adamit, Advocat, Atheist, Basilisk, Bassist, Barbar, Candidat, Catholik, Chiliast, Client, Deist, Dissident, Elephant, Husar, Hussit, Jesuit, (nicht Jesuiter,) Lackey, Monarch, Patriarch, Prälat, Profoß, Poet, Soldat, Starost, Student, Tyrann. Denen daher auch kein e anzuhängen ist.

Wie auch viele Volkesnahmen, deren letzte Sylbe betont ist, und welche das mildernde e noch nicht angenommen haben, Bosniak, Heidamak, Polak, (besser Pohle,) Kalmuck, Israelit, Kroat, Kosak, Malabar, Raitz, Ulan.

§. 199. Wer an den Wörtern auf en der vorigen Declination, nach dem Muster der Oberdeutschen die Ableitungssylbe, verbeißt, Daum, Gaum, Balk, Ducat u. s. f. der muß solche Wörter nach dieser Form abändern.

Fünfte

Substantiv. 5. Von der Declination.

Fünfte Declination.

Singular.   Plural.
Nomin.   Nomin. en.
Genit. ens.   Genit. en.
Dat. en.   Dat. en.
Accuf. en.   Accuf. en.

§. 200. Diese ist aus den beyden vorigen Declinationen entstanden, und der Hochdeutschen Mundart vorzüglich eigen. Sie begreifft eigentlich solche männliche Wörter auf en, denen man im Oberdeutschen im Nominativ die Ableitungssylbe genommen, wofür man ihnen nachmahls im Hochdeutschen zur Vermeidung der Härte das mildernde e gegeben hat.

§. 201. Sie ist daher auch nur schwach, und die vornehmsten hierher gehörigen Wörter sind: Friede, Funke, (auch nach der 4ten,) Fußstapfe, Gedanke, Glaube, Hirte, (auch nach der 4ten,) Hauffe, der Junge, Knabe, (auch nach der 4ten,) Nahme, (Plur. Nahmen, nicht Nähmen,) Same, Schade, (im Plural die Schäden, das einige mit dem Umlaute,) und Wille. Alle diese lassen sich mit angehängtem n auch nach der dritten Declination biegen, ob sie gleich in jener Gestalt am üblichsten sind.

§. 202. Von andern Wörtern ohne End e sind Herz und Schmerz die einigen, welche mit Gewißheit nach dieser Declination gehen, nur daß Herz als ein Neutrum im Accusativ der Einheit nicht das Herzen, sondern das Herz, lautet

lautet, und Schmerz auch nach der ersten, mit angehängtem en aber auch nach der dritten gehen kann. Buchstab, welches gemeiniglich auch hierher gezogen wird, läßt sich auch nach der 3ten abändern.

Sechste Declination.

Singular.	Plural.
Nomin.	Nomin. en, n.
Genit. es, s.	Genit. en, n.
Dat. e.	Dat. en, n.
Accus.	Accus. en, n.

§. 203. Diese entlehnt den Singular von der ersten oder dritten und den Plural von der vierten Declination. Der Genitiv hat daher es, und der Dativ e, in solchen Wörtern, welche im Singular nach der ersten, und der Genitiv s und der Dativ nichts, in solchen, welche nach der dritten gehen sollten. Die sich schon auf ein e endigen, haben im Genitiv ohnehin nur s. In See wird in der Abänderung ein e weggelassen, und das Wort doch zweysylbig gesprochen, des Se=es, dem See, die Se=en.

§. 204. Im Genitiv es und im Dativ e, und im Plural en haben, das Bett, der Daum, (auch nach der 4ten oder der Daumen, nach der 3ten,) der Dorn, collective, (distributive nach der 2ten,) das Gliedmaß, (auch nach der 1ten,) Hagedorn, der Halm, collective, (distributive nach der 1ten) das Hemd, (in manchen Gegenden nach der 1ten oder 2ten,) das Ohr, der

Substantiv. 5. Von der Declination. 155

der Quast, (auch nach der 1ten,) der See, der Sporn, der Staat, bürgerliche Verfassung, der Strahl, das Stück, wenn es ein Geschütz bedeutet, sonst nach der ersten, der Zierath.

Und von fremden: Affect, Bataillon, Cadett, (besser nach der 4ten,) das Concordat, der Carolin, (auch nach der 1ten,) der Diamant, das Epigramm, (auch nach der 1en,) der Impost, das Insect, das Juwel, der Rapaun, (auch nach der 1ten und 4ten,) Patron, (auch nach der 1ten,) Psalm, (auch nach der 1ten und 4ten,) Rubin, das nur im Plural gebräuchliche Ruinen, Thron, Unterthan.

§. 205. Im Genitiv hingegen s, im Dativ nichts und im Plural n haben: der Bauer, das Auge, das Ende, das Letzte an einem körperlichen Dinge, Flitter, (auch nach der 3ten,) der Gevatter, (auch nach der 4ten,) der Humber, (auch nach der 3ten,) der Hader, ein Lappen, der Nachbar, der Pantoffel, der Stachel, der Stiefel, (auch nach der 3ten,) der Vetter.

Und von fremden der Kamerad, welches doch im Plural Kameraden hat, der Lorber, der Muskel, der Satyr; ingleichen alle lateinische auf ein unbetontes or, wenn das o im Plural lang wird, die aber nothwendig en haben müssen, der Dóctor, des Doctors, die Doctóren. So auch, Autor, Pastor, Cantor.

tór. Hat aber or den Ton, Castór, so gehen sie nach der ersten.

Ingleichen einige Volksnahmen, der Baier, des=s, plur. die=n; der Bárbar, ein Pferd, aus der Barbarey, des=s, plur. die=n; der Tartar, des=s, plur. die=n, selten die Tartáren; der Ungar, des=s, die=n, aber auch des=n, die=n, nach der vierten; der Kaffer, aber auch nach der vierten; der Bulgar.

§. 206. Irrig werden zu dieser Declination gerechnet, Dotter, Schlüssel, Splitter, Reim, Sinn, Staar, Ziegel, Mast, Trupp, Scorpion, Mond, Junker, Schwan, Stern, Fasan, Fels, u. s. f. welche richtiger nach andern gehen. Wenn viele auch das Wort Zins nach dieser Declination biegen, so rühret solches daher, weil sie der Zins, des=es, pl. die=e, mit die Zinse, pl. die=n, verwechseln.

Siebente Declination.

Singular.	Plural.
Nomin.	Nomin. en, n.
Genit.	Genit. en, n.
Dat.	Dat. en, n.
Accus.	Accus. en, n.

§. 207. Diese und die folgende Declination enthalten lauter weibliche Wörter; beyde bleiben im Singular unverändert, und unterscheiden sich nur im Plural, wo die Wörter dieser Declination die Mehrheit durch en oder n ausdrucken, und
keines

Substantiv. 5. Von der Declination.

keines Umlautes fähig sind, dagegen die in der folgenden nur den Laut e annehmen, aber das Mangelhafte desselben durch den Umlaut ersetzen.

§. 208. Ehedem nahmen die Wörter dieser Declination im Genitiv und Dativ gleichfalls en oder n an, welche alte Form sich an manchen Wörtern noch im Hochdeutschen erhalten hat: *der Schlangen den Kopf zertreten, unserer lieben Frauen, von der Wiegen an, der Seelen Seligkeit, der König der Ehren, zur Höllen fahren.* Besonders in solchen Fällen, wo der Artikel fehlt, die Endung desto bestimmter zu bezeichnen: *auf Erden, mit Freuden, zu Schanden werden, von Seiten des Feindes, in Gnaden.* Wo diese veraltete Form noch allgemein ist, da muß man sie freylich behalten, nur muß man sie nicht nachahmen.

§. 209. Die Wörter, welche sich auf e, el und er endigen, nehmen im Plural nur ein n, alle übrige aber en an. Die auf ee und ie bekommen gleichfalls nur n, sprechen aber dafür den vorher gehenden gedoppelten Hülfslaut zweysylbig aus, *die See, die Seeen; die Poesie, die Poesien.*

§. 210. Ein bloßes n haben also:

1. Die auf ein weibliches e: *Accise, Achse, Ähre, Amarelle, Ameise, Amme, Anke, Ante, Arche, Aue, Bahre, Base, Begierde, Behörde, Beschwerde, Brosame, Bestie, Backe, Bande, Beere, Bäule, Biene, Binse, Birke, Blume, Blüthe, Bohne, Bühne, Bürde, Dicke, Docke, Dose,*

Dose, Ebbe, Eidechse, Fuhre, Furche, Gemse, Herberge, Pfarre, Sache, Schule, Niere, Historie, Mittwoche, Welle, Zehe, und andere mehr.

2. Einheimische und fremde weibliche auf ee, fremde auf ie: die See, Armee, Allee, Akademie, Phantasie, Harmonie.

3. Weibliche auf el: Achsel, Angel, Amsel, Bibel, Deichsel, Distel, Eichel, Fabel, Fackel, Fidel, Gabel, Gurgel, Hechel, Insel, Kanzel, Kugel, Muschel, Nadel, Schachtel, Semmel, Windel, Zwiebel, u. s. f.

4. Weibliche auf er: Ader, Ammer, Auster, Blatter, Dauer, Feder, Folter, Jungfer, Kammer, Kiefer, pinus, Klafter, Klammer, Leber, Leiter, Leyer, Lorber, (aber der Lorber geht nach der ersten,) Marter, Maser, Mauer, Natter, Scheuer, Schulter, Schwester, Ziffer, Zeder.

§. 211. Hingegen haben en:

1. Einfache und zusammen gesetzte weibliche Wurzelwörter, abgeleitete mit Vorsylben: Absicht, Andacht, Anstalt, Antwort, Arbeit, Art, Bahn, Birn, Beicht, Blut, Cur, Dirn, Fahrt, Flur, Frau, Jungfrau, Geburt, Gefahr, Gestalt, Heurath, Jagd, Last, List, Nachtigall, Pflicht, Predigt, Qual, Saat, Schicht, Schlacht, Schnur, nurus, Schrift, Schuld, Spur,

Spur, Stirn, That, Thür, Trift, Welt, Zahl, Zeit, u. s. f.

2. Abgeleitete mit Endsylben: a) auf end, Gegend, Tugend. b) Auf ey, Fischerey, Dieberey, Gasterey, Litaney. c) Auf heit, Begebenheit, Bosheit. d) Auf inn, Gattinn, Königinn, Hündinn. e) Auf keit, Billigkeit, Seligkeit, Herrlichkeit. f) Auf sal, doch nur Drangsal und Trübsal. Die im Hochdeutschen üblichern Plurale Drangsale und Trübsale, scheinen von das Drangsal, das Trübsal zu seyn. g) Auf schaft, Bekanntschaft, Gesellschaft. h) Verbalia auf ung, Achtung, Begegnung, Beleidigung, Belagerung.

3. Viele fremde weibliche, besonders solche, welche den Ton auf der letzten Sylbe haben: Natur, Figur, Majestät, Manier, Observanz, Provinz, (nicht Provinzien,) Concordanz, Musik, Person, u. s. f.

§. 212. Ausnahmen machen: 1. Mutter und Tochter, welche statt des Oberdeutschen Plurals Muttern und Tochtern im Hochdeutschen Mütter und Töchter haben. 2. Die Fasten, welche im Singular und Plural unverändert bleibt; im Oberdeutschen lautet der Singular richtiger die Faste. 3. Von Geschichte sollte der Plural Geschichten lauten; allein im Hochdeutschen ist Geschichte gewöhnlicher, ohne Zweifel, weil man die Geschicht, plur. diese, nach der folgenden achten Form gebildet.

Achte

Achte Declination.

Singular.	Plural.
Nomin.	Nomin. e.
Genit.	Genit. e.
Dat.	Dat en.
Accuſ.	Accuſ. e.

§. 213. Hierher gehören alle übrige weibliche, welche im Plural nur e annehmen, aber dafür den Umlaut bekommen. Leinwand iſt das einige, welches denselben nicht verſtattet. Der Dativ in der Mehrheit hat en, und im Oberdeutſchen nimmt auch der Genitiv im Plural dieſe Endung an.

§. 214. Die Wörter, welche nach dieſer Declination gehen, ſind.

1. Wurzelwörter: Art, Armbruſt, Aderlaß, Bank, Braut, Burg, Bruſt, Fauſt, Flucht, (Ausflüchte,) Frucht, Geſchwulſt, Gans, Gruft, Hand, Haut, Kluft, Kraft, Kunſt, Laus, Luft, Leinwand (ohne Umlaut,) Luſt, Magd, Maus, Nacht, Naht, Noth, Nuß, Sau, Schnur, filum, Schöß, Stadt, Statt, Wand, Wurſt, Zunft.

2. Abgeleitete: a) Auf' ſt, t, ft: Angſt, Brunſt, Macht, (Vollmacht, Ohnmacht gehen nach der ſiebenten,) Kunft in Einkünfte, Kunſt. b) Die weiblichen auf ß, Siehe §. 149.

§. 215.

Substantiv. 5. Von der Declination.

❖   ❖   ❖

§. 215. Daß nicht alle Wörter der Deutschen Sprache in beyden Zahlen zugleich gebraucht werden können, erhellet schon aus dem, was bey der Lehre von dem Plural davon gesagt worden. Allein es gibt auch Wörter, welche nicht in allen Verhältnissen üblich sind, folglich nicht alle Casus haben, ob sie gleich selbige haben könnten; z. B. Fug, mit Fug und Recht; im Schwange seyn, in den Schwang kommen; ohne meinen Bewußt, mit meinem Vorbewußt; sich in Acht nehmen, etwas aus der Acht lassen; der Plural Ängste, in Ängsten seyn; in Kindesnöthen; den Bedacht wohin nehmen; bey seinen Lebzeiten; im Sause und Brause leben; ohne Entgeld; ohne Falsch; in die Harre; in allem Betracht; Herz, wenn es Muth bedeutet, wird nur im Nominativ und Accusativ gebraucht; und viele andere mehr, welche nur in einer oder der andern Redensart üblich sind, übrigens aber nicht weiter gebraucht werden können.

§. 216. Wenn Wörter substantive gebraucht werden, welche sonst nicht als Substantiva üblich sind, so sind sie auch keiner Declination fähig, sondern sie bleiben durch alle Casus unverändert. Die Wichtigkeit des Mein und Dein; alle diese Ja und Nein; ein Er und eine Sie; alle diese Nichts; sein theures Ich. Dahin gehören auch diejenigen Zusammensetzungen, deren letzte Hälfte eine Partikel ist, ein Taugenichts,

L

nichts, Gernegroß, Nimmersatt, das oder der Garaus, der Kehraus, das Schabab u. s. f.

§. 217. Manche Wörter werden in verschiedenen Bedeutungen auf verschiedene Art declinirt. Außer denenjenigen, welche schon bey dem Plural und bey den Declinationen vorgekommen, merke man noch folgende: der Band, die Bände, das Band, die Bande und die Bänder; die Bank, die Bänke, scamna, und die Banken, von Geldbanken; der Bär, des-en, die-en, oder des-es, die-e, und der Bär, pl. die Bäre, Dämme, ingleichen Werkzeuge zum Schlagen; der Bärbar, des-s, pl. die-n, ein Pferd aus der Barbarey, und der Barbär, des-en, die-en; der Bauer, des-s oder -n, und die Bauern, rusticus, der Erbauer, die Erbauer, das Bauer, die Bauer; das Bett, die-e, und die Betten, von einzelen Stücken; der Bogen, die Bögen, arcus, aber die Bogen, von dem Papiere; das Ende, die Ende, aber die Enden, am Ende abgeschnittene Stücke; die Ecke, die-n, das Sechseck, Vieleck u. s. f. die-e; der Druck, die Drucke, aber die Eindrücke, Abdrücke u. s. f. der Krystall, die-e, Arten des Krystalles, aber die Krystalle, die-n, eckig angeschossene Körper; der Laden, die Fensterladen, aber die Kramläden; die Macht, die Mächte, aber die Vollmachten, Ohnmachten; die Nacht, die Nächte, aber die Weihnachten; die Sau, die Säue, aber die Sauen, von

wilden

Substantiv. 5. Von der Declination. 163

wilden Schweinen; der Stab, die Stäbe, aber die Buchstaben; der Strahl, die-en, aber der Dreystrahl, die-e; der Stahl, die Stahle, Arten Stahls, aber Stähle, stählerne Werkzeuge; das Stück, die-e, aber die Stücken, Kanonen.

§. 218. Von ähnlicher Art sind die mit **Mann** zusammen gesetzten Wörter, von welchen einige im Plural — **männer**, andere — **leute**, andere beydes zugleich haben. Man merke davon: 1. **Leute** ist ein Collectivum, welches mehrere Personen von unbestimmter Anzahl, ohne Unterschied des Geschlechts, und von niedrigem Stande bezeichnet, daher man es nie braucht, wenn man von Personen mit Achtung spricht. **Arbeitsleute, Bettelleute, Fuhrleute, Miethleute, Amtleute** u. s. f. 2. Wenn man also mit Achtung spricht und ausdrücklich Personen männlichen Geschlechts verstehet, so macht man den Plural mit —**männer, Amtmänner, Hauptmänner, Kaufmänner, Schiedsmänner, Hofmänner.** Nur für **Edelmänner** ist **Edelleute** üblicher. 3. Wenn zugleich der Begriff männlicher Vorzüge und Eigenschaften mit eintrit, muß dieser Plural gleichfalls gebraucht werden, **Staatsmänner, Kriegesmänner, Biedermänner, Ehemänner, Tochtermänner.** Ingleichen 4. wenn ausdrücklich Personen männlichen Geschlechts bezeichnet werden sollen, **Bettelmänner,** zum Unterschiede von **Bettelweibern.** 5. Da **Leute** als ein Collectivum keine bestimmte Zahl vor sich leidet, so kann man auch nicht sagen,

L 2 drey

drey Fuhrleute, zwey Bettelleute, sechs Zimmerleute — u. s. f. sondern männer.

b. Declination der fremden allgemeinen Nahmen.

§. 219. Fremde Wörter müssen nie ohne die höchste Noth mit in die Deutsche Sprache gemischet werden; da man sie aber, besonders in den Künsten und Wissenschaften nicht ganz entrathen kann, so muß man sie, wo es möglich ist, nach Deutscher Art zu decliniren suchen. Wenn aber dieses geschehen soll, so müssen, besonders die Lateinischen und durch das Latein zu uns gekommenen Griechischen Wörter erst tüchtig gemacht werden, deutsche Biegungssylben anzunehmen.

§. 220. Die Griechischen und Lateinischen Wörter haben außer ihrer Ableitungssylbe oft noch eine eigene Biegungssylbe für den Nominativ; z. B. can-al-is, cardin-al-is, form-ul-a, fasc-icul-us, capell-an-us, not-ar-ius, wo die letzten Sylben Biegungs- die vorletzten aber Ableitungssylben sind. Die Ableitungssylben gehören wesentlich zu dem Worte, dürfen also nicht weggeworfen werden; allein die fremden bloßen Biegungssylben müssen nothwendig erst weggenommen werden, wenn ein Wort nach der Art einer andern Sprache gebogen werden soll. Oft ist die Biegungssylbe zugleich Ableitungssylbe, Magist-er, minist-er, exam-en, nom-en, fisc-us, gen-us, carc-er, fat-um, und dann kann sie gleichfalls nicht weggeworfen werden. Wenn man diesen Unterschied nicht beobachtet, so wird

Substantiv. 5. Von der Declination. 165

wird man nie vor Barbarismen in einer oder der andern Sprache sicher seyn.

§. 221. Zwar läßt sich in manchen Fällen die fremde Ableitungssylbe durch eine Deutsche ersetzen. So hat man aus febris und pulvis, **Fieber** und **Pulver** gemacht; so sagt man **Idee, Prose, Linie, Materie, Matrone,** für idea, prosa, linea, materia, matrona, obgleich diese zunächst aus dem Französischen zu uns gekommen zu seyn scheinen. Am üblichsten ist dieses in den Volks- und Sectennahmen, **Epicuräer, Sadducäer, Galiläer, Athenienser,** für Epicuraeus, Sadducaeus, Galilaeus, Atheniensis; ingleichen in den Endungen ulus, ula, ulum, wo sich die Lateinische Ableitungssylbe ul mit der nahe verwandten deutschen el vertauschen läßt, **Fabel, Matrikel, Mirakel, Artikel.** Allein wo der Gebrauch, der hier freylich nicht allemahl mit der gehörigen Einsicht zu Werke gegangen ist, dergleichen nicht eingeführet hat, da muß man dergleichen nicht von Neuem versuchen, weil ein frembdes Wort mit einer Deutschen Ableitungssylbe eben ein solcher Zwitter ist, als ein Deutsches mit einer Lateinischen oder Griechischen. Daher beleidigen das **Physiker, Historiker, Chymiker, Practiker** u. s. f. einiger Neuern so wohl die Reinigkeit beyder Sprachen, als den Geschmack und das Gehör.

§. 222. Wohl aber läßt sich, nach dem Muster der Franzosen, bey manchen Wörtern ein Hauptlaut aus den Biegungssylben in den Casibus obliquis herauf nehmen, um den Nominativ dadurch vollständig zu machen, da denn zugleich der Ton auf die Endsylbe gelegt wird. Dieß findet besonders mit dem n und t in den Lateinischen Wörtern auf o, io, ens und ans Statt: Sermon, Proportion, Client, Consonant, von sermo, onis, proportio, onis, cliens, tis.

§. 223. Wenn sich nun die Biegungssylbe im Nominativ von einem Worte wegwerfen, oder die Ableitungssylbe durch eine gleichbedeutende Deutsche ersetzen läßt, so kann das Wort alsdann nach einer der acht Deutschen Declinationen gebogen werden, wobey doch hin und wieder einige Abweichungen vorkommen. Hier ist ein Verzeichniß der vornehmsten Lateinischen Endsylben, so wie der Gebrauch sie zur Deutschen Biegung geschickt gemacht hat, mit beygesetzter Declination, nach welcher sie im Deutschen gebogen werden.

a, 1) Weibliche Biegungssylbe an Wurzelwörtern, weggeworfen (pl. en, VII.) Form, Norm. 2) Ableitungs= und Biegungssylbe zugleich, in e verwandelt, vermuthlich nach dem Französischen, (pl n, VII.) Summe, Prose, Secunde, Minute, Satyre, Idee, Präbende, Glosse, Secte, Linie, Liste, Masse, Materie, Matrone, Columne, Clause, Collecte.

ae, weibliche Biegungssylbe in Wörtern, die nur im Plural üblich sind, in en, (VII.) Expensen, Impensen, Exequien, Reliquien, Vigilien, Pandecten.

aeus,

Substantiv. 5. Von der Declination. 167

aeus, in Volks- und Sectennahmen in äer, (III.) Epicuräer, Hebräer, Manichäer, Sadducäer.

ale, zuweilen ile, Neutra, in äl, aber nach verschiedenen Declinationen. 1) Nach der ersten: Cordial, Choral, (Choräle,) Gratial, Ideal, Arsenal, (pl. äle,) Manual, Pedal, Memorial, Original, Quartal, Signal, Portal. 2) Nach der zweyten, Hospital. 3) Plur. ien: Capital, Capitalien, und die nur im Plural allein üblichen Copialien, Curialien, Formalien, Repressalien, Personalien, Regalien, Mobilien, Bachanalien.

alis, in äl, (es, e, I.) Cardinal, Canal, Fiscal, alle drey mit dem Umlaute, Official, Principal, Sensal, Filial, General, Plural.

ans und ens, in ant und ent. 1) Die meisten (en, en, IV.) Adjutant, Arrestant, Calumniant, Communicant, Komödiant, Consonant, Duellant, Expectant, Quadrant, Exulant; Client, Patient, Präsident, Agent, Student, Regent, u. s. f. 2) Einige wenige es, e, I. Orient, Occident.

antia, entia, incia, in anz, enz. 1) Männliche, (es, e, I.) der Reverenz. 2) Noch mehr weibliche, (en, nicht ien, VII.) Concordanz, Distanz, Audienz, Conferenz, Excellenz, Eminenz, Essenz, Residenz, Scienz, Provinz, Instanz, von welchem doch der Plural Instanzien für Instanzen sehr gemein ist.

anus, inus, onus. 1) In än, in, ön, (es, e, I.) Castellan, Capellan, beyde mit dem Umlaut, Sacellan, Sacristan, Suffragan, Decan, Ocean, Kamin, Aurin, Termin, Delphin, Rubin, Patron. 2. Volks= Secten = und Classennahmen, in aner, iner (III.) Italiäner, von Italianus, oder Italiener, unmittelbar von Italien, Republicaner, Socinianer, Arianer, Lutheraner, Wolfianer, Primaner, Secundaner, Veteraner, besser Veteran; Florentiner, Benedictiner, Capuciner, Libertiner. 3) Der Rabbine, des=n pl. die=n, geht nach der dritten, und ist besser als Rabbiner.

ar, are, är, (es, e, I.) Exemplar, Formular, Altar, welches allein den Umlaut hat.

archa, in arch, (en, en, IV.) Monarch, Patriarch, Scholarch, Häresiarch.

aris, in är, (en, en, IV.) Scholar, Capitular, Domicellar. 2) es, e, Singular.

arium, erium, irium, in ar, er, ier, 1) es, e, I.) Salar, Inventar, Klystier von clysterium, Elixier, von alexirium, Brevier. 2) III. Kalender.

arius. 1) In ar, (es, e, I.) Emissar, Archivar, Missionar, Notar, Januar, Februar, Vicar, Secretär, Dromedar. 2) Volks = und Sectennahmen in arier, (III.) Antitrinitarier. 3) In ier, (III.) vielleicht nur Almosenier.

astés, asta, ista, Amts = Secten = und Classennahmen, in ast = ist, (en, en, IV.) Chiliast, Enthu=

Substantiv. 5. Von der Declination. 169

Enthusiast, Phantast, Piast, Colonist, Bassist, Atheist, Evangelist, Jansenist, Pietist, Facultist.

atum, etum, utum, in āt, ēt, ūt, (es, e, I.) Legat, Prädicat, Deputat, Quadrat, Resultat, Reservat, Allegat, Mandat, Placat, Postulat; Decret, Alphabet, Amulet; Convolut, Statut, Tribut.

atus, der 2ten Lat. Declin. männliche Verhältnißnahmen, in āt, (en, en, IV.) Advocat, Agnat, Collegiat, Castrat, Potentat, Impetrat, Renegat, Stipendiat, Licenciat.

atus, der 4ten Lat. Declin. welche im Deutschen bald männlichen, bald sächlichen Geschlechts sind, (es, e, I.) der Magistrat, äte, Comitat, Cölibat, Ornat, Senat; das Doctorat, Majorat, Seniorat, Rectorat, Pastorat, Patriciat.

bra, bris, in ber, (III.) Caliber, September, October, November, December.

drus, dra, drum, in der. 1) Männliche (III.) Cylinder, der Katheder, Coriander, Salamander. 2) Weibliche (VII.) die Ceder, die Katheder.

eca, ica, in ek, ik, (en, VII.) Bibliothek, Fabrik, Rubrik, Duplik, Ethik, Logik, Optik, Mechanik, Republik, Kolik. Apotheke nimmt noch ein e an.

ela, in ēl, (en, VII.) Curatel, Cautel, Tutel.

ema, oma, in ēm, ōm, (es, e, I.) Apo-
stem, Diadem, Emblem, Problem, System, Axiom, Diplom, Idiom, Symptom.
So auch andere Griechische Neutra auf a, welche
es, so fern es bloß Biegung ist, wegwerfen können,
Anagramm, Epigramm.

enſis, Volks=Orts= und Ordensnahmen, in
enſer, (III.) Athenienſer, Carthaginenſer,
Prämonſtratenſer, Ciſtercienſer. Von
neuern Orten braucht man dieſe Ableitungsſylben
nur, wenn keine andern Statt finden, Hallen-
ſer; aber für Jenenſer könnte man ſagen Je-
naer.

entum, in ent. 1) Nach der I Argument,
Document, Figment, Experiment, Ex-
crement, Inſtrument, Pergament, Aver-
tiſſement, Experiment, Medicament,
Sacrament, Teſtament, Element, Fir-
mament. 2) Pl. er, II. nur einige, Regiment,
Parlament.

eta, ita, ota, ates, etes, itus. 1) In at,
et, it, ot, (en, en IV.) Magnat; Anacho-
ret, Poet, Planet, Komet, Catechet,
Magnet, (bey einigen I.) Prophet, Den-
drit, Selenit, Malachit, Eremit, Le-
vit, Minorit, Adamit, Proſelyt; Idiot,
Patriot, Pilot. 2) Einige Volks=und Ordensnahmen nehmen noch ein überflüßiges er, an ſo wie
die Lateiner in Samar-it-an-us, Conſtantino-
pol-it-an-us, u. ſ. f. gleichfalls zwey Ableitungsſylben zuſammen ſetzen, Samariter, Ephrae-
miter, Johanniter, Carmeliter. Allein
wo

Substantiv. 5. Von der Declination.

wo dergleichen nicht schon hergebracht ist, muß man es nicht versuchen; also nicht Jesuiter sondern Jesuit.

ia, weibliche der Einheit. 1) Ehedem in ey, (VII.) Abtey, Litaney, Melodey, Sacristey, Polizey, Tyranney, Factorey, Salbey, Saturey. 2) Jtzt in ie, (VII.) bald zweysylbig, bald einsylbig, wovon die letztern zunächst aus dem Französischen sind: Historie, Injurie, Familie, Bestie, Arie. Einsylbig und betont: Academie, Colonie, Chirurgie, Poesie, Astronomie, Philosophie, Copie, Elegie.

is, weiblich, in e, (VII.) vermuthlich zunächst nach dem Französischen: Classe, These, Dose, Axe, Paraphrase,

icus, 1) In ik, (en, en, IV.) zunächst nach dem Französischen, Katholik, Domestik. 2) In iker, (III.) aber freylich nicht auf die beste Art, daher man für Historiker, Fanatiker, Theoretiker, Satyriker, Physiker, Stoiker u. s. f. lieber die Lateinischen Endungen behält, die man in Medicus, Clericus, Syndicus, Cholericus n. s. f. ohnehin schon behalten muß.

illus, ellum, in ill, ell 1.) (es, e, I.) Pasquill, Codicill, Sigill, Krokodill, Castell, Duell. 2) en, en, IV.) Pupill.

ina, ona, in īn, ōn, (en, VII. Doctrin, Medicin, Disciplin, Person. Matrone nimmt noch ein e an.

io,

io, iön, weibliche, (en, VII.) Action, Abstraction, Action, Commission, Communion, Condition, Division, Legion, Religion, Lection, Nation, Rebellion.

itia, iz, (en, VII.) Miliz, Justiz, Primiz.

ium, läßt sich nur selten verkürzen. Benefiz, Malefiz, Commerz, plur. ien, scheinen aus dem Französischen zu seyn. Allein wo auch der Singular unveränderlich ist, da läßt sich doch der Plural auf ien machen: die Amphibien, Privilegien, Collegien, Concilien, Compendien, Diarien, Monopolien, Negotien, Spolien, Stipendien, Studien, Subsidien, Exercitien.

ius. 1) In Volksnahmen, ier, (III.) Ägyptier, Aethiopier, Hetrurier, Ubier u. s. f. 2) In andern wird die Endung weggeworfen, Merkur, März, Topas, Maj. In andern als Volksnahmen die Endung ier zu gebrauchen, ist fehlerhaft; daher Chalcedon, Sardonyx, und nicht Chalcedonier, Sardonier. Patricier von Patricius, läßt sich eher vertheidigen.

ivum, ivus, iv, (es, e, I.) so wohl Masculina als Neutra: der Nominativ, Genitiv, Comparativ, u. s. f. das Laxativ, Präservativ, Creditiv, Adjectiv, Archiv, Vomitiv.

o, bald in ön, (I.) Scorpion, Pardon, Sermon, bald in one, weiblich, (VII.) Melone; bald weggeworfen, Salm, von Salmo.

or,

Substantiv. 5. Von der Declination. 173

or, laſſen ſich, wegen der Ähnlichkeit mit der Ableitungsſylbe er, im Singular nach der 3ten machen, der Profeſſor, des‿s. Im Plural können ſie insgeſammt ōren bekommen: Antecesſor, Aſſeſſor, Coadjutor, Creditor, Debitor, Curator, Director, Executor, Inſpector, Rector, Reformator, Senior, Senator, Doctor, Prior.

plum, in pel, (III.) Exempel, Tempel.

tas, in tät, (en, VII.) Activität, Antiquität, Curioſität, Difficultät, Univerſität, Majeſtät, Societät, Fatalität.

tra, trum, in ter, (III.) Theater, Geometer, Regiſter, Alabaſter, Salpeter, Scepter oder Zepter, Barometer, Thermometer.

ula, weiblich, in ein unbetontes el, (n, VII.) Fabel, Formel, Matrikel, Partikel, Capſel, Clauſel, Fiſtel. So auch Parabel.

ulum, ulus, el, (III.) Diſcipel, Kapitel, Titel, Fascikel, Mirakel, Orakel, Perpendikel, Artikel, Scrupel, Carfunkel, Triangel, Zirkel, Engel. Aber nicht Calcül, für Calculus; warum nicht lieber Rechnung, Berechnung?

um, als bloße Biegungsſylbe kann oft auch unmittelbar nach der Wurzelſylbe wegfallen, (es, e, I.) Ar\ ſt, das Concept, der Decoct, das Edict, der Punct, das Inſect, das Feſt, der Anieß, das Gran, Protocoll, Metall. Hingegen muß ſie bleiben, in Verbum,
Cen-

Centrum, Asylum, Säculum, Conclusum, u. s. f.

ura, in ür, (en VII.) Abbreviatur, Architectur, Creatur, Figur, Natur, Mixtur, Professur, Censur, Clausur, Tinctur.

us, weiblich, in e, vermuthlich nach dem Französischen, (In, VII.) Periode, Synode, Methode, Narde, Cypresse, Myrthe, Fasele, Narcisse, Nerve, Dithyrambe, von den männlichen myrtus, faseolus u. s. f.

us, männlich, als bloße Biegungssylbe fällt sie weg. 1) es, e, I. Acceß, Congreß, Concurs, Consens, Context, Contract, Defect, District, Dialect, Effect, (aber die Effecten, im plur. sind bewegliche Güter,) Labyrinth, Exceß, Extract, Grad, Chor, (pl. öre,) Ton, (öne,) Vers, Triumph, Accent, Balsam, Chrysolith, Paradies, Pol, Opal, Smaragd, Convent, Saturn, Psalm, Puls. 2) en, en IV. Architect, Astronom, Geograph, Pädagog, Elephant. Da denn einige, welche sich auf einen gelinden Hauptlaut endigen, der in der Aussprache gelinde bleiben soll, das mildernde e annehmen: Theologe, Astrologe, Religiose, Vagabunde. 3) es, en, (VI.) Aspect, Affect.

Andere leiden diese Verkürzung nicht, weil die Endsylbe hier nicht bloß Biegung ist: Casus, Spiritus, Catalogus, Catechismus.

§. 224.

§. 224. Viele dieser Wörter haben ihr Original, nicht in dem guten, sondern in dem schlechtern Latein der mittlern Zeiten aufzusuchen. Andere haben durch den langen Gebrauch allerley unregelmäßige Veränderungen erlitten, wie **Alaun, Almosen, Bibel, Bischof, Dattel, Demant, Fenchel, Fenster, Lai, Latwerge, Marter, Mette, Mönch, Osterluzey, Pallast, Pfaff, Pfingsten, Pfarre, Pöbel, Pflaster, Priester, Propst, Pilger, Papst, Vogt,** u. s. f. Doch die bekümmern uns hier nicht.

§. 225. Manche Lateinische und Griechische Wörter, welche Deutschen Nominativen ähnlich sehen, können, so wie sie sind, nach Deutschen Declinationen gebeuget werden: **Onyx, Jaspiß** (I.) **Ekloge. Ode,** (VII.) **Character, Marmor, Archiater, Sequester, Panther,** (III.) Andere ähnliche verstatten es im gemeinen Leben, verbitten es aber für die edlere Schreibart, die **Pater,** oder **Paters,** edler **Patres.**

§. 226. Alle übrigen Wörter, welche sich durch die Verkürzung nicht zur Deutschen Declination geschickt machen lassen, müssen nach ihrer eigenen Art decliniret werden. Sie nach Art der eigenen Nahmen unverändert zu lassen, und nur den Artikel zu biegen, kann man allenfalls Ungelehrten nachsehen; des **Adverbium,** dem **Concilium,** für die anständigern des **Adverbii,** dem **Concilio.** Aber der fremden Biegungssylbe des Nominativs noch eine Deutsche eines

andern

andern Casus anhängen zu wollen, des Adverbiums, des Alumnusses, ist barbarisch; und gar den Plural mit Beybehaltung der fremden Biegungssylbe des Singulars, durch Beyfügung eines fremden Biegungslautes, der nicht einmahl Hochdeutsch ist, zu machen, die Nomens, Pronomens, Adverbiums, Verbums, ist mehr als barbarisch. Wer mit solchen Wörtern nicht umzugehen weiß, muß sich ihrer enthalten.

§. 227. Noch verdienen die Französischen Wörter auf ier und eur eine Anmerkung. Man bieget sie, zumahl wenn man sie nach Deutscher Art ausspricht, am richtigsten nach der dritten Declination: der Officier, des Officiers, pl. die Officier, aber im Dat. den Officieren; also nicht im Nomin. Plur. die Officiere, noch weniger die Officiers, welcher Französische Plural zum Deutschen Genitiv nicht passet. So auch Courier, Grenadier, Fourier, Füselier, Brigadier, Ambassadeur, Armateur, Marodeur, Auditeur, Ingenieur, Acteur, Mediateur, Friseur. In andern, welche sich nicht nach Deutscher Art biegen lassen, muß man den einheimischen Plural freylich behalten; die Cantons. Allein außer diesem Falle muß man sich des Plurals auf s in allen Hochdeutschen Declinationen enthalten, weil er entweder Niederdeutsch, oder Französisch, nie aber Hochdeutsch ist.

c. Decli=

Substantiv. 5. Von der Declination. 177

c. Declination der eigenen Nahmen.

§. 228. Eigene Nahmen sind entweder Nahmen der Flüsse, oder der Länder, oder der Örter oder der Personen. Sie können auf dreyfache Art decliniret werden: 1. Vermittelst des Deutschen Artikels: der Salomo, des Salomo, dem Salomo, den Salomo. 2. Nach ihrer eigenen Declination, welches doch nur von den Lateinischen und Griechischen gilt: Crösus, Crösi, Cröso u. s. f. Und 3. auf Deutsche Art, folglich mit Deutschen Biegungssylben

§. 229. Eigene Nahmen sind als solche keines Artikels fähig, doch kann derselbe bey ihnen die Stelle der Biegungssylben vertreten, und alsdann ist er ein bloßes Zeichen der Declination. Alle eigene Personennahmen, sie seyen einheimische oder fremde, lassen sich vermittelst des Artikels decliniren; allein alsdann müssen sie selbst keine Biegungssylben annehmen, wenn sie dergleichen auch fähig wären, weil sonst eine doppelte Declination statt finden würde, wovon die eine überflüssig ist: die Weisheit des Salomo, die Logik des Wolf, gieb es dem Friedrich; nicht des Salomos, des Wolfs, dem Friedriche, so gemein es auch ist. Ein anderes ist, wenn sie appellative stehen: Die Regierung des oder desjenigen Ludwigs, welcher u. s. f. Da der Nominativ an sich selbst bestimmt genug ist, so bedarf er keines Artikels zu seiner Bestimmung: Saul sprach zu dem David, nicht der Saul.

M   §. 230

§. 230. Da der Artikel vor den eigenen Nahmen oft den Nebenbegriff der Vertraulichkeit oder Geringschätzung bey sich führet, so enthält man sich desselben, wenn man mit Ehrerbiethung zu sprechen Ursache hat. **Die Genugthuung des Christus, die Empfängniß der Maria, der Tod der Maria Theresia**; besser, **die Genugthuung Christi, die Empfängniß Mariä oder der Jungfrau Maria, der Tod der Kaiserinn Maria Theresia.**

§. 231. Die eigenen Nahmen der Flüsse werden jederzeit als Appellativa behandelt, folglich mit dem Artikel declinirt: **die Elbe, die Donau, der Rhein, der Main, der Jordan.** Städte- und Ländernahmen lassen sich nicht gern mit dem Artikel decliniren, wenn sie nicht ein Beywort vor sich haben: **das volkreiche Deutschland, das blühende Berlin.** Ausgenommen sind diejenigen Ländernahmen, welche eigentlich Appellativa sind, **die Mark, die Lausitz, die Eifel, der Brisgau**; aber nicht **die Schlesie**, sondern **Schlesien.** Den eigenen Nahmen der Städte und Dörfer setzt man, wenn sie vermittelst des Artikels decliniret werden sollen, gerne die Wörter **Stadt, Dorf** u. s. f. vor.

§. 232. Nach Lateinischer Art, folglich auch ohne Artikel, können alle Griechische und Lateinische Personennahmen gebeuget werden, welche man nicht auf andere Art decliniren will, oder kann. **Der Reichthum Crösi, Christi Genugthuung, die Geburt Mariä, Ciceronis Briefe, Pauli Schriften.** Den Fall der Ehrerbiethung ausgenommen,

Substantiv. 5. Von der Declination. 179

nommen, ziehet man Deutsche Declinationen, oder wenn diese nicht statt finden, die Declination mit dem Artikel mit Beyfügung eines Ehrenwortes vor: die Wahl des Kaisers Franciscus, besser als die Wahl Francisci, und edler als, die Wahl des Kaisers Franz, oder gar die Wahl Franzens.

§. 233. Nach Deutscher Art lassen sich decliniren: 1. alle eigentlich Deutsche Nahmen. 2. Griechische und Lateinische Nahmen, wenn man ihnen die fremde Biegungssylbe nehmen, und sie dadurch zur Deutschen Declination geschickt machen kann. 3. Alle übrige fremde Nahmen, wenn sie sich auf keinen Sause- oder Zischlaut endigen, besonders wenn ihre Endsylben Deutschen Endsylben ähnlich sind: Daniel, Joel, Sylvester, Adam, und alle weibliche auf a und e.

§. 234. Von den Griechischen und Lateinischen Nahmen gilt auch das, was im vorigen von den fremden Wörtern gesagt worden; was bloß Biegungssylbe ist, kann weggeworfen werden, was aber Ableitungssylbe ist, muß bleiben. Bey denjenigen Nahmen, welche sich auf kein s endigen, braucht man sich um die Biegungssylbe nicht sehr zu bekümmern, weil sie wenigstens in einigen Endungen Deutsche Biegungssylben annehmen, Ciceros, Solons. Nur die auf ein s vertragen die Deutsche Declination nicht, daher man sehen muß, ob man ihre Endsylbe wegwerfen kann, welches doch nicht allemahl möglich ist.

us, Griech. os, wenn es bloß Biegung ist, kann wegfallen: Augustin, Pindar, Domitian,

M 2   Lycurg,

Lycurg, Quintilian, Tibull, Catull, Aristarch, Benedict, Antonin, Epicur. Aber nicht in Dominicus, Erasmus, Irenäus, Lazarus, Nicolaus, Matthäus, Marcus, Apulejus, Hieronymus.

ius, scheint nicht bloß Biegung zu seyn, daher sie sich nur selten wegwerfen läßt: Ovid, Horaz, Properz, Tiber, Virgil, Vincenz, sind einmahl gangbar. Aber nicht so Basilius, Blasius, Claudius, Cornelius, Eusebius, Livius, Demetrius. Theodos und Dionys sind zu hart, wegen des weichen s am Ende, welches das mildernde e erfordern würde; Polyb aber ist eine wahre Verstümmelung, weil hier ein wesentlicher Theil der Zusammensetzung weggeworfen wird.

Doch können die auf us und ius, in den Casibus obliquis Deutsche Biegungssylben annehmen: Prompejens, Appiens, Apulejens, Polybiens, Lyäens; so auch im Dativ und Accusativ, Pompejen, Appien u. s. f.

es, an den Griechischen Wörtern sollte nie weggeworfen werden, weil es eine wahre Ableitungssylbe ist, welche der Deutschen er gleich bedeutend ist. Socrat, Diogen, Hippocrat, und einige andere sind zwar versucht worden; allein Alcibiades, Aristoteles, Hercules, Sophocles, Anchyses, Aristophanes, Origenes und hundert andere sperren sich dawider, ob sich gleich einige im Plural nach Deutscher Art biegen lassen, die Aristophäne, Aristotéle.

§. 235.

Substantiv 5. Von der Declination.

§. 235. Alle übrige fremde Personennahmen, welche sich auf s endigen, leiden weder die Verkürzung noch die Deutsche Declination, sondern müssen entweder mit dem Artikel, oder nach Lateinischen Declinationen gebeuget werden: Ananias, Andreas, Barnabas, Beatrix, Dorcas, Äneas, Elias, Esaias, Hoseas, Jonas, Doris, Phyllis, Mathildis, Moses, Jesus, Christus, Xerxes, Thomas, Serapis, Tantalus u. s. f. und die Städtenahmen, Paris, Orleans, Neapolis u. s. f. Mit Beybehaltung ihrer Biegungs- und Ableitungssylbe für den Nominativ, ihnen Deutsche Biegungssylben anderer Casuum anzuhängen, ist nicht zu entschuldigen: Curtiussens Geschichte, Homer hat seine Zoylusse und Haller seine Myliusse gehabt. Wie barbarisch!

§. 236. Die einheimischen so wohl als fremden Nahmen, welche Deutsche Biegungssylben annehmen, werden ohne Artikel vornehmlich auf eine vierfache Art decliniret, wovon die drey letzten Arten nur Ausnahmen der ersten sind.

Erste Art.

Singular.	Plural.
Nomin.	Nomin. e.
Genit. s.	Genit. e.
Dat. en.	Dat. en.
Accus. en.	Accus. e.

§. 237. Diese ist für die eigenen Nahmen, wenn sie im Singular ohne Artikel gebeuget werden,

den, die eigentliche und allgemeine, nach welcher alle diejenigen gehen, welche nicht nach den drey folgenden declinirt werden müssen, sie seyen männlich oder weiblich, einheimisch oder fremd, besonders alle, welche sich auf einen Hauptlaut außer einem s, z, und den tonlosen Sylben el, al, en, er, ar und or endigen. So wohl einheimische: männliche, Friedrich, Adolph, Arnold, Bernhard, Adrian, Gottfried, Ulrich, Hagedorn, Wolf, Bach, Schmidt, Carpzov, Brand, Sturm, Bock, Böhm, u. s. f. einheimische weibliche: Gertraut, Hedwig, Adelheid; als endlich auch fremde: Epicur, Ovid, Socrat, Sciopp, Hippocrat, Saul, Albin, Balduin, Dudley, Democrit, Antonin, Sylvan, Tibull, Catull u. s. f. Besonders die Deutschen mit mann zusammen gesetzten: Beckmann, pl. die Beckmanne, nicht Beckmänner, Graumann, Volkmann, Hermann, Hartmann, Holmann, Seligmann u. s. f.

Zweyte Art.

Singular.	Plural.
Nomin.	Nomin.
Genit. s.	Genit.
Dat. n.	Dat. n.
Accus. n.	Accus.

§. 238. Diese ist bloß eine Verkürzung der vorigen und begreifft alle eigene Personennahmen, welche sich auf ein tonloses el, al, il, er, ar und or endigen; folglich sowohl einheimische und fremde
männ=

Substantiv. 5. Von der Declination. 183

männliche: Müller, Förster, Maier, Luther, Alexander, Caſſander, Peter, Balthaſar, Caſpar, Melchior, Amthor, Bengel, Barthel, Beutel, Abel, Daniel, Iſrael, Hannibal; als auch weibliche: Rahel, Abigail, Michal, Jeſabel, Eſther u. ſ. f. Hiernach gehet auch Carl, Carls, Carln. Aber Paul, alle übrige einſylbige und welche ſich auf ein betontes el, il, er, u. ſ. f. endigen gehen nach der erſten, Virgíl, Valér.

Dritte Art.

Singular.	Plural.		
		Maſc.	Fämin.
Nomin.	Nomin.	e.	en, n.
Genit. ens.	Genit.	e.	en, n.
Dat. en.	Dat.	en.	en, n.
Accuſ. en.	Accuſ.	e.	en, n.

§. 239. Dieſe unterſcheidet ſich von der erſten bloß darin, daß der Genitiv ſtatt des s um des Wohlklanges willen ein ens annimmt, die weiblichen aber den Plural auf en machen. Nach dieſer Form gehen:

1. Alle einheimiſche und verkürzte fremde, welche ſich auf ein s, ſch und z endigen: Franz, Hans, Lorenz, Danz, Kranz, Quanz, Caniz, Moritz, Vincenz, Fuchs, Voß, Götz, Huß, Fritz, Leibnitz, Opitz, Schatz, Hirſch, Stax, Max, Popowitſch, Fritſch, Horaz, Properz, Ulyß. Die auf ſt, Auguſt, Quaſt, Naſt können ſo

so wohl nach dieser als nach der ersten gehen; am liebsten beugt man sie nach der ersten.

2. Einige Lateinische auf ius wenn sie gleich im Nominativ keine Verkürzung leiden: Appius, Appiens, Appien, die Appie, S. h.

3. Alle einheimische männliche auf ein e: George, (mit dem mildernden e, aber Georg, ohne dasselbe, nach der ersten,) Menke, Hasse, Wille, Wilke, Balde, Stoppe. Da diese schon ein e haben, so dürfen sie es im Singular und Plural nicht erst annehmen: die Stoppe. Hiernach gehet auch Otto, Ottens, Otten, die Otte; eigentlich von dem Deutschen Nominativ Otte.

4. Alle weibliche auf ein unbetontes a und e, wovon die erstern im Plural en, die letztern aber im Singular und Plural nur n bekommen: Flóra, Flórens, Flóren, die Floren; Chloe, Chloens, Chloen, die Chloen. So auch: Amalie, Anna, Arabella, Brigitta, Catharina, Carolina, (der weibliche Nahme, aber als Landesnahme geht es nach der vierten,) Christiana, Dorothea, Helena, Eva, Juliana, Maria, Martha, Aurora, Antonia, Sophia, Diana, Louise, Penelope, Agnese, Philippine, Elisabetha, Elisabethens, u. s. f. aber Elisabeth, Elisabeths, nach der ersten.

5. Der Nahme, Jehovah, Jehovens, Jehoven; ingleichen die Länder- und Städtenahmen Europa, Sparta, und Samaria, welche eigentlich nach der vierten gehen müßten.

Vierte Art.

Singular.	Plural.
Nomin.	Nomin. zuweilen e.
Genit. s.	Genit.
Dat.	Dat.
Accuſ.	Accuſ.

§. 240. Dieſe Form bezeichnet bloß den Genitiv durch ein s, und bey einigen Perſonennahmen den Plural durch ein e. Alle übrige Endungen bleiben unverändert. Hiernach gehen:

1. Alle Länder- und Städtenahmen, welche dieſes s im Genitiv annehmen können, folglich ſich nicht ſchon auf ein s, ſch oder z endigen: Böhmen, Schweden, Sachſen, Arabien, Aſien, Indien, Rußland, Holland, Brabant, Berlin, Stockholm, Rom, Cracau, Warſchau, Dresden, Babel, Athen. Die ſich auf einen Ziſch- oder Sauſelaut endigen, Paris, Neapolis, Zeitz, Grätz, müſſen durch das Wort Stadt umſchrieben werden. Die ſich auf ein tonloſes a und o endigen, bekommen dieſes s auch; allein es wäre ſchicklicher, es nach Engliſcher Art durch einen Apoſtroph zu trennen, um dadurch die Abweſenheit des Tones zu bezeichnen: Judäa's, Aleppo's, Carthago's, Guinea's, Malta's, Mantua's, Carolina's, Jericho's.

2. Perſonennahmen, welche ſich nicht ohne Uebellaut nach einer der vorigen Formen würden biegen laſſen. 1) Alle die auf en, welche um dieſer Endung willen nur allein des s fähig ſind:

Karſten, Bugenhagen, Baumgarten, Camden, Hamden; dahin auch die Verkleinerungen auf chen, Röschen, Ließchen. 2) Die meiſten, welche ſich auf ein tonloſes on endigen: Xenophon, Melanchthon, Solon, Damon, Aaron, Simſon; wovon Xenophonen u. ſ. f. übel lautet. Doch können ſie im Plural e bekommen, Solone, Palämone. Simonen, Antonen, ſind im Dat. und Accuſ. im gemeinen Leben gangbar. 3) Die Hebräiſchen auf m, Abraham, Methuſalem, Adam. 4) Männliche auf a, wenn ſich dieſes a nicht in e verwandeln läßt, am beſten mit dem Apoſtroph: Joſua's, Noah's, Beda's. 5) Männliche auf i, im Plural unverändert, Leonhardi, Jacobi, Jablonsky. 6) Die auf o mit dem Apoſtroph: Cicero's, Cato's, Salomo's, Varro's, Cuno's, Bruno's, Scipio's, Sappho's. — Cicerons, Catons u. ſ. f. ſind übellautende Zwitter; doch läßt ſich der Plural der Lateiniſchen auf ne machen: Cicerone, Catone, Varrone.

§. 241. Manche Nahmen laſſen ſich ſo wohl nach der erſten, als nach der dritten Form biegen: Wolf, Wolfs, und Wolfens, ſo auch Achill, Auguſt, Pfaff, Frey, Apoll, Ernſt, Sciopp u. ſ. f.

§. 242. Wenn ein Caſus keine Biegungsſylbe annimmt, ſo muß derſelbe durch den Artikel bezeichnet werden, welches doch bey dem Nominativ unnö-

unnöthig ist, dem Cicero, den Abraham. Da eigene Personennahmen im Plural nicht anders als appellative stehen können, so ist auch hier der Artikel unentbehrlich, wenn sie gleich Biegungssylben annehmen: die Cicerone unsrer Zeit.

§. 243. Wenn gleich der Deutsche Genitiv der eigenen Nahmen nichts Unedles bey sich führet, so haben es doch sehr oft der Dativ und Accusativ, daher man sie entweder mit dem Artikel oder durch eine Umschreibung geben muß: Louisen, edler der Louisa, Josephen, mit mehr Würde dem Kaiser Joseph. Weil der Dativ und der Accusativ der Einheit hier gleich sind, so erfordert oft die Deutlichkeit die Declination durch den Artikel: ich habe Gottfrieden Schwarzen empfohlen; deutlicher den Gottfried dem Schwarz, oder den Gottfried Schwarzen. Die sehr verkürzten eigenen Nahmen, Franz, Max, Hans u. s. f. sind niedrig und lassen sich nicht mit Würde und Wohlstand gebrauchen.

§. 244. In den Casibus obliquis muß der Casus nothwendig auf eine oder die andere Art bezeichnet werden. Also nicht, wer Christus Geist nicht hat, der ist nicht sein, sondern Christi.

§. 245. Deutsche eigene Nahmen, welche ursprünglich Appellativa sind, haben den Umlaut nie: die Fuchse, die Wolfe, die Bache, die Sturme, die Vogte, die Volkmanne; nicht die Füchse u. s. f.

§. 246. Wenn ein Gattungsnahme vor dem eigenen hergehet, so wird jener gebeuget, und nicht dieser: des Arztes Büchner, des Weltweisen Wolf, des Königes Friedrich, der Stadt Berlin. Wenn aber der Artikel vor dem Gattungsnahmen fehlt, so bekommt der eigene Nahme die Biegung: Kaiser Carls Schwert, von König Friedrichen; es müßte sich denn der Casus an dem Gattungsworte bezeichnen lassen, von Herrn Felbiger. Hat der eigene Nahme ein Zahlwort hinter sich, so kann er das Biegungszeichen nicht entbehren: der Gesandte König Heinrichs des vierten.

§. 247. Kommen zwey oder mehr zu einer Person gehörige Nahmen ohne Artikel zusammen, so empfängt nur der letzte die Biegung: Johann Christoph Gottscheds Sprachkunst. Bey adeligen Geschlechtsnahmen mit von bekommt sie der letzte Taufnahme: Friedrich Daniel Caspars von Vitzthum Gut, Carl Antons von Ubigau Schriften.

Drittes Kapitel.
Von dem Artikel.

§. 248.

Auf das Hauptwort folgen diejenigen Redetheile, welche zunächst zu dessen Bestimmung dienen. Das erste was sich an einem Substantive bestimmen läßt, ist die Selbständigkeit, welche bey den Hauptwörtern, so bald sie ganze Gattungen und Classen bezeichnen, wieder verloren gehet.

gehet. Diese zu bestimmen haben die abendländischen Sprachen den Artikel eingeführet, der daher eigentlich um der Gattungswörter willen da ist.

§. 249. Diese Selbständigkeit der Gattungswörter kann nun auf verschiedene Art bestimmt werden. Es kann 1. die ganze Classe oder Gattung als selbständig bezeichnet werden; oder es kann 2. ein schon bekanntes Individuum aus derselben als selbständig dargestellet werden; oder es kann 3. ein Ding aus der Classe, es sey welches es wolle, als selbständig angedeutet werden; oder es kann 4. dieses eine Ding zum Repräsentanten der ganzen Classe gemacht werden; oder es kann 5. die Classe oder Gattung, zu welcher das Subject gehöret, angedeutet werden; oder es kann 6. eine unbestimmte Anzahl einzeler Dinge aus der ganzen Classe bezeichnet werden; oder es kann endlich 7. ein ungenannter und unbestimmter Theil des Ganzen ausgezeichnet oder vielmehr nur die Materie angedeutet werden.

§. 250. Die Deutschen bezeichnen nur die fünf ersten Fälle durch Artikel, und drucken die beyden letzten ohne alle nähere Bezeichnung des Artikels aus. Sie vertheilen diese fünf Fälle unter die beyden Artikel der und ein, so daß die, welche die schärfste Bestimmung erfordern, dem ersten, die aber, welche nicht so genau bestimmt sind, dem letztern zu Theile werden; daher der erstere auch der bestimmte und der letztere der unbestimmte Artikel genannt wird.

§. 251. Beyde Artikel sind Wurzelwörter, allein sie sind ursprünglich nicht zu Artikeln bestimmt,

stimmt, ohne Zweifel, weil der Begriff der Selbst‍ständigkeit für die ersten Spracherfinder zu fein war, als daß sie ihn hätten bemerken und bezeich‍nen können, daher auch so viele Sprachen gar keinen Artikel haben. Beyde sind erst in den spätern Zeiten, aber doch allem Anscheine nach noch vor dem Anfange der Cultur eingeführet worden, da man denn den bestimmten Artikel von dem Pronomen der und den unbestimmten von dem Zahlworte ein entlehnte.

§. 252. Es wäre eben nicht nothwendig ge‍wesen, die Artikel nach der Zahl, dem Geschlechte, und den Endungen des Hauptwortes zu biegen, welches sie bestimmen sollen. Allein, da sie in ihrem ersten Zustande als Pronomen und Zahlwort schon diese Biegung hatten, so behielt man sie bey, und erreichte dadurch den Vortheil, daß wenig‍stens einer der Artikel auch außer seiner eigentli‍chen Bestimmung zum Declinations-Zeichen ge‍braucht werden konnte, die fehlenden Casus-Zei‍chen an den Deutschen Hauptwörtern zu ersetzen.

§. 253. Der bestimmte Artikel der kann im Singular nach allen drey Geschlechtern der Hauptwörter gebogen werden, allein im Plural bleibt er in Ansehung des Geschlechts unverän‍dert. Er wird folgender Gestalt abgeändert.

	Singular.			Plural.
	Masc.	Fäm.	Neut.	
Nomin.	der,	die,	das.	die.
Genit.	des,	der,	des.	der.
Dat.	dem,	der,	dem.	den.
Accus.	den,	die,	das.	die.

3. Kapitel. Von dem Artikel.

Er ist eigentlich das verkürzte Pronomen der, welches in manchen Endungen zweysylbig gehet, und im Oberdeutschen heissen der Genitiv und Dativ im Plural noch jetzt derer und denen, statt der und den, welches aber im Hochdeutschen ein Fehler seyn würde.

§. 254. Dieser bestimmte Artikel hat ein zwiefaches Amt.

1. Er bestimmet die Selbständigkeit der Deutschen Hauptwörter, welches wiederum auf dreyfache Art geschiehet. 1) Bezeichnet er die ganze Gattung oder Classe mit allen darunter gehörigen einzelen Dingen als selbständig: der Mensch ist wie eine Blume, oder die Menschen sind wie Blumen, für alle Menschen. 2) Bezeichnet er aus der ganzen Classe ein Ding, welches schon als bekannt angenommen werden kann, als selbständig: Gib mir das Buch, d. i. welches vor dir lieget; die Gäste sind nun da, d. i. auf welche wir warteten.

2. Dienet er wegen seiner vollständigen Biegung auch zur Declination der Hauptwörter, wenn sie die Casus nur mangelhaft anzeigen, besonders bey den eigenen Nahmen, wenn sie keine Casus-Zeichen annehmen. S. im vorigen die Declination der eigenen Nahmen.

§. 255. Der unbestimmte Artikel, welcher nur im Singular allein üblich ist, gehet so:

	Masc.	Fäm.	Neutr.
Nomin.	ein,	eine,	ein.
Genit.	eines,	einer,	eines.
Dat.	einem,	einer,	einem.
Accus.	einen,	eine,	eines.

§. 256.

§. 256. Dieser Artikel bezeichnet: 1) Ein unbestimmtes selbständiges Ding aus der ganzen Classe, es sey welches es wolle: **gib mir ein Buch; es war ein Mahl ein Mann; ein Haus von Stein.** 2) Ein unbestimmtes einzeles Ding als den Repräsentanten der ganzen Gattung oder Classe: **ein Mensch ist wie eine Blume; eine Zunge ist ein kleines Glied,** für alle Menschen, alle Zungen, oder ein jeder Mensch, eine jede Zunge. 3) Die Art oder Classe, zu welcher ein Ding gehöret, als ein unbestimmtes selbständiges Ding: **das ist ein schönes Haus; er hat einen bösen Vater.** Ein mehreres von dem Gebrauche beyder Artikel gehört in den Syntax.

§. 257. Der unbestimmte Artikel kann auch ohne Hauptwort stehen, in welchem Falle er völlig wie das Zahlwort ein ohne Hauptwort declinirt wird: **Ich habe ein Haus gekauft; — was für eines? — Ist kein Freund da, der mir hülfe. — Hier ist einer. Nehmen sie meine Schwachheit nicht übel, wenn es eine ist,** Gell.

§. 258. Wir haben im Deutschen noch deutliche Spuren eines *Articuli postpositivi*, welcher hinten an das Nennwort angehänget wird, und in den mit der Deutschen verwandten Dänischen und Schwedischen Sprache noch merklicher ist. Er lautet für die Hauptwörter im Genitiv der Einheit ohne Unterschied des Geschlechtes theils ens, theils s, im Dativ en oder n, und im Accusativ gleichfalls en oder n. Dahin gehören allem
Ansehen

Ansehen nach: die Biegungssylben der eigenen Nahmen, Schwarzens, Schwarzen. 2. Das s in der Zusammensetzung, selbst an weiblichen Wörtern, Hoffnungsvoll, Vorbauungsmittel, S. den Abschnitt von der Zusammensetzung. 3. Die noch hin und wieder in den Kanzelleyen üblichen Formen: Herrn N. Stadtrichtern zu Leipzig, für dem Stadtrichter. So auch: Herren N. der Gottesgelahrheit Lehrern; es ist Käufern gegeben worden; von Gottes Gnaden. 4. Manche noch im gemeinen Leben übliche Arten des Ausdruckes: ich habe es Vatern gesagt; ich habe niemanden gesehen, man sahe jemanden; die Kinder erwähnten Herrens, für des Herren. 5. Noch mehr adverbialische Ausdrücke: auf Erden, nach Sonnen Untergang, zu Statten kommen, von Statten gehen, von Handen kommen, zu jemandes Gunsten, u. s. f. für auf der Erde, nach dem Untergange der Sonne, u. s. f. An den allgemeinen Zahlwörtern, und an den Adjectiven, wenn sie ohne Artikel gebraucht werden, ist es bloß der Biegungslaut, davon im folgenden.

Viertes Kapitel.
Von den Zahlwörtern.

§. 259.

Außer der Selbständigkeit muß oft noch der Umfang eines Gattungswortes angezeiget, oder

N be=

bestimmt werden, wie viel von den zu einer Gattung gehörigen einzelen Dingen gemeinet sind Dieses geschiehet durch die Zahlwörter, welche daher gleichfalls vornehmlich um der Gattungswörter willen da sind.

§. 260. Dieser Umfang kann nun auf eine gedoppelte Art bezeichnet werden; entweder auf eine bestimmte Art, mit ausdrücklicher Bemerkung der Zahl der einzelen Dinge, oder auf eine allgemeine Art, ohne Bezeichnung der Zahl. Das erste geschiehet durch die Haupt= oder Grundzahlen, Numeros cardinales, und das letztere durch gewisse allgemeine Wörter der Menge oder Vielheit.

1. Bestimmte Zahlwörter.

§. 261. Die Grund= oder Hauptzahlen sind theils Wurzelwörter, theils abgeleitete, theils zusammen gesetzte. Wurzelwörter sind: eins, zwey, drey, vier, fünf, sechs, acht, neun; abgeleitete sieben, zehen, zusammen gezogen zehn, die Zahlwörter für die Zehner, zwanzig, dreyßig, (nicht dreyzig,) vierzig, funfzig, (für fünfzig,) sechzig, (für sechszig,) siebzig, (für siebenzig,) achtzig, neunzig, ingleichen hundert und tausend; zusammen gesetzte aber, eilf, zwölf, dreyzehn, vierzehn, funfzehn, (für fünfzehn,) sechzehn, siebzehn, achtzehn, und neunzehn. Mit diesen werden alle übrige Zahlen ausgedruckt. Fünf, eilf und zwölf bekommen um des gelindern Lautes des f willen, im

Hoch-

Hochdeutschen gerne das mildernde e, fünfe, eilfe, zwölfe.

§. 262. In Zusammensetzung der einfachen Zahlwörter wird bis auf hundert die Zahl der Einheit voran gesetzt, und zwar so, daß von dreyzehn bis auf neunzehn sie mit dem Zehner zu einem Worte zusammen gezogen, nach zwanzig aber nur vermittelst des Wörtchens und mit dem Zehner verbunden wird: ein und zwanzig, zwey und dreyßig u. s. f. Da der Einer hier den unselbständigen Zehner bestimmt, so kann er nichts anders als ein Adverbium seyn, und bleibt folglich unabgeändert: ein und zwanzig Männer, Frauen, Häuser, nicht einer und zwanzig Männer, eine und zwanzig Frauen; aber auch nicht eins und zwanzig, wie in einigen Provinzen üblich ist. Über hundert wird die kleinere Zahl, welche das Hundert übersteigt, dahinter gesetzt: hundert und eins, (wenn man absolute ohne Beziehung auf ein Hauptwort zählet,) hundert und zwey, u. s. f. die Zahl der Hunderte und Tausende aber voran gesetzt, ein hundert, (im gemeinen Leben nur hundert schlechthin,) zwey hundert, ein tausend, (im gemeinen Leben nur tausend,) vier tausend; wo diese Wörter auch wohl zusammen gezogen werden, einhundert, zweytausend.

§. 263. Da vermittelst der Zahl schon die Selbständigkeit mit bezeichnet wird, so bedürfen die Zahlwörter eigentlich keines Artikels. Allein da in manchen Fällen die Selbständigkeit einer gezählten Sache vor einer andern von gleicher

Zahl vorzüglich heraus gehoben werden muß, so können sie alsdann auch den bestimmten Artikel bekommen: gib mir die zehn Thaler, der eine ist wieder da, die zwey sind auch verloren. Allein ihnen den unbestimmten Artikel vorzusetzen, ich will noch eine acht Tage warten, für ungefähr acht Tage, gehöret in die Sprache des gemeinen Lebens.

§. 264. Alle Grundzahlen stehen entweder unmittelbar vor ihrem Hauptworte, sieben Güter, oder sie beziehen sich doch auf dasselbe, es waren ihrer acht, oder sie zählen absolute, und ohne Beziehung auf ein Hauptwort, in welchem Falle sie als wahre Adverbia zu betrachten sind, zwey, drey, zehn, hundert. In den beyden ersten Fällen richtet sich im Hochdeutschen nur das einige Zahlwort ein nicht nur nach dem Geschlechte, sondern auch nach allen Verhältnissen seines Hauptwortes, wobey es doch nach den verschiedenen dabey möglichen Fällen nach Art der Adjectiven auf verschiedene Art decliniret wird:

1. Mit dem Hauptworte und ohne Artikel und Fürwort.

Nom.   ein Mann, eine Frau, ein Haus,
Genit. eines Mannes, einer Frau, eines Hauses.
Dat.   einem Manne, einer Frau, einem Hause.
Acc.   ein Mann, eine Frau, ein Haus.

So auch, wenn noch ein Adjectiv darauf folgt, ein guter Mann u. s. f. ingleichen, wenn es

als

4. Kapitel. Zahlwörter.

als die kleinere Zahl hinter der größern stehet, und unmittelbar vor dem Hauptworte hergehet, da denn dieses gemeiniglich im Singular stehet, hundert und eine Person, welcher elliptische Ausdruck so viel bedeutet, als hundert Personen und eine. Wenn aber ein anderes Zahlwort darauf folget, so bestimmet es dieses und nicht das Hauptwort, und bleibt also unverändert, hundert und ein und zwanzig Personen.

2. Mit dem bestimmten Artikel, es mag das Hauptwort nach sich haben oder nicht.

Nom. der eine, die eine, das eine.
Genit. des einen, der einen, des einen.
Dat. dem einen, der einen, des einen.
Accus. den einen, die eine, das eine.

Wo es mehr die Gestalt eines Adjectivs, als eines Zahlwortes hat, und daher auch völlig so wie die Adjective mit dem Artikel decliniret wird. Eben so gehet es auch, wenn es statt des Artikels ein Pronomen vor sich hat: dieser eine Mann. Nur die Possessiva machen eine Ausnahme, weil der männliche Nominativ alsdann einer, der sächliche Nominativ und Accusativ aber eines lauten, so daß das Zahlwort die an dem Pronomen fehlende Biegungssylbe ersetzt: mein einer Acker, mein eines Haus, welche ganze Form doch nur im gemeinen Leben für die eblern, einer meiner Acker, eines meiner Häuser, üblich ist.

3. Ohne

3. **Ohne Artikel und Hauptwort, doch in Beziehung auf ein bekanntes Substantiv.**

Nomin.	einer,	eine,	eines oder eins.
Genit.	eines,	einer,	eines.
Dat.	einem,	einer,	einem.
Accus.	einen,	eine,	eines oder eins.

Da ist keiner, der Gutes thue, auch nicht einer; zwey jagen einen; eines oder eins bitte ich von dem Herren.

§. 265. Wenn man ohne Hauptwort und ohne Beziehung auf dasselbe zählet, so lautet dieses Zahlwort eins, (nicht eines:) hundert und eins; einmahl eins ist eins. Nur wenn es die größere Zahl bestimmt, lautet es unverändert ein: ein und zwanzig, einhundert, eintausend. Da eine Einheit nicht vielfach seyn kann, so ist dieses Zahlwort auch keines Plurals fähig, denn die einen, für einige, nach dem Französischen les uns, ist im Hochdeutschen ungewöhnlich.

§. 266. Ein hat als ein Zahlwort beständig seinen bestimmten Ton, dagegen der Artikel ein seinen Ton auf das folgende Hauptwort wirft. Es wird zum Unterschiede von dem Artikel auch von vielen mit einem großen Buchstaben geschrieben, es ist nur Ein Gott. Noch sicherer bezeichnet man diesen Unterschied, wenn eine bloße Zahl angedeutet werden soll, durch die abgeleiteten Beywörter einig oder einzig, ein einiger, nicht ein einziger; oder wenn zugleich die Identität bezeich-

4. Kapitel. Zahlwörter.

bezeichnet werden soll, durch den Beysatz des Pronominis derselbe, in einem und eben demselben Hause wohnen.

§. 267. Die übrigen Zahlwörter bleiben im Hochdeutschen durch alle Geschlechter unverändert; denn zween, zwo, zwey ist eine bloße Eigenheit einiger Oberdeutschen Mundarten, deren Nachahmung keinen beträchtlichen Vortheil gewähren kann. Für alles dreyes sagt man richtiger, alle drey Stücke. Nur die Casus müssen die übrigen Zahlwörter in manchen Fällen bezeichnen können, und da zeigt sich wieder eine Verschiedenheit, indem zwey und drey den Genitiv und Dativ andeuten, die übrigen Zahlwörter aber nur allein den Dativ bezeichnen können.

§. 268. Wenn zwey und drey ohne Artikel stehen, sie mögen ihr Hauptwort bey sich haben, oder nicht, so heissen sie im Genitiv zweyer, dreyer, und im Dativ zweyen und dreyen: auf zweyer oder dreyer Zeugen Mund; ich habe es nur dreyen Personen anvertrauet, wähle dir aus dreyen eins. Wenn das Hauptwort gegenwärtig ist, und dasselbe seine bestimmten Casus-Zeichen hat, so können sie auch unverändert gebraucht werden: ich habe es nur drey Personen anvertrauet; allein, wenn der Casus an demselben unkenntlich ist, oder wenn das Hauptwort nicht ausdrücklich da stehet, das Zahlwort mag den Artikel haben, oder nicht, so ist die Biegung nothwendig: zweyer Diener Herr; sage es dreyen Frauen; wähle dir aus den dreyen eins. Andere Zahlwörter müssen in diesem Falle im Genitiv umschrieben werden: **ein Herr von vier Dienern,** für **vierer Diener Herr**; obgleich ihr im Hochdeutschen veralteter Genitiv **vierer, fünfer,** u. s. f. noch in **viererley, fünferley, sechserley** u. s. f. lebt.

§. 269. Alle übrigen Grundzahlen bezeichnen nur den Dativ, und auch diesen nur, wenn sie ohne Hauptwort stehen: **ich höre es von vieren; mit sechsen fahren; auf allen vieren kriechen; es mit hunderten aufnehmen; sie kamen zu zwanzigen, funfzigen, tausenden; einer von den ein und zwanzigen.** Nur **sieben** und **zehen** nehmen wegen ihrer Ableitungssylbe diese Biegungssylbe nicht an: **ich komme vor sieben; sage es allen zehen.** Doch biegt man, aber nur im gemeinen Leben, das zusammen gezogene **zehn: sage es allen zehnen.** Wenn manche den Zahlwörtern in diesem Falle auch einen Nominativ auf e geben, **alle viere von sich strecken,** besser **alle vier:** so vermengen sie das mildernde e, welches **fünfe, eilfe,** und **zwölfe** gemeiniglich im Hochdeutschen bekommen, mit der Biegungssylbe, welche hier eigentlich nicht statt findet.

§. 270. Die Grundzahlen können auch als Hauptwörter gebraucht werden, und zwar auf gedoppelte Art. 1. Im weiblichen Geschlechte, (pl. en, VII.) eine Zahlfigur, ingleichen ein Kartenblatt mit einer gewissen Anzahl Augen zu bezeichnen: **eine Eins, zwey Einsen, drey Achten, die Neun, die Zehen;** wo doch **sieben** und **zehen** im Plural wieder unverändert bleiben,

zwey

zwey Sieben. 2. Im sächlichen Geschlechte, ein Ganzes von so viel Einheiten zu bezeichnen, auf welche Art doch nur einige üblich sind: das Zehend, (für Zehen, welches mit der Zehente nicht zu verwechseln ist,) das Hundert, das Tausend, ein großes Hundert, eine Zahl von 120, ein großes Tausend, 1200. In der dichterischen Schreibart sagt man auch wohl, das schwesterliche Drey, die drey Schwestern, drey Grazien.

§. 271. Von größerm Umfange sind die von den Zahlwörtern abgeleiteten Hauptwörter: 1. Auf el, von den Ordnungszahlen das Verhältniß eines Theiles zum Ganzen zu bezeichnen: das Zweytel, oder die Hälfte, das Drittel, Viertel, Fünftel, Zwanzigstel, u. s. f. wo die Ableitungssylbe aus Theil verkürzt zu seyn scheinet. 2. Auf er, von den Grundzahlen, sowohl ein Ding von so viel Einheiten, ein Achter, Zweyer, Sechser, Neuner, Münzen von so viel Pfennigen; als auch ein Mitglied eines Collegii von so viel Personen, ein Achter, ein Zehner; als auch Zeitzahlen, ein Funfziger, ein Mann von funfzig Jahren, eine Dreyßigerinn, eine weibliche Person von dreyßig Jahren, ein Achtundvierziger, ein Wein von 1748; als endlich auch in der Rechenkunst, Zahlen, welche in der Stelle der Einheiten, der zehen, der hundert u. s. f. stehen, ein Einer, Zehner, Hunderter, Tausender. 3. Auf ling, doch nur einige wenige, Dinge von so viel Einheiten, ein Zwilling

ling, Dreyling, Vierling, Münze von vier Pfennigen, Sechsling, für Sechser.

§. 272. Zu den Grundzahlen gehören auch die halbirenden Grundzahlen, welche mit der Ordnungszahl und dem Worte halb zusammen gesetzt werden, in allen Fällen unveränderlich sind, und da sie mehr als ein Ganzes bezeichnen, ein Hauptwort der Mehrheit nach sich erfordern: anderthalb, (für zweythalb,) ein und ein halbes, dritthalb, zwey und ein halbes, so auch vierthalb, fünfthalb, sechsthalb, zehnthalb, zwanzigsthalb, hunderthalb, u. s. f. Vor anderthalb Jahren, in dritthalb Stunden, zehnthalb Thaler. Diese Zahlwörter zu decliniren, in dritthalben Jahren, oder sie als Ordnungszahlen zu gebrauchen, es gehet in das dritthalbe Jahr, sind Mißbräuche gemeiner Mundarten.

§. 273. Die abgeleiteten Ordnungszahlen, Gattungszahlen, Verhältnißzahlen u. s. f. gehören nicht hierher, indem sie nicht den Umfang des Hauptwortes, sondern eine zufällige Eigenschaft der Ordnung u. s. f. bezeichnen, und daher wahre Adjective sind, wo wir ihrer gedenken wollen. Eher lässet sich beyde hierher rechnen, welches so viel wie alle zwey bedeutet, und diese zwey Dinge so wohl distributive bezeichnet, da es denn nur im Plural gebraucht wird, beyde Hände gebrauchen, auf beyden Augen blind seyn, meine beyden Brüder, einer von beyden; als auch collective als ein Ganzes, da denn nur das Neutrum beydes ohne Hauptwort üblich ist:
ich

4. Kapitel. Zahlwörter.

ich will dir beydes geben, ich will zu beyden behülflich seyn.

2. Allgemeine Zahlwörter.

§. 274. Diese Zahlwörter, welche sich auf der einen Seite in das Pronomen und auf der andern in das Adjectiv verlieren, bezeichnen die Zahl nur allgemein, ohne die Einheiten ausdrücklich zu zählen, und sind wieder von verschiedener Art. Sie bestimmen entweder alle unter einem Gattungsworte begriffene Einheiten, wie all, jeder, jeglicher, und keiner; oder nur einen beträchtlichen Theil derselben, viel, mancher; oder auch einen geringen Theil, wie wenig, einig, etlich.

§. 275. All bestimmt die sämmtlichen unter einem Gattungsworte begriffenen Einheiten so allgemein, daß kein Artikel, wohl aber das Pronomen Demonstrativum der vor demselben statt findet. Es wird daher, da es die Geschlechts- und Biegungszeichen selbst annehmen muß, wie das Zahlwort ein, und ein jedes Adjectiv, wenn es ohne Artikel und Hauptwort stehet, declinirt, nur daß der Genitiv im Singular alles, hier noch nicht allen lautet, wie bey den Adjectiven. Es gehet folglich so:

	Singular.	Plural.
Nomin.	aller, alle, alles.	alle.
Genit.	alles, aller, alles.	aller.
Dat.	allem, aller, allem.	allen.
Accus.	allen, alle, alles.	alle.

Nur

Nur wenn ein Pronomen vorher gehet, so hat der Dativ der Einheit allen für allem: bey dem allen. Eben so werden auch alle übrigen unbestimmten Zahlwörter declinirt, welche den bestimmten Artikel eigentlich nicht vor sich leiden, und daher für den Nominativ ihr eigenes Geschlechtszeichen haben, wie jeder, mancher, einige, etliche.

Dieses Zahlwort bezeichnet die sämtlichen Individua eines Gattungswortes, theils distributive, da es denn mit demselben im Plural stehet: der *Wechsel aller Sachen, vor allen Dingen*; theils collective, als ein Ganzes, im Singular: *alle meine Freude hat nun ein Ende, alle Welt spricht davon; zu allem Glücke; in allem Ernste; ohne allen Zweifel*. In beyden Fällen auch ohne Hauptwort: *aller Augen warten auf dich; alle sagen es; um alles in der Welt nicht; es sind in allem zehn Thaler*.

Oft kann es auch hinter seinem Hauptworte stehen: *Wie hat der Frevler die Blumen alle zerstreut; erst werden die Welten alle vergehn.* Aber, *aller zwey Meilen*, für alle zwey Meilen, *alle sein Vermögen*, für sein ganzes Vermögen, *alle das seinige*, für alles das seinige, und das Nebenwort all, *sein Vermögen ist schon all*, sind Blumen der gemeinen Sprecharten, aber nicht der edlern.

§. 276. Jeder, und die minder edlen jeglicher und jedweder, dehnen einen Satz auf alle einzele aber unbestimmte Individua eines Gattungswortes

4. Kapitel. Zahlwörter.

wortes aus, und leiden daher keinen bestimmten, wohl aber den unbestimmten Artikel vor sich. Ohne denselben werden sie wie aller declinirt: *jeder Tag hat seine Plage; jedes Land hat seine Sitten; jedem ein Ey.* Mit dem unbestimmten Artikel gehen sie wie ein jedes Beywort, wenn es diesen Artikel vor sich hat: Nomin. ein jeder, eine jede, ein jedes; Genit. eines jeden, einer jeden, einem jeden; Dat. einem jeden, einer jeden, einem jeden; Accuf. einen jeden, eine jede, ein jedes. Der Plural ist nur in Verbindung mit alle üblich, *alle und jede;* außer dem umschreibt man ihn durch den Genitiv oder mit von, *er lebt in jedem meiner Gedanken, jeder von meinen Freunden.*

§. 277. **Kein** stehet für **nicht ein**, und spricht ein Prädicat allen Individuis eines Gattungswortes so bestimmt ab, daß vor demselben auch kein Artikel Statt finden kann. Es stehet so wohl vor seinem Hauptworte, als ohne dasselbe; im ersten Falle hat es für den männlichen und sächlichen Nominativ der Einheit kein eigenes Geschlechtszeichen, *kein Mensch, kein Thier,* gehet aber in den übrigen Endungen wie aller: *keines Menschen Freund, keinem Herren ergeben.* Wenn es sich aber auf das Hauptwort bloß beziehet, so nimmt es diese Zeichen wieder an, eben so wie ein, von welchem es abgeleitet ist. *es ist keiner geblieben, keines von beyden.* Wenn es dem Zahlworte ein entgegen gesetzt ist, so leidet es so wenig einen Plural als dieses, wohl aber,

aber, wenn es dem unbestimmten Artikel ein entgegen stehet: es sind keine Blätter mehr an den Bäumen; wir sind ja auch keine Thoren.

§. 278. Die beyden einander entgegen gesetzten *viel* und *wenig*, wovon jenes eine große unbestimmte, dieses aber eine kleine unbestimmte Mehrheit bedeutet, werden so wohl distributive, als collective gebraucht. Im ersten Falle können sie mit ihren Hauptwörtern nur allein im Plural stehen, und leiden wegen ihrer unbestimmten Bedeutung nur zuweilen den bestimmten Artikel vor sich: *viele Kinder haben, seiner wenigen Verdienste wegen, du sollst ein Vater vieler Völker werden.* Im collectiven Verstande können sie nur allein im Singular gebraucht werden: *vieles Geld ausgeben, vielen Fleiß aufwenden.* Die alte Gewohnheit, die Concretions- und folglich auch die Biegungs- und Geschlechtssylben an den Adjectiven und alles was ihnen ähnlich ist, zu verbeissen, hat sich an diesen beyden Wörtern noch am längsten erhalten. An dem *viel* pflegt man diese Sylbe im gemeinen Leben noch häufig im Nominativ und Accusativ so wohl des Singulars, als Plurals zu verbeissen: *viel Geld ausgeben, so viel Muße habe ich nicht, es waren viel Gäste da;* da man es denn, wie die Zahlwörter *zwey* und *drey,* nur im Genitiv und Dativ, doch in beyden Numeris zu decliniren pflegt.

§. 279. An *wenig* ist diese Verbeissung noch stärker, indem man es völlig indeclinabel, so wie

wie die übrigen bestimmten Zahlwörter gebraucht: wenig Verdienste haben, vor wenig Tagen, an wenig Orten, wenig Fleiß anwenden, das hat mir wenig Mühe gemacht. Nur wenn ein Pronomen vorher gehet, oder wenn es ohne Hauptwort stehet, wird es ordentlich declinirt: seine wenigen Verdienste, dieser wenigen Ursachen wegen, die wenigen Leute, der wenige Vorrath, das wenige Geld, mit wenigem zufrieden. Wohl aber kann es in der dritten Declination der Adjectiven gebraucht werden: weniges Geld ist dazu hinlänglich, nur weniger Menschen Wohl befördern.

§. 280. Da der Grad der Mehrheit bey beyden Wörtern sehr unbestimmt ist, so leiden sie auch nach Art der Adjectiven den Comparativ und Superlativ, nur daß beyde von viel, mehr und meist lauten, wenig aber ordentlich gesteigert wird, weniger, wenigste. Wenn mehr einen höhern aber gleichfalls unbestimmten Grad der Menge bezeichnet, so leidet es keinen Artikel, nimmt auch im Nominativ und Accusativ beyder Zahlen gemeiniglich keine Geschlechtssylben an: mehr Geld, mehr Freunde. Wenn es aber eine absolute Mehrheit bezeichnet, und dem eins entgegen gesetzt wird, so wird es declinirt, zu mehrern Mahlen. Für der mehrere Theil, sagt man lieber größere. Weniger ist in den meisten Fällen eben so indeclinabel als wenig; die Superlative aber meist und wenigste folgen den Beywörtern. Die vollständigen Neutra als

als Hauptwörter mit dem unbestimmten Artikel zu gebrauchen, ist zwar von wenig und mehr gewöhnlich, es ist nur ein Weniges, ein Mehreres, aber nicht von viel und weniger.

§. 281. Mancher bezeichnet mehrere aber der Zahl nach unbestimmte Dinge einer Art, mit einem schwachen Nebenbegriffe der Vielheit. Distributive leidet es nur allein den Plural: manche Menschen sind glücklich, manche nicht; allein wenn es collective gebraucht wird, so kann es auch im Singular stehen: das liebe Ungefähr ist manches Menschen Glücksstern. In beyden Fällen kann es mit oder ohne Hauptwort gebraucht werden: manchem ist dieses unangenehm; mancher will das nicht glauben.

§. 282. Einig, als ein unbestimmtes Zahlwort, und etliche kommen mit dem vorigen überein, nur daß sie einen schwachen Nebenbegriff der Wenigkeit haben, und darin dem mancher entgegen gesetzt sind. Distributive können sie gleichfalls nur im Plural gebraucht werden: ich habe ihn einige oder etliche Mahl gesehen; es sind noch einige oder etliche da; einiger oder etlicher wenigen Worte wegen. Collective aber stehet einiger auch im Singular: es ist noch einiger Vorrath vorhanden; einiger Maßen; auf einige Art; nur etlich, welches ohnehin mehr im gemeinen Leben als in der edlern Schreibart gebraucht wird, ist im collectiven Verstande veraltet.

§. 283.

4. Kapitel. Zahlwörter.

§. 283. Da die unbestimmten Zahlwörter eben wegen ihrer Unbestimmtheit den bestimmten Artikel eigentlich nicht vor sich leiden, folglich auch dessen Geschlechts- und Biegungszeichen entbehren müssen, so nehmen sie dieselben, nach Art der Adjectiven wenn sie ohne Artikel stehen, selbst an, und werden daher auch so wie diese, nach dem Muster von aller decliniret, nur mit dem Unterschiede, daß die Vertauschung des es mit en im männlichen und sächlichen Genitiv des Singulars hier noch nicht so üblich ist, als bey den Adjectiven: *alles Fleisches Vergänglichkeit, jedes Hauses Werth, manches Freundes Unbestand.* *Kein, viel* und *wenig* haben diese characteristischen Geschlechts- und Biegungszeichen nicht durchgängig angenommen, vielleicht aus einer bloßen Unterlassungssünde; dafür aber leiden die beyden letztern den bestimmten Artikel häufiger als die übrigen.

§. 284. Noch kann hierher *etwas* (im Niedersf. *was*,) gerechnet werden, so fern es auch zur Bestimmung des Umfanges eines Gattungswortes gebraucht wird, von welchem es aber doch so wie *einig* den Begriff der Wenigkeit anzeiget. Es wird indessen nie anders als im Singular und völlig indeclinabel gebraucht, und nähert sich dadurch den Adverbiis. Am häufigsten braucht man es hier vor Collectivis: *ich habe noch etwas Geld, etwas Wein, etwas Öhl,* für einiges. Vor den von Adjectiven gemachten Abstractis sächlichen Geschlechts, *das ist etwas Schönes,* etwas Gutes, etwas Neues, bezeichnet es bloß, daß die Sache existiret, und so existiret, als man sagt.

§. 285. Nichts ist ein wahres Adverbium und gehöret also nicht hierher. Noch weniger können man, und die damit zusammen gesetzten jedermann, jemand und niemand, hierher gerechnet werden, welche ihren Platz unter den Pronominibus finden. Gesammt und sämtlich zeigen zwar auch den Umfang, gleichen aber übrigens mehr den Adjectiven, zu welchen auch ganz, halb und andere ähnliche gerechnet werden müssen, welche nicht den Umfang, sondern wahre Eigenschaften bezeichnen.

Das fünfte Kapitel.

Von dem Adjective oder Beyworte.

1. Allgemeine Betrachtung desselben.

§. 286.

Eine der wichtigsten und fruchtbarsten Bestimmungen des Substantives gewähren dessen Eigenschaften, und diese werden durch die Adjective oder Beywörter, besser Eigenschaftswörter, angedeutet. Eine Eigenschaft ist hier alles, was an einem selbständigen Dinge befindlich ist, so fern es an demselben befindlich, oder demselben einverleibt gedacht wird; wird dieses für sich

Von dem Adjectiv.

ſich allein betrachtet, ſo iſt es eine Beſchaffenheit und wird als ſolche durch das Adverbium bezeichnet.

§. 287. Durch dieſen Begriff unterſcheiden ſich die Adjective von den übrigen Redetheilen, beſonders aber von den Adverbien, Verbis und abſtracten Subſtantiven. Die Adverbia betrachten das, was an einem ſelbſtändigen Dinge befindlich ſeyn kann, für ſich allein, die Verba legen es dem ſelbſtändigen Dinge in einem und eben demſelben Worte bey, die Adjective betrachten es als an demſelben befindlich, oder als demſelben ſchon beygelegt, und die abſtracten Subſtantive ſtellen es als etwas Selbſtändiges dar: grün, grün ſeyn, der Wald iſt grün, das Adverbium; grünen, das Verbum; der grüne Wald, das Adjectiv; das Grüne, das Abſtractum.

§. 288. Da das, was einem Dinge beygelegt wird, auch als nicht beygelegt, und vor der Beylegung exiſtirend, folglich jede Eigenſchaft vorher als Beſchaffenheit gedacht werden kann: ſo entſtehen im Deutſchen alle Adjective aus Adverbiis, und zwar vermittelſt der Concretionsſylbe e, wodurch die Beſchaffenheit den ſelbſtändigen Dingen als einverleibet gedacht, und dadurch zur Eigenſchaft erhöhet wird: gut, der gute Mann, die gute Frau, das gute Kind. Das Adverbium iſt allemahl das Stammwort und das Adjectiv das abſtammende. Diejenigen Adverbia, welche um der gelinden Ausſprache ihres Endlautes willen, bereits das mildernde e haben, blöde, müde,

müde, lose, leise, weise, herbe, enge, dür#
fen das Concretions e nicht erst annehmen.

§. 289. Indessen gibt es einige, obgleich
vergleichungsweise nur wenige Adjective, welche
gleich von ihrem ersten Ursprunge an bloß zu Ad#
jectiven bestimmt sind, folglich nicht als Adverbia
gebraucht werden. Dergleichen sind besonders die
von Adverbiis der Zeit und des Ortes abgeleiteten
Adjective **bisherig, gestrig, heurig, heu#
rig, jetzig, nunmehrig, baldig, vorig,
dasig, dortig, hiesig, jenseitig, vorig,
obig, allerseitig,** alle Ordnungszahlen, und
die mit **mahlig** zusammen gesetzten Zeitzahlen,
**damahlig, abermahlig, nachmahlig, oft#
mahlig, dreymahlig, viermahlig,** wofür
die einfachern Adverbia **bisher, gestern, heuer**
u. s. f. üblich sind. Ferner die von Präpositionen
abgeleitete Adjective des Ortes, **äußere, innere,
hintere, vordere, obere, untere;** einige
wo bloß eine Unterlassung des Gebrauchs die Ur#
sache zu seyn scheinet, **abschlägig, geraum,
besonder,** und die meisten Superlative. Hinge#
gen gibt es auch Adverbia, von welchen keine Ad#
jective üblich sind, davon an seinem Orte.

§. 290. Da der Unterschied zwischen einer
Beschaffenheit und einer Eigenschaft ein wenig fein
ist, so konnten die ersten Spracherfinder ihn nicht
allemahl bemerken, und manche Völker übersahen
ihn auch bey der Ausbildung der Sprache. Da=
her gebrauchen die Lateiner da, wo die Beschaffen#
heit dem selbständigen Dinge durch das Verbum seyn
beygelegt wird, das Adjectiv, homo est bonus,

Von dem Adjectiv.

wo die Deutschen nur das Adverbium nöthig haben, und in manchen Sprachen ist das Adjectiv von dem Adverbio gar nicht unterschieden. Auch im Deutschen setzte man anfänglich das Adverbium ohne alles Concretions-Zeichen dem Hauptworte vor, und im Oberdeutschen ist solches noch nicht ganz ungewöhnlich: ein gut brav ehrlich Mann. Als sich die Oberdeutsche Mundart in Obersachsen zur heutigen Hochdeutschen ausbildete, suchte man unter andern auch das Adjectiv, und alles was dem ähnlich war, die Zahlwörter und viele Fürwörter auf eine beständige Art von dem Adverbio zu unterscheiden. Indessen blieben doch noch manche übrig, welche der Aufmerksamkeit entgingen, dergleichen ein, kein, viel, wenig, mein, dein, sein und noch verschiedene andere sind, welche im folgenden vorkommen werde

§. 291. Die Adjectiva bezeichnen **Eigenschaften**, nicht allein wesentliche und nothwendige, welche schon in dem Begriffe des selbständigen Dinges enthalten sind, der ewige Gott, der sterbliche Mensch; sondern auch zufällige, das rothe Haus, der angenehme Schatten, und selbst Umstände der Zeit, des Ortes, der Ordnung, kurz alles was sich als an dem Dinge befindlich gedenken läßt, der heutige Tag, das entfernte Thal, der hiesige Ort. Folglich gehören dahin nicht nur alle Ordnungszahlen und übrigen abgeleiteten Zahlwörter, so fern ihr Begriff als an dem Substantiv befindlich gedacht wird, sondern auch alle Particípia, so fern sie vermittelst der Concretions-Sylbe aus ihrem ursprüng-
lichen

lichen adverbialischen Zustande zu Adjectiven erhöhet werden.

§. 292. Da die Adjective zur Bestimmung des durch das Substantiv ausgedruckten selbständigen Dinges da sind, und in einem Satze mehrere Substantive zusammen kommen können, so ist es der Deutlichkeit gemäß, daß jedes Adjectiv die Tracht seines Substantivs trage, und sich in dem Geschlechte, noch mehr aber in der Zahl, und den Verhältnissen nach demselben bequeme. Hierzu kommt noch, daß so wohl das Geschlecht als die Casus an dem Substantive im Deutschen nur sehr unvollkommen bezeichnet sind, daher die Deutschen diesen Mangel an dessen Bestimmungswörtern ersetzet haben, welche daher in gewisser Betrachtung die vollständigsten Declinations-Sylben haben. Indessen ist die Bezeichnung des Geschlechtes an den Adjectiven am unvollkommensten, indem sie nur in einem Falle, und auch in diesem nur im Singular statt findet.

§. 293. Da sich an den Eigenschaften eben so wohl als an den Beschaffenheiten sehr oft Grade unterscheiden lassen, so können auch die Adjective eben so wohl gesteigert werden, als die Adverbien, oder vielmehr, die schon gesteigerten Adverbien können vermittelst der Concretions-Sylbe e gleichfalls zu Adjectiven werden: Adverb. größer, größt, Adject. der größer-e, der größt-e,

2. Declination der Adjective.

§. 294. Die Declination der Adjective ist nicht schwer, wenn man nur folgendes bemerkt.

Im

Von dem Adjectiv.

Im Deutschen werden die Casus, welche an den Substantiven gemeiniglich nur sehr mangelhaft ausgedruckt werden können, durch ihre Bestimmungswörter ersetzt, daher diese mit den vollständigsten Biegungslauten versehen sind, welche an dem bestimmten Artikel der am merklichsten sind. Diese Biegungslaute sind, so wohl für sich allein, als in Verbindung mit dem concrescirenden e, an welches sie angehänget werden, folgende:

	Singular.			Plural.
	Masc.	Fäm.	Neut.	
Nomin.	r, (er,) = =	= (e,)	s, (es,)	(e.)
Genit.	s, n, (es, en,)	r, (er,)	s, n, (es, en,)	r, (er.)
Dat.	m, (em,)	r, (er,)	m, (em,)	n, (en.)
Accus.	n, (en,) = =	= (e,)	s, (es,)	(e.)
Voc.	r, (er,) = =	= (e,)	s, (es,)	(e oder en.)

Wo die eingeschlossenen Sylben den Declinations-Laut in Verbindung mit dem Concretions-Laute darstellen. Da im Nominativ und Accusativ des weiblichen Singulars und im Nominativ und Accusativ des Plurals, der eigentlich gar kein Geschlecht anzeiget, die Declinations-Sylbe mit der Concretions-Sylbe einerley ist, so wird jene von dieser zugleich mit vertreten.

§. 295. Man hat im Deutschen ferner angenommen, daß diese vollständige Declination bey einem Substantiv, wenn es Bestimmungswörter vor sich hat, nothwendig einmahl, aber auch nicht mehr als einmahl angezeiget werden soll. Befindet sich also bey einem Hauptworte nur ein einiges Bestimmungswort, so muß dieses die Declinations-Laute an sich nehmen können; sind aber mehrere vorhanden, so bekommt nur eines dieselben, und die übrigen werden nach der vierten Declination der Substantiven gebeuget. Nach dieser allgemeinen Regel, welche doch auch einige Ausnahmen leidet, müssen, nicht nur das Adjectiv, sondern auch alle übrige Bestimmungswörter des Substantives in allen nur möglichen Fällen decliniret werden. Diese Fälle sind nun folgende.

Erster Fall.

§. 296. Wenn vor dem Adjective ein anderes Bestimmungswort des Hauptwortes vorher gehet, welches schon diese vollständigen Geschlechts- und Biegungszeichen an sich hat, so wird dieses auf obige Art vollständig declinirt, und das Adjectiv gehet ohne Unterschied des Geschlechts nach der 4ten Decl. der Hauptwörter; nur daß das Neutrum im Accusativ des Singulars dem Nominativ gleich lautet, folglich e und nicht en hat. Zu diesen Bestimmungswörtern gehören nicht allein der bestimmte Artikel der, sondern eigentlich auch alle Zahlwörter und Pronomina, welche sich im Singular der Einheit auf *er, *e, *es endigen: der, aller, mancher, jeder, dieser, jener, derselbe, derjenige, selbiger, solcher, welcher, und beyde. Hier sind nur unser, euer, und ihr ausgenommen, welche nach dem zweyten Falle gehen. Der gute Mann, die gute Frau, das gute Kind; des guten Mannes, der guten Frau, des guten Kindes,

dieser

Von dem Adjectiv.

dieser fromme Vater, mancher kluge Mann, um manches guten Vorsatzes willen, manchem bösen Menschen. So auch, wenn mehrere Adjective auf einander folgen: dieser alte brave Mann, jene schönen rothen Blumen.

§. 297 Da das Beywort in diesem Falle ohne Unterschied des Geschlechtes völlig nach der 4ten Declin. der Substantiven gehet, (den Accus. des Neutrius im Singular ausgenommen,) diese aber im Nominativ und Accusativ des Plurals jederzeit en oder n hat: so sollte dasselbe auch hier nicht verbissen werden. Folglich: die grünen Wälder, alle guten Kinder, diese ehrlichen Leute, manche frommen Mütter, jene großen Häuser; nicht die grüne Wälder, manche fromme Mütter. Allein die Oberdeutsche Gewohnheit, den Nominativ des Plurals in diesem und dem folgenden Falle allemahl auf e zu machen, hat auch im Hochdeutschen, besonders nach manchen unbestimmten Zahlwörtern, Ungleichheiten eingeführet. So lautet der Nominativ des Plurals nach einige und etliche, allemahl, nach viel, mehr und alle gemeiniglich, und nach manche nicht selten, nur e: einige Griechische Schriftsteller, manche lose Vögel, alle übrige fremde Gäste. In den übrigen Endungen gehet alles wieder ordentlich: aller übrigen fremden Gäste, um einiger Griechischen Schriftsteller willen.

Zweyter Fall.

§. 298. Gehet vor dem Adjective ein Bestimmungswort vorher, welches diese vollständigen Geschlechts- oder Biegungszeichen entweder gar nicht, oder nur im Nominativ der Einheit nicht hat, so nimmt das Adjectiv sie im Nominativ der Einheit an, gehet aber in den übrigen Endungen wieder völlig nach der vorigen Art, d. i. ohne Unterschied des Geschlechts durch alle Endungen auf -en; nur daß der Accusativ des Neutrius im Singular auch hier wie der Nominativ lautet, folglich es hat. Diese Bestimmungswörter sind: ein, so wohl der Artikel als das Zahlwort, kein, viel, wenig, mehr, die Possessiva mein, dein, sein, dero, und die persönlichen Pronomina ich, du, er u. s. f. Ich armer Mann, mir armen Manne, (nicht armem,) du gute Seele, ihr ehrlichen Leute, ein schönes Kind, ein frommer Vater, kein ehrlicher Mann, viel guter Wein, wenig gutes Brot, mein eigenes Haus, meinem eigenen Hause, mit dero gütigen Erlaubniß, keine grünen Wälder.

§. 299. Dieß findet auch statt, wenn mehrere Adjective auf einander folgen, welche alsdann alle die Biegungssylbe im Nominativ bekommen müssen: dein guter alter ehrlicher Vater, ein einiger lieber Sohn. Nach den Possessiven, unser, euer und ihr werden die Adjective im Nominativ auf eben dieselbe Art declinirt, ob jene gleich schon selbst mit der characteristischen Geschlechts- und Biegungssylbe versehen sind, vermuth-

Von dem Adjectiv.

muthlich nur, um sie nicht im Gebrauche den übrigen Possessiven unähnlich zu machen: **unser altes Haus, euer schöner Garten, ihr liebes Kind.**

§. 300. Da, den Nominativ und bey den Neutris auch den Accusativ in der Einheit ausgenommen, alle übrigen Endungen, wie im vorigen Falle n haben, so muß auch der Nominativ im Plural so lauten: **deine schönen Bücher, keine bunten Blumen, viele ehrlichen Leute.** Und da der Vocativ im Deutschen dem Nominativ gleich ist, so kann derselbe, wenn ein Pronomen vorher gehet, im Plural auch dieses n nicht entbehren: **meine lieben Freunde, ihr guten Leute.** Gehet aber nichts vorher, so lautet er in der Einheit wie der Nominativ dieses Falles, als wenn ein persönliches Vorwort vorher gienge: **großer Gott! wie du großer Gott! Gerechter Himmel!** Nur im Plural ist man streitig, weil man diese Endung zu dem folgenden dritten Falle rechnet, und daher auch in der Mehrheit **große Götter! geliebte Freunde!** sagt. Allein da der folgende Fall abstract und unbestimmt ist, der Vocativ aber das bestimmteste Verhältniß ausdruckt, so sollte man ihn nicht um das bestimmte n bringen. Daher sagt man richtiger, **lieben Freunde! Theuersten Kinder!**

Dritter Fall.

§. 301. Gehet aber entweder gar kein anderes Bestimmungswort, oder ein bestimmtes Zahlwort (ein ausgenommen,) vor dem Adjective vorher,

her, so muß dieses die vollständigen Biegungs- und Geschlechtszeichen an sich nehmen, die es denn hinten an die Concretions-Sylbe e anhängt. Das Adjectiv wird alsdann folgender Gestalt declinirt:

Singular. Plural.

Masc. Fämin. Neutr.

N. großer,	große,	großes,	große.
G. großen, (großes,)	großer,	großen, (großes,)	großer.
D. großem,	großer,	großem,	großen.
A. großen,	große,	großes,	große.

§. 302. Der Genitiv der Einheit lautet im Masculino und Neutro der Regel nach es: *sey gutes Muthes*. Allein im Hochdeutschen entlehnt man dafür lieber und häufiger den Genitiv der vorigen Fälle, ohne Zweifel, die vielen s zu vermeiden, zumahl da der Genitiv an dem Masculino und Neutro ohnehin schon bestimmt genug bezeichnet ist: *guten Theils, seligen Andenkens, die H. Schrift alten und neuen Testaments, widrigen Falles, andern Theiles*. Indessen hat sich doch der erste Genitiv noch in manchen Wörtern selbst im Hochdeutschen erhalten: *gerades Weges, hiesiges Ortes*. Nur die Pronomina nehmen dieses en gar nicht, und die unbestimmten Zahlwörter nur selten an: *manchen Mannes Ehre*, besser *manches*.

§. 303. Diejenigen Adjective, welche sich auf ein m endigen, wie *arm, angenehm, vornehm, bequem, lahm*, nehmen im Dativ zur Vermeidung des Übellautes statt em nur en an.

Ist

Von dem Adjectiv.

Ist ein Mißverstand zu besorgen, so setzt man ihnen lieber den unbestimmten Artikel vor. Der Nominativ im Plural hat hier allemal e: gelehrte Männer behaupten es, das thun nur unerfahrne Leute.

§. 304. Kommen zwey Bestimmungswörter vor einem Adjectiv zu stehen, so behält jedes seine eigene Declination: viele solche neuen Wörter, um vieler solcher neuen Wörter willen, alle diese bösen Menschen, um welcher vielen Vergehungen willen. Steht ein Bestimmungswort zwischen zwey Adjectiven, so wird nur jenes characteristisch gebeuget: besagten unsers unumschränkten Herren: außer im Nominativ, besagter unser unumschränkter Herr.

§. 305. Wenn zwey oder mehr Adjective ohne vorher gehendes Bestimmungswort vor einem Substantive stehen, so erhält nur das erste die vollständige Declination, die übrigen aber gehen nach der zweyten Art: guter weisser Hafer, guten weissen Hafers, gutem weissen Hafer, guten weissen Hafer; reiffe süße Frucht, reiffer süßen Frucht, Plur. reiffe süßen Früchte. So auch schöne grünen Gräser, schöne großen Häuser. Allein in manchen Fällen richten sich, besonders im Nominativ des Plurals, auch die folgenden nach dem ersten: ganze lange Tage, lange ganze Tage, lange halbe Nächte, schwere volle Becher, leichte leere Garben, eine Reihe wohlklingender Deutscher Verse, u. s. f. welche Fälle, die der
Sprach-

Sprachgebrauch verwirret hat, sich nicht nach Regeln bestimmen lassen.

§. 306. Gehet ein bestimmtes Zahlwort (ein ausgenommen,) vor dem Adjective vorher, so wird dieses, wenigstens mit Gewißheit im Nominativ, gleichfalls nach dieser Art gebeuget, vermuthlich, weil man diese Zahlwörter als unabänderlich betrachtete: zwey lange Tage, zweyer langer, (auch wohl langen,) Tage; drey bare Thaler, dreyer barer, (baren,) Thaler. Wenn aber das Zahlwort im Genitiv und Dativ unabänderlich ist, dann ist diese Declination unentbehrlich: vier ganzer Nächte Schmerz, fünf langer Jahre Gram, der Gram fünf langer Jahre, nach fünf langen Jahren.

§. 307. Die characteristischen Geschlechts- und Biegungslaute außer den angezeigten Fällen auch in andern zu verbeissen, ist ein Fehler: all mein Vermögen, für alles, manch ehrlicher Mann, für mancher ehrliche, ein gut Kind, für ein gutes, heiter Wetter, für heiteres; welche Verkürzung des Neutrius man allenfalls den Dichtern um anderer Schönheiten willen übersehen kann: sein allmächtig Haupt.

§. 308. Adjective, welche sich auf ein tonloses el oder er endigen, können in der Declination das e vor dem n wegwerfen, eiteln, sauern; wenn sie aber auf e und er wachsen, so können sie, so wie die auf ein tonloses en, ihr eigenes e ent-

Von dem Adjectiv.

entbehren: eitle, eitler, eigne, begangne, zerrißne, wenn anders der Wohllaut es verstattet, daher nicht erschienne, für erschienene, nicht gewonne für gewonnene. In den Participien auf et würde die Beybehaltung ihres e in der Declination den Wohllaut beleidigen, geliebtes Kind, nicht geliebetes; es müßte denn vor der Endsylbe noch ein r vorher gehen, verrichtete Arbeit, nicht verrichte.

§. 309. Wenn zwey Adjective mit und verbunden werden, so pflegt man in der vertraulichen Schreibart die Endung des erstern gern zu verbeissen: ein roth und weisses Gesicht. Dieß weiter als auf den Nominativ und Accusativ des Neutrius auszudehnen, würde Härten verursachen.

§. 310. Einige Adjective werden im Deutschen nie declinirt; dahin gehören vornehmlich allerhand, und alle mit halb und ley zusammen gesetzte, anderthalb, allerley, mancherley, zweyerley, u. s. f. welche wegen ihrer Zusammensetzung keiner Abänderung fähig sind. Daß viel, mehr und wenig oft auf ähnliche Art gebraucht werden, ist schon da gewesen. Ganz und halb werden im dritten Falle, wenn sie ohne Bestimmungswörter stehen, gleichfalls nicht gebeuget: ganz Deutschland, halb Frankreich, für ganzes, halbes. Aber in ganz Deutschland, besser im ganzen Deutschlande. Andere, welche sonst hierher gerechnet werden, z. B. voll, genug, übrig u. s. f. sind, wenn sie ungebeuget bleiben, wahre Adverbia: er ist voll List, oder mit der Oberdeutschen adverbialischen Endung, voller
List,

Lift, wir haben Geld übrig, weil sie nichts dem Substantiv einverleibtes darstellen. Geschiehet solches, so müssen sie auch gebeuget werden, wenn sie dessen fähig sind: ein volles Glas, aller übrige Wein. Genug Mahl, für mehrmahls oder oft gehöret in die niedrige Sprache.

3. Steigerung der Adjectiven.

§. 311. Da sich in den Eigenschaften eben so oft mehrere Grade denken lassen, als in den Beschaffenheiten, so können auch die Adjective da, wo der Verstand es erlaubt, gesteigert werden; oder vielmehr, es können die gesteigerten Adverbien vermittelst des Concretions-Lautes e dem Hauptworte als einverleibet bezeichnet, folglich zu Adjectiven erhöhet werden: Adv. schön, schöner, schönst; Adj. die schöne Blume, eine schönere Blume, die schönste Blume. Wie diese Steigerung geschiehet, wird bey den Adverbien gezeiget werden, daher wir hier desto kürzer seyn können.

§. 312. Wird eine Beschaffenheit einem Dinge nur überhaupt, ohne alle Bestimmung des Grades beygelegt, so stehet es im positiven Zustande, oder ist ein positives Beywort. Wird ein Ding mit einem oder mehrern verglichen, und ihm eine Eigenschaft im höhern Grade beygelegt, so befindet es sich im comparativen Zustande, oder ist ein comparatives Beywort: die Rose ist eine schönere Blume als die Narcisse. Wird aber die Eigenschaft eines Dinges über alle übrigen seiner Art erhaben, so stehet es

Von dem Adjectiv. 225

es im superlativen Stande, oder ist ein super‍latives Beywort; welches denn oft noch das aller zu sich nimmt: **der allergehorsamste Sohn**, oder **der gehorsamste Sohn unter allen.**

§. 313. Was als ein Adverbium gesteigert werden kann, kann es auch als Adjectiv, oder vielmehr, jedes gesteigerte Adverbium kann auf die gewöhn‍liche Art als Adjectiv gebraucht werden. Allein, nicht alles, was gesteigert ist, läßt sich als Adver‍bium gebrauchen; besonders ist der Superlativ für sich allein nur selten als ein Adverbium üblich, ver‍muthlich, weil sich der höchste mögliche Grad zwar sehr leicht an einem Dinge, aber nicht so leicht außer demselben und für sich allein gedenken lässet. **Höchst, gehorsamst, unterthänigst, jüngst, längst, meist,** sind einige von den wenigen, welche als Adverbia üblich sind; die übrigen müs‍sen entweder durch Umschreibung, **aufs beste, am besten,** oder durch eine neue Ableitung, **bestens,** dazu geschickt gemacht werden. Zu den Abweichun‍gen gehören besonders oft und die Nebenwörter des Ortes, **außen, innen, hinten, vornen, oben, unten, mitten,** welche zur Bildung des Adjectivs im positiven Stande noch das er an sich nehmen: **der öftere Gebrauch, der äußere, innere, hintere, vordere, obere, untere, mittlere**; welche wie Comparative aussehen, ohne es zu seyn. Um des Übellautes so vieler zusam‍men kommenden r willen leiden sie keinen Compara‍tiv, wohl aber den Superlativ: **am öftersten, der äußerste, innerste** u. s. f.

P §. 314.

§. 314. Wenn ein aus zweyen Adjectiven zusammen gesetztes Adjectiv gesteigert werden soll, so geschiehet solches gemeiniglich nur an dem letzten: **vollkommen, vollkommner, der vollkommenste; vollständig, vollständiger, der vollständigste.** So auch **wohlverdient, hochgeehrt, gutmüthig, vielgültig, wohlklingend, stadtkündig** u. s. f. Dahin gehören doch die nicht, wo die erste Hälfte schon vor der Steigerung ein Superlativ war, **bestverdient, höchstgeehrt, höchstbeglückt,** welche in dieser Gestalt nicht weiter gesteigert werden können, sondern in diesem Falle die erste Hälfte der Zusammensetzung verlieren müssen, **geehrter, der geehrteste. Höchstgeehrtester** gehöret zu den Blumen des Curial-Styls. Manche Zusammensetzungen, welche schon so bestimmt sind, daß sie dem Scheine nach keiner Steigerung fähig sind, leiden zwar keinen Comparativ, aber um des Nachdruckes willen doch den Superlativ: **die zentnerschwersten Sorgen, der blutfremdeste Mensch.**

§. 315. Die gesteigerten Adjective können auf alle drey Arten der positiven decliniret werden: **der jüngere Bruder; ein jüngerer Bruder, alle jüngern Brüder; das sind größere Männer als ihr; der jüngste Bruder; mein jüngster Bruder, größter Helden Ruhm.** Da der Comparativ den höhern Grad nur ganz unbestimmt ausdruckt, so wird er häufiger mit dem unbestimmten Artikel als mit dem bestimmten, und am häufigsten als Adverbium

ge-

Von dem Adjectiv.

gebraucht, dagegen der Superlativ wegen seiner genauen Bestimmung nicht leicht den unbestimmten Artikel verträgt.

§. 316. Die Zusammenkunft mehrerer kurzen Sylben in der Declination der gesteigerten Adjective, besonders des Comparativs zu vermeiden, können die, welche sich im Positiv auf el, en und er endigen, ihr e vor der Endung des Comparativs ausstoßen: der edlere, ein sicherer, vollkommnere, verdorbnerer Wein. Andere können, wenn sie am Ende wachsen, das Concretions e entbehren: die schönern, klügern, bessern, größern, für schöneren, u. s. f. Wo doch in allen Fällen der Wohllaut befraget werden muß.

4. Von den adjectiven Zahlwörtern.

§. 317. Unter den Adjectiven gibt es verschiedene Arten, welche eine besondere Erwähnung verdienen, wohin besonders die Participien und die adjectiven Zahlwörter gehören. Von den erstern reden wir in einem eigenen Kapitel, daher wir es hier nur mit den letztern zu thun haben.

§. 318. Die von den Grundzahlen abgeleiteten oder mit ihnen zusammen gesetzten Zahlwörter sind wahre Adjective, weil sie den Umstand der Zahl als den Substantiven einverleibt darstellen, dagegen die Grundzahlen den Umfang der Individuen eines Gattungswortes bezeichnen, und daher auch kein Concretions-Zeichen haben. Die vornehmsten hierher gehörigen Zahlwörter sind:

§. 319. 1. Die zahlordnenden Beywörter, oder die Ordnungszahlen, welche vermittelst der Sylbe

Sylbe te, und von zwanzig an vermittelst der Sylbe ste von den Grundzahlen abgeleitet werden: der zweyte, dritte, (nicht dreyte,) vierte, achte (nicht achtte,) neunte, zehente, oder zehnte, dreyzehnte, vierzehnte, zwanzigste, dreyßigste, hundertste, tausendste. Der erste ist abweichend. In zusammen gesetzten Zahlen bekommt nur die letzte das Ordnungszeichen: der ein und zwanzigste, der tausend einhundert und vierzigste. Nach der Ordnung zu fragen, nimmt auch viel dieses Ordnungszeichen an, der wie vielste? Will man anzeigen, daß jemand selbst der so vielste der Zahl nach sey, so setzt man im gemeinen Leben das Pronomen selb oder selbst vor: selb ander, oder selbst ander, selb dritte, selbst vierte kommen, d. i. mit noch einem, mit noch zweyen, mit noch dreyen, so daß man selbst der andere, dritte oder vierte ist. Mit eigenen Nahmen verbunden stehen die Ordnungszahlen hinten, Friedrich der dritte, August der zweyte. Abgeleitet werden von den Ordnungszahlen: 1. Adverbia auf ens, erstens, zweytens, drittens u. s. f. 2. Hauptwörter auf el, einen Theil und dessen Verhältniß zum Ganzen zu bezeichnen, ein Zweytel, Drittel, Viertel u. s. f.

§. 320. Ander wird als Ordnungszahl ohne Unterschied für zweyte gebraucht, es mag von zweyen oder mehrern die Rede seyn. Nur wenn eine Verwechselung mit dem bloßen Beyworte ander zu besorgen ist, braucht man lieber zweyte. Alle Ordnungszahlen können auf die dreyfache Weise
der

Von dem Adjectiv.

der Adjectiven decliniret werden; am häufigsten geschiehet solches mit dem bestimmten Artikel, *der erste Theil*, seltener mit dem unbestimmten, *das Recht eines Dritten*, noch einen vierten Theil hinzu thun, am seltensten und nur in Überschriften ohne Artikel, *erster Theil, zweytes Buch, sechstes Jahr*. Als Adverbia werden die Ordnungszahlen nie gebraucht.

§. 321. 2. *Gattende Zahlwörter*, eine Eintheilung in Arten und Gattungen zu bezeichnen. Sie werden aus dem Genitiv der Grundzahlen mit dem veralteten Hauptworte *ley*, Art, Geschlecht, zusammen gesetzt, sind völlig unabänderlich, werden am häufigsten ohne Artikel, und am seltensten mit dem unbestimmten Artikel gebraucht, und sind auch als Adverbia üblich. Sie sind so wohl bestimmt, oder wirklich zählend, *einerley, zweyerley, beyderley, dreyerley, zehnerley, zwanzigerley, hunderterley, tausenderley*; als auch unbestimmt, *allerley, mancherley, vielerley, keinerley*. In zusammen gesetzten Zahlen bekommt nur die letzte das Gattungszeichen, *ein und zwanzigerley*. Von den gleichbedeutenden gleichfalls unabänderlichen Gattungszahlen mit *hand*, ist im Hochdeutschen nur noch *allerhand* üblich.

§. 322. 3. *Vervielfältigungs- und Wiederhohlungszahlen*, mit *mahl*, welche eigentlich Adverbia sind, *einmahl, zweymahl, dreymahl, zwanzigmahl*, aber auch oft abgeleitete Adjective leiden, *zweymahlig, fünfmahlig, zehenmahlig*, welche doch nicht als Adverbia gebraucht werden. Die bestimmten bekommen als

Adverbia nie ein s am Ende, achtmahl, abermahl, allemahl, dießmahl, keinmahl, vielmahl, manchmahl; wohl aber einige andere, jemahls, vormahls, nachmahls, nochmahls, oftmahls, mehrmahls. Wenn eine Präposition dazu kommt, so hört die Zusammensetzung auf, zu vier Mahlen, auf fünf Mahl. Es ist wohl sehr gleichgültig, ob man sagt, dreymahl so lang, oder dreymahl länger.

§. 323. 4. **Verdoppelungszahlen**, anzuzeigen, wie oft ein Ding genommen werden soll, mit *fach, einfach, zweyfach, noch häufiger zwiefach, wofür aber auch doppelt üblich ist, dreyfach, vierfach, zehnfach, fünf und zwanzigfach, hundertfach, tausendfach. Sie werden am häufigsten in den beyden ersten Declinationen der Adjective, selten in der dritten gebraucht, können aber auch als Adverbia stehen. Dreydoppelt, vierdoppelt u. s. f. für dreyfach, vierfach, gibt einen irrigen Verstand, weil doppelt schon zweyfach ist.

§. 324. 5. **Verhältnißzahlen**, ein geometrisches Verhältniß zu bezeichnen, mit fältig, welche in der Bedeutung mit den vorigen nicht verwechselt werden müssen, ob sie ihnen gleich in dem Gebrauche ähnlich sind: einfältig, welches doch nur figürlich gebraucht wird, zweyfältig, häufiger zwiefältig, dreyfältig, (in einer Nebenbedeutung dreyfaltig,) zehenfältig, hundertfältig, tausendfältig. So auch die unbestimmtern vielfältig, mehrfältig.

§. 325.

Von dem Adjectiv.

§. 325. Die Vertheilungszahlen, je zwey, je drey, je vier, u. s. f. wofür man auch sagt, zwey und zwey, drey und drey, gehören zu den Grundzahlen, so wie andere zusammengesetzte adjective Zahlwörter, dreypfündig, vierjährig, fünftägig, zweyschneidig, zehnblätterig, dreyeckig, vierfarbig, sechsseitig, u. s. f. sich durch nichts von andern Adjectiven unterscheiden.

5. Adjective als Hauptwörter.

§. 326. Die Adjective können auch als Hauptwörter gebraucht werden, aber auf verschiedene Art. Es kann die bloße Beschaffenheit, ohne einem Dinge einverleibet zu seyn, als selbständig betrachtet, oder das Adverbium als ein Hauptwort gebraucht werden. Dergleichen Substantive, welche doch nicht von allen Adverbien üblich sind, sind jederzeit sächlichen Geschlechtes, bezeichnen Körper, welche die genannte Beschaffenheit gleichsam ganz sind, ingleichen die Beschaffenheit als selbständig, und gehen nach der ersten Declination der Hauptwörter, folglich Genit. es, Dat. e, Nom. Pl. e: das Schwarz, des=es, pl. wenn derselbe von mehrern Arten üblich ist, die=e, so wohl ein Farbenkörper als auch die schwarze Farbe, ein schönes Schwarz. So auch das Beinschwarz, Berlinerblau, Bergblau, Kupferblau, das Blau des Himmels, das Kupfergrün, Berggrün, Immergrün, Sinngrün, zwey Pflanzennahmen, Blasengrün, Grobgrün, das Braunroth, Bergroth,

roth, das **Eyweiß**, **Federweiß**, **Bley⸗
weiß**, **Schieferweiß**. Ferner das **Tausend⸗
schön**, **Bittersüß**, **Engelsüß**, **Eyerklar**,
Allgut, **Vielgut**, die poetischen das **Naß**,
das **Rund der Erde**, das **Dunkel**; ferner das
Latein, das **Deutsch**, das **Griechisch**, das
Französisch, von den Sprachen, und andere mehr,
welche doch zum Theils nur im gemeinen Leben
üblich sind.

§. 327. In einem andern Verstande lassen
sich die Adjective in allen drey Geschlechtern als Haupt⸗
wörter gebrauchen, welche denn die drey Declinatio⸗
nen der Adjective nachahmen. Im männlichen und
weiblichen Geschlechte bezeichnen sie alsdann Per⸗
sonen, welche die genannte Eigenschaft an sich ha⸗
ben: der **Weise**, des⸗n, dem⸗n, den⸗n;
Die Weisen; die **Schöne**, der⸗n (nicht Schöne)
Pl. die **Schönen**. So auch der **Oberste**,
der **Bediente**, der **Gelehrte**, der **Liebste**,
die **Liebste**, (welches gemeiniglich nach der 7ten
Decl. im Singular unverändert gebraucht wird,)
die **Weltweise**, **Gelehrte**, **Verwandte**,
(nicht **Verwandtinn** S. §. 136, S. 105.) In⸗
gleichen mit dem unbestimmten Artikel, mit Prono⸗
minibus und Zahlwörtern: ein **Oberster**, ein **Ge⸗
lehrter**, eine **Schöne**, alle **Großen**, unsere
Gelehrten, eure **Schönen**, ihre **Bedienten**.

§. 328. Der dritte Fall der Adjective findet
im Singular der Natur der Sache nach nicht statt,
wohl aber wird der Vocativ, der wegen seiner eigenen
genauen Bestimmung nur allein Pronomina Possessiva
oder Adjective vor sich leidet, aus dieser dritten
Form

Von dem Adjectiv.

Form gemacht, welches denn der einige Fall ist, da der Deutsche Vocativ anders lautet, als der Nominativ: *Weiser! großer Gelehrter! Oberster! Deutscher! mein Deutscher!* Nach dieser dritten Form werden sie auch im Plural gebeugt, sowohl wenn eine unbestimmte Anzahl ohne alles Zahlwort, als auch eine bestimmte Anzahl mit einem bestimmten Zahlworte bezeichnet werden soll: *große Gelehrte, berühmte Weltweise sagen, gepriesene Große, drey Bediente, vier Wilde.* Nur die weiblichen nehmen ein en an, vermuthlich um sie von dem Singular zu unterscheiden, *gepriesene Schönen, drey Liebsten.*

§. 329. Das Neutrum des Adjectives wird so wohl mit dem bestimmten Artikel, als mit dem unbestimmten und einigen Zahlwörtern gebraucht, die an einem Dinge befindliche Eigenschaft als selbstständig darzustellen: *das Große, das Erhabene, das Edle, das Verwesliche an uns, wie habt ihr das Eitele so lieb! ein unförmliches Ganzes, das ist etwas Vortreffliches, etwas Großes, etwas Schönes, alles Gute an dir, manches Verächtliche.* Der Gebrauch mit dem unbestimmten Artikel ist der seltenste, besonders an statt des bloßen Adjectives; man sagt zwar, *ein übriges thun, das ist mir ein Geringes, ein Weniges,* aber nicht *ein Vieles, ein Großes,* und auch *ein Kleines* ist schon veraltet.

§. 330. Man muß diese Substantive nicht mit den Abstractis verwechseln, welche theils den

Zustand, theils auch die Eigenschaft als selbständig darstellen. Das Schön, in Tausendschön, ein Ding welches gleichsam ganz schön ist, die Schöne, eine schöne Person, das Schöne, dasjenige, was an einem Dinge schön ist, das alte Abstractum die Schöne, und das neuere die Schönheit, so wohl der Zustand, da etwas schön ist, als auch eine einzele schöne Eigenschaft.

Das sechste Kapitel.
Von den Pronominibus.

§. 331.

Alles übrige, was die vorigen Redetheile an dem selbständigen Dinge noch unbestimmt gelassen, das bestimmen endlich die Pronomina, welche daher bloß diejenigen zufälligen und veränderlichen Verhältnisse bezeichnen, welche einem Dinge in dem Augenblicke der Rede zukommen, worunter denn das Verhältniß der Person das vornehmste ist, daher man sie um deswillen auch persönliche Bestimmungswörter nennt.

§. 332. Die Verhältnisse, welche sie bezeichnen, sind veränderlich und gelten nur für die gegenwärtige Rede. Derjenige, welcher jetzt spricht, und folglich ich ist, kann in dem nächsten Augenblicke der Angeredete, folglich du, und gleich darauf der seyn, von welchem man spricht. Jedes Ding kann in diesem Augenblicke dieses, und im folgenden jenes heissen.

§. 333.

§. 333. Dieses zufällige Verhältniß ist von verschiedener Art, daher sind es auch die Pronomina. Wir haben: 1. Personalia, persönliche im engsten Verstande, welche das Verhältniß der Person und sonst nichts bezeichnen. 2. Possessiva, zueignende, welche den Besitz oder das Eigenthum nach dem Verhältnisse der verschiedenen Personen andeuten. 3. Demonstrativa, anzeigende, welche das Verhältniß des Ortes in Ansehung des Sprechenden bestimmen. 4. Determinativa, welche dasjenige Ding vorläufig bestimmen, auf welches ein Prädicat zurück geführet werden soll. 5. Relativa, beziehende, welche dieses Prädicat auf das vorhergehende Ding zurück führen. Und endlich, 6. Interrogativa, fragende, den Gegenstand einer Frage zu bezeichnen.

§. 334. In einer ändern Betrachtung sind die Pronomina entweder Substantiva, oder Adjectiva. Jene können für sich allein stehen, und sind Nahmen der Dinge in Ansehung ihres persönlichen Verhältnisses, ich, du, er, die Meinigen. Diese erfordern ein Hauptwort, und gleichen alsdann den Adjectiven. Viele können auf beyderley Art gebraucht werden, und heissen alsdann, wenn sie ohne Hauptwort stehen, absoluta, und wenn sie dasselbe bey sich haben, conjunctiva.

§. 335. Da die Pronomina in mancherley Verhältnissen in einem Satze können zu stehen kommen, so müssen sie auch fähig seyn, diese Verhältnisse zu bezeichnen, folglich decliniret zu werden, so wie sich auch die meisten nach dem Geschlechte derjenigen Person bequemen, welche sie bezeichnen, oder desjenigen Hauptwortes, mit welchem sie verbunden werden.

1. Persönliche Pronomina.

§. 336. Alle selbständige Dinge sind entweder lebendig oder leblos; allein der rohe Naturmensch siehet sie alle als lebendige wirkende Wesen an, der Winter kommt, das Feuer brennt; daher können in der Sprache auch leblose Dinge eines persönlichen Verhältnisses fähig seyn. Dieses Verhältniß ist eigentlich dreyfach, dessen der da spricht, die erste Person, der zu welchem gesprochen wird, die zweyte Person, und der oder das Ding, von welchem gesprochen wird, die dritte Person. In allen drey Fällen ist die Person entweder einfach, oder mehrfach, daher auch Pronomina für beyde Zahlen statt finden.

§. 337. Die dritte Person, welche alle Personen und Sachen begreifft, von welchen geredet wird, ist der Natur der Sache nach einer vielfachen Bestimmung fähig. Sie wird entweder bestimmt bezeichnet, nach den drey Geschlechtern er, sie, es, und im Plural durch sie, oder unbestimmt, durch jemand, niemand, man, einer und es.

§. 338. Die Pronomina der ersten und zweyten Person, ich und du, werden im Deutschen von allen dreyen Geschlechtern gebraucht; allein die dritte, die unbestimmteste unter allen, bezeichnet im Singular alle drey Geschlechter, ist aber im Plural

Pronomina.

Plural wieder nur einfach. Alle drey werden folgender Gestalt declinirt.

Erste Person. Zweyte.

Nomin. ich. du.
Genit. meiner, (mein.) deiner, (dein.)
Dat. mir. dir.
Accus. mich. dich.

Plural.

Nomin. wir. ihr.
Genit. unser. euer.
Dat. uns. euch.
Accus. uns. euch.

Dritte Person.

Männl. Weibl. Sächl.

Nomin. er. sie. es.
Genit. seiner, (sein.) ihrer, (ihr.) seiner, (sein.)
Dat. ihm. ihr. ihm.
Accus. ihn. sie. es.

Plural.

Nomin. sie.
Genit. ihrer.
Dat. ihnen.
Accus. sie.

§. 339. Die persönlichen Pronomina sind Substantiva, wovon die beyden ersten die Person so genau bezeichnen, daß kein anderer Nahme nöthig ist, der doch als Apposition zur Erklärung statt finden kann: ich, Sohn eines frommen Vaters, du, König in Israel, ich armer Mann, mir verlassenen Kinde, wir Einwohner dieser Stadt. Ich kann im Singular auch als ein eigentliches Hauptwort gebraucht werden, in welchem Falle es aber indeclinabel ist, mein anderes Ich ist todt, der Werth seines lieben Ich.

§. 340. Die Oberdeutschen zusammen gezogenen Genitive mein, dein, sein, ihr, kommen im Hochdeutschen nur noch bey den Dichtern vor: ach, sprach er, ach! erbarmt euch mein! Gell. Man spottet sein. Die Genitive des Plurals unser und euer müssen nicht mit den possessiven Genitiven unsrer und eurer verwechselt werden; gedenke unser im besten, nicht unserer oder unsrer.

§. 341. Mit du sollte eigentlich eine jede einfache Person außer uns angeredet werden, allein die gesellschaftliche Höflichkeit hat hier ein anderes eingeführet, so daß du nur noch gegen Gott, in der Dichtkunst, in der Sprache der Vertraulichkeit, und in dem Tone der Herrschaft und Verachtung üblich ist. Außer diesen Fällen redet man sehr geringe Personen mit ihr, dem Plural der zweyten Person, ein wenig bessere mit er und sie, noch höhere mit dem Plural der dritten Person, sie, und noch vornehmere wohl gar mit dem Plural des Demonstrativi, dieselben an. Das Euer oder verkürzt Ew. in abstracten Anreden hoher

Perso=

Personen, ist noch ein Überbleibsel der alten Gewohnheit, einzele oder mehrfache Personen außer uns mit ihr anzureden.

§. 342. Die beyden ersten Personen sind durch ihr Verhältniß schon sehr genau bestimmt, allein die dritte ist es nicht, daher ihr Nahme oder Hauptwort wenigstens das erste Mahl angegeben werden muß. Um deßwillen wird auch das Pronomen der dritten Person im Singular nach allen drey Geschlechtern der Hauptwörter gebeuget, auf welche es sich beziehet, er, sie, es. Im Plural leidet es diese Beugung nicht, sondern lautet für alle drey Geschlechter sie. Wenn das Substantiv der dritten Person genannt wird, so bleibt das Pronomen weg, weil jedes Ding ohne persönliche Bestimmung für die dritte Person gehalten wird: der Dichter spricht, die Sonne scheint.

§. 343. Das bestimmte Pronomen des ungewissen Geschlechtes, es, kann bey keinem Hauptworte stehen, muß sich aber auf eines beziehen: nimm hin das Buch, ich schenke es dir; das ist nicht Freundschaft, es ist Kaltsinn; das arme Kind! nimm dich seiner an; das Pferd entlief aber ich eilte ihm nach. Oft beziehet sich dieses Pronomen anstatt des Hauptwortes auf einen andern Redetheil oder ganzen Satz, kurz auf alles, was als die dritte Person ohne bestimmtes Geschlecht angesehen werden kann: ich will es dir Dank wissen; bedenk es nur, mir so mitzuspielen; mein Herz sagt es mir, du bist mein Erretter. Es kann zugleich, besonders in der vertraulichen

Sprechart, mit|allen vorher gehenden Wörtern zu: sammen gezogen werden, wo der Wohlklang es erlaubet: gib mirs, er nahms, hab ichs schon? Aber nicht, hörst dus? damits die Jugend lerne.

§. 344. Die persönlichen Pronomina können noch auf eine doppelte Art näher bestimmet werden: 1. durch die Ausschließung der Gegenwart einer jeden andern Person, vermittelst des Wortes allein: ich allein habe es gethan, du allein bist unschuldig, mir allein zu Gute, ihnen allein zum Nutzen. 2. Durch die Ausschließung der Theilnehmung, und Mitwirkung einer andern Person, vermittelst des Wörtchens selbst, (nicht selber oder selbsten:) er selbst hat es gethan, oder er hat es selbst gethan; ich bin es selbst; sich selbst verleugnen; die Liebe seiner selbst. Wo es oft auch eine bloße Gradation bezeichnet: ich komme fast selbst auf die Gedanken, so gar auch ich; und alsdann auch ohne Pronomen stehet: selbst der Fluch einer Mutter würde hier kraftlos seyn. Hinter einem Substantiv bezeichnet es einen hohen Grad: er ist die Freundlichkeit selbst. Beyde sind wahre Adverbia, weil sie etwas Unselbstständiges bestimmen.

§. 345. Oft leidet das persönliche Pronomen noch eine andere Bestimmung, nähmlich, daß sich ein Prädicat auf das dadurch bezeichnete Subject zurück beziehen soll. Im Deutschen hat man dafür ein eigenes Pronomen reciprocum, welches in den beyden ersten Personen aus dem vorigen ent:

leh=

Pronomina.

lehnet wird, im Dativ und Accusativ der dritten aber, ohne Unterschied des Geschlechts und der Zahl sich lautet. Da es sich nur auf das Subject beziehen soll, folglich nicht das Subject selbst seyn kann, so leidet es auch keinen Nominativ. Es gehet folgender Gestalt.

Erste Person.   Zwepte Person.
Singular.

Nomin.	= = =	= = =
Genit.	meiner, (mein.)	deiner, (dein.)
Dat.	mir.	dir.
Accus.	mich.	dich.

Plural.

Nomin.	= =	= =
Genit.	unser.	euer.
Dat.	uns.	euch.
Accus.	uns.	euch.

Dritte Person.

	Männl.	Weibl.	Sächl.
Nomin.	= =	= = =	= =
Genit.	seiner, (sein.)	ihrer, (ihr.)	seiner, (sein.)
Dat.	sich.	sich.	sich.
Accus.	sich.	sich.	sich.

Plural.

Nomin.	=
Genit.	ihrer.
Dat.	sich.
Accus.	sich.

Q.   Ich

Ich schreibe es mir zu; schämest du dich nicht? er war seiner nicht mehr mächtig; er übet sich noch darin; sie freueten sich sehr. In der dritten Person hier die persönlichen, ihm, ihn, ihr, sie, ihnen, sie, zu gebrauchen, ist im Hochdeutschen fremd: Keiner lebet ihm selber, besser sich selbst. Was oben von den verkürzten Genitiven mein, dein, sein, ihr, gesagt worden, gilt auch hier.

§. 346. Das Verhältniß der Person unbestimmt zu bezeichnen, dienen, obgleich in verschiedenen Rücksichten, jemand, niemand, einer, man und es. Jemand und niemand stehen einander entgegen, und sind mit Mann zusammen gesetzt; ersteres bezeichnet eine unbestimmte Person ohne Unterschied des Geschlechts, ein Individuum, von welchem man weiter nichts weiß, als daß es ein Mensch ist: es ist jemand da, sein Freund oder sonst jemand. Niemand schließet eine jede Person aus: es kam niemand, nun will es niemand gethan haben. Beyde können nur im Singular gebraucht werden.

§. 347. Im Genitiv bekommen beyde ein s: niemands Freund. Im Dativ und Accusativ werden sie am häufigsten ungeändert gebraucht: er hat es jemand gegeben, ich sahe niemand. Doch kann man auch, Mißverstand zu vermeiden, den Casum durch den angehängten nachstehenden Artikel en bezeichnen: es ist jemanden gegeben worden; wo jemand auch als der Nominativ verstanden werden könnte. Niemand Vornehmes, jemand Fremdes,
für

für kein Vornehmer, ein Fremder, gehören in die Sprache des gemeinen Lebens.

§. 348. Der unbestimmte Artikel ein wird ohne Hauptwort nur im gemeinen Leben an statt des jemand gebraucht: es möchte einer sagen, wenn sich eins im Hause klagt, unter eines Bothmäßigkeit stehen, für jemand, jemandes; wie viel Sorgen macht einem nicht die Welt, für uns, oder einem Menschen. Unser einer, d. i. jemand von meinem oder von unserm Stande, ist gleichfalls nur in der vertraulichen Sprachart einheimisch.

§. 349. Man kommt mit jemand überein, nur daß es noch unbestimmter ist, und auch die Zahl unbezeichnet läßt. Es wird nur im Nominativ und auch hier nur mit der dritten Person der Zeitwörter gebraucht: man hat es mir gesagt, kann so wohl bedeuten, es hat es mir jemand, nur eine Person gesagt, als auch, es haben es mir mehrere gesagt. Der Thiere Krieg hört auf, man ist der Zwietracht müde, Haged.

§. 350. Es gleicht dem vorigen, nur daß es noch unbestimmter ist, und unentschieden läßt, ob das Subject eine Person oder ein Ding ist: es wird geschossen; wer ist das? — es ist ein Mann, ich bin es; es regnet; es donnert; es heißt, er sey gekommen; es klopfet jemand. Es wird gleichfalls nur im Nominativ gebraucht; in andern Endungen ist es das vorige bestimmtere Pronomen.

2. Possessive Pronomina.

§. 351. Die Possessiva bestimmen das Verhältniß des Besitzes in Ansehung der Person, und bezeichnen daher etwas, was der genannten Person gehöret, in ihr gegründet, mit ihr verbunden, oder ihr widerfahren ist. Sie sind von den vorigen abgeleitet, und von zwiefacher Art: 1. Con: creta: mein, dein, sein, ihr, unser und euer; und 2. die von diesen wieder abgeleiteten Abstracta, der, die, das meinige, deinige, seinige u. s. f.

§. 352. Die Possessiva bezeichnen nur in der ersten und zweyten Person das Geschlecht ihres Hauptwortes nicht aber der Person; in der dritten Person hingegen bezeichnet sein das männliche und sächliche, ihr aber das weibliche Geschlecht der Person und Sache, worauf sie sich beziehen, wobey sich denn jedes auch nach dem Geschlechte des folgenden Hauptwortes richtet: die Schönheit dieser Blume, wie groß ist ihr Reiz, aber wie kurz ihre Dauer! Ihr vertritt so wohl die dritte Person weiblichen Geschlechts, als auch die dritte mehrfache Person ohne Unterschied des Geschlechts.

§. 353. Die concreten Possessiva, welche keinen Artikel vor sich leiden, sind entweder conjunctiv, da sie denn ihr Hauptwort unmittelbar nach sich haben, oder absolut, wenn sie ohne Hauptwort stehen. Die conjunctiven werden wie der bestimmte Artikel declinirt, nur daß im Singular

das

Pronomina.

das Masculinum im Nominativ, und das Neutrum im Nominativ und Accusativ keine Geschlechtszeichen bekommen; folglich so:

	Singular.	Plural.
Nomin.	mein, meine, mein.	meine.
Genit.	meines, meiner, meines.	meiner.
Dat.	meinem, meiner, meinem.	meinen.
Accus.	meinen, meine, mein.	meine.

Mein Vater, meine Ehrfurcht, mein Glück, meines Fleisses, meiner Felder, meines Hauses u. s. f. Der Genitiv kann hier so wie bey den unbestimmten Zahlwörtern im männlichen und sächlichen Geschlechte sein es nicht mit dem en vertauschen, wie bey den Adjectiven: der Lohn deines Fleisses, nicht deinen. Eben so gehen auch dein, sein, ihr, unser und euer. Von den beyden letztern pflegt man, um des Wohlklanges willen, in den Casibus obliquis des männlichen und sächlichen Singulars, und im Dativ des Plurals gern das letzte, in den übrigen Fällen aber das erste e zu verbeissen: euers, unserm, euern, unsern; unsrer, eurer, unsre. Die feyerliche Aussprache aber vermeidet diese Abkürzung.

§. 354. Die Conjunctiva der dritten Person mit dem Genitiv der Person zu verbinden, meiner Mutter ihr Bruder, meines Freundes sein Garten, ich meine nicht Homers Gedichte, sondern des Horaz seine, ist eine sehr widerwärtige Eigenheit gemeiner Mundarten.

arten. Man laſſe entweder das Pronomen gar weg, oder laſſe ſich die Wiederhohlung des Hauptwortes oder auch eine kleine Umſchreibuug nicht dauern.

§. 355. Wenn die Poſſeſſiva mit den Subſtantiven **Halbe, Weg,** und **Wille,** einen Bewegungsgrund andeuten ſollen, ſo werden ſie mit ihnen zu Adverbien zuſammen gezogen, bekommen aber alsdann ſtatt ihres Endlautes das t euphonicum: **meinetwegen, deinethalben, um euretwillen, ihretwegen.** Die edlere Schreibart ſagt dafür lieber **um deiner ſelbſt Willen,** oder wählet andere Ausdrücke.

§. 356. Das Poſſeſſivum **ihr** wird in ſeiner alten Form **ihro** noch in dem Hof- und Curial-Styl vor abſtracten weiblichen Titeln gebraucht, ſo wohl, wenn man in der dritten Perſon von Höhern redet, als auch wohl in unmittelbaren Anreden für **Euer,** in beyden Fällen indeclinabel und ohne Unterſchied des Geſchlechts: **Jhro Kaiſerliche Majeſtät,** es ſey ein Kaiſer oder eine Kaiſerinn, im erſten Falle für **Seine.** So auch **Jhro Churfürſtl. Durchlaucht, Jhro Excellenz Herr Bruder,** für **ihrer** oder **ſeiner.**

§. 357. Abſolut und ohne Hauptwort können die concreten Poſſeſſiva auf gedoppelte Art gebraucht werden: 1. als Adverbia ohne Concretions-Zeichen, folglich unverändert: **die Erbſchaft iſt nun mein; iſt doch das Rittergut ſein; behaltet was euer iſt;** und mit der Inverſion der höhern Schreibart: **dein iſt das Ebenbild des erſten Sohnes,** Raml.

Oder

Oder 2. als wahre Adjective mit den vollständigen Concretions= Geschlechts= und Biegungszeichen des bestimmten Artikels und in Beziehung auf ein vorher gegangenes Substantiv: meiner, deiner, seiner, ihrer, unserer, euerer, ihrer u. s. f. Das ist nicht dein Loos, es ist meines; man gab es nicht meinem Freunde sondern deinem; nicht um eures Verdienstes willen, sondern um unseres.

§. 358. Das Eigenthum noch genauer zu bestimmen, füget man den concreten Possessivis oft noch das Adjectiv eigen bey: sein eigenes Gut, unser eigenes Verdienst, es ist mein eigen.

§. 359. Die abstracten Possessiva werden vermittelst der Sylbe ig und dem Concretions= Zeichen von den concreten abgeleitet, erfordern den bestimmten Artikel, und leiden kein Hauptwort neben sich, indem sie gewisser Maßen selbst Hauptwörter sind, daher man sie auch mit großen Buchstaben schreiben kann. Sie werden wie die Adjective mit dem bestimmten Artikel decliniret, können aber nie als Adverbia gebraucht werden. Ich habe das meinige gethan, thut das eurige auch, d. i. meine Pflicht; sie haben alles das ihrige dabey zugesetzt; nimm es von dem deinigen. Die Meinigen, die Deinigen u. s. f. meine, deine Angehörigen. Die Oberdeutsche Mundart ziehet sie gern in der, die, das meine, deine, seine, ihre, unsere, euere zusammen, in welcher Form sie den Dichtern am liebsten sind, die Meinen, die Deinen.

3. Demonstrative Pronomina.

§. 360. Diese bezeichnen das Verhältniß des Ortes in Ansehung des Sprechenden, und sind dieser, diese, dieses; jener, jene, jenes; und das verkürzte der, die, das. Sie werden wie der bestimmte Artikel und die vollständigen unbestimmten Zahlwörtern decliniret, und können so wohl conjunctive als absolute gebraucht werden.

§. 361. Dieser bezeichnet ein nahes und figürlich auch ein gegenwärtiges Subject, und wird im Neutro des Singulars oft in dieß oder dies zusammen gezogen. Es stehet so wohl conjunctive: ich meine dieses Haus, dieser Mann ist es, von welchem ich rede, zu dieser Zeit; als auch absolute, dieser ist es, von welchem ich rede, Vorzeiger dieses; obgleich solches in den Genitiven oft Härten verursacht. Am liebsten beziehet es sich in der absoluten Gestalt auf ein kurz vorher gegangenes Substantiv: befleissige dich der Tugend, denn diese verläßt dich nie.

§. 362. Jener zeiget auf eine entfernte Sache, so wohl dem Orte, als der Zeit nach, und kommt im Gebrauche mit dem vorigen völlig überein, nur daß es keine Zusammenziehung leidet: auf jener Seite des Berges; in jenem Leben; du mußt dieses thun, aber jenes nicht lassen; befleissige dich der Geduld und eines guten Gewissens, denn jene lehret

Pronomina.

lehret dich die Wiederwärtigkeiten ertragen, dieses ihnen Trotz bieten.

§. 363. Wenn dieser oder der und jener vor einem Substantiv zusammen kommen, so bekommt in den Casibus obliquis nur das erste die characteristische Declination, das letzte aber wird wie ein Adjectiv declinirt: man trägt sich mit dieser und jenen Sage, mit der und jenen Sache.

§. 364. Der, die, das wird in der vertraulichen Sprechart sehr häufig für dieser, diese, dieses gebraucht, und stehet so wohl conjunctive mit seinem Hauptworte, als absolute. Im erstern Falle gehet es völlig wie der Artikel, folglich im Genitiv und Dativ des Plurals der und den, nicht derer und denen: er ist den Augenblick gestorben, für diesen; der Mann that es. Den Ort noch genauer zu bestimmen, gesellet man ihm und dem folgenden absoluto oft noch die Partikeln, da, hier, dort zu: der Mann da that es, es gehöret den Leuten dort.

§. 365. Absolut wird es folgender Gestalt declinirt.

	Singular.		Plural.
	Masc.	Fämin.	Neut.	
N.	der,	die,	das,	die.
G.	dessen,(deß,)	deren,(der,)	dessen,(deß,)	derer; (der.)
D.	dem,	der,	dem,	denen,(den.)
A.	den,	die,	das,	die.

Die zusammen gezognen Formen sind in der vertraulichen Sprachart sehr gangbar Das wissen

sen nur Dichter, und was wissen die nicht; dem sey wie ihm wolle; wessen ist das Haus? Antw. deß da, oder dessen da. Das Neutrum das wird auch absolute gebraucht, alle Geschlechter und Zahlen zu vertreten: das ist die Frau, welche u. s. f. sind das die Männer, welche uns Weisheit lehren wollen?

§. 366. Dieses Pronomen nach einem Genitiv zu setzen, macht einen noch härtern Mißklang als der ähnliche Gebrauch des Possessivs: **die Größe der Sonne übertrifft die des Mondes**; besser übertrifft die Größe des Mondes, oder umschrieben, die Sonne ist größer als der Mond.

§. 367. Das Demonstrativum der wird gerne mit manchen Präpositionen und Adverbien zusammen gezogen, demonstrative Nebenwörter zu bilden, welche sich zugleich auf ein vorher gehendes oder nachfolgendes Subject beziehen: daran, darin, darauf, daraus, darein, darnach, darüber, darum, darunter, davon, dabey, dadurch, dafür, dagegen, daher, dahinter, deswegen, deshalben u. s. f. für an dem oder diesem, in dem oder diesem, u. s. f. Ein gleiches geschiehet mit dem folgenden w

4. Determinative Pronomina.

§. 368. Diese und die folgenden relativen Pronomina machen ein Subject zweyen Sätzen gemein, nur mit dem Unterschiede, daß die Determinativa dieses Subject bestimmen, die Relativa aber

aber den zweyten Satz auf daſſelbe zurück führen, daher man die erſtern auch Demonſtrativo-relativa, oder Pronomina identitatis nennt. Sie heiſſen der, derjenige, derſelbe, ſelbiger und ſolcher. Sie werden insgeſammt, ſo wohl conjunctiv als abſolut gebraucht, und erfordern eines der folgenden Relativen nach ſich.

§. 369. Der, bedeutet, wenn es determinativ iſt, ſo viel als derjenige, und wird wie das vorige Demonſtrativum declinirt. Es ſtehet ſo wohl conjunctiv: es iſt der Mann, welchen wir geſtern ſahen; dem Kriege, welcher ſo lange gewütet hat, ein Ende machen. Als auch abſolute mit der vollſtändigen Declination des vorigen Demonſtrativi: ſollte der nicht mein Freund ſeyn, welcher mir meine Fehler aufdeckt? das iſt der Wille deſſen oder deß, welcher mich geſandt hat; derer die vor ihm geweſen ſind, iſt keine Zahl, Hiob 21. Warum ſollte ich den Verluſt derer beweinen, welche nicht geſtorben ſind? Ingleichen mit der Inverſion, ſo daß der Vorderſatz in die Stelle des Nachſatzes tritt, und der ſich auf ein vorher gegangenes Subject beziehet, in welchem Falle es aber im Genitiv des Plural deren und nicht derer hat: wer ſein Leben erhalten will, der wird es verlieren; wer ſich mein ſchämet, deſſen wird ſich des Menſchen Sohn auch ſchämen; ich habe deſſen genug; zu deſſen Urkund; du biſt auch deren einer; wie viel ſind deren noch da?

§. 370.

§. 370. Derjenige bestimmt das Subject vollständiger als das vorige der, und wird so decliniret, als wenn es getheilt der jenige geschrieben wäre, so daß der die Declination des Artikels behält, jenige aber wie ein Adjectiv nach der 4ten Decl. der Hauptwörter gehet: Nomin. derjenige, diejenige, dasjenige, Gen. desjenigen, derjenigen, desjenigen; Dat. demjenigen, derjenigen, demjenigen; Acc. denjenigen, diejenige, dasjenige. Plur. Nomin. diejenigen; Gen. derjenigen; Dat. denjenigen; Acc. diejenigen. Es stehet so wohl conjunctive: diejenige Tugend ist groß, welche auch in Widerwärtigkeiten die Probe hält; als auch absolute: ich verzeihe es denjenigen, welche Schuld daran sind.

§. 371. Derselbe bestimmt die Identität noch genauer, und hat daher gern das Adverbium eben vor sich. Es wird genau wie das vorige declinirt und gebraucht: es ist eben derselbe Mann, welchen wir gestern sahen; es gibt jetzt noch eben dieselben Fehler, als ehedem; er ist noch eben derselbe, der er sonst war. Das ohne Noth verlängerte derselbige, kann, so wie das verkürzte selbiger, welches doch nur in Beziehung auf ein vorher gegangenes Subject stehen kann, zur selbigen Zeit, im Hochdeutschen entbehret werden.

§. 372. Solcher, solche, solches, welches eine Vergleichung bey sich führet, und wie aller decliniret wird, kann so wohl im Vordersatze, als

als auch im Nachsatze, und in beyden Fällen, sowohl conjunctive als absolute stehen: *gib es solchen Personen, welche es verdienen; ich kann es solcher Gestalt nicht thun; wer hätte solches vermuthen sollen?* Um seiner vergleichenden Bedeutung willen, durch welche es sich an die Adjective anschließt, leidet es auch ein und kein vor sich: *eine solche Tugend, kein solcher Mann, er ist auch ein solcher;* und gehet alsdann wie ein jedes Adjectiv mit ein.

§. 373. Die drey ersten Determinativa nehmen zu desto genauerer Bestimmung der Identität oft noch das Adverbium *eben* vor sich, *eben der, eben derselbe.* Andere Pronomina dieser Art sind theils veraltet, wie *sothaner,* theils Oberdeutsch, wie *der gleiche,* declinabel für *derselbe,* theils niedrig, wie *der nähmliche,* welches in der anständigen Schreib- und Sprechart nie gebraucht werden sollte, so häufig solches auch von Schriftstellern aller Art geschiehet.

5. Relative Pronomina.

§. 374. Diese führen einen Satz auf das vorher genannte, und von den Determinativis angekündigte Subject zurück, und heissen: *welcher, der, wer, was* und so.

§. 375. *Welcher,* das vollständigste Relativum, welches daher der feyerlichen Rede am angemessensten ist, wird wie *aller* decliniret, und führet einen Satz auf ein vorher genanntes Subject zurück, sowohl wenn es eines der vorigen Determinativen vor sich hat, als auch ohne dieselben: *du bist*

bist nicht der erste, welcher mir das sagt; derjenige, welchen ich nie beleidiget habe. Weil es ein Prädicat auf ein Subject zurück führet, so bedarf es, nebst den folgenden Relativen keines Hauptwortes, ob dasselbe gleich, wenn es zu weit entfernet ist, zuweilen wiederholet wird: welcher Mann tugendhaft war. Für den Genitiv in beyden Zahlen, welches und welcher, sagt man lieber dessen und deren: der Freund, dessen du erwähntest, für welches.

§. 376. Der, welches auch hier wie das Demonstrativum declinirt wird, nur daß es im Genitiv des Plurals hier gleichfalls nicht derer sondern deren lautet, und in keiner Endung eine Zusammenziehung leidet, wird in der vertraulichen Sprechart häufig für das vorige welcher gebraucht: mit der Freymüthigkeit eines Mannes, der nichts mehr zu fürchten hat; ein Greis, dessen Seele schon alle Stärke verloren hat. Im Nominativ kann es auch zierlich bey Pronominibus der ersten und zweyten Person stehen: der ich mich deiner so getreulich angenommen habe; der du von Ewigkeit bist; wir, die wir uns selbst nicht kennen.

§. 377. Wer ist nur im Singular üblich, bedeutet eine Person ohne Unterschied des Geschlechts, und gehet wie das Pronomen der: Nom. wer, Genit. wessen, (weß,) Dat. wem, Acc. wen. Es wird als ein Relativum nur alsdann für welcher gebraucht, wenn die Sätze umge-

umgekehret werden, und der Nachsatz voran stehet: wer mir meine Fehler aufdeckt, der ist mein Freund, für: derjenige ist mein Freund, welcher u. s. f. wem es glückt, der hat es.

§. 378. Was ist das Neutrum des vorigen, und wird nur von Sachen im Nominativ und Accusativ des Singulars, und auch hier nur nach Neutris und zwar unbestimmt, gesetzt: das, was du mir sagtest; alles, was ich weiß; das schönste, was ich nur gesehen habe; das Gute, was du mir erwiesen hast. Wenn das Subject bestimmt ist, so wird welches erfordert: das Haus, welches wir sahen.

§. 379. Das relative so, welches in allen Zahlen und Geschlechtern unverändert bleibt, aber nur den Nominativ und Accusativ vertreten kann: der Mann, so uns begegnete, die Blumen, so wir sahen; wird nur noch alsdann gebraucht, wenn mehrere auf einander folgende Relative einen Misklang verursachen würden. In andern Fällen gebraucht man lieber welcher oder der.

§. 380. Wenn sich ein Relativum auf den Nominativ und Accusativ eines Ortes beziehet, so wird dafür wo gesetzt: das ist der Ort, wo ich zu bleiben wünschte. Wenn sich die Relativa auf Sachen beziehen, und eine Präposition vor ihnen hergehet, so wird diese gern mit wo zusammen gezogen, welches in Ansehung des was allemahl geschehen muß: womit, wofür, wodurch, woraus, woran, worin u. s. f.

für

für mit welchem, für welches, durch was oder welches u. s. f. So auch mit manchen Nebenwörtern, woher, wohin.

6. Fragende Pronomina.

§. 381. Die Interrogativa oder fragenden Pronomina sind wer, welcher und was, wovon die beyden ersten nach Personen, das letzte aber ganz unbestimmt nach Sachen fragt. Beyde fragen so wohl unmittelbar als mittelbar.

§. 382. Wer, welches in der Declination von dem vorigen nicht verschieden ist, fragt unbestimmt nach Personen, ohne Unterschied des Geschlechts oder der Zahl: wer hat das gethan? Antw. dein Freund, oder deine Schwester, oder unsere Freunde. Wessen Haus ist das? Wem gehöret das? Von wem hast du das gehöret?

§. 383. Welcher, welche, welches fragt bestimmter mit Bezeichnung des Geschlechtes und der Zahl: wer hat das gethan? Antw. dein Freund; Fr. welcher? — Welchem von beyden gabest du es? Wenn die Verwunderung in eine Frage ausbricht, und ein vor dem Hauptwort stehet, so verlieret welch seine Biegungssylbe: welch ein Mann! Aber nicht, wenn es unmittelbar vor seinem Hauptworte stehet: welche Größe! welche Männer sind das!

§. 384. Mit dem unabänderlichen was fragt man nach Sachen, deren Zahl und Geschlecht noch unbekannt ist; sind beyde bekannt, so setzt das bestimmtere welcher die Frage fort: was suchest du?

du? Antw. mein **Buch**; Fr. welches? Doch kann dieses was auch mit dem unbestimmten Artikel ein verbunden werden, auf eine bestimmte Art nach der Beschaffenheit eines Dinges zu fragen: **was für ein Buch**? **was für einer**? Da denn der Artikel im Plural wegfällt: **was für Männer**? **was für Leute**?

Siebentes Kapitel.
Von dem Verbo.

1. Dessen Bildung.

§. 385.

Das **Verbum** ist ein Redetheil, vermittelst dessen einem selbstständigen Dinge etwas Unselbstständiges in einem und eben demselben Worte beygelegt, oder vermittelst dessen demselben in einem und eben demselben Worte ein Prädicat einverleibet wird: **die Sonne scheint, wir schliefen, Cajus sitzt.** Ein jedes Verbum, seyn etwa ausgenommen, läßt sich daher in zwey Wörter auflösen, wovon eines die Beschaffenheit bezeichnet, und das andere das Einverleibungswort seyn ist. Hieraus erhellet zugleich, daß das Verbum nächst dem Substantiv der wichtigste Redetheil ist, weil es oft das Prädicat allein ausmacht, allemahl aber der wesentlichste Theil desselben ist.

§. 386. Alle Deutsche Zeitwörter sind entweder angekleidete Wurzelwörter, oder von andern

Redetheilen abgeleitet oder zusammen gesetzt. Die unbekleidete Wurzel kommt als Verbum im Deutschen nicht vor, außer im Imperativ, und im Imperfect einiger Verborum. Ein jedes Wort, welches ein Verbum werden soll, wird es durch Hinzufügung gewisser Biegungssylben am Ende: lieb-en, ich lieb-e, du lieb-est, er lieb-et wir lieb-ten; doch davon hernach.

§. 387. Die von andern Redetheilen abgeleiteten Verba kommen her, von Substantiven, ädern, bechern, fingern, meistern, thronen, oder von andern Verbis, deren Anzahl sehr groß ist, am häufigsten aber von Adverbiis, welche das eigentlichste Stammwort für die Verba sind. Von Adjectiven sind keine Verba möglich, weil etwas, das dem Dinge schon als einverleibet gedacht werden muß, von demselben nicht erst prädiciret werden kann.

§. 388. Die Ableitung, besonders eines Zeitwortes von dem andern, geschiehet entweder durch bloße Veränderung eines Wurzellautes oder durch gewisse Vor- und Nachsylben. Die Veränderung des Wurzellautes betrifft: 1. den Vocal allein, aus Neutris Activa zu machen: dampfen und dämpfen, dorren und dörren, dringen und drängen, fallen und fällen, fließen und flößen, fahren und führen, gewohnen und gewöhnen, liegen und legen, lauten und läuten, prallen und prellen, schwenden und schwinden, sinken und senken, schwimmen und schwemmen, ersaufen und ersäufen, saugen und säugen, springen und sprengen,

Verbum. 1. Bildung.

gen, ſitzen und ſetzen, trinken und tränken, u. ſ. f.

§. 389. Oder 2. an dem Conſonanten und oft auch an dem Vocal zugleich, theils gleichfalls aus Neutris Activa oder Factitiva zu machen: beiſſen und beitzen, freſſen und fretzen, hangen und henken, genießen und nützen, ſtehen und ſtellen, wachen und wecken; theils aber, und zwar am häufigſten, durch Verſtärkung oder Verdoppelung des Conſonanten, die Bedeutung zu ſteigern, und Intenſiva zu bilden: reiſen, (in ſeiner erſten Bedeutung,) reiſſen, reitzen, ritzen; bähen und backen, tauchen und ducken, das alte aſen und eſſen, ziehen und zucken, biegen und bücken, zwatzen, zwacken und zwicken, ſchnauben und ſchnauſen, brechen und brocken, dachen und decken, fehlen und fallen u. ſ. f.

§. 390. Die Vorſylben, vermittelſt deren Verba gebildet werden, ſind:

be, der Wurzellaut von bey, eine Begleitung, Erſtreckung der Handlung über den ganzen Gegenſtand, oft auch eine bloße Verſtärkung, ſo wohl von Zeitwörtern: begleiten, beſchließen, begraben, bedecken, bebauen, beſchützten, befeuchten, beſtehen, beharren: als auch von andern Redetheilen, eine Mittheilung zu bezeichnen: bebändern, belauben, beamten, beflügeln. Oft gehet ſie in das bloße b über: bleiben, beichten von betzichten u. ſ. f.

ge, einen Nachdruck, oft auch eine bloß müßige Verlängerung, gebären, gebrauchen, gedenken, gefrieren, gedulden, gereuen, gelangen, gerinnen.

ent, eine Bewegung von einem Orte: entfliegen, entfallen, entfernen, entlassen; eine Beraubung: entbinden, entehren, entfesseln, enthaupten, enthüllen; einen Ursprung, den Anfang einer Handlung oder eines Zustandes: entbrennen, entschlafen, entspringen, entstehen, entzünden; eine Begegnung, entsprechen, antworten; oft auch eine bloße Verstärkung, entsinnen, entwerfen, entscheiden.

emp, welches das vorige ist, welches um des Wohllautes willen nur in einigen Wörtern vor f statt findet, empfahen, empfehlen, empfangen und empfinden.

er, eine Bewegung in die Höhe, erheben, erstehen, errichten; eine Öffnung, erbrechen; eine Verbreitung der Handlung, ergießen, erfüllen; eine Annäherung, erreichen, erlangen, erbetteln, erbitten; eine Hervorbringung, erdenken, ersinnen; ein Gerathen oder Versetzen in einen Zustand, ermuntern, erwärmen, erleuchten, erzürnen, erschlaffen, u. s. f.

ver, eine Entfernung, verjagen, verkaufen, verrücken, verschenken; einen Verbrauch, verarbeiten, vertrinken, verspielen; eine Erschöpfung, verblühen, verbrausen, verrauchen; einen Verlust, versäumen, verscherzen, vergessen; einen Irrthum, verschreiben, verleiten, verlegen; ein Versetzen

Verbum. 1. Bildung.

setzen oder Gerathen in einen Zustand, veralten, verlöschen, verkürzen, verlängern, verbinden; eine Verschließung, verdecken, verdämmen, vermachen, und andere Bedeutungen mehr.

zer, eine Trennung der Theile, zerfließen, zerbrechen, zerrinnen, zerschneiden.

In denjenigen Fällen, wo die Bedeutung dieser Partikeln sehr bestimmt ist, lassen sich mit denselben oft noch neue Zeitwörter bilden.

§. 391. Die Nachsylben bestehen vornehmlich in solchen, durch welche die Grundbedeutung eines Verbi nur in einem Nebenumstande anders bestimmt wird, Intensiva, Iterativa oder Frequentiva, Diminutiva, Desiderativa, Inchoativa, und Imitativa zu bilden. Von einigen sind die Stammwörter veraltet, von andern sind sie noch üblich. Die vornehmsten Ableitungssylben dieser Art sind, mit der Biegungssylbe des Infinitivs en, welche doch nach den Ableitungssylben el und er in ein bloßes n übergehet, folgende:

chen, Intensiva zu bilden, nur in einigen wenigen, horchen von hören, schnarchen.

eln, sehr häufig, theils zu Verkleinerungswörtern, kränkeln, tändeln, krümeln, kräuseln, frösteln, lächeln, spötteln, zuweilen mit einem verächtlichen Nebenbegriffe, andächteln, buchstäbeln, künsteln; theils eine Ähnlichkeit, böckeln, nach dem Bocke riechen, fischeln, nach Fischen schmecken; noch mehr eine Nachahmung, klügeln, klug thun, witzeln,

Witz zeigen wollen, vernünfteln; theils eine Wiederhohlung, wie ern, betteln, wackeln, rütteln, streicheln. Wohin doch die Verba nicht gehören, wo das el ein Theil des Stammes ist, wie in Regeln, hageln, nebeln, von Regel, Hagel, Nebel.

enzen, eine Ähnlichkeit, im Hochdeutschen doch nur selten, bockenzen, nach dem Bocke riechen, judenzen, nach dem Judenthume schmecken, kupferenzen, kupferig schmecken.

ern, sehr häufig, theils Factitiva zu bilden, fasern, stänkern, einschläfern, räuchern, folgern, steigern; theils Imitativa, kälbern, kindern; theils Frequentativa, flattern, klettern, poltern, schmettern, stolpern; theils ein Versetzen und Gerathen in einen gewissen Zustand, einäschern, in Asche verwandeln, altern, alt werden, dämmern, geliefern; theils Desiderativa, schläfern, hungern, lächern, die meisten übrigen sind niedrig, wie essern, lüstern. Wohin doch die wiederum nicht gehören, welche theils von Substantiven auf er abstammen, wie buttern, eitern, fingern, hadern, kerkern, pülvern, blättern, bildern, theils von Adverbiis, ändern, läutern, erobern, äußern, und ihren Comparativen, vergrößern, verkleinern, bessern, bereichern.

den, vielleicht eine schwache Intension, wie t eine stärkere: dulden, ehedem dolen, ärnden, ahnden, senden.

fen, eine Intension, dürfen, ehedem nur daren, belfen, oft bellen; besonders mit dem ph, pf, hüpfen von heben, stopfen, tropfen, dämpfen von dämmen, domare, rupfen von raufen, schlüpfen von schliefen, schnupfen, von schnieben, schupfen, von schieben.

ken, gleichfalls eine Intension, stärker wie chen, blinken, henken, von hängen, funken, sinken, senken, denken, von einem alten dachen daher gedacht, lenken.

igen, sehr häufig, vermuthlich ursprünglich eine Intension oder Wiederhohlung, aber sehr häufig auch eine bloß müßige Verlängerung, ängstigen, bekräftigen, besichtigen, beherzigen, peinigen, reinigen, nöthigen u. s. f. wovon die Stammwörter ängsten, bekräften, besichten, beherzen, u. s. f. hin und wieder noch üblich sind, oder es doch waren. Die von Adverbien auf ig abgeleitet sind, wie bändigen, beruhigen, demüthigen, entledigen u. s. f. gehören nicht hierher.

men, und nen, eine Verstärkung der Bedeutung: malmen, schalmen, stürmen, dehnen, sehnen, stöhnen, gähnen. Zuweilen auch eine Versetzung in einen Zustand: bewaffnen, eignen, öffnen, das alte befestnen.

ren, vielleicht wie ern, Iterativa oder Intensiva zu bilden: gähren, von gehen, währen, fahren, führen.

schen, Intensiva zu bilden: forschen, feilschen, herrschen, rauschen, klatschen; besonders für die niedrige Sprechart: glitschen, latschen, grätschen, fletschen.

ſeln, aus dem folgenden ſen und eln zuſammen geſetzt, Wiederhohlungen mit dem Begriffe der Kleinigkeit zu bezeichnen: blindſeln, drechſeln. In einigen Gegenden auch Jmitativa: füchſeln, bockſeln, nach dem Fuchſe, nach dem Bocke riechen.

ſen, eine Verſtärkung, Wiederhohlung: gackſen, aufgedunſen, gluckſen, ſchluckſen, blaſen, von blähen, belugſen, ablugſen, kamſen.

ten, gleichfalls eine Verſtärkung, ſtärker als den: ſchlachten von ſchlagen, das alte beſichten, fürchten, von befahren, flüchten, von fliehen, fechten, dichten, arten, pflügen, von ären, warten, von dem alten waren, ſehen, bluten, von blühen.

zeln, wie ſeln, nur mit verſtärktem Laute: runzeln, ſchmunzeln, blinzeln. Jngleichen eine Nachahmung, brennzeln, nach dem Brande riechen oder ſchmecken.

zen, wie ſen, nur ſtärker: ſchluchzen, blitzen, glänzen, ächzen, ſeufzen, ritzen, reitzen, lechzen, ergetzen. Auch Factitiva zu bilden: beitzen, ätzen. Jngleichen eine Nahahmung, dutzen, erzen, ihrzen, du, er, ihr nennen.

§. 392. Durch Hülfe dieſer Ableitungsſylben kann die Grundbedeutung mancher Zeitwörter auf ſehr verſchiedene Art abgeändert werden: ſchneiden, ſchneiteln, ſchnitzen, ſchnitzeln, ſchnitzern; ziehen, ehedem zauen, zögern, zaudern, zackern. Beſonders, wenn zugleich

ein

Verbum. 1. Bildung.

ein Vocal oder Consonans des Stammwortes mit verändert wird, eine Verſtärkung, einen höhern oder tiefern Ton u. ſ. f. zu bezeichnen: beben, bebern, bobern, puppern; ſchnauben, ſchnieben, ſchnaufen, ſchnäufeln, ſchnuffeln, beſchnoppern, beſchnuppern; triefen, tropfen, tröpfen, träufeln, tröpfeln; drehen, drehlen oder drillen, drieſeln, drechſeln; fahen, ſetzen, fachen, fächeln, fächern, fackeln, fechten; wehen, wetzen, wecheln, wachſen, wuchern, wecken, wackeln. Indeſſen läßt ſich im Deutſchen nicht jedes Zeitwort durch alle dieſe Formen durchführen, und manche ſind nur in den niedrigen Sprecharten üblich.

§. 393. Hierher gehöret auch die ausländiſche Endung iren, fremden Zeitwörtern für das gemeine Leben ein Deutſches Anſehen zu geben: ſtudiren, formiren, rebelliren, marſchiren. Welche denn auch wohl urſprünglich Deutſchen Wörtern angehänget wird: halbiren, gaſtiren, ſtolziren, hauſiren, ſchattiren, buchſtabiren. Von den zuſammen geſetzten Verbis reden wir hernach in einem eigenen Abſchnitte.

2. Arten der Verborum.

§. 394. Da die Zeitwörter alles das ausdrucken, was ſich von einem Dinge ſagen läßt, ſo iſt es kein Wunder, daß ſie von ſo verſchiedener Art ſind. Dieſe Verſchiedenheit hat ihren Grund theils in ihrer Bedeutung theils in dem Gebrauche.

§. 395.

§. 395. Der Bedeutung nach enthalten sie entweder ein vollständiges Prädicat, welches keiner weitern Erklärung bedarf: die Sonne scheint, der Kranke schläft, Carl lernt; oder ein unvollständiges, welches noch einer Erklärung bedarf. Zu den letztern gehören vornehmlich diejenigen, welche einen allgemeinen Nebenumstand bezeichnen, welcher sich bey allen Prädicaten befinden kann, als: seyn, haben, werden, können, dürfen, wollen, sollen, müssen, lassen, mögen u. s. f.

§. 396. Beyde legen einem Dinge etwas bey, welches entweder an demselben allein gedacht werden kann, oder etwas, das außer demselben vorgehet, wozu denn zwey selbstständige Dinge erfordert werden, wovon sich das eine thätig, das andere leidend verhält. Die ersten heissen Intransitiva oder Neutra, und bezeichnen entweder eine Beschaffenheit, glühen, glänzen, blühen, oder auch einen Zustand, sitzen, stehen, schlafen, träumen, liegen.

§. 397. Die Transitiva legen einem Dinge etwas bey, welches außer demselben vorgehet, und erfordern daher zu ihrer Verständlichkeit zwey selbstständige Dinge, wovon sich das eine thätig, das andere aber leidend verhält. Sie haben daher in manchen Sprachen auch zwey Formen, die eine thätige oder activam, in Absicht desjenigen Dinges, welches sich dabey thätig verhält, und eine leidende, passivam, für dasjenige Ding, welches dabey das leidende ist, dagegen die Intransitiva, weil sie keinen leidenden Gegenstand außer

außer sich haben, auch nicht mehr als einer bedürfen. Die Deutschen haben keine eigene Form für das Passivum, sondern müssen dasselbe umschreiben.

§. 398. Wenn das Prädicat eines Activi auf das Subject zurück geführt wird, so daß das thätige Ding zugleich das leidende ist, so entstehen Verba reciproca, welche der Form nach Activa, der Bedeutung aber nach wahre Neutra oder Intransitiva sind Sie sind es entweder von Natur, sich grämen, oder nur dem Gebrauche nach, sich ändern.

§. 399. Manche Verba, sie seyen nun transitiv oder intransitiv, bekommen durch die Ableitung zu ihrer Grundbedeutung noch einen Nebenbegriff. Dahin gehören besonders die Factitiva, die Bewirkung eines Zustandes oder einer Handlung an dem leidenden Gegenstande zu bezeichnen, der dadurch zugleich als thätig vorgestellet wird: beitzen, beissen machen, schwemmen, schwimmen machen, flößen, fließen machen, tränken, trinken machen; die Iterativa oder Frequentativa, eine Wiederhohlung, die Intensiva, eine Verstärkung des Grundbegriffes, die Deminutiva, eine Verkleinerung, die Desiderativa, ein Verlangen, und die Imitativa, eine Nachahmung, eine Ähnlichkeit zu bezeichnen, deren Bildung bereits im vorigen Abschnitte bemerket worden.

§. 400. In Ansehung des Gebrauches ist das Subject, welchem ein Prädicat beygelegt wird, entweder bestimmt, oder nicht; im erstern Falle heißt das Verbum ein persönliches, weil
die

die Person, von welcher etwas gesagt wird, bestimmt ist, im letztern aber ein **unpersönliches**, wenn das Subject nicht bestimmt werden kann oder soll: es regnet, es schneyet.

§. 401. Ist ein Zeitwort in allen den Verhältnissen üblich, in welche das Prädicat gegen das Subject in einer Sprache gesetzt werden kann, so heißt es ein **vollständiges** Zeitwort, wenn es aber nur in einigen Verhältnissen gebraucht werden kann, ein **mangelhaftes**, **Defectivum**. So sind von manchen Verbis im Hochdeutschen nur der Infinitiv, oder das Participium, oder einige Zeiten üblich: **abfolgen lassen, behangen bleiben, das Ableben, abwesend, anwesend, in meinem Beyseyn, anerschaffen, angebohren, abliegen, abgelegen, abreichen, verwichen** für vergangen, **vieren, geviert, die Vierung,** wohin auch die mit **aufer** und **auser** zusammen gesetzten gehören.

§. 402. Auch die **Conjugation** macht einen Unterschied unter den Zeitwörtern, und da sind einige **regulär**, welche alle Verhältnisse nach einer übereinstimmigen Regel ausdrucken, andere **irregulär**, welche von dieser Regel abweichen.

3. Von der Conjugation überhaupt.

§. 403. Das **Verbum** ist ein Redetheil, welcher einem Subjecte ein gewisses Prädicat in einem und eben demselben Worte beyleget. Da das Prädicat aber sehr mannigfaltiger Bestimmungen und zufälliger Verhältnisse fähig ist, so hat man zu Abkürzung der Rede Mittel gesucht und gefun-

gefunden, einen großen Theil dieser Bestimmungen und Verhältnisse an dem Verbo selbst zu bezeichnen, daher dasselbe in den meisten Sprachen der künstlichste Redetheil ist, obgleich nicht alle Sprachen dabey einerley Weg gegangen sind. Die vornehmsten Verhältnisse, welche man an dem Verbo selbst auszudrucken gesucht, sind indessen folgende.

§. 404. 1. Die Form des Zeitwortes, ob das Prädicat an dem Subjecte allein gedacht wird, oder ob es noch einen leidenden Gegenstand außer demselben erfordert, folglich ob es ein Intransitivum oder Transitivum ist, und im letztern Falle, ob das Prädicat von dem thätigen, oder von dem leidenden Gegenstande gesagt wird, das heißt, ob das Verbum activ, oder passiv ist. Die Deutschen haben diese Form, welche im Lateinischen auch Vox oder Genus genannt wird, nicht, indem das Intransitivum von dem Activo in der Form nicht unterschieden ist, das Passivum aber im Deutschen völlig fehlet, und nicht anders als durch Umschreibung ausgedruckt werden kann.

§. 405. 2. Die Art, wie das Prädicat von dem Subjecte gesagt wird, oder der Modus, welcher im Deutschen fünffach ist:

1. Man kann das Prädicat auf eine bestimmte Art dem Subjecte beylegen, so daß man es als wahr und gewiß angiebt; der Indicativ.

2. Oder man legt demselben das Prädicat auf eine noch ungewisse und zweifelhafte Art bey; der Conjunctiv.

3. Man

3. Man kann es befehlsweise von dem Subjecte sagen; der **Imperativ**. Er bestehet im Deutschen im Singular aus dem bloßen Wurzelworte, ohne alle Biegungssylbe: **mach, schlag, geh**; oft noch mit einem e, **gehe**.

4. Man kann es ohne alle Bestimmung der Person prädiciren; der **Infinitiv**, der allemahl vermittelst der Biegungssilbe en von dem Wurzelworte abgeleitet wird, **lieb-en, geh-en, schlag-en**, und das Verbum unmittelbar mit dem Substantiv verbindet.

5. Oder man kann endlich das Prädicat entweder als eine Beschaffenheit oder auch schon einverleibt als eine Eigenschaft mit dem Unterschiede der Zeit von dem Subjecte sagen; das **Participium oder Mittelwort**, durch welches das Verbum zu dem Adverbio und Adjectiv übergehet. **Gerundia** und **Supina** haben die Deutschen nicht.

§. 406. Das nächste, was sich an dem Verbo bestimmen läßt, ist 3. die Zeit, in welcher das Prädicat dem Subjecte zukommt; **Tempus**. Diese Zeit kann nicht mehr als dreyfach seyn, gegenwärtig, **Tempus präsens**, vergangen, **Tempus präteritum**, und zukünftig, **Tempus futurum**, von welchen die beyden letzten wieder verschiedener Grade fähig sind. Allein die Deutschen sind in Bestimmung der Verhältnisse an dem Verbo sehr sparsam gewesen, daher sie eigentlich nur zwey Zeiten haben, die gegenwärtige nähmlich und die jüngst vergangene, die übrigen aber durch Umschreibung bilden.

§. 407.

§. 407. Endlich 4. läßt sich das Prädicat auch nach den drey Personen des Subjectes bestimmen, und zwar sowohl in der einfachen, als mehrfachen Zahl, **Persona** und **Numerus**, und diese sind an dem Deutschen Verbo am genauesten bestimmt, nicht allein hinten am Ende, sondern zum Überflusse auch noch durch vorgesetzte Pronomina.

§. 408. Alle diese Verhältnisse an einem Verbo auf die gehörige Art bezeichnen, heißt dasselbe **conjugiren**, und die Art wie solches an einer beträchtlichen Anzahl von Verbis auf eine übereinstimmige Weise geschiehet, eine **Conjugation**. Diese ist im Deutschen eigentlich gedoppelt, die reguläre, welche dem Wurzelworte in der ersten Person des Imperfecti ein **te**, und dem Participio der vergangenen Zeit ein **et** anhänget, und die irreguläre, welche ein einsylbiges Imperfect hat, und dem Participio gemeiniglich **en** anhänget,

§. 409. Wenn man nur das zur Conjugation rechnet, was unmittelbar an dem Verbo selbst bezeichnet wird, so ist die Deutsche sehr einfach und leicht; sie hat nur eine Form oder ein Genus, das Activum, nach welchem auch die Neutra gemacht werden, fünf Modos, die schon oben angezeigt worden, in einigen Modis zwey Zeiten, die gegenwärtige und eine Art der vergangenen, in jeder Zeit zwey Zahlen, und in jeder Zahl drey Personen. Die übrigen Verhältnisse muß der Deutsche umschreiben, und er bedienet sich dazu dreyer von denjenigen Zeitwörtern, welche einen allgemeinen Nebenumstand bezeichnen, welche haben, seyn und werden sind, und Hülfswörter genannt werden, weil sie die im Deutschen fehlende Form und Zeiten bilden helfen.

§. 410. Durch Hülfe dieser Wörter können wir nicht allein die fehlenden Zeiten in dem Activo nachahmen, sondern auch ein Passivum bilden. Was jene betrift, so bezeichnen wir:

I. Im Indicativ und Conjunctiv des Activi und Neutrius:

1. Die gegenwärtige Zeit, oder das Präsens, an dem Verbo selbst, durch die Biegungslaute im Singular, e, est, et, und im Plural en, et, en, welche an die Wurzel angehänget werden; nur mit dem Unterschiede, daß der Conjunctiv keine Zusammenziehung leidet, welche in einigen Personen des Indicativs statt findet.

2. Die vergangene Zeit oder das Präteritum nach zwey Stufen:

a) Ohne Beziehung auf eine andere Handlung, das Perfectum, welches mit dem Participio der vergangenen Zeit und dem Präsenti der Hülfswörter haben und seyn gebildet wird: ich habe gelobt, ich bin gereiset.

b) In Beziehung auf eine andere Handlung, wo wieder zwey Fälle statt finden:

α. Wenn die eine Handlung noch nicht völlig vorüber ist, wenn die andere anfängt, als ich ihn lobte, lächelte er; das Imperfectum, welches aus dem Verbo selbst gebildet wird, und zwar in der regulären Conjugation durch Einschiebung des

des Lautes t zwischen der Wurzel und den obigen Endungen: ich lob=t=e, du lob=t=est u. s. f.

β. Wenn die eine Handlung schon völlig vorüber ist, wenn sich die andere anfängt, das Plusquamperfectum, gleichfalls mit dem obigen Participio und dem Imperfect der Hülfswörter haben und seyn: als ich ihn gelobt hatte, da lächelte er.

3. Die zukünftige Zeit oder das Futurum, und zwar auf eine gedoppelte Art:

a) Ohne Rücksicht auf eine andere Handlung, das Futurum absolutum, mit dem Infinitiv und dem Präsenti des Hülfswortes werden: ich werde loben.

b) In Rücksicht auf eine andere Handlung, in deren Betrachtung sie als vergangen angesehen wird, das Futurum exactum, mit dem Participio der vergangenen Zeit und den Futuris von haben und seyn: wenn ich ihn werde gelobet haben, so wird er lächeln.

II. Im Imperativ, welcher keine Zeiten hat, und nur die zweyte und dritte Person so wohl in der Einheit, als der Mehrheit ausdruckt, lobe, lobe er oder sie, lobet, loben sie. Er kommt im Singular der Wurzel am nächsten, und ist in vielen Fällen die Wurzel selbst, die Interjection, welche das ganze Wort veranlaßte, ruf, schall; nur daß er in manchen irregulären den Vocal ändert, sprich, brich, in andern aber das mildernde e annimmt, lobe, liebe, gehe.

III. Im Infinitiv, welcher der Wurzel ein en, wenn sie sich aber auf el und er endigt, ein n anhänget, und eigentlich nur die gegenwärtige Zeit hat, loben, aber durch Umschreibung auch die vergangene mit haben und seyn, gelobet haben, gegangen seyn, und die zukünftige mit werden bilden kann, loben werden, gehen werden.

IV. Im Participio, welches ein wahres Adverbium mit dem Nebenbegriffe der Zeit ist, aber im Deutschen nur zwey Zeiten bezeichnet:

1. Die gegenwärtige, welche dem Infinitiv ein d anhänget, liebend, schreibend, gehend.

2. Die vergangene, welche in den regulären der Wurzel ein et oder t, in den irregulären aber gemeiniglich ein en anhängt, in beyden Fällen aber vorn das Augmentum ge bekommt: geliebt, geschlachtet, geschrieben, gegangen. Nur die Verba mit der Endung iren nehmen dieses ge nicht an: er hat regieret, ich habe studirt. Beyde Participia können vermittelst der Concretions-Sylben zu Adjectiven werden: ein lobender, ein gelobter.

§. 411. Das Passivum, welches nichts aus sich selbst machen kann, wird ganz mit dem Participio der vergangenen Zeit des Activi und dem Hülfsworte werden gebildet. Es hat keinen Imperativ und auch kein Participium, sondern entlehnt dafür das Participium der vergangenen Zeit des Activi, welches so wohl thätig als leidend gebraucht werden kann, nachdem das Hülfswort ist, welches man ihm vorsetzt, ich habe geliebt, ich werde geliebt. Das vorgegebene Participium Passivum zu lobend, ist, einige Titel ausgenommen, im Hochdeutschen fremd.

4. Von

4. Von den Hülfswörtern.

§. 412. Hülfswörter können nur diejenigen Verba genannt werden, welche die mangelhafte Deutsche Conjugation in Vergleichung mit den vollständigern anderer Sprachen ergänzen helfen. In dieser Rücksicht haben wir deren nur drey, welche zwar auch an sich ein vollständiges Prädicat enthalten, aber so fern sie Hülfswörter sind, nur einen allgemeinen Nebenumstand bezeichnen, und ihre völlige Bestimmung erst durch das Participium oder den Infinitiv desjenigen Verbi erhalten, zu dessen Ergänzung sie dienen. Sie heissen haben, seyn und werden, sind Intransitiva und werden insgesammt irregulär conjugiret.

§. 413. Haben, welches die mangelhaften Zeiten des Activi und vieler Neutrorum bilden hilft, seine eigenen mangelhaften Zeiten aber theils mit sich selbst theils mit werden bildet, wird so conjugiret.

		1. Indicat.	2. Conjunct.
Präsens.	Sing.	Ich habe.	Ich habe.
		Du hast.	Du habest.
		Er, sie, es hat.	Er — habe.
	Plur.	Wir haben.	Wir haben.
		Ihr habet, (habt,)	Ihr habet.
		Sie haben.	Sie haben.

	1. Indicat.	2. Conjunct.
Imp. Sing.	Ich hatte.	Ich hätte.
	Du hattest.	Du hättest.
	Er hatte.	Er hätte.
Plur.	Wir hatten.	Wir hätten.
	Ihr hattet.	Ihr hättet.
	Sie hatten.	Sie hätten.
Perf.	Ich habe gehabt u. s. f. wie Präs. Ind.	Ich habe gehabt, wie das Präs. Conj.
Plusq.	Ich hätte gehabt, wie das Imperf. Ind.	Ich hätte gehabt, wie das Imperf. Conj.
Futur. absol.	Ich werde haben, wie das Präs. von, werden.	Ich werde haben, wie das Präs. Conj. von werden.
Futur. exact.	Ich werde gehabt haben, eben so.	Ich werde gehabt haben. eben so.

	3. Imperat.	4. Infinit.
Sing.	Habe.	Präs. Haben.
	Habe er oder sie.	Perf. Gehabt haben.
Plur.	Habet.	Fut. Haben werden.
	Haben sie.	

5. Participium.

Präs. Habend.

Prät. Gehabt.

§. 414. Seyn, dieses in allen Sprachen so irreguläre Verbum, welches manche Neutra bil-

Verbum 4. Hülfswörter,

bilden hilft, seine eigenen mangelhaften Zeiten aber theils durch sich selbst, theils durch werden ersetzet, gehet so:

	1. Indicat.	2. Conjunct.
Präſ. Sing.	Ich bin.	Ich ſey.
	Du biſt.	Du ſeyeſt, ſeyſt.
	Er iſt.	Er — ſey.
Plur.	Wir ſind.	Wir ſeyen, ſeyn.
	Ihr ſeyd.	Ihr ſeyet.
	Sie ſind.	Sie ſeyen, ſeyn.
Imp. Sing.	Ich war.	Ich wäre.
	Du wareſt, warſt.	Du wäreſt, wärſt.
	Er — war.	Er wäre.
Plur.	Wir waren.	Wir wären.
	Ihr waret.	Ihr wäret. wärt.
	Sie waren.	Sie wären.
Perfectum.	Ich bin geweſen, u. ſ. f.	Ich ſey geweſen, u. ſ. f.
Plusquamp.	Ich war geweſen, u. ſ. f.	Ich wäre geweſen, u. ſ. f.
Futur. abſol.	Ich werde ſeyn, u. ſ. f.	Ich werde ſeyn, u. ſ. f.
exact.	Ich werde geweſen ſeyn, u. ſ. f.	Ich werde geweſen ſeyn, u. ſ. f.

3. Imperat.

3. Imperat.

Sing. Sey.
Sey er oder sie.
Plur. Seyd.
Seyn sie.

4. Infinitiv.

Präs. Seyn.
Perf. Gewesen seyn.
Fut.: Seyn werden.

5. Participium.

Präs. (Seyend, Wesend.)
Prät. Gewesen.

Das Participium wesend ist nur noch in einigen Zusammensetzungen als Adverbium und Nennwort üblich abwesend, anwesend; seyend aber ist im Hochdeutschen völlig veraltet.

§. 415. Das Hülfswort werden, welches unser Passivum bilden hilft, seine mangelhaften Zeiten aber mit seyn ergänzet, hat folgende Conjugation:

	1. Indicat.	2. Conjunct.
Präs. Sing.	Ich werde.	Ich werde.
	Du wirst.	Du werdest.
	Er — wird.	Er — werde.
Plur.	Wir werden.	Wir werden.
	Ihr werdet.	Ihr werdet.
	Sie werden.	Sie werden.
Imperf. Sing.	Ich ward, (wurde.)	Ich würde.
	(Du wardst,) wurdest.	Du würdest.
	Er — ward, (wurde.)	Er — würde.
Plur.	Wir wurden.	Wir würden.
	Ihr wurdet.	Ihr würdet.
	Sie wurden.	Sie würden.

Perf.

Perfectum.	Ich bin geworden, oder worden,	Ich sey geworden, oder worden.
Plusquamp.	Ich war geworden, oder worden.	Ich wäre geworden, oder worden.
Futur. absol.	Ich werde werden.	Ich werde werden.
exact.	Ich werde geworden, oder worden, seyn.	Ich werde geworden, oder worden, seyn.

3. Imperat.

Sing. Werde.
    Werde er, sie.
Plur. Werdet.
    Werden sie.

4. Infinit.

Präs. Werden.
Perf. Geworden seyn.
Fut. Werden werden.

5. Particip.

Präs. Werdend.
Prät. Geworden.

§. 416. Im Imperfect des Indicativs ist in der ersten und dritten Person wurde im gemeinen Leben, ward aber in der edlern Schreibart üblicher; die zweyte Person wardst aber kommt, vermuthlich wegen ihrer Härte, auch in der letztern selten vor. Das Participium Perfecti lautet allemahl geworden, so oft das Verbum ein völliges Prädicat ausdruckt, ich bin krank geworden; verlieret aber sein Augment, wenn es ein Hülfswort wird, ich bin geschlagen worden.

5. Reguläre Conjugation.

§. 417. Die reguläre Conjugation, welche die meisten Verba unter sich begreifft, läßt den Wurzellaut durch die ganze Conjugation unverändert, und bildet alle einfache Zeiten mit den oben schon angezeigten Biegungssylben. Der Imperativ bekommt in dem Singular, um des Wohllautes willen, ein e, lobe.

I. Das Activum.

	1. Indicativ.	2. Conjunct.
Präs Sing.	Ich lobe.	Ich lobe.
	Du lobest, lobst.	Du lobest.
	Er — lobet, lobt.	Er — lobe.
Plur.	Wir loben.	Wir loben.
	Ihr lobet, lobt.	Ihr lobet.
	Sie loben.	Sie loben.
Imp. Sing.	Ich lobte.	Ich lobete.
	Du lobtest.	Du lobetest.
	Er — lobte.	Er — lobete.
Plur.	Wir lobten.	Wir lobeten.
	Ihr lobtet.	Ihr lobetet.
	Sie lobten.	Sie lobeten.
Perfect.	Ich habe gelobt.	Ich habe gelobet.
Plusq.	Ich hatte gelobt.	Ich hätte gelobet.
Fut. absol.	Ich werde loben.	Ich werde loben.
exact.	Ich werde gelobet haben.	Ich werde gelobet haben.

3. Im=

Verbum. 5. Regul. Conjugation.

	3. Imper.	4. Infinit.
Sing.	Lobe.	Präs. Loben.
	Lobe er, sie.	Perf. Gelobt haben.
Plur.	Lobet.	Fut. Loben werden.
	Loben sie.	

5. Particip.

Präs. Lobend.
Prät. Gelobet, gelobt.

II. Das Passivum.

	1. Indicat.	2. Conjunct.
Präs.	Ich werde gelobet.	Ich werde gelobet.
Imperf.	Ich ward, (wurde) gelobet.	Ich würde gelobet.
Perf.	Ich bin gelobet worden.	Ich sey gelobet worden.
Plusq.	Ich war gelobet worden.	Ich wäre gelobet worden.
Fut. absol.	Ich werde gelobet werden.	Ich werde gelobet werden.
exac.	Ich werde gelobet worden seyn.	Ich werde gelobet worden seyn

3. Infinitiv.

Präs. Gelobet werden.
Perf. Gelobet worden seyn.
Fut. Werden gelobet werden.

§. 418. Der Wohlklang muß entscheiden, wo die Zusammenziehung in den Endsylben statt findet oder nicht; die Sprache des gesellschaftlichen Umganges ziehet gern zusammen, wenn es ohne Härte geschehen kann, die feyerliche Sprache nicht so gern. Im Conjunctiv vermeidet man um der Deutlichkeit willen lieber die Zusammenziehung. Die Verba auf eln und ern, werfen, wenn es seyn kann, lieber das letzte e weg als das erste: ich sammele, du sammelst, nicht sammlest, er sammelt, ich sammelte, gesammelt; dauern, dauere, du dauerst, er dauert, dauerte, gedauert.

6. Conjugation der irregulären Verborum.

§. 419. Irreguläre Verba sind diejenigen, welche entweder das Wurzelwort in den vornehmsten Theilen der Conjugation ändern, oder auch in den Biegungssylben von der vorigen Art abweichen. Ursprünglich waren wohl alle Verba irregulär; allein bey dem Forschritte der Cultur suchte man die Verba nach und nach nach allgemeinen übereinstimmigen Regeln zu beugen, und noch jetzt neiget sich die Hochdeutsche Mundart mehr als eine andere zu den regulären, so daß die Zahl der irregulären in derselben immer kleiner wird.

§. 420. Daher rühret es denn, daß in derselben viele Verba regulär gebeuget werden, welche in den Provinzen noch ihre irreguläre Gestalt haben: bekleiben, falten, fragen, (nicht frägst, frägt, frug,) fürchten, gleissen, greinen, hinken, jagen, (nicht jägst, jägt, jug,) klagen, kreischen, läuten, schaben, schenken, scheuen, seihen, spalten, speisen, stecken,

stecken, umringen, weben, winken, wünschen, zünden, werden jetzt im Hochdeutschen
durchgängig regulär gebeuget. In Ansehung einiger
anderen ist der Gebrauch noch nicht völlig entschieden, und sie werden so wohl regulär, als irregulär, obgleich mit einem merklichen Übergewichte
der erstern Form, gebraucht, z. B. bellen, braten, backen, wägen, erwägen, dingen,
glimmen, klimmen, kreissen, schneyen,
verhehlen. Von andern ist nur noch ihr irre-
guläres Participium perfecti übrig, wie verhehlen,
verhohlen, schroten, geschroten, mahlen,
molere, gemahlen, salzen, schmalzen, ge-
salzen und geschmalzen, verwirren, verworren, falten, gefalten, spalten, ge-
spalten, rächen, gerochen.

§. 421. Manche Verba sind in einer Bedeutung regulär, und in andern nicht. Dahin gehören besonders die irregulären Neutra erschrecken,
löschen, erlöschen, verderben, schmelzen,
schwellen u. s. f. deren gleich lautende Activa
regulär gehen. Bewegen und pflegen sind
gleichfalls nur noch in einer Bedeutung irregulär,
in den übrigen aber regulär.

§. 422. Andere sind als Stammwörter irregulär, dagegen die von ihnen abgeleiteten und mit
ihnen zusammen gesetzten regulär gebeuget werden.
Dahin gehören alle, die vermittelst der Endsylben
von irregulären Verbis herstammen, wie streicheln, empfindeln, brennzeln, befleissigen,
schneiteln u. s. f. von den irregulären streichen, empfinden, brennen, befleissen,
schnei-

schneiden. Ferner die regulären zusammen gesetzten: abgleichen, berathschlagen, bescheren, bewillkommen, handhaben, rathschlagen, radebrechen, veranlassen, verhängen, verleiden, verspeyen, willfahren. Dagegen aber auch wohl Ableitungen von regulären Verbis irregulär gebeuget werden, z. B. erschallen von dem regulären schallen.

§. 423. Der Imperativ ist bald einsylbig, bald zweysylbig, und bey vielen kann er auf beyderley Art gebraucht werden; flieh und fliehe, schweig und schweige. Manche haben im Präsenti den Umlaut, gräbst, gräbt, von graben, fällst, fällt, von fallen; manche nur im gemeinen Leben, kömmst, kömmt von kommen; manche gar nicht, schaffest, schafft, rufest, ruft. Diejenigen, welche in dem Wurzelworte ein ie haben, verwandeln dasselbe in einigen doch nur wenigen Oberdeutschen Provinzen im Präsenti und Imperativ in eu: riechen, ich reuche, du reuchst, er reucht, reuch; fließen, ich fleusse, du fleussest, er fleußt, fleuß; welche Form, doch nur in der zweyten und dritten einfachen Person des Präsens und allenfalls in der einfachen Person des Imperativs, noch zuweilen bey den Dichtern vorkommt. Die mit Vorsylben abgeleiteten und zusammen gesetzten folgen der Conjugation der einfachen; die wenigen Ausnahmen kommen an ihrem Orte vor.

§. 424. Die irregulären Verba sind von verschiedener Art; einige weichen nur wenig ab, indem sie im Imperfect und Participio die gewöhnlichen

Verbum. 6. Irreg. Conjug.

chen Biegungsſylben te und t annehmen und nur
an der Wurzel ſelbſt etwas ändern; andere machen
das Imperfect einſylbig ohne alle Biegungsſylbe
für die erſte einfache Perſon, die aber in allen folgenden ſtatt hat, und enden das Participium Perfecti anſtatt et oder t auf en, und dieſe laſſen ſich nach
dem Vocal ihres Imperfectes wieder in fünf Claſſen theilen. Wir haben alſo eigentlich ſechs Claſſen irregulärer Zeitwörter.

I. Im Imperfect et, im Participio t mit eini-
nigen Änderungen an dem Wurzelworte:

Brennen: ich brenne u. ſ. f. ich brannte; Conj. bren-
nete; gebrannt; brenne. Das Activum gehet bey
einigen regulär.

Bringen: ich bringe, du bringſt, er bringt; ich brachte;
Conj. brächte; gebracht; bringe.

Däuchten: mich däucht; mich däuchtete oder däuchte;
gedäucht. Imperat. car.

Denken: ich denke u. ſ. f. ich dachte, Conj. dächte; gedacht; denke.

Dürfen: ich darf, darfſt, darf, Conj. dürfe; Imp.
durfte, Conj. dürfte; gedurft. So auch Bedürfen.

Gönnen: ſo wohl regulär, als auch Imp. gonnte,
Conj. gönnte, gegonnt.

Haben, S. oben. §. 413. **Handhaben** gehet regulär.

Kennen: ich kenne, kenneſt, (kennſt,) kennet, (kennt;)
kannte, Conj. kennete; gekannt.

Können: ich kann, kannſt, kann, Conj. könne; konnte,
Conj. könnte; gekonnt.

Mögen: ich mag, magſt, mag, Conj. möge; mochte,
Conj. möchte; gemöcht.

Müſ-

Müſſen: ich muß, mußt, muß, Conj. müſſe, müſſeſt; mußte, Conj. müßte; gemußt.

Nennen: ich nenne u. ſ. f. nannte, Conj. nennete; genannt; nenne.

Renne: wie das vorige.

Senden: ich ſende, ſendeſt, ſendet; ſandte, Conj. ſendete; geſandt; ſende. Auch häufig ſchon regulär: ich ſendete, geſendet.

Sollen: ich ſoll, ſollſt, (nicht ſollt,) ſoll, Conj. ſolle; ſollte, Conj. ſollte; geſollt.

Wenden, wie ſenden; auch ſchon häufig regulär.

Wiſſen: ich weiß, du weißt, er weiß, wir wißen, Conj. wiſſe; wußte, Conj. wüßte; gewußt; wiſſe.

Wollen: ich will, willſt, will, wir wollen, Conj. wolle: wollte, Conj. eben ſo; gewollt.

§. 425. Weit zahlreicher iſt die II. Hauptklaſſe, welche die erſte Perſon des Imperfects ohne Biegungsſylbe, durch bloße Veränderung des Wurzelwortes ſelbſt macht. Sie theilen ſich nach dem Vocal des Imperfectes wiederum in fünf Arten.

1. Im Imperfect ein a. Die meiſten hatten ehedem o oder u und machen daher noch den Conjunctiv in ö oder ü. Wenn o, u und a im Imperfect zugleich vorkommen, ſo iſt das letzte in der edlern Schreibart allemahl vorzuziehen: ſtand nicht ſtund.

Befehlen: ich befehle, befiehlſt, befiehlt; befahl, Conj. beföhle; befohlen; befiehl. So auch empfehlen.

Beginnen: ich beginne, beginneſt, (beginnſt,) beginnt; begann, Conj. begönne; begonnen; beginne oder beginn.

Bergen;

Verbum 6. Irreg. Conjug.

Bergen: ich berge, du birgst, er birgt; barg, Conj. bärge, oder bürge; geborgen; birge oder birg. bergen gehet regulär.

Bersten: ich berste, du birstest, er birstet; barst, Conj. börste, aber auch schon bärste; geborsten; berste oder birst.

Besinnen, wie beginnen.

Binden: ich binde, bindest, bindet; band, Conj. bände; gebunden; binde oder bind.

Bitten: ich bitte, bittest, bittet; bath, Cnj. bäthe; gebethen; bitte.

Brechen: ich breche, [bricht, bricht; brach, Conj. bräche; gebrochen; brich. Radebrechen geht regulär.

Dringen: ich dringe, u. s. f. wie gelingen.

Empfinden: wie binden.

Erschrecken, das Neutrum; ich erschrecke, erschrickst, erschrickt, erschrak, (gedehnt,) Conj. erschräke; erschrocken; erschrick. Das Activum gehet regulär.

Essen: ich esse, issest, isset oder ißt; aß, (gedehnt,) Conj. äße; gegessen; iß, (geschärft.)

Finden, wie binden.

Fressen, wie essen.

Gebären: ich gebäre, gebärest, (gebierst,) gebärt, (gebiert;) gebar, Conj. gebäre, aber auch schon gebäre; geboren; gebäre oder gebier.

Geben: ich gebe, gibst, gibt, (geschärft;) gab, Conj. gäbe, gegeben; gib, (geschärft.)

Gelingen; ich gelinge, gelingst, gelingt; gelang, Conj. gelänge; gelungen; gelinge. So auch mißlingen.

Gelten: ich gelte, giltst, gilt; galt, Conj. gölte; gegolten; gilt.

Genesen: ich genese, genesest, geneset; genaß, Conj. genäße; genesen.

Ge-

Geschehen: ich geschehe, geschiehest, geschiehet oder geschieht; geschah, Conj. geschähe; geschehen.

Gewinnen, wie beginnen; nur im Conj. Imp. auch schon gewänne.

Helfen: ich helfe, hilfst, hilft; half, Conj. hülfe; geholfen; hilf.

Klingen, wie dringen.

Kommen: ich komme, kommst, kommt, vulg. kömmst, kömmt; kam, Conj. käme; gekommen; komm. Bewillkommen geht regulär.

Lesen: ich lese, liesest, lieset oder liest; las, Conj. läse, gelesen; lies.

Liegen: ich liege, liegest, (liegst,) liegt; lag, Conj. läge; gelegen; liege oder lieg.

Messen, wie essen.

Nehmen: ich nehme, nimmst, nimmt; nahm, Conj. nähme; genommen; nimm.

Pflegen, nur in einer Bedeutung: ich pflege, pflegst, pflegt; pflag, Conj. pflöge; gepflogen; pflege.

Ringen, wie binden.

Rinnen, wie beginnen.

Schelten, wie gelten.

Schlingen, wie gelingen.

Schwimmen, wie beginnen, nur im Conj. Imp. sowohl schwämme, als schwömme.

Schwinden, wie binden.

Schwingen, wie gelingen.

Sehen, wie geschehen; Imper. siehe oder sieh.

Singen, wie gelingen.

Sinken, eben so.

Sinnen, wie beginnen.

Sitzen: ich sitze, sitzest, sitzet oder sitzt; saß, Conj. säße; gesessen; sitze oder sitz.

Spin=

Spinnen, wie beginnen.

Sprechen, wie brechen.

Springen, wie gelingen.

Stechen, wie brechen.

Stehen: ich stehe, stehest, (stehst,) stehet, (steht;) stand, Conj. stände, (stünde;) gestanden; stehe oder steh.

Stehlen, wie befehlen.

Sterben: ich sterbe, stirbst, stirbt; starb, Conj. stürbe; gestorben; stirb.

Stinken, wie gelingen.

Thun: ich thue, thust, thut; that, Conj. thäte; gethan; thue.

Treffen: ich treffe, triffst, trifft; traf, Conj. träfe; getroffen; triff.

Treten, wie das vorige, nur im Partic. getreten.

Trinken, wie gelingen.

Verderben, das Neutrum, wie sterben; das Activum geht regulär.

Vergessen, wie essen.

Verschwinden, wie schwinden.

Werben, wie sterben.

Werden, Siehe oben die Hülfswörter.

Werfen, wie sterben.

Winden, wie binden.

Zwingen, wie gelingen.

2. Im Imperfect ein ie; im Imperativ bleibt der Vocal des Präsentis. Dieses hat in vielen noch den Umlaut in der zweyten und dritten einfachen Person. Andere fangen an, denselben zu verlassen, und sich immer mehr der regulären Form zu nähern.

Blasen: ich blase, bläsest, bläset oder bläst; blies, Conj. bliese; geblasen; blase.

Bleiben: ich bleibe, bleibst, bleibt; blieb, Conj. bliebe; geblieben; bleibe oder bleib.

Braten: ich brate, brätest, (bratest,) brät, (bratet;) briet, Conj. briete; gebraten; brate oder brat.

Fallen: ich falle, fällst, fällt; fiel; gefallen, fall. So auch gefallen.

Gedeihen: ich gedeihe, gedeihst, gedeiht; gedieh; gediehen; gedeih.

Halten: ich halte, hältst, hält; hielt; gehalten; halte oder halt.

Hauen: ich haue, hauest, haust, er hauet, haut, (nicht häuest, häuet;) hieb, Conj. hiebe; gehauen; haue, hau.

Heissen: ich heisse, heissest, heisset oder heißt; hieß; geheissen; heisse.

Kleiben, das Neutrum, in bekleiben, wie bleiben; geht aber jetzt im Hochdeutschen regulär.

Lassen: ich lasse, lässest, läßt; ließ; gelassen; laß, lasse. Veranlassen gehet regulär.

Laufen: ich laufe, läufst, läuft, oder laufst, lauft; lief; gelaufen, (nicht geloffen;) laufe, lauf.

Leihen, wie gedeihen.

Meiden: ich meide, meidest, meidet; mied; gemieden; meide.

Preisen: ich preise, preisest, preiset, oder preist; pries; gepriesen; preise.

Rathen, wie braten.

Reiben, wie bleiben.

Rufen: ich rufe, rufst, ruft; rief, auch schon rufete oder rufte; gerufen; rufe.

Schei-

Verbum. 6. Irreg. Conjug.

Scheiden, wie meiden.

Scheinen: ich scheine, scheinest, scheinst, scheint; schien; geschienen; scheine. Bescheinen, von Schein, schriftliches Zeugniß, gehet regulär.

Schlafen, wie blasen.

Schneyen: ich schneye, schneyest, schneyet, schneyt; schnie; geschnien; schneye. Im Hochdeutschen aber am häufigsten regulär.

Schrauben, wie bleiben.

Schreyen: ich schreye, schreyest, schreyet, (schreyt;) schrie, Conj. schrie, zweysylbig; geschrieen oder geschrien, dreysylbig; schreye, schrey.

Schweigen, das Neutrum, wie bleiben. Das in manchen Gegenden übliche Activum, zum Schweigen bringen, gehet regulär.

Speyen, wie schreyen. Verspeyen gehet regulär.

Steigen, wie bleiben.

Stoßen: ich stoße, stößest, stößet, (stößt;) stieß; gestoßen; stoße, stoß.

Treiben, wie bleiben.

Weisen, wie preisen.

Zeihen und Verzeihen, wie gedeihen.

3. Im Imperfect ein geschärftes i und verdoppelten Hauptlaut.

Befleissen: ich befleisse, befleissest, befleisset, (befleißt;) befliß; beflissen; befleisse. Befleissigen aber gehet regulär.

Beissen, wie das vorige.

Erbleichen: ich erbleiche, erbleichst, erbleicht; erblich; erblichen; erbleiche, erbleich. Bleichen das Activum gehet regulär.

Fangen: ich fange, fängſt, fängt; fing, (nicht fieng;) gefangen; fange.

Gehen: ich gehe, geheſt, (gehſt,) gehet, (geht;) ging, (nicht gieng;) gegangen; gehe, geh.

Gleichen, wie erbleichen. Abgleichen gehet regulär.

Gleiſſen, ging ſonſt wie befleiſſen, iſt aber jetzt im Hochdeutſchen regulär.

Gleiten: ich gleite, gleiteſt, gleitet; glitt; geglitten; gleite, gleit. Begleiten gehet regulär.

Greiffen: ich greiffe, greiffeſt, greiffſt, greifft; griff; gegriffen; greiffe, greif.

Hangen: ich hange, hangſt, hangt; hing, (nicht hieng;) gehangen; hange. Hängen, welches mit dieſem oft vermiſchet wird, gehet regulär.

Keiffen, wie greiffen; gehet aber im Hochdeutſchen gern regulär.

Kneiffen, wie greiffen; aber nicht ſelten auch ſchon regulär.

Kneipen: ich kneipe, kneipſt, (kneipeſt,) kneipet, (kneipt;) knipp; geknippen; kneipe, kneip. Im Hochdeutſchen am liebſten regulär.

Leiden: ich leide, leideſt, leidet; litt; gelitten; **leide.** Verleiden gehet regulär.

Pfeiffen, wie greiffen.

Reiſſen, wie befleiſſen.

Reiten, wie gleiten.

Scheiſſen, wie befleiſſen.

Schleichen, wie erbleichen.

Schleiffen, ſcharf und glänzend machen, wie **greiffen.** Aber ſchleiffen, Schleiffen machen, auf der Schleiffe ziehen, eine Stadt ſchleiffen, gehet regulär.

Schleiſſen, wie befleiſſen.

Schmeiſ

Schmeißen, eben so.

Schneiden: ich schneide, schneidest, schneidet; schnitt, geschnitten; schneide.

Schreiten, wie gleiten.

Spleißen, wie befleißen.

Streichen, wie erbleichen.

Streiten, wie gleiten.

Verbleichen, wie erbleichen.

Vergleichen, eben so.

Weichen, eben so.

4. Im Imperfect o. Diejenigen, welche in der ersten Person des Präsens ie haben, haben in der höhern Schreibart, da wo es der Wohlklang erlaubet, in der zweyten und dritten, doch nur im Singular, oft ein eu.

Bellen: ich belle, billst, billt; boll; gebollen; belle. Gehet im Hochdeutschen schon ganz regulär.

Beugen, gehet regulär, entlehnt aber oft das Imperfect und Participium von biegen.

Betriegen: betriege, betriegst, betriegt; betrog, Conj. betröge; betrogen; betriege.

Bewegen, den Bewegungsgrund an die Hand geben; ich bewege, bewegst, bewegt; bewog, Conj. bewöge; bewogen; bewege. In andern Bedeutungen gehet es regulär.

Biegen: ich biege, biegest, (biegst,) bieget, (beugst, beugt;) bog, böge; gebogen; biege, (beuge.)

Biethen: ich biethe, biethest, (biethst,) biethet, (beutst, beut;) both, böthe; gebothen; biethe, bieth, (beut.)

Dreschen: ich dresche, drischest, drischet; drosch, drösche; gedroschen, drisch. Aber auch schon häufig regulär.

Erschallen: Imp. erscholl, erschölle; erschollen. Schallen aber gehet regulär.

Erwägen: Imp. erwog, erwöge; erwogen; erwäge.

Fechten: ich fechte, fichst, ficht; focht, föchte; gefochten; ficht.

Flechten, wie das vorige.

Fliegen, wie biegen.

Fliehen: ich fliehe, fliehest, (fliehst,) fliehet, flieht, (fleuchst, fleucht;) floh, flöhe; geflohen; fliehe, (fleuch.)

Fließen: ich fließe, fließest, fließt, (fleußest, fleußt;) floß, flösse; geflossen; fließ, (fleuß.)

Frieren: ich friere, frierst, friert; fror, fröre; gefroren; friere.

Gähren: ich gähre, gährst, gährt, (gierst, giert;) gohr, göhre; gegohren; gähre.

Gebiethen, wie biethen.

Genießen, wie fließen.

Gießen, eben so.

Glimmen; ich glimme, glimmest, (glimmst,) glimmt; glomm, glömme; geglommen; glimme, glimm. Aber auch schon häufig regulär.

Heben: ich hebe, hebst, hebt; hob, hübe; gehoben; hebe. Erhaben ist nur noch als ein Adjectiv üblich.

Hehlen und Verhehlen gehen regulär, nur daß man im Participio sowohl gehohlen und verhohlen, als gehehlet und verhehlet sagt.

Klieben, spalten: kliebe, kliebest, kliebt; klob, klöbe; gekloben; kliebe.

Klimmen, wie glimmen; aber auch häufig regulär.

Kriechen: ich krieche, kriechst, kriecht, (kreuchst, kreucht;) kroch, kröche; gekrochen; krieche, kriech, (kreuch.)

Rühren,

Verbum 6. Irreg. Conjug.

Rühren, wovon aber nur das zusammen gesetzte Imp- und Partic. erkohr, erköhre, erkohren üblich ist.

Erlöschen, und Verlöschen, als Neutra: ich erlösche, erlöschest, erlöscht, (erlischest, erlischt;) erlosch, erlösche; erloschen; erlösche, erlisch. Das Activum löschen gehet mit auslöschen regulär, auch wenn das letztere das Neutrum ist.

Lügen, wie biegen.

Melken: ich melke, melkst, melkt, (milkst, milkt;) molk, mölke; gemolken; melke, milk.

Quellen, das Neutrum: ich quelle, quillst, quillt; quoll, quölle; gequollen; quill. Das Activum gehet regulär.

Rächen, gehet regulär, ob man gleich noch häufig gerochen für gerächet findet.

Riechen, wie kriechen.

Saufen: ich saufe, saufst, sauft, (säufst, säuft;) soff, söffe; gesoffen; saufe, sauf.

Saugen: ich sauge, saugst, saugt; sog, söge; gesogen; sauge. Das Activum säugen gehet regulär.

Scheren: ich schere, scherest, scherst, schert, (schierst, schiert;) schor, schöre; geschoren; schere, (schier.) Bescheren, zutheilen, gehet regulär.

Schieben, ich schiebe, schiebst, schiebt; schob, schöbe; geschoben; schiebe, schieb.

Schießen: wie fließen.

Schliefen: ich schliefe, schliefst, schlieft; schloff, schlöffe; geschloffen; schliefe, schlief.

Schließen, wie fließen.

Schmelzen, das Neutrum: ich schmelze, schmilzest, schmilzt; schmolz, schmölze; geschmolzen; schmilz. Das Activum gehet regulär.

T 4

Schwel-

Schwellen, wie bellen, nur daß es nicht regulär üblich ist.

Schnieben, wie schieben.

Schwären, Eiter ziehen: ich schwäre, schwärst, schwärt; schwor, schwöre; geschworen; schwäre.

Schwören, iurare: ich schwöre, schwörst, schwört; schwor, schwöre; geschworen; schwöre.

Sieden: ich siede, siedest, siedet; sott, sötte; gesotten, siede.

Sprießen, wie fließen.

Stieben, wie schieben.

Triefen, wie schliefen, nur daß man auch du treufst, er treuft, Imperat. treuf findet.

Triegen, wie betriegen.

Verdrießen, wie fließen.

Verlieren, wie frieren.

Verlöschen, wie erlöschen.

Verwirren: ich verwirre, verwirrest, verwirret; verworr, verwörre; verworren; verwirre. Aber auch schon häufig regulär.

Wägen und **wiegen**, haben gemeiniglich im Imperf. wog, und im Partic. gewogen; werden aber auch schon häufig regulär gebraucht.

Ziehen, wie fliehen.

5. Im Imperfect ein u. Viele, welche sonst in diese Classe gehörten, bekommen jetzt in der anständigern Sprechart ein a. Wenn daher in einem Worte beyde Formen üblich sind, so ist allemahl die letzte vorzuziehen.

Backen: ich backe, backst, backt, (bäckst, bäckt;) buk, büke; gebacken; backe.

Sah-

Verbum. 7. Neutrum.

Fahren: ich fahre, fährst, fährt; fuhr, führe; gefahren; fahre, fahr. Willfahren gehet regulär.

Graben: ich grabe, gräbst, gräbt; grub, Conj. grübe; gegraben, grabe.

Laden: ich lade, ladest, ladet, (lädest, lädet;) lud, lüde; geladen; lade.

Mahlen, auf der Mühle, gehet regulär, nur daß es im Partic. gemahlen hat. Mahlen pingere ist völlig regulär.

Schaffen, creare, ich schaffe, schaffest, (schafft,) schafft; schuf, schüfe; geschaffen; schaffe, schaff. In andern Bedeutungen gehet es regulär.

Schinden: ich schinde, schindest, schindet; schund, schünde; geschunden; schinde.

Schlagen: ich schlage, schlägst, schlägt; schlug, schlüge; geschlagen; schlage. Rathschlagen und berathschlagen gehen regulär.

Tragen, wie das vorige.

Wachsen: ich wachse, wächsest, wächset, wächst; wuchs, wüchse; gewachsen; wachse.

Waschen: ich wasche, wäschest, wäscht; wusch, wüsche; gewaschen; wasche.

7. Von den Verbis Neutris.

§. 426. Das Verbum neutrum drucket ein Prädicat aus, welches an dem Subjecte allein gedacht werden kann und wozu kein leidender Gegenstand erfordert wird; es leidet daher als ein Neutrum weder ein Passivum, noch einen Accusativ des leidenden Gegenstandes, wohl aber der Zeit, des Raumes, des Werthes und einer Art und Weise: acht Tage bleiben, eine Meile gehen,

gehen, es kostet einen Thaler, den Trab reiten. Wohl aber kann das Subject selbst als der leidende Gegenstand betrachtet werden, da denn das Neutrum in ein Reciprocum übergehet, sich müde sitzen.

§. 427. Es bedeutet entweder eine Eigenschaft, glänzen, erblassen, oder einen Zustand, sitzen, stehen, liegen, oder eine Handlung, welche an dem Subjecte allein gedacht werden kann, deren die meisten sind, gehen, reisen, niesen, bellen, oder endlich eine Handlung, deren leidender Gegenstand schon in dem Verbo selbst liegt, malzen, Malz machen, mausen, Mäuse fangen, mauern, eine Mauer aufführen.

§ 428. Es ist entweder zu einem bloßen Neutro bestimmt, und kann alsdann nie als ein Activum gebraucht werden, bersten, sitzen, blühen; oder es kann mit Bezeichnung des leidenden Gegenstandes zugleich als ein Activum und Passivum gebraucht werden, die Uhr schlägt, der Gärtner säet. Im letztern Falle ist es zuweilen in der Conjugation von dem Activo unterschieden, da denn dieses regulär, das Neutrum aber irregulär conjugiret wird, brennen, schmelzen, erschrecken, verderben. Noch öfter hat es sein eigenes Activum, welches sich durch einige Veränderungen in dem Wurzellaute von demselben unterscheidet: schwanken und schwänken, schwimmen und schwemmen, saugen und säugen, nutzen und nützen. Siehe auch §. 388.

§. 429.

§. 429. In der Conjugation ist das Deutsche Neutrum von dem Activo weiter nicht unterschieden, als daß in den zusammen gesetzten Zeiten einige das Hülfswort seyn, andere, und zwar die meisten, aber haben zu sich nehmen. Der Grund dieses Unterschiedes lieget überhaupt in dem mehr thätigen oder mehr leidenden Verhältnisse, welches durch das Verbum ausgedruckt wird. Ist es mehr thätig, wie in donnern, tönen, drohen, blühen, bluten, so bekommt es haben; wenn das Subject aber dabey mehr leidend gedacht wird, bersten, fallen, sterben, aufleben, so bekommt es seyn.

§. 430. Haben bekommen demnach alle Neutra, wobey das Subject mehr thätig als leidend vorgestellet wird: beben, zittern, blicken, sehen, schauen, bluten, arbeiten, brennen, fehlen, flehen, forschen, geitzen, gelten, zürnen. Ausgenommen sind vornehmlich diejenigen, welche eine Veränderung des Ortes bezeichnen, davon hernach. Folglich gehören unter diese Regel: 1. Alle Neutra, welche die Hervorbringung eines Tones bezeichnen: bellen, blöken, brüllen, brausen, brunften, brummen, donnern, drohen, düten, gaksen, gällen, girren, grunzen, schallen, tönen u. s. f. Nur erschallen bekommt seyn. 2. Welche die Vollendung einer Handlung oder eines Zustandes bezeichnen, besonders die in dieser Bedeutung mit aus zusammen gesetzt sind: der Baum hat ausgeblühet, das Feuer hat ausgebrannt, ich habe ausgestanden, sie haben nun

nun ausgereiſet, ausgeſprungen, ausgelaufen, u. ſ. f. 3. Diejenigen welche zwar ein Participium Präſentis, aber nicht Perfecti leiden: man ſagt nicht ein gealteter oder geälterter Mann, ein geblitzter Dolch, ein gedampfter Geruch, ein geburſteter Menſch u. ſ. f. 4. Alle diejenigen, welche als Reciproca mit einem Caſu gebraucht werden: ich habe mich müde gegangen, geritten, gelaufen, ſie haben ſich ſatt ſpatziret. 5. Alle diejenigen, welche eine Veränderung des Ortes bezeichnen und alſo eigentlich ſeyn erfordern, wenn ſie ohne alle Beziehung des Ortes gebraucht werden: das Huhn hat lange geflattert, wir haben den ganzen Tag geſprungen, geritten, gegangen, gereiſet. Auch wenn ein ſolches Wort figürlich von dem Behältniſſe gebraucht wird: die Röhre hat gefloſſen, das Faß hat gelaufen, geronnen, die Augen haben geronnen, die Fontäne hat den ganzen Tag geſprungen. 6. Alle eigentliche Activa, wenn ſie als Neutra gebraucht werden: die Uhr hat geſchlagen, ſie haben geſchrieben. 7. Diejenigen Neutra, welche unperſönlich gebraucht werden: es hat gefroren, es hat mich gefroren, es hat gereift, geſchneyet, es ahndet mir; ſo auch ekeln, grauen, durſten, hungern, jucken, gereuen, ſchwindeln.

§. 431. Seyn hingegen nehmen zu ſich, alle diejenigen, bey welchen das Subject mehr leidend als thätig gedacht wird: begegnen, bleiben, kleben, bekleben, erſchallen, abſtammen,

men, herſtammen. Folglich: 1. alle diejenigen, welche ein Gerathen in einen gewiſſen Zuſtand bezeichnen: abarten, ausarten, nacharten, verarmen, begegnen, berſten, erblaſſen, erbleichen, ab = an = auf = niederbrennen, gedeihen, aus = ein = verdorren, an = entglimmen, ergrimmen, aufgrünen, erharten, er = verhungern, erkalten, aufkeimen, erkranken, aufleben, geliefern, gerinnen, aus = erlöſchen, geneſen, gerathen, reiſſen mit ſeinen Compoſitis, erröthen, erſauſen, ertrinken, geſchehen, ſcheitern, erſcheinen, ein = entſchlafen, ein = entſchlummern, auf = erwachen, ſchmelzen, erſchrecken, ab = aus = zuſchwären, an = auf = verzuſchwellen, ſchwinden, ſinken, ſtürzen, ſtranden, u. ſ. f. 2. Diejenigen, welche eine Veränderung des Ortes bezeichnen, ſo oft der Ort ausdrücklich gemeldet, oder doch darunter verſtanden wird; dringen, fahren, fallen, fliegen, fliehen, folgen, gehen, gleiten, klettern, klimmen, kriechen, kommen, an = ein = gelangen, laufen, marſchiren, reiſen, rennen, rucken oder rücken, ſcheiden, ſchieſſen von einer ſchnellen Bewegung, ſchiffen, ſchleichen, ſchliefen, ſchlüpfen, ſchreiten, ſchwimmen, u. ſ. f. mit ihren Compoſitis. 3. Diejenigen, welche ein Participium Perfecti leiden und in der Bedeutung, in welcher ſie es leiden: ein ausgearteter Menſch, die angekommenen Sachen, die eingeſchlagenen Blattern. Womit man doch das mit ſeyn ge=

gebrauchte Participium eines Activi oder Reciproci nicht vermengen muß: ich bin geborgen, bemühet, gesinnet, beflissen, gelagert.

§. 432. Viele, welche dem ersten Anblicke nach einen Zustand bedeuten, bekommen im Hochdeutschen dennoch haben, vermuthlich, weil das Verbum ursprünglich mehr Thätigkeit bezeichnete. Die vornehmsten sind: alten, älteln, bausen oder bauschen, beben, blühen, bocken nach dem Bocke verlangen oder riechen, so auch alle ähnliche; dampfen, darben, dauern, duften, dürfen und bedürfen, eitern, fehlen, gleichen, gleissen, glänzen, glühen, gränzen, grünen, haben, haften, hangen, harren, heissen, kleben, knospen, können, kränkeln, kranken, lassen, leben, leiden, mangeln, modern, mögen, rauchen, müssen, nutzen, rasten, ruhen, schimmeln, schimmern, schlafen, schläfern, schlaudern, schlottern, schlummern, schmachten, schmauchen, schmecken, schmutzen, schwanken, schweben, schweigen, siechen, sieden, sollen, tatzen, taugen, träumen, wachen. Besonders liegen, sitzen und stehen, welche im Hochdeutschen mit haben am üblichsten sind, im Oberdeutschen aber seyn bekommen, daher auch ihre Participia Perfecti noch gangbar sind: ein ausgelegener Wein.

§. 433. Dagegen werden viele Neutra bald mit haben, bald mit seyn gebraucht, je nachdem die Bedeutung mehr thätig oder mehr leidend ist:

Verbum. 7. Neutrum.

ist: die ganze Stadt ist ausgebrannt, und das Feuer hat ausgebrannt; die Feuchtigkeit ist ausgedampft, und die Kohlen haben ausgedampft, und so mehrere mit aus zusammen gesetzte, der Feind ist in die Stadt gedrungen, und er hat in mich gedrungen; wir sind in die Stadt geeilet; und wir haben mit der Sache geeilet; ich bin mitgefahren, und er hat ihm übel mitgefahren; wir sind fortgefahren, und wir haben fortgefahren zu arbeiten; er ist in das Feld geflattert, und der Vogel hat lange geflattert; das Blut ist geflossen, und die Röhre hat geflossen; er ist ihm gefolget, und er hat gefolget, gehorchet; die Erde ist gefroren, und wir haben gefroren, es hat gefroren; ich bin vor ihm gekniet, und er hat den ganzen Tag gekniet; ich habe es bekommen, und es ist mir bekommen; es hat geplatzt, das Holz hat geplatzt, er hat geplatzt, geprahlet, und das Glas ist geplatzt, er ist hingeplatzt; es hat geprallt, der Ball ist zurück geprallt; wir sind nach Leipzig geritten, wir haben den ganzen Tag geritten, ich habe einen Hengst geritten; er ist mit dem Kopfe an die Wand geschlagen, die Flamme ist in die Höhe geschlagen, die Blattern sind zurück geschlagen, aber, der Donner hat in den Baum geschlagen, die Vögel haben geschlagen; die Bäume sind ausgeschlagen, die Sache ist gut ausgeschlagen,

gen, das Pferd hat ausgeschlagen; das Schiff ist vorbey, ist auf den Grund gesegelt, hat schnell gesegelt; ich habe die ganze Nacht aufgesessen, die Reiter sind schon aufgesessen; das Glas, das Blut ist gesprungen, die Fontäne hat gesprungen; das Schiff ist in die See gestochen, die Nadel hat gestochen; das Schiff hat auf den Grund gestoßen, ich habe angestoßen, der Trompeter hat in die Trompete gestoßen, wir sind zu ihnen gestoßen; der Wagen ist umgeworfen, der Fuhrmann hat umgeworfen. Von welchem Unterschiede die Gründe im vorigen enthalten sind.

Bey einigen ist in einer und eben derselben Bedeutung der Gebrauch schwankend. Am besten nehmen seyn zu sich: abschlagen und aufschlagen, für abnehmen und zunehmen, begegnen, beharren, einkehren, gelingen, herum irren, landen, quellen, rosten, stolpern, straucheln, mit jemanden verfahren, weichen, cedere.

Haben aber: anhangen, anschlagen für helfen, beystehen, glücken, herrühren, kleben, nachhängen, nachjagen, reifen, reif werden, stecken, befindlich seyn, verharren, verzagen, willfahren. Auch liegen, sitzen und stehen, obgleich manche Composita von ihnen das seyn unstreitig bekommen.

8. Von

8. Von den zusammen gesetzten Verbis.

§. 434. Diese unterscheiden sich in der Conjugation bloß darin, daß einige in allen Fällen zusammen gesetzt bleiben, und also **ächte Zusammensetzungen** sind, andere aber oft getrennet werden, und alsdann **unächte Zusammensetzungen** machen. Partikeln, welche ächte Zusammensetzungen machen, werden **untrennbare**, die übrigen aber **trennbare** genannt.

§. 435. 1. In den ächten Zusammensetzungen hat entweder das Verbum oder die erste Hälfte der Zusammensetzung den Hauptton. Hat ihn das Verbum, so bekommt das Participium Perfecti das gewöhnliche Augment ge nie: widerstéhen, widerstanden, zu widerstéhen.

§. 436. Den Ton werfen auf das Verbum: 1. Die Verba mit den Vorsylben be, ent oder emp, er, ge, ver und zer: ich beschréibe, habe beschrieben, zu beschréiben, beschréibe; ich erstéhe, erstánden, zu erstéhen, erstéhe. Auch wenn noch eine Partikel darauf folgt, welche alsdann den Ton auf sich ziehet: beúnruhigen, verábscheuen, verúntreuen, beúrtheilen, verúrsachen, bevóllmächtigen, beráthschlagen. 2. Die mit hinter, voll und wider, contra, zusammen gesetzten: hinterbléiben, hinterbríngen, hintergéhen, hinterlássen, hintertréiben; vollbríngen, vollénden, vollführen, vollstrécken, vollzíehen; widerfáhren, widerlégen, widerráthen, widersétzen, widerspréchen, widerstéhen, widerstréiten, widerstrében. Die Fälle, wo voll außer der Zusammensetzung vor einem Verbo stehet, und alsdann wie ein jedes anderes Adverbium den Ton hat, gehören hierher nicht: vóll gießen, machen, schütten, werden, füllen. 3. Die beyden lobpreisen und lobsingen, welche doch nur selten vorkommen. Alle diese leiden im Participio das Augment ge nie.

§. 437. In den übrigen ächten Zusammensetzungen ruhet der Ton auf der ersten Hälfte des Wortes, es mag nun solche ein Hauptwort oder ein Adverbium seyn, und alsdann tritt das Augment vor die ganze Zusammensetzung: antworten, geantwortet; so auch, afterreden, argwöhnen, frohlocken, frühstücken, fuchsschwänzen, handhaben, hohnlachen, kielhohlen, liebäugeln, liebkosen, muthmaßen, panzerfegen, quacksalbern, radebrechen, rathschlagen, rechtfertigen, tagewerken, urtheilen, urkunden, wallfahrten, weissagen, wetteifern, wetterleuchten, willfahren. Dank sagen und Haus halten werden richtiger getheilt geschrieben, weil sie keine ächten Zusammensetzungen sind: ich halte Haus, habe Haus gehalten, Dank gesaget, sage Dank, halte Haus. Wahrsagen hingegen wird so wohl trennbar als untrennbar gebraucht: ich wahrsage oder sage wahr, gewahrsaget, und wahr gesaget.

§. 438. Die mit miß zusammen gesetzten sind von gedoppelter Art. 1. In den meisten ruhet der Ton auf der Partikel, und diese nehmen,
wenn

Verbum 8. Compositum.

wenn sie Activa sind, das Augmentum ge, und im Infinitiv das Wörtchen zu vor sich: mißbilligen, mißbrauchen, mißdeuten, mißgönnen, mißkennen, mißleiten, mißrechnen, gemißbilliget u. s. f. wenn sie aber Neutra sind, so treten beyde in die Mitte: mißarten, mißgeartet, mißzuarten, mißbiethen, mißgebothen, mißgehen, mißglücken, mißgreiffen, mißtönen, mißtreten. Daher hat mißhandeln im Neutro ich habe mißgehandelt, d. i. mich vergangen, und im Activo man hat ihn gemißhandelt. 2. Einige wenige werfen den Ton auf das Verbum, und diese bekommen kein Augment: es hat mir mißfällen, es ist mißlungen, es ist mißrathen, ich habe es mißrathen.

§. 439. 2. Unächte Zusammensetzungen sind diejenigen, welche mit trennbaren Partikeln gemacht werden, d. i. mit solchen Adverbien und Präpositionen, (die doch hier nur als Adverbia stehen,) welche in manchen Fällen wieder von dem Verbo getrennet werden, und hinter dasselbe zu stehen kommen. Sie ziehen, wie ein jedes anderes Adverbium, den Hauptton auf sich, sind auch in der Stellung von demselben nicht verschieden, nur mit dem Unterschiede, daß sie da, wo sie vor dem Verbo zu stehen kommen, mit demselben als ein Wort geschrieben werden, da denn das Augment zwischen ihnen und dem Verbo in die Mitte kommt. Diejenigen, welche dieses Recht einmahl hergebracht haben, sind: ab, an, auf, aus, bey, dar, durch, ein, fort, her, hin,

hin, los, mit, nach, nieder, ob, vor, weg, wieder, rursus, und zu; wovon die meisten zwar auch Präpositionen sind, aber hier nicht anders als Adverbia gelten: **Ausgiessen, ich gieße aus, goß aus, habe ausgegossen, auszugießen;** welche Stellung der Partikel von der Stellung anderer Adverbien in nichts verschieden ist: **ich werde heute kommen, ich komme heute, kam heute, ich bin heute gekommen, heute zu kommen.** Andere Adverbien als die oben gedachten, z. B. **gleich, heim, herab, heraus, vorbey, dabey, davon, wohl, fehl, hoch** u. s. f. mit dem Verbo als ein Wort zusammen zu schreiben, macht Verwirrung und ist wider den Sprachgebrauch. Wer nicht schreiben will, es ist **gesterngeschehen,** etwas **gelassenansehen,** es **bösemeinen, übelwollen,** muß auch nicht schreiben **gutmachen, sich wohlbefinden, das vonlaufen.**

§. 440. 3. Ächte und unächte Zusammensetzungen zugleich sind diejenigen, welche mit den vier Partikeln **durch, über, um** und **unter** gemacht werden, welche in einem und eben demselben Worte, obgleich gemeiniglich in verschiedener Bedeutung, so wohl trennbar als untrennbar sind. Sind sie trennbar, so ziehen sie den Haupton auf sich, und gleichen in allen Stücken den vorigen; wenn sie aber untrennbar sind, so hat das Verbum den Ton, und das Augment ge fällt völlig weg: **durchbrechen, ich breche hier durch, durchgebrochen, brich durch;** aber

aber durchbréchen, ich durchbréche, durchbróchen, durchbrách. So auch überfahren und überfáhren, übergehen und übergéhen, úmfahren und umfáhren, úmgehen und umgéhen, únterstehen und unterstéhen, únterhalten und unterhálten. Wenn die drey ersten trennbar sind, so stehen sie allemahl als Adverbia und haben keinen Casum, und müssen, wenn sie einen haben sollen, wiederhohlet, oder völlig von dem Verbo abgerissen werden; als untrennbar sind sie wahre Präpositionen, und haben ihren Casum: er hat den Wald durchbróchen, er ist durch den Wald dúrchgebrochen, oder er ist durch den Wald gebrochen.

9. Von den Verbis reciprocis.

§. 441. Wenn ein Verbum das Prädicat auf das Subject zurück führet und dieses dadurch zu dem leidenden Gegenstande macht, so heißt es ein Reciprocum. Das Subject wird alsdann zweymahl genannt, einmahl als das Subject oder der thätige Gegenstand und das zweyte Mahl als der leidende Gegenstand. Das letztere geschiehet vermittelst der Pronominum reciprocorum.

§. 442. Die Reciproca sind der Form nach Activa, daher sie auch in allen Fällen das Hülfswort haben annehmen, wenn gleich das Verbum neutrum als ein absolutum seyn erfordern sollte: ich bin nach Berlin geritten, und ich habe mich müde geritten. Der Bedeutung nach ſind ſie wahre Neutra, daher ſie auch kein Paſſivum leiden.

§. 443. Faſt ein jedes Prädicat kann auf das Subject zurück geführet werden, daher laſſen ſich auch die meiſten Verba reciprok gebrauchen: *ſie ſchlagen ſich, wir vereinigen uns, ihr tadelt euch.* Oft aber bekommt das Verbum durch den reciproken Gebrauch noch eine figürliche Nebenbedeutung: *ich vergeſſe mich, ſich befinden.* Im engſten Verſtande nennet man nur diejenigen Verba reciproca, welche nie abſolut gebraucht werden können: *ſich abmüßigen, ſich anmaßen, ſich anſchicken, ſich aufſchwingen, ſich balgen, das gemeine ſich bedanken, ſich begeben, ſich behelfen, ſich bemächtigen, ſich berühmen, ſich freuen, ſich grämen, ſich ſehnen* u. ſ. f.

§. 444. In der Conjugation haben ſie nichts beſonders, indem das Pronomen reciprocum allemahl da ſtehet, wo ein jedes anderes Pronomen, wenn es den leidenden Gegenſtand bezeichnet, ſtehen würde, davon im Syntax: *ich kränke mich, wir haben uns gekränkt, weil ſie ſich kränkten;* eben ſo ſagt man, *ich kränke dich, wir haben euch gekränkt, weil ſie uns kränkten.*

§. 445. Die meiſten Reciproca nehmen das Pronomen im Accuſativ zu ſich: *ſich äußern, erbarmen, beſcheiden, beſinnen, bewerben, enthalten, entſchließen, entſchlagen, erhohlen, ſchämen, unterſtehen, widerſetzen,*

setzen. Nicht so viele im Dativ: ich bilde mir ein, getraue mir, maße mir an. Einige wenige werden mit beyden Endungen gefunden, mir däucht und mich däucht, wovon doch die letzte am gewöhnlichsten ist.

§. 446. Wenn das Pronomen reciprocum der Accusativ des Plurals ist, und das Prädicat nicht auf jedes Individuum unter den mehrern als ein Individuum zurück geführet, sondern von allen gesagt wird, so kann dafür auch einander stehen: sie lieben sich wie Kinder, oder einander; sie sind sich alle gleich; wir sehen alle einander gleich, für uns. Aber nicht sie schämen einander, weil das Prädicat auf jedes Individuum besonders zurück kehren muß; auch nicht, sie bilden einander ein, weil hier der Dativ stehen muß.

§. 447. Einige Verba werden in einerley Bedeutung so wohl absolut als reciprok gebraucht: sich irren und irren, sich mit einem zanken und mit einem zanken, sich anfangen und, obgleich seltener, anfangen, als ein Neutrum, sich vor etwas scheuen und etwas scheuen. Daß die Reciproca auch unpersönlich gebraucht werden können, werden wir sogleich sehen.

10. Von dem Verbo impersonali.

§. 448. Wenn das Subject, welchem ein Prädicat einverleibet werden soll, so unbestimmt ausgedruckt wird, daß auch unentschieden bleibt, ob es eine Person oder Sache ist, so entstehet ein unpersönliches Zeitwort oder Verbum impersonale. Man druckt es durch die dritte Person des Singulars aller Zeiten mit dem unbestimmten Pronomine es aus: *es donnert, es regnete, es hat geschneyet, es hatte geknallet;* wo man unentschieden läßt, wer es ist, der diese Wirkung hervor bringt, ob es eine Person oder Sache ist. Wohin also die Art des Ausdruckes nicht gehören kann, wenn die Person durch *man* unbestimmt ausgedruckt wird, *man sagt,* weil die Person hier wirklich bestimmt wird, obgleich ihr Geschlecht und ihre Anzahl unentschieden bleibt; noch weniger aber die, welche nur in der dritten Person gesagt werden können; *es geziemet sich und das geziemet sich.*

§. 449. Sehr viele Activa und Neutra können unpersönlich gebraucht werden, so bald sie ein Prädicat bezeichnen, dessen Subject entweder von Natur unbestimmt ist, oder doch als völlig unbestimmt vorgestellet wird: *es heißt, es gehet um, was gibt es?* Im engsten Verstande nennet man nur die unpersönlich, welche von keinem bestimmten Subjecte üblich sind: *es thauet, es reifet, es frieret, es hagelt, es schneyet.* Besonders wenn sie zugleich reciprok sind: *es schwindelt mir, es schläfert mich;* wo das es auch weggelassen werden kann, *mir schwindelt, mich schläfert, mich hungert, durstet.* Diese haben weder ein Passivum noch den Imperativ und nur selten ein Participium.

§. 450. Da auch der leidende Gegenstand als unbestimmt vorgestellet werden kann, so läßt sich auch das Passivum in der dritten Person unpersönlich

Verbum. 10. Impersonale.

lich gebrauchen: es wird gesagt, gelautet, geschossen, vorgegeben. Da denn auch wohl Neutra ein Passivum bekommen, welche es sonst nicht leiden: es wird gegangen, geritten, gereiset, gedonnert.

§. 451. In vielen Fällen ist nur die Form unpersönlich, das Subject aber in der That bestimmt genug, indem es im Deutschen sehr gewöhnlich ist, einen Satz unbestimmt anzufangen und bestimmt zu endigen: es sagt es ein jeder, d. i. ein jeder sagt es; es sind kaum drey Wochen; es kennet ihn niemand; es war einmahl ein Mann.

§. 452. Manche unpersönlichen Reciproca sind nur für uneigentliche Reciproca zu halten, weil das Subject, welchem die Wirkung zugeschrieben wird, zwar unbestimmt und unpersönlich, aber doch von dem leidenden Gegenstand noch unterschieden ist: es hungert mich, d. i. ein unbekanntes etwas erreget mir Hunger: so auch es ekelt, grauet mir, es däucht oder dünkt mich, es verdrießt mich. In der vertraulichen Sprechart werden die unpersönlichen Reciproca häufig anstatt der Passivorum gebraucht: es sagt sich leicht, hier wohnt es sich gut, hier geht sichs schlecht, es hat sich ausgeritten.

Achtes

Achtes Kapitel.
Von dem Participio.

§. 453.

Das Deutsche Participium ist ein von dem Verbo abgeleitetes Adverbium, welches den Begriff des Verbi als eine Beschaffenheit, doch unselbständig, und mit dem Nebenbegriffe der Zeit darstellet. Es heißt Participium oder Mittelwort, weil es zwischen dem Verbo und dem Adverbio in der Mitte stehet, und von beyden etwas in sich hat; von dem Adverbio, welchem es ganz gleichet, und von dem Verbo, von welchem es außer der Abstammung auch den Nebenbegriff der Zeit hat.

§. 454. Da das Deutsche Verbum nur zwey Zeiten aus sich selber bilden kann, so sind auch nur zwey Participia möglich; eines der gegenwärtigen Zeit, Participium Präsentis, welches aus dem Infinitiv mit angehängten Ableitungslaute d gebildet wird, lieben-d, gehen-d, sehen-d, fliehen-d, schlagen-d, und eines der vergangenen Zeit, Participium Präteriti, welches aus dem Wurzelworte des Verbi mit vorgesetzten Augmento ge und angehängten Ableitungssylben et, t und en gebildet wird, doch mit dem Unterschiede, daß die regulären Verba et oder t, die irregulären der ersten Classe ein bloßes t, die folgenden aber en annehmen. Bey den irregulären leidet auch die Wurzelsylbe manche irreguläre Veränderungen, welche

in

Von dem Participio.

in dem Abschnitte von den irregulären Verbis zugleich mit angezeiget worden.

§. 455. Da die Deutsche Conjugation kein Passivum kennet, sondern dasselbe umschreiben muß, so kann sie auch keine Participia Passiva haben. Ordentlich leidet ein jedes vollständiges Verbum, es sey ein Activum, Neutrum, Reciprocum oder Impersonale, beyde active Participia, obgleich das Participium Präsentis nicht von allen üblich ist, z. B. nicht von seyn, sollen, wollen, mögen, können, u. s. f. Hingegen kann kein vollständiges Zeitwort das Participium Perfecti entbehren, weil es zur Bildung der fehlenden Zeiten des Activi und zur Umschreibung des ganzen Passivi unentbehrlich ist.

§. 456. Daß das Deutsche Participium ein wahres Adverbium ist, erhellet nicht nur aus dem Begriffe, indem es eine Beschaffenheit für sich als unselbständig und ohne Einverleibung bezeichnet, sondern auch aus seiner Stelle in dem Zusammenhange der Rede, weil es allemahl da stehet, wo ein jedes anderes Adverbium stehen würde: ich fand ihn schlafend, er verhält sich leidend, weinend kam er und lachend ging er wieder weg, er stand erschrocken da, verwundet war er nicht.

§. 457. Als Adverbia können die Participia auch durch den gewöhnlichen Concretionslaut zu Adjectiven erhöhet werden: eine ausstehende Schuld, herrschende Laster, ein segnender Vater, der verachtete Mensch, ge-

gossene

goſſene Lichte. Da ſie denn nach allen drey Declinationen der Adjectiven gebeuget, und auch als Hauptwörter gebraucht werden können, ein Gelehrter, eine Geliebte, ein Sterbender. Als Adverbia leiden ſie, wenn die Bedeutung es verſtattet, auch die Comparation, reitzend, reitzender, reitzendſt, verhaßt, verhaßter, verhaßteſt, und können alsdann auch als Adjectiva gebraucht werden, ein reitzenderes Geſicht, der verhaßteſte Menſch; obgleich beydes seine Einſchränkungen leidet.

§. 458. Das Participium Präsentis iſt von den meiſten Activis und Neutris üblich, nur als Adjectiv kann es nicht ohne Unterſchied gebraucht werden. Seine Bedeutung iſt allemahl thätig, ein verderbender Wind, eine einnehmende Geſtalt, ein reitzendes Gedicht. Aber nie leidend; daher ſagt man nicht richtig, es iſt mir wiſſend für bewußt; ein ſtillendes Kind für ein ſaugendes; kraft meines tragenden Amts, für kraft des Amtes welches ich trage oder bekleide; das Waſſer nahm ſehend zu, für ſichtlich; alle beſorgende Gefahr, für beſorgliche; ein durchſcheinendes Glas, für durchſichtiges. Ein weit ausſehender Handel, eine anhaltende Beobachtung, laſſen ſich vertheidigen. Die Neutra, welche ſeyn zu ſich nehmen, leiden zwar das Participium Präsentis als Adverbium, aber nicht allemahl als Adjectiv, beſonders wo ſie ſehr merklich eine thätige Bedeutung bekommen würden. Daher ſagt man unrichtig, die fahrende Habe,
die

Von dem Participio.

die fallende Sucht, die reitende Post, reissend abgehen; aber ganz richtig, ein bleibendes Vergnügen, ein eindringender Verweis, ein fliegender Fisch, der fliehende Feind. Ein wohlhabender Mann wird durch den Gebrauch gerechtfertigt. Die Participia von Reciprocis beleidigen als Adjectiva den Wohllaut, aber nicht als Adverbia: die sich meldenden Gläubiger.

§. 459. Wenn das Verbum einen Casum bekommt, so leidet ihn das Participium gleichfalls: die alles belebende Sonne, die uns tröstenden Freunde, die dir drohende Gefahr; da es denn, wenn das Nomen ein Substantiv ist, und keinen Artikel vor sich hat, zuweilen auch mit demselben zusammen gezogen wird, ein ehrliebendes Gemüth, ein gottvergessener Mensch, der wachhabende Officier, die gesetzgebende Gewalt, kriegführende Mächte, welches doch ausser den einmahl eingeführten Fällen nachzuahmen unnöthig ist, die Sturm drohende Wolke, Zeit verschwendende Spiele.

§. 460. Wo Bedeutung und Sprachgebrauch es erlauben, da lassen sich die Participia Präsentis auch steigern; doch läßt sich der Comparativ nur selten, der Superlativ aber häufiger zu einem Adjectiv concresciren: das ist noch einnehmender, er ist noch wohlhabender, der wohlhabendste Mann, die einnehmendste Gestalt, aber um des Wohllautes willen nicht gern ein wohlhabenderer, eine einnehmendere Gestalt.

stalt. So auch das bleibendste Vergnügen, die reizendste Musik, das fließendste Gedicht, die dringendste Noth, der schwankendste Ausdruck, die drückendsten Sorgen. Wenn der Sprachgebrauch die Steigerung verbiethet, wenn gleich die Bedeutung selbige zu verstatten scheinet, so muß man umschreiben: die nützendsten Sachen, besser nützlichsten.

§. 461. Das Participium Präteriti, welches oft irrig das Supinum genannt wird, ist von allen Verbis üblich, weil es zur Bildung der fehlenden Form und der mangelhaften Zeiten der Deutschen Conjugation unentbehrlich ist. Es hat daher in der Conjugation eine mittlere Bedeutung, und wird so wohl thätig als leidend gebraucht, nachdem das Hülfswort ist, welches es vor sich hat: ich habe gelobt, werde gelobt, bin gelobt worden. In der thätigen Form hat es allemahl den Nebenbegriff des Vergangenen, und bezeichnet etwas bereits vollbrachtes.

§. 462. Da es ein wahres Adverbium ist, so kann es wie ein jedes anderes Adverbium zu einem Adjectiv concresciret werden, nur daß es alsdann keine thätige, sondern entweder eine leidende oder doch neutrale Bedeutung hat: der gehärtete Stahl, das vergossene Blut, der verbrannte Boden, ein bestürztes Gemüth, verdorbene Waaren. Es ist daher ein Fehler, sie thätig zu gebrauchen: der seinen Vater betrübte Sohn, der sich ersäufte Wahnsinnige. Eben so fehlerhaft ist, wenn man diesen Mißklang durch das hinzugesetzte Par=

ticipium

Von dem Participio.

ticipium Präsentis zu heben sucht: der seinen Vater betrübt habende Sohn.

§. 463. Um eben deswillen läßt sich auch das Participium Präteriti von den Impersonalibus, Reciprocis, und Neutris, welche das haben erfordern, nicht concresciren, weil die Bedeutung hier allemahl thätig ist, welche Bedeutung in dem Adjectiv nicht statt finden kann. Daher sagt man irrig, das gehabte Vergnügen, die gesollte Pflicht, das gewollte Geld, die gekonnte Lection, der sich gekränkte Vater. Kommen dergleichen Participia vor, so sind sie nicht von dem Neutro, sondern von dem gleich lautenden Activo, der gebogene Ast, das geglühete Eisen, von den Activis biegen und glühen. Diejenigen Neutra, welche seyn erfordern, leiden ein solches concrescirtes Participium, ob es gleich nicht von allen üblich ist: ein abgestandener Fisch, ein wohlgearteter Sohn, verarmte Einwohner, verblichene Leichname.

§. 464. Indessen gibt es doch viele, welche der Gebrauch in einem thätigen Verstande einmahl eingeführet hat. Dergleichen sind: ein verdienter Mann, ein verliebter Mensch, ein eingebildeter Thor, ein abgeschmacktes Ding, ein versuchter Soldat, ausgediente Soldaten, eine betrübte Nachricht: wohin auch das als Substantiv übliche ein Bedienter gehöret. Andere Participia werden in ähnlichem thätigen Verstande mit dem Verbo seyn als Adverbia gebraucht: in etwas begriffen seyn, einem bedient seyn, beflissen, bemühet,

mühet, belesen, bedacht, besorgt, ange=
sessen seyn.

§. 465. Da das Participium Präteriti außer
der Conjugation nicht thätig gebraucht werden kann,
so kann es auch keinen Accusativ vor sich haben.
Ihm ein Hauptwort, welches eine Präposition vor
sich hat, mit Verschweigung der letztern vorzu=
setzen, und es mit dem erstern zusammen zu ziehen,
die schiffbesäte Elbe, die wäldbekränzte
Flur, ist wider die Analogie der Deutschen Spra=
che und verursacht eine Härte, welche sich die Dich=
ter nur selten erlauben sollten.

§. 466. Fast alle Participia Präteriti lassen
sich mit un zusammen setzen, und können alsdann
mit Befolgung des vorigen auch als Adjectiva ge=
braucht werden: unverdienter Weise, un=
verdauete Speisen, unbegrabene Leich=
name, ungegessen zu Bette gehen.

§. 467. In Ansehung der Comparation kommt
es auch hier auf Bedeutung, Sprachgebrauch und
Wohllaut an. Die Comparative sind da, wo sie
gebildet werden können, als Adjectiva gemeiniglich
zu hart: ein verhaßterer, berühmterer,
verachteterer Mensch, beleidigt auch das här=
teste Ohr. Die Superlative haben weniger Härte:
die gegründetste Hoffnung, der verach=
tetste, nicht verachteste Wurm, der verlas=
senste Arme, die ausgelassenste Freude.

§. 468. Viele Participia Präteriti haben
durch den Gebrauch den Nebenbegriff der Zeit völlig
verloren, und werden ganz wie Adjective gebraucht:
be=

berühmt, gelehrt, geehrt, vergnügt, verwünscht, verliebt, verdammt, vollkommen, bewandt. Von vielen ist das Verbum veraltet, oder auch nie vorhanden gewesen, und diese sind denn bloß nach dem Muster der Participien von andern Wurzelwörtern gebildet, oder auch mit einfachen Participien zusammen gesetzt: behaftet, beherzt, bejahrt, bemittelt, bemost, benarbt, beredt, beschaffen, bescheiden, beschilft, verteufelt, verhenkert, betagt, bewandert, erlogen, gesittet, gewogen.

§. 469. In den mittlern Zeiten versuchte man im Oberdeutschen auch ein Participium Futuri zu bilden, welches aus dem Infinitio mit zu, (dem irrig so genannten Gerundio,) mit angehängtem d gebildet wurde, und daher dem Participio Präsentis sehr ähnlich stehet: die zu entrichtenden Abgaben, die zu besorgende Gefahr. Allein, weil sie in der Deutschen Sprache nicht hergebracht, sondern bloße Nachahmungen der Lateinischen sind, so hat die edlere Schreibart sie wieder veralten lassen. Doch lebt es noch in Hochzuehrend, wofür aber doch Hochgeehrt schicklicher ist.

Neuntes Kapitel.
Von den Adverbiis.

1. Arten derselben.

§. 470.

Das Adverbium ist ein Redetheil, welcher eine Beschaffenheit als unselbständig und an und für sich selbst betrachtet darstellet. Da es ein Redetheil ist, folglich nur aus einem Worte bestehen kann, so werden alle Redensarten, wenn sie gleich Beschaffenheiten bezeichnen, von der Zahl der Adverbien ausgeschlossen.

§. 471. Die Beschaffenheiten, im weitesten Umfange der Bedeutung, lassen sich in zwey Haupt-Classen theilen. Sie sind entweder außer dem Dinge, oder an dem Dinge selbst befindlich; im erstern Falle heißen sie Umstände, im letztern Beschaffenheiten im engern Verstande. Eben so vielfach sind auch die Adverbia, welche sich daher in Umstandswörter, Aduerbia circumstantiae, und Beschaffenheitswörter, Aduerbia qualitatis theilen.

§. 472. 1. Die Umstandswörter bezeichnen eine jede Bestimmung, welche außer dem Dinge befindlich ist, und an und für sich und als unselbständig gedacht wird. Sie sind wieder von vielfacher Art, und bezeichnen entweder die Bestimmung der Zeit und des Ortes, oder die Art wie etwas Unselbständiges von einem Dinge gesagt wird, oder die Umstände des Redenden, seinen Gemüths-

Adverbium. 1. Arten.

müthsstand u. s. f. Sie bestimmen zugleich alles dasjenige, was die Verba und Nennwörter durch ihre Biegung nicht ausdrücken können. Die vornehmsten sind:

1. Der Zeit, und zwar wiederum auf verschiedene Art. Mit genauer Bestimmung derselben, heuer, heute, gestern, ehegestern, morgen, übermorgen, früh, spät, abends, morgens. Oder auf eine unbestimmtere Art, doch nach den drey Haupteintheilungen der Zeit, der gegenwärtigen, vergangenen und künftigen: jetzt, nun; vormahls, ehedem, vorher, sonst, längst, eben; hinfüro, dereinst, bald, gleich, schon.

2. Der Dauer: stets, immerfort, allezeit, noch, immer, seit, nachdem, biß.

3. Des Ortes, so wohl der Ruhe als der Bewegung, so wohl den nahen, als entferntern: hier, allhier, hierselbst, dort, weit, fern, überall, irgends, nirgends, drinnen, bisher, (nicht bishero,) da, allda, daselbst, droben, drüben, drinnen, draussen, weg, fort, u. s. f.

4. Des Umfangs: einzeln, besonders, zugleich, allein, theils, sämmtlich, allerseits.

5. Der Art, wie etwas von einem Dinge gesagt wird, wo wieder verschiedene Eintheilungen statt finden: so fern, lieber, gleichsam, gleichfalls, desto, als, eben, gleich, wie.

6. Der Gemüthsstellung des Redenden, besonders den Umstand der Bejahung und Ver-

neinung, der Frage und des Zweifels: ja, nein, nicht, freylich, wahrlich, allerdings, schlechterdings, vielleicht, ob, etwa, irgend, wo, wenn, warum, wie, woher.

7. Der Zahl: einmahl, zweymahl u. s. f. oft.

8. Des Grades der Stärke, nach welchem das Prädicat dem Subjecte zukommt: sehr, gar, gänzlich, fast, kaum. Und andere Arten mehr.

§. 473. Noch zahlreicher sind 2. die eigentlichen Beschaffenheitswörter, welche etwas an dem Dinge selbst befindliches, doch ganz für sich allein und als unselbständig darstellen. Sie sind außer dem Substantiv der zahlreichste Redetheil, der zunächst aus der Interjection entstanden, und der Grund aller übrigen Bestimmungswörter des Unselbständigen ist, die Verba selbst nicht ausgeschlossen, als welche ursprünglich von Adverbiis herstammen: groß, lieb, schwarz, roth, gut, böse u. s. f. Manche Umstandswörter sind zugleich Beschaffenheitswörter, je nachdem man sich einen Umstand an oder außer dem Dinge vorstellet, neulich, selten, fern, einzeln, künftig, frühe, spät. Andere sind beydes aber in verschiedenen Bedeutungen, eben, weit.

2. Bildung der Adverbien.

§. 474. Der Form nach sind die Adverbia entweder Wurzelwörter, oder abgeleitet, oder zusammen gesetzt. Zu den Wurzelwörtern gehören auch diejenigen, welche um der gelinden Ausspra che des Endlautes willen im Hochdeutschen das

mil-

Adverbium 2. Bildung.

mildernde e bekommen, trübe, müde, behende, blöde, gerade, geschwinde, gelinde, lange, (von der Zeit,) bange, feige, schräge, geringe, böse, leise, lose, für schalthaft, weise. Welches auch die auf ein h annehmen, ehe, frühe, nahe. Gerne und heute folgen diesem Beyspiele gemeiniglich auch, aber nicht fremd, wild u. s. f. weil der Endlaut hier hart lautet. Im Oberdeutschen hatte man dafür ehedem in manchen Fällen ein o, bishero, dahero, hinfüro; welches aber im Hochdeutschen veraltet ist.

§. 475. Die Umstandswörter sind am häufigsten Wurzellaute oder Wurzelwörter, ab, da, hin, her, bald, jetzt; oder zusammen gesetzt: allezeit, indessen, nachdem, allemahl, hierher, daselbst. Nicht so häufig abgeleitet, daher auch ihre Ableitungssylben nicht zahlreich sind. Die vornehmsten sind:

en, oft nur n: außen, innen, unten, oben, hinten, vornen, zuweilen, bisweilen, morgen, mit nichten, süden, westen, osten, norden, allenthalben, mitten, selten, gegen, von hinnen, wannen, dannen; gestern, fern, einzeln. Im Oberdeutschen hängt man diese Ableitungssylbe häufig den schon abgeleiteten Beschaffenheitswörtern auf lich an, Umstandswörter daraus zu bilden: bittlichen, schriftlichen, gänzlichen, in welcher Gestalt sie aber im Hochdeutschen veraltet sind. Abermahlen, jedesmahlen, sintemahlen, dieweilen und gleichwohlen, für abermahls, jedesmahl u. ſ. f. ſind im Hochdeutſchen gleichfalls fremd.

er, heuer, ferner, immer. Fruchtbarer iſt ſie für die Beſchaffenheitswörter. Ingleichen für die Präpoſition: hinter, über, unter, außer.

8. Umſtandswörter aus Nennwörtern zu bilden: anders, rechts, links, theils, flugs, ſtets, erſtens, zweytens, abends, mittags, montags, dienſtags, nächſtens, allerdings, ſchlechterdings, gleichfalls, unverſehens, vormahls, niemahls, nirgends, herwärts u. ſ. f.

ſt, welches aus dem vorigen entſtanden iſt, und nur in einigen angetroffen wird: einſt, (nicht einſten oder einſtens,) dereinſt, dermahleinſt, längſt, wo es auch der Superlativ ſeyn kann, vorlängſt, mittelſt, vermittelſt, ſelbſt, nächſt, ſonſt.

§. 476. Die Beſchaffenheitswörter ſind eben ſo oft Wurzelwörter, als abgeleitet, und zuſammen geſetzt. Wurzelwörter, und zwar von allen Arten: lau, alt, arg, arm, blau, böſ=e, dicht, dick, dünn, dürr, eng=e, fahl, faul, feig=e, feil, fein, gäh=e, gar, bang=e, bunt, derb, falſch, feiſt, feſt, feucht, ganz, gelb, halb, hart, herb=e, heiß, groß, gut, blaß, bloß, bleich, blöd=e, braun, flach, früh=e, frech u. ſ. f. wo das bey einigen am Ende befindliche e nur das mildernde e iſt.

§. 477.

Adverbium. 2. Bildung.

§. 477. Ihre Ableitung geschiehet so wohl durch Vorsylben als auch durch Nachsylben. Vorsylben sind hier be und ge; doch erstere nur selten, behende, bequem. Die meisten Beschaffenheitswörter, welche diese Vorsylbe haben, stammen wieder von ähnlichen Zeitwörtern her, beträchtlich von betrachten. Häufiger ist ge, welche doch oft auch nur eine müßige Verlängerung ist: gerecht, gering-e, geschwind-e, genau, gemach, gelind-e, geheim, gesund, getrost, gewiß, gemein, gerad-e, getreu. Bestimmter ist diese Vorsylbe, wenn sie Participia Präteriti aus dem Wurzellaute der Verborum bilden hilft, wo sie nebst den Nachsylben en und et den Begriff der vollbrachten Wirkung hat: geschlagen, geblutet.

§. 478. Fruchtbarer sind für die Beschaffenheitswörter die Nachsylben, Adverbia von andern Redetheilen und nicht selten von andern Adverbien zu bilden. Die vornehmsten sind folgende:

bar: 1. Von bar, bloß, einen Mangel, eine Abwesenheit zu bezeichnen; eine veraltete Ableitungssylbe. 2. Von dem alten baren, tragen, eine Anwesenheit oder Möglichkeit: fruchtbar, tragbar, sichtbar, zahlbar, zählbar, strafbar; eine Verursachung, kostbar, fruchtbar, nutzbar; eine Ähnlichkeit, Gleichheit, ehrbar, scheinbar, sonderbar, wunderbar. In allen Bedeutungen sehr häufig, Adverbia aus Verbis zu bilden, tragbar, haltbar, fehlbar, brennbar, streitbar, zerstörbar.

el, einen Besitz des Wurzelbegriffes, nur in einigen: dunkel, eitel, edel, ekel, übel.

en, n: 1. Eine Materie, häufig mit dem Umlaute, oft aber auch nicht, wie ern: hären, messingen, leinen, flächsen, hänfen, golden, fichten, büchen, irden, kupfern, silbern, ledern, von Kupfer, Silber, Leder. 2. Eine Beschaffenheit, wie er: eben, eigen, trocken, offen. 3. Eine vollbrachte Wirkung, an den Participiis Präteriti der irregulären Zeitwörter, gefunden, gebrochen, gegangen. 4. Als eine eigene Ableitung, Umstandswörter zu bilden, lebt sie noch in vornen, hinten u. s. f. Siehe oben. Aber in Beschaffenheitswörtern wie in den Oberdeutschen bittlichen, schriftlichen, gänzlichen, wirklichen, für die Adverbia bittlich, schriftlich, gänzlich, wirklich, ist sie im Hochdeutschen veraltet.

end, aus der vorigen und dem d, Participia Präsentis zu bilden, liebend, suchend, gehend.

er, eine Beschaffenheit, wie el, nur häufiger: bitter, finster, sauber, sauer, mager, heiser, tapfer, heiter, lauter, munter, sicher, wacker.

ern, aus er und en oder n zusammen gesetzt: 1. eine Materie, wie en, gemeiniglich mit dem Umlaute, 1. hölzern, eisern, gläsern, dräthern, steinern, zinnern, bleyern, alabastern. 2. Eine bloße Beschaffenheit, nur in einigen wenigen, nüchtern, albern, schüchtern, lüstern.

ef, t,

Adverbium. 2. Bildung.

et, t, eine vollbrachte Wirkung, für die Participia Präteriti der regulären Verborum, geliebet, gelobt, gebrannt, gebrennet, gefruchtet.

haft, von haben, sehr fruchtbar, Beschaffenheitswörter aus Haupt = und Zeitwörtern zu bilden, die Anwesenheit des Wurzelbegriffes zu bezeichnen: gewissenhaft, mangelhaft, fehlerhaft, herzhaft, nahrhaft, dauerhaft; eine Neigung, sündhaft, lasterhaft, boshaft, flatterhaft, plauderhaft; eine Ähnlichkeit, fieberhaft, bettelhaft, schalkhaft, mannhaft, stammhaft; eine Verursachung, schreckhaft, schmerzhaft, glaubhaft. Ihnen noch ein müßiges ig anzuhängen, wie im Oberdeutschen, glaubhaftig, schreckhaftig, ist im Hochdeutschen unnöthig und veraltet.

icht, (niemahls igt,) eine Ähnlichkeit, Beschaffenheitswörter aus Substantiven zu bilden, dinticht, erdicht, buckelicht gehen, bergicht, holzicht, grasicht, thöricht, öhlicht. Da nicht alle Hauptwörter diese Ableitung ertragen, sie in manchen auch niedrig ist, so muß diese Sylbe oft durch isch, lich, haft und artig ersetzt werden, thierisch, hündisch, menschlich, bettelhaft, glasartig, weinartig.

ig, welche mit der vorigen und mit lich nicht verwechselt werden muß, eine sehr fruchtbare Ableitungssylbe, einen Besitz, die Anwesenheit des ersten Theiles der Zusammensetzung, von allen

Redetheilen: gütig, muthig, schmutzig, bergig, buckelig, dornig, haarig, saftig, steinig, gräthig, völlig, einig, niedrig, meinig, deinig, gehörig, willfährig, gelehrig, zweydeutig. Viele nehmen dabey den Umlaut an, andächtig, aussätzig, gnädig, mächtig, müßig. Viele Hauptwörter, die diese Ableitungssylbe allein nicht vertragen, leiden sie in der Zusammensetzung, wie Kopf, Hand, Fuß, Stiel, Seite, Spalte, Form, Herz, Mahl, Tag, Auge, Zunge u. s. f. großköpfig, dreyfüßig, vierstielig, einseitig u. s. f. Von den meisten Adverbien dieser Art werden vermittelst der abstracten Ableitungssylbe keit wieder Hauptwörter gebildet, die Beschaffenheit als etwas selbständiges zu bezeichnen, Gütigkeit, Einigkeit, Zweydeutigkeit; ja viele Adverbien, welche diese Sylbe an und für sich nicht haben, müssen sie erst annehmen, wenn Abstracta auf keit aus ihnen gebildet werden sollen, Blödigkeit, Süßigkeit, Härtigkeit, Gerechtigkeit; besonders die auf los, Gedankenlosigkeit. In vielen Fällen werden vermittelst dieser Sylbe Umstandswörter bloß darum zu Beschaffenheitswörtern erhöhet, um sie vermittelst der Concretion Substantiven einverleiben zu können, und diese sind alsdann als bloße Adverbia nicht üblich: baldig, bisherig, dasig, dortig, vorig, jezig, gestrig, obig, hiesig, heutig, alle Zahlwörter auf mahlig u. s. f. Sonstig und morgig für morgend sind im Hochdeutschen ungewöhnlich. Man hüte sich, diese

Ablei=

Adverbium. 2. Bildung.

Ableitungsſylbe zu keinen neuen Beſchaffenheitswörtern wider den Sprachgebrauch zu mißbrauchen, z. B. abfällig werden, für abfallen, die abgängige Poſt, für abgehende.

iſch, eine ſehr alte Ableitungsſylbe, welche vermuthlich durch die ziſchende Ausſprache aus ig und icht entſtanden, wenigſtens ihre Bedeutungen in ſich vereinigt. 1. Ein Beſitz, eine Anweſenheit, wie ig: neidiſch, argwöhniſch, abergläubiſch, mißtrauiſch. 2. Zu einer Perſon oder Sache gehörig, von ihr herkommend, in ihr gegründet: ſtiftiſche Lande, ſtädtiſche Einwohner, gebirgiſche Leute, die waiſenhäuſiſche Buchhandlung. Beſonders von fremden Wörtern für das lat. icus: philoſophiſch, bibliſch, katholiſch, politiſch, grammatiſch; und von eigenen Nahmen aller Art: Franzöſiſch, Preuſſiſch, Sächſiſch, Däniſch, Berliniſch, Leipzigiſch, Hamburgiſch, Lutheriſch, Homeriſch, Wolfiſch. 3. Eine Fertigkeit, Neigung zu einer Sache: aufrühriſch, zänkiſch, ſtürmiſch, verführiſch oder verführeriſch. 4. Eine Ähnlichkeit, wie icht und lich: mahleriſch, redneriſch, buhleriſch, heuchleriſch, ketzeriſch, poetiſch, ſclaviſch, engliſch; oft im verächtlichen Verſtande, weibiſch, kindiſch, thieriſch, viehiſch, hündiſch. Um des unangenehmen Ziſchlautes willen, vertauſchet man dieſe Sylbe, wenn der Sprachgebrauch es verſtattet, gern mit ig: abergläubig, argwöhnig, haushältig, anhängig.

lich,

lich, der Wurzellaut von gleich, überaus fruchtbar, Beschaffenheitswörter von Verbis und Nennwörtern zu bilden. 1. Eine Ähnlichkeit, fürstlich, männlich, kindlich, jugendlich, göttlich, menschlich, bräunlich, bläulich, röthlich, süßlich, säuerlich. 2. Eine Art und Weise, bildlich, käuflich, eidlich, nahmentlich, augenblicklich, mündlich, jährlich, täglich, wöchentlich, klärlich, gütlich, mißlich, kühnlich, worunter manche nur als Adverbia allein gebraucht werden, folglich die Concretion nicht annehmen. Viele solche Adverbia, denen das lich ohne Noth angehänget worden, sind im Hochdeutschen veraltet, dankbarlich, gnädiglich, gehorsamlich, listiglich; besser dankbar, gnädig, gehorsam, listig. 3. Eine Möglichkeit, sterblich, was sterben kann, einer Sache empfänglich seyn, dienlich. 4. Eine Anwesenheit, einen Besitz, tauglich, schicklich, ersprießlich, schmerzlich, hinlänglich, einträglich, unglücklich, füglich, schädlich, schimpflich. Von Verbis, daher auch den Begriff des Verbi wirklich enthaltend, sowohl thätig: erbaulich, lächerlich, beförderlich, beweglich, schrecklich, erfreulich; als auch leidend: üblich, erforderlich, erweislich, unaussprechlich. 4. Ein Eigenthum, bischöfliche Güter, die fürstliche Würde, die königliche Krone, die göttlichen Eigenschaften, wo die Ableitungssylbe durch den Genitiv erkläret werden muß. Wenn sich das Stammwort bereits

auf

Adverbium. 2. Bildung

auf ein el endigt, so ist die Ableitungssylbe nicht lich, sondern ig, damit el durch den doppelten Consonanten nicht eine ihm nicht gebührende Schärfe erhalte; also adelig, untadelig, kitzelig, hügelig, bügelig, gipfelig, nebelig, knorpelig, schwefelig, schwindelig, stachelig, schimmelig, winkelig, und nicht adellich, untadellich, und noch weniger adelich, kitzelich u. s. f. weil wir keine Ableitungssylbe ich für die Adverbia haben.

licht, welches nur im Oberdeutschen üblich ist, eine geringe Ähnlichkeit von andern Beschaffenheiten zu bezeichnen, schwärzlicht, röthlicht, weißlicht, laulicht. Im Hochdeutschen gebraucht man dafür lich.

sam, eine alte Nachsylbe, welche als eine eigene Partikel noch vor wenig Jahrhunderten vorhanden war, eine Ähnlichkeit, Art und Weise, vorzüglich aber eine Fähigkeit und Fertigkeit zu bezeichnen: arbeitsam, bedachtsam, genügsam, erfindsam, biegsam; oft auch eine Anwesenheit: mühsam, bedachtsam, sorgsam. Ehedem bildete man davon Hauptwörter auf e, wovon noch Gerechtsame und Gewahrsame übrig sind, jetzt auf keit: Arbeitsamkeit, Achtsamkeit, Folgsamkeit.

selig, vermuthlich von selig, so fern es ehedem Menge, Reichthum, Überfluß bedeutete, daher die damit gebildeten Wörter auch als zusammengesetzt betrachtet werden können: glückselig, leutselig, saumselig, armselig, feindselig, hold-

holdselig, mühselig. Vielleicht auch eine Ähnlichkeit, gottselig. Alle leiden Substantiva auf keit.

§. 479. Vermittelst dieser Ableitungssylben kann ein Wurzelbegriff als eine unselbständige Beschaffenheit auf verschiedene Art bestimmt werden: thonicht, dem Thone ähnlich, thonig, Thon enthaltend, thönern, aus Thon bereitet, thonartig, wie Thon geartet. So auch kupfericht, kupferig, kupfern, kupferartig; furchtbar, fürchterlich, furchtsam; schreckbar, schreckhaft, schrecklich. Manche dieser Nachsylben, z. B. ig, lich und sam, sind zwar überhaupt gleich bedeutend, allein der Gebrauch hat doch die damit gebildeten Wörter genau eingeschränkt.

§. 480. Eben so viele Adverbia sind zusammen gesetzt und zwar so wohl mit Substantiven, baumstark, grundfalsch, gesetzmäßig, grasgrün, blutdurstig, sinnreich, weltkundig; als auch mit andern Adverbiis, freywillig, wohlgebohren, halbjährig, selbst mit Umstandswörtern, hinfällig, abgünstig, voreilig; wohin auch die für sich selbst veralteten Partikeln erz und un gehören, wovon besonders die letzte eine Menge Adverbien als Vorsylbe bilden hilft. Die Adverbien artig, frey, haltig, leer, los, reich, voll, werth, würdig, u. s. f. lassen sich einer Menge Substantiven anhängen, neue Beschaffenheitswörter zu bilden: alaunartig, sorgenfrey, erzhaltig, gedankenleer, hülfslos, fischreich, anmuthsvoll, liebenswerth, ehrwürdig;

wohin

Adverbium. 3. Concretion.

wohin für die Zahlwörter auch ley, fach und faltig gehören.

§. 481. Oft werden Wörter erst durch die Zusammensetzung zu Adverbien, anstatt, allezeit, allerwegen, da sie denn oft zum Merkmahl ihrer Bestimmung das adverbialische s am Ende bekommen, diesseits, seitwärts, allerseits, allerdings. Oft werden ganze Redensarten adverbialisch gebraucht, ohne daß es um deßwillen nöthig wäre, sie als ein Wort zu schreiben, zu Folge, zu Liebe.

3. Concretion der Adverbien.

§. 482. Da die Adverbia alles Unselbständige für sich allein betrachtet darstellen, so sind sie auch der weitläufigste und fruchtbarste Redetheil, aus welchem alle übrige, die das Unselbständige bezeichnen, das Verbum selbst nicht ausgenommen, entstanden sind. Besonders und unmittelbar stammen von ihnen alle Bestimmungswörter des Substantives her, welche die Beschaffenheit als eine Eigenschaft ausdrucken, das ist, welche den Begriff, welchen das Adverbium für sich allein betrachtet, dem Dinge als beygelegt und an demselben befindlich darstellen.

§. 483. Diejenige Biegung, wodurch eine Beschaffenheit zur Eigenschaft erhöhet, oder ein Adverbium in ein Nennwort und besonders in ein Adjectiv verwandelt wird, heißt die Concretion, weil dadurch das abstract gedachte Prädicat einem Dinge einverleibet und folglich concresciret wird. Die Concretion geschiehet allemahl
durch

durch die Sylbe e, welche denn nach Befinden der Umstände noch die Geschlechts- und Declinations-Laute an sich nimmt. Von dem Adverbio gut kommt das Adjectiv der gut-e, die gut-e, das gut-e, und mit den Declinations- und Geschlechtslauten, des gut-e-n, die gut-e-n, ein gut-e-r, ein gut-e-s.

§. 484. Indessen lassen sich nicht alle Adverbia concresciren oder als Nennwörter gebrauchen. Dahin gehören: 1. die Umstandswörter, welche eigentlich keine Concretion leiden, weil das was außer dem Dinge befindlich ist, demselben nicht als beygelegt gedacht werden kann: hier, da, hin, her, fort, jetzt, wohl, gern, wie, wahrlich, vielleicht. Soll ihr Begriff als eine Eigenschaft ausgedruckt werden, so müssen sie erst durch die Ableitungssylbe ig dazu geschickt gemacht werden: dasig, hiesig, dortig, baldig, bisherig, damahlig, zweymahlig, heutig, gestrig, alleinig, u. s. f. in welcher Gestalt sie aber nicht wieder als Adverbia gebraucht werden können. Einige Umstandswörter lassen sich concresciren, selten, frühe, spät, weit, letzt, vermuthlich weil man sie zugleich als Beschaffenheitswörter betrachtet. 2. Was durch die Laute en und s auf unveränderliche Art zu einem Adverbio und besonders zu einem Umstandsworte gepräget worden: bisweilen, allenthalben, oben, droben, unten, neben, darneben, außen, innen, abends, bestens, uneins, falls, jenseits, anders, besonders, ingleichen alle mit wärts zusammen gesetzte. 3. Viele
von

von andern Nebenwörtern abgeleitete auf lich, welche bloß eine Art und Weise bezeichnen, klärlich, höchlich, bitterlich, kühnlich, leichtlich, mißlich, schwerlich u. s. f. welche vorzüglich im Oberdeutschen häufig sind, wo man sie auch wohl zu concresciren pflegt. 4. Folgende: abwendig, allein, allgemach, angst, anheim, anheischig, ansichtig, aufrecht, ausfindig, bündig, eingedenk, eitel, in einer Bedeutung, entzwey, feind, gemach, gram, gut, in der Bedeutung einem gut seyn, habhaft, heil, in der Niederdeutschen Bedeutung, heim, kund, lauter, leid, noth, nütze, quitt, unpaß, wund, und andere mehr; vermuthlich weil man sie als Umstandswörter betrachtete, welches viele unter ihnen wirklich sind.

§. 485. Manche werden wirklich concret gebraucht, ohne das Concretions-Zeichen, wie die Hauptzahlen in den meisten Fällen, zwey Jahre, neun Pfund, die mit halb zusammen gesetzten Zahlwörter, dritthalb Monath, ferner allerhand und die Zusammensetzungen mit ley, vielerley, dreyerley. Auch viel, mehr und wenig in manchen Fällen; alles, weil sie eigentlich Umstandswörter sind, daher man nicht wußte, ob man sie concresciren sollte oder nicht.

§. 486. Hingegen gibt es auch Adverbia, welche als solche nicht mehr üblich sind, theils weil das unconcrescirte Umstands- oder Beschaffenheitswort völlig veraltet ist, theils nur, weil es nicht außer der Concretion üblich ist. Veraltet ist es von dem Artikel der, und von den Pronominibus dieser, jener, selber, wovon doch die Wurzel selb noch in selbdritte lebt, u. s. f. Ungewöhnlich: 1. von den Ordnungszahlen zweyte, dritte u. s. f. ob man gleich neue Adverbia von ihnen bilden kann, zweytens, drittens. 2. Von den Wiederhohlungszahlen mit mahlig. 3. Von den abstracten Possessivis der meinige, deinige u. s. f. 4. Von den meisten Superlativen, davon hernach. 5. Von den aus Umstandswörtern vermittelst der Nachsylbe ig gebildeten Adjectiven, der dasige, hiesige, heutige, gestrige u. s. f. wohin auch allerseitig, jenseitig, dießseitig, beyderseitig u. s. f. gehören. 6. Viele nur in der Zusammensetzung besonders mit Zahlwörtern übliche Adjective, zweysylberig, dreytägig, achtstündig u. s. f. 7. Folgende: abendlich, abschlägig, baulich, besonder, welches sein eigenes Adverbium besonders hat, morgend, nächtlich, mitternächtlich, mittägig und vielleicht noch andere mehr.

4. Steigerung der Adverbien.

§. 487. Wenn der Begriff eines Adverbii absolut, ohne Vergleichung und ohne Bestimmung des Grades, von einem Subjecte gesagt wird, so stehet es im positiven Stande oder ist ein positives Adverbium: die Sonne scheint warm, der Baum ist hoch. Allein, zuweilen lassen sich an einem Umstandsworte, und noch häufiger und eigentlicher an einem Beschaffenheitsworte mehrere Grade ausdrucken, und so fern dieses an dem Worte selbst geschiehet, heißt solches die

Adverbium. 4. Steigerung.

die Steigerung, oder, obgleich nicht so richtig, die Comparation.

§. 488. Durch die Steigerung kann der Begriff eines Adverbii auf gedoppelte Art erhöhet werden; entweder so, daß man ein Ding mit andern vergleicht, und ihm eine Beschaffenheit in einem höhern Grade beylegt, der Baum ist höher als das Haus; oder so, daß man die Beschaffenheit eines Dinges über alle einer gewissen Art erhebt, der Baum ist der höchste auf dem Felde, in dem Walde, oder unter allen. Im erstern Falle stehet das Adverbium im comparativen Stande, welcher auch der Gradus comparativus heißt, im letztern aber im superlativen Stande oder im Gradu superlativo. Der Positivus kann zwar ein Stand oder Zustand, aber kein Grad genannt werden.

§. 489. Gesteigert können werden alle Adverbia, deren Bedeutung es erlaubet. Folglich nicht: 1. die meisten Umstandswörter, also auch nicht wohl, gern; außer oft, nahe, frühe, spät, ehe. 2. Die Zahlwörter, einige bestimmte ausgenommen. 3. Beschaffenheitswörter, welche eine Materie bedeuten, außer zuweilen im figürlichen Verstande, das ehernste Herz, die eisernste Brust. Kurz 4. alles, was schon durch sich selbst so bestimmt ist, daß es einen höhern Grad ausschließt: baumstark, adelig, blutfremd, steinhart, allmählig, altfürstlich, todt, schriftlich, wahr, ziemlich. Doch verstatten viele um des Nachdruckes willen den Superlativ:

tiv: der blutfremdeste Mensch, das vieldeu=
tigste Wort, der vielgültigste Vorspruch.
Manche, deren Bedeutung die Steigerung litte,
haben sie nicht hergebracht: ablang, angst,
bloß, gar, los, feind, gram, recht, un=
recht, theilhaft.

§. 490. Die Steigerung geschiehet im Deut=
schen so, daß dem Positiv im Comparativo er,
und im Superlativo st oder est angehänget wird.
Die mit Nachsylben abgeleiteten Adverbia haben
so wie die Participia dabey den Umlaut nie, la=
sterhaft, lasterhafter, lasterhafteste. Wohl
aber die meisten Wurzelwörter, wenn ihr Hülfs=
laut kein Doppellaut ist: arm, ärmer, ärmste.
Von denen, welche ihn nicht haben, merke man:
abgeschmackt, blaß, bunt, fahl, falsch,
flach, froh, gemach, gerade, geschlank,
glatt, hohl, hold, kahl, karg, knapp,
lahm, los, matt, morsch, nackt, platt,
plump, roh, rund, sacht, sanft, satt,
schlaff, schlank, starr, stolz, straff, stumm,
stumpf, toll, voll, zahm. Die deren Hülfslaut
ein Diphthonge ist, haben ihn nicht, folglich nicht
räuher, räuhest, sondern rauher, rauhest.

§. 491. Der Comparativ wird durch die Anhän=
gung der Biegungssylbe er an den Positiv ausge=
druckt, wenn sich derselbe aber auf ein milderndes e en=
digt, durch ein bloßes r: frohe, froher; blöde,
blöder; bange, bänger, lose, loser. En=
digt sich der Positiv auf el und er, so kann die
Ableitungssylbe ihr e verlieren, welches in el bey=
nahe

Abverbium. 4. Steigerung.

nahe nothwendig wird: ſicher, ſichrer; bitter, bittrer; edel, edler; eitel, eitler.

§. 492. Der Superlativ hängt dem Poſitiv ein ſt oder eſt an: theuerſt, oberſt, von theuer, ober, alſo nicht theureſt, obriſt. Ein bloßes ſt bekommen: 1. Alle mit Nachſylben abgeleitete Adverbia, die auf et, t, haft und icht ausgenommen: dankbarſt, anmuthigſt, väterlichſt, verbundenſt, furchtſamſt. 2. Alle Wurzelwörter, welche ſich auf ein b, ch und g, ingleichen auf ein einfaches f, l, m, n und r endigen: gröbſt, derbſt, ärgſt, ſchmählſt, ſchönſt, leerſt, feinſt, gelbſt, bleichſt, ſchärfſt, grünſt, jüngſt. Welche im Poſitiv ſchon das mildernde e haben, behalten es nach dem d und h bey, blödeſt, müdeſt, geſchwindeſt, froheſt, früheſt; in den übrigen werfen ſie es weg, herbſt, längſt, bängſt, engſt.

§. 493. Hingegen bekommen um des Wohllautes willen eſt: 1. Die abgeleiteten auf haft und icht: ſchmeichelhafteſt, lebhafteſt, dornichteſt. 2. Die Wurzelwörter auf d, h, k, ſſ, pf, und auf ein verdoppeltes ll, rr, mm, nn, pp: wildeſt, geſundeſt, holdeſt, rundeſt, roheſt, rauheſt, ſchlankeſt, krankeſt, ſchlaffeſt, ſtumpfeſt, dürreſt, tolleſt, ſtummeſt. Ausgenommen ſind die Participia auf end, reitzendſt. Die auf ein ck, rr, nn, und mm können es wenn der Wohllaut es leidet, auch wohl entbehren, dickſt, dünnſt, dürrſt, ſtummſt. 3. Die Wurzelwörter auf s, ß, ſt,

und

und 3: gewissest, süßest, festest, kürzest. Auch die einsylbigen auf sch, falschest. Sind sie aber abgeleitet, und man kann sie nicht entbehren, so bekommen sie an statt des est ein bloßes t: der bübischte, bäuerischte, viehischte, weibischte; welchem Beyspiele auch groß folget, welches lieber größt als grössest hat. Auch andere auf ß lassen sich, wenn sie verkürzet werden müssen, auf ähnliche Art bilden, süßt, blaßt. 4. Wurzelwörter, welche sich auf ein t, endigen, vor welchem noch ein Hauptlaut her gehet, härtest, schlechtest, ältest, geliebtest, betrübtest. Die Participia Präteriti auf et nehmen es nicht an: gesittest, gegründetst, verachtetst. Auch das t wegzuwerfen ist fehlerhaft; also nicht verachtest, gegründest. Wenn ein anderer Hülfslaut vorhergehet, ist beydes üblich: breiteste, breitste, lauteste, lautste. 5. Die sich auf einen Hülfs- oder Doppellaut endigen: schlauest, blauest, grauest, freyest. Doch können es auch einige entbehren, neuest und neust, treuest und treust.

§. 494. Alle gesteigerten Adverbia können concresciret, und folglich zu Adjectiven erhöhet werden, S. §. 313. S. 225. Ja der Superlativ ist nur selten außer der Concretion üblich: höchst, jüngst, längst, meist, allerliebst, und die in der gesellschaftlichen Höflichkeit und den Titulaturen üblichen gehorsamst, unterthänigst, freundlichst, gnädigst, allergnädigst, verbundenst, verbindlichst, können für sich als Adverbia stehen; die meisten übrigen müssen entweder

der durch eine neue Ableitung dazu geschickt gemacht werden, bestens, wenigstens, höchstens, schönstens, zweytens, drittens, u. s. f. oder mit an, auf und zu umschrieben werden, am besten, am schönsten, auf das beste, auf das schönste, zum besten, zum schönsten; welche doch von verschiedener Bedeutung sind, und worunter die Form mit zu in die Sprache des gemeinen Lebens gehöret.

§. 495. Einige Adverbien weichen in der Comparation von der gewöhnlichen Form ab. Hoch, nimmt im Positiv, wenn es concrescirt wird, ein h an, der hohe; Con.par. hoher, Superl. höchst, der höchste; nahe, näher, der nächste. Andere entlehnen den Comparativ und Superlativ von andern Wörtern: bald, eher, ehest; gut, besser, best; viel, mehr, meist.

§. 496. Andere sind defectiv, d. i. es ist nur einer oder der andere Grad von ihnen üblich. Diejenigen, welche sich nicht steigern lassen, folglich nur im Positiv gebraucht werden, sind schon angezeigt. Minder und mindest haben ihren Positiv min oder mind verlohren. Von andern ist nur der Superlativ gangbar, z. B. von dem ungewöhnlichen baldig, auf das baldigste, doch nur im gemeinen Leben. Von dem für sich allein veralteten Adverbio mittel, welches concrescirt der mittlere lautet, hat man den Superlativ mittelst. Der äußerste, innerste, hinterste, oberste, vorderste, unterste u. s. f. sind Superlative von den Positivis der äußere, inne-

innere, u. s. f. welche irrig für Comparative gehalten werden. Es sind nur ungewöhnlich concrescirte Positive von den Umstandswörtern außen, innen, unten, oben, u. s. f. deren adverbische Ableitungssylbe en keine andere Concretion leidet.

§. 498. Die Deutsche Steigerung ist eine wahre Steigerung, weil sie den Grad erhöhet. Ihn zu vermindern kann man sich statt des Comparativs oft des *weniger*, und in der eblern Schreibart des *minder* bedienen, welche Form keine bloße Nachahmung des Französischen *moins* ist, sondern schon bey dem Ottfried vorkommt: die minder mächtigen Stände; minder schön, minder gelehrt. Auf eben dieselbe Art lassen sich der Comparativ und Superlativ durch *mehr* und *am meisten* umschreiben: sey meiner mehr eingedenk; mehr traurig als lustig.

Das zehnte Kapitel.
Von den Präpositionen.

§. 499.

Die Präpositionen sind Umstandswörter, welche das Verhältniß zwischen zwey Dingen, worin sie durch das Prädicat gesetzt werden, bezeichnen. Cajus kommt von Wien, er that es aus Liebe. Sie ersetzen das, was durch die Casus der Declination nicht ausgedruckt werden

Von den Präpositionen.

den kann, und werden daher in einer Sprache, deren Declination mangelhaft und unvollkommen ist, wie z. B. die Deutsche, häufiger gebraucht, als in einer andern, welche vollständigere Declinationen hat, wie z. B. die Lateinische. Sie heissen **Präpositionen**, weil sie dem Dinge, mit welchem ein anderes in Verhältniß stehet, gemeiniglich vorgesetzet werden.

§. 500. Die Präpositionen sind ihrem Ursprunge nach Umstandswörter, d. i. Adverbia, und heissen nur in so fern Präpositionen, als sie das jetzt gedachte Verhältniß bezeichnen. Außer dem sind und bleiben sie, was sie vorher waren, wahre Adverbien: die **Predigt ist aus, der Knopf ist ab, ich halte es mit**; wohin vornehmlich auch der Fall gehöret, wenn sie mit andern Wörtern zusammen gesetzet werden, **Abgang, Mitglied, Beyläufer, Ankunft, Gegenstand, abwesend, beyher** u. s. f. Besonders mit Verbis, wo sie in den meisten Fällen Adverbia sind, und nur dann als Präpositionen angesehen werden können, wenn sie das oben gedachte Verhältniß wirklich bezeichnen, und der Casus des Verbi von ihnen, nicht aber von dem Verbo herkommt: **einem beystehen, den Wald durchlaufen**. Die Vorsylben **be, ge, ent, er, ver,** und **zer** und die außer der Zusammensetzung veralteten Wörter **miß, un, ur** u. s. f. können am wenigsten Präpositionen genannt werden.

§ 501. Indessen rühret der Casus des mit einem andern im Verhältnisse stehenden Dinges nicht von der Präposition, sondern von dem Verhältnisse selbst her, indem Sprachen, welche vollständige Declinations-Zeichen haben, dieses Verhältniß in vielen Fällen durch den bloßen Casum ausdrucken, wo die Deutsche und andere Sprachen Präpositionen nöthig haben; daher man nur uneigentlich sagen kann, daß sie einen Casum regieren oder zu sich nehmen.

§. 502. Die Präpositionen sind entweder Wurzelwörter, oder vielmehr Wurzellaute, und gleich anfänglich zu Umstandswörtern bestimmt, wie ab, an, auf, aus, mit, durch, von, nach u. s. f. oder sie sind von andern Redetheilen entlehnet und zuweilen abgerissen, wie laut, kraft, besagte, während, halben, oder sie sind abgeleitet, wie zwischen, unter, hinter, gegen, außer, nächst, nebst, neben, u. s. f. deren Stammwörter zum Theil mit andern Ableitungssylben noch in den bloßen Umstandswörtern unten, hinten, außen leben; oder endlich zusammen gesetzt, wie anstatt, zuwider, außerhalb, innerhalb, diesseits, jenseits, unweit, u. s. f. Die letztern werden oft uneigentliche Präpositionen genannt, allein da sie wahre Umstandswörter sind, sie auch mit den Wurzelwörtern einerley Verhältniß bezeichnen, so sind sie eben so wohl eigentliche Präpositionen, als Durchgang, Widerstand, hoffnungslos u. s. f. eigentliche Substantive und Adjective sind.

§. 503. Die Deutschen Präpositionen werden entweder mit dem Genitiv allein verbunden,

Von den Präpositionen.

den, oder mit dem Dativ allein, oder mit dem Accusativ allein, oder mit dem Genitiv und Dativ zugleich, oder endlich, obgleich in verschiedenen Verhältnissen, so wohl mit dem Dativ als mit dem Accusativ.

§. 504. 1. Mit dem Genitiv werden verbunden, anstatt oder nur statt, halb oder halben, und dessen Zusammensetzungen außerhalb, innerhalb, oberhalb, unterhalb, kraft, laut, mittelst oder vermittelst, ungeachtet, unweit, vermöge, während, wegen. Manche andere angesehen, unangesehen, ungehindert, unerwogen u. s. f. gehören zu den Blumen des Curial=Styles.

§. 505. Anstatt, oder im gemeinen Leben kürzer statt, bezeichnet das Verhältniß, da etwas an der Statt oder Stelle eines andern geschiehet: anstatt oder statt des Fürsten war ein Minister da. Das erstere kann in manchen Fällen auch wieder getrennet werden, an des Fürsten statt, an meiner statt; welches zuweilen nothwendig ist, an Kindes statt annehmen. Statt als ein eigenes Hauptwort mit dem Possessivo zu verbinden, an meine Statt, für an meiner statt, ist im Hochdeutschen ungewöhnlich.

§. 506. Halb, halben und halber, von dem alten Hauptworte die Halbe, die Seite. Halb bezeichnet das Verhältniß des Ortes, die Gegend, Richtung oder Seite, lebt aber nur noch in außerhalb, innerhalb, oberhalb und unterhalb, welche alle den Genitiv erfordern; also

nicht

nicht innerhalb drey Tagen, sondern dreyer Tage. Halben und halber bezeichnen einen Bewegungsgrund; beyde werden dem Substantiv nachgesetzt, halber aber stehet am liebsten, wenn dasselbe keinen Artikel hat: ich thue es der Freundschaft halben, deiner Laster halben, Alters halber, Scheins halber; welche ohne Noth und Grund zusammen gezogen werden, scheinshalber. Halben wird in der vertraulichen Sprechart gerne mit den Possessivis zusammen gesetzt, da denn jene noch das t euphonicum bekommen, meinethalben, deinethalben, eurethalben.

§. 507. Kraft und laut sind eigentlich Hauptwörter, wovon das erste als Präposition das Verhältniß der wirkenden Ursache, und letzteres des Inhaltes bezeichnet: kraft der Gesetze, kraft des mir aufgetragenen Amts; laut des königlichen Befehls, wofür im Curialstyle auch besage und inhalts gebraucht werden. Mittelst, edler vermittelst, von Mittel, kündiget das Verhältniß eines Mittels, einer Beyhülfe an: mittelst göttlicher Hülfe, vermittelst deines Beystandes.

§. 508. Ungeachtet, nicht so richtig unerachtet, und noch weniger ohnerachtet, druckt das Verhältniß der unterlassenen Rücksicht aus: Ungeachtet seiner Geschicklichkeit überging man ihn doch; am liebsten aber hinter dem Substantiv, seiner Geschicklichkeit ungeachtet; alles dessen ungeachtet. Der Dativ, dem ungeachtet, oder wohl gar
dem

Von den Präpositionen.

dem ohnerachtet, läßt sich mit nichts entschuldigen. Unweit und das großen Theils veraltete unfern bezeichnen das Verhältniß der Nähe: unweit der Stadt, des Hauses. Nicht so richtig ist hier der Dativ, unweit dem Hause, welche Form durch von ergänzet werden muß, unweit von dem Hause, in welchem Falle unweit als ein bloßes Adverbium steht. Vermöge ersetzt das Verhältniß der wirkenden Ursache, des Mittels, des Grundes: das kann ich vermöge meines Rechtes nicht zugeben; vermöge des Testamentes ist Cajus Erbe.

§. 509. Während, eigentlich das Participium des Verbi währen, ist für das Verhältniß der Dauer einer andern Handlung: während der Zeit, da dieses geschahe, nicht währender Zeit; während unsers Gespräches geschahe es; während des Krieges; während dessen. Wegen von dem Wurzellaute weg mit der adverbialischen Ableitungssylbe en, bezeichnet das Verhältniß der bewegenden Ursache, und stehet sowohl vor als nach dem Hauptworte: wegen seines Fleisses, seines Fleisses wegen. Es mit dem Dativ zu verbinden, wegen seinem Fleisse, ist im Hochdeutschen fehlerhaft. Mit den Pronominibus mein, dein, sein u. s. f. gehet es, so wie halben, vermittelst des t euphonici in der vertraulichen Sprechart gern in ein Wort zusammen, meinetwegen, deinetwegen, seinetwegen, euretwegen, denen das um sehr unnöthig vorgesetzet wird, um meinetwegen. Wenn

Wenn es im gemeinen Leben das Verhältniß des Ursprunges bedeutet, so bekommt es noch von, grüße ihn von meinetwegen, von mir, in meinem Nahmen, welches auch in der Redensart von Rechts wegen geschiehet.

§. 510. 2. Den Dativ allein erfordern: aus, außer, bey, entgegen, mit, nach, nächst, nebst, sammt, seit, von, zu, zuwider, und die veralteten ab, binnen, und ob; wovon die vornehmsten in folgenden Versen enthalten sind:

Daphnis an die Quelle.

Nach dir schmacht ich, zu dir eil ich, du geliebte Quelle du!
Aus dir schöpf ich, bey dir ruh ich, seh dem Spiel der Wellen zu;
Mit dir scherz ich, von dir lern ich heiter durch das Leben wallen,
Angelacht von Frühlingsblumen, und begrüßt von Nachtigallen,

Ramler.

§. 511. Aus bezeichnet das Verhältniß des Ortes, in dessen Innern eine Bewegung oder Handlung ihren Anfang nimmt: aus dem Sattel heben, aus dem Bette kommen, aus Berlin seyn; der Materie, aus Wasser Wein machen, es wird nichts aus der Sache; des Erkenntnißgrundes, ich weiß es aus Erfahrung; des Bewegungsgrundes, er thut es aus Geitz. Das davon abgeleitete außer

Von den Präpositionen.

außer schließet Ort, Person und Zustand aus, im ersten Falle wie außerhalb: außer der Stadt wohnen, außer sich seyn, außer Stande, außer Gefahr seyn. Fehlerhaft sind, sich außer Athem laufen, außer Acht lassen, für aus dem, aus der. Wenn es ohne den Dativ ausschließt, ich sahe niemand außer dich, außer diese zwey, so ist es ein bloßes Adverbium und der Accusativ hängt von dem Verbo ab.

§. 512. Bey, sehr fruchtbar, eigentlich das Verhältniß der Nähe an der Seitenfläche eines andern Dinges, doch nur im Stande der Ruhe: bey jemanden sitzen, liegen, stehen, die Spree bey Berlin; den persönlichen Gegenstand, das gilt nichts bey mir; den Gegenstand der Sache, der Beschäftigung, bey Wasser und Brot, bey der Arbeit; das Mittel, Werkzeug, bey der Hand nehmen, bey Lichte lesen; eine Coexistenz, bey großem Gute arm seyn; einen Besitz, bey guter Gesundheit, bey Sinnen seyn; eine Ordnung, Mann bey Mann; einen Bewegungsgrund, bey Gott schwören; eine Anwesenheit unter mehrern, bey uns ist der Wein theuer; eine ungefähre Zeit, bey Tage, bey der Nacht, bey Gelegenheit, bey Zeiten.

§. 513. Entgegen, welches seinem Substantiv allemahl nachgesetzet wird, druckt die Richtung gegen ein anderes Ding aus, dem Winde entgegen reiten, einem Freunde entgegen gehen, sich dem Feinde entgegen setzen. Mit ist

für

für das Verhältniß der Gesellschaft, Verbindung, Gemeinschaft, gehe mit uns, Wein mit Wasser vermischen; der Theilnehmung, welche mit uns leiden; des Werkzeuges, mit dem Degen in der Hand, mit den Augen winken; des Mittels, mit Gutem richtet man viel aus; der Materie, mit Gold belegen; des Gegenstandes so wohl der Person als der Sache, ich halte es mit ihm, verschone mich damit, es ist aus mit ihm; der Art und Weise, mit Geduld ertragen, mit Lust arbeiten; der Zeit, mit Tages Anbruch. In der ersten Bedeutung noch ein sammt anzuhängen, die Alten mit sammt den Jungen, gehöret in die Sprache des gemeinen Lebens.

§. 514. Nach bezeichnet 1. die Richtung einer Bewegung zu einem Orte hin, besonders vor eigenen Nahmen, nach Warschau, nach Frankreich reisen, und vor den Wörtern Hof, und Haus, nach Hofe, nach Hause gehen; eine Richtung in Ansehung der Gegend, den Mantel nach dem Winde hängen; in Ansehung der Person und Sache, nach jemanden schlagen; auch die Richtung des Gemüthes, nach etwas fragen, begierig seyn, streben. 2. Eine Bewegung und einen Zustand hinter einer andern Person oder Sache, so wohl in Absicht des Raumes, nach einander, nach sich ziehen; der Würde und des Werthes, der nächste nach ihm; der Regel und Richtschnur, nach der Vorschrift, sich nach etwas richten; der Gemäßheit, nach Belieben; des Bestim-

Von den Präpositionen.

mungsgrundes, wo es auch hinten stehen kann, meiner **Meinung** nach, seiner **Natur** nach; als auch der Zeit, **nach meinem Tode, nach dreyen Tagen, nach vieler Mühe.**

§. 515. **Nächst,** der Superlativ von **nahe,** bestimmt eine große Nähe des Ortes und des Vorzuges, **er saß nächst mir, nächst dir ist er mir der liebste. Nebst,** von **neben,** mit dem adverbischen Ableitungslaute **st,** bezeichnet eine Coexistenz und Mitwirkung, **meine Freunde empfehlen sich nebst mir. Sammt** ist für das Verhältniß der Gesellschaft, und stehet für **mit** und oft für **und, ihr sammt euren Freunden.** Noch ein **mit** vorzusetzen ist unnöthig. **Seit** bezeichnet eine Zeitfolge von einem bestimmten Zeitpuncte an, **seit der Zeit, seit einem Jahre, seit dem ich ihn kenne;** da denn auch das **dem** zierlich verschwiegen wird, **seit ich dieß Feuer angefacht.** In **seit meines Hierseyns,** wird **seit** irrig mit **Zeit** verwechselt, **Zeit meines Hierseyns, Zeit meines Lebens.**

§. 516. **Von,** sehr fruchtbar, den terminum a quo einer Bewegung und eines Ausspruches so wohl dem Orte als der Zeit nach mit einer Menge von Nebenbegriffen zu bezeichnen; **von dem Berge kommen, von Paris kommen, zehn Meilen von Berlin, von der Zeit an, von dem Morgen bis zum Abend;** den Gegenstand einer moralischen Trennung, **frey von Sorgen;** einen Ursprung, **von guter Hand,** besonders im passiven Verstande, **von je-**

manden gesehen werden; die Theile eines Ganzen, eine Schnur von zehn Ellen, eine Beschaffenheit, ein Mann von Ehre, ein Wunder von einem Menschen, klein von Person; den Inhalt einer Rede, von etwas sprechen. Man hüte sich, dieses von ohne Noth anstatt des Genitivs zu gebrauchen, das Haus von meinem Nachbar, den Schein von der Tugend haben, besser meines Nachbars, der Tugend; welches nur statt findet, wenn sich der Genitiv sonst nicht bestimmen läßt, oder eine Härte verursachen würde, eine Sammlung Dünste, eine Menge Briefe, wo zur genauern Bestimmung des Genitivs von oft nothwendig ist. Von Alters her, ist der einige Fall, da von mit dem Genitiv gebraucht wird.

§. 517. Zu, eine dem Gebrauche nach sehr fruchtbare Partikel, bezeichnet als Präposition den terminum ad quem, komm zu mir, zu Bette gehen; den Stand der Ruhe an einem Orte, zu Danzig seyn, besser in, ein Treffen zur See; eine Zeit, zu Abends, besser abends, zu rechter Zeit; eine Art und Weise, zu Pferde, zu Fuße; das Ziel einer Handlung oder Veränderung, zu Stande kommen, es gehet zum Ende, zu Frieden stellen, mir zum Schaden, Gott zur Ehre, Lust zu etwas haben; ein Verhältniß, den Ducaten zu vier Gulden gerechnet. Zuwider bezeichnet eine Abneigung, die Übertretung einer Richtschnur, und stehet allemahl hinter dem Nennworte,

Von den Präpositionen.

worte, er ist mir zuwider, den Gesetzen zuwider handeln.

§. 518. Die veralteten ab, binnen, inner und ob kommen im Hochdeutschen theils nur noch in Zusammensetzungen vor. Ab bedeutete als Präposition so viel als von, und wird nur noch in Zusammensetzungen, besonders mit Verbis an statt des von gebraucht. Für binnen gebraucht man lieber innerhalb. Ob bedeutete über, und ist außer der Zusammensetzung, obsiegen, obliegen, noch im Oberdeutschen üblich, Österreich ob der Ens. Für inner ist im Hochdeutschen innerhalb gangbar.

§. 519. 3. Den Accusativ allein erfordern durch, für, gegen, (gen,) ohne, das zum Theil veraltetete sonder, um und wider. Sie sind in folgenden Versen enthalten:

Philemon an den Philarist.

Durch dich ist die Welt mir schön, ohne dich würd ich
sie hassen,
Für dich leb ich ganz allein, um dich will ich gern erblassen;
Gegen dich soll kein Verläumder ungestraft sich je vergehn,
Wider dich kein Feind sich waffnen: ich will dir zur
Seite stehn,

Ramler.

§. 520. Durch bezeichnet die Richtung längs der innern Theile eines Körpers, durch das Papier stechen, durch den Sinn fahren,

ren, durch die Thür gehen, durch das Fenster sehen; eine Zeitdauer, wo es auch hinten stehen kann, durch alle Jahrhunderte, die ganze Nacht, das ganze Jahr durch; ein Mittel, durch den Gebrauch abgenutzt werden; eine wirkende Ursache, durch ihn bin ich glücklich geworden.

§. 521. Für, welches mit vor nicht zu verwechseln ist, bedeutet: 1. das Verhältniß, da ein Ding anstatt des andern ist, so wohl der Art nach, für jemanden predigen, so wachsen mir Disteln für Weitzen, ein für allemahl; als dem Werthe nach, für Geld schreiben, etwas für hundert Thaler kaufen; als dem Gegenstande nach, Geld für die Waare, Lohn für die Arbeit bezahlen, der Dank für meine Mühe; als der Beschaffenheit nach, Schmeicheley für Wahrheit halten, ich will es für empfangen annehmen; besonders in Fragen mit was, was für ein Mann ist das? und mit der Trennung, was ist das für ein Mann? Was hast du für Gründe? 2. Den Gegenstand einer Handlung oder Wirkung; der Richtung, Sorgen für die Zukunft, aus Liebe für sich; der Bestimmung, bin ich nur für diese Welt geschaffen? das behalte ich für mich, das ist eine Lehre für dich; des Nutzens, des Vergnügens, des Vortheils, des Dienstes, für das Vaterland streiten, für etwas sorgen, für ihn spricht jeder Tropfen Bluts in mir; des Widerstandes, eine Arzeney für alle Krankheiten,

für

Von den Präpositionen.

für die lange Weile, d. i. zur Vertreibung derselben, aber in einem andern Verstande, vor langer Weile, d. i aus. 3. Eine nähere Bestimmung des Subjects, er, für seine Person, für jetzt, für heute bin ich gesättigt. 4. Eine Ordnung, für das erste, Mann für Mann, Fuß für Fuß. In Zusammensetzungen kommt, ohne Unterschied der Bedeutung, vor häufiger, für nur selten vor, außer etwa in Fürbitte, Fürsprache, fürwahr, und dem unschicklichen Fürwort für Pronomen.

§. 522. Gegen, welches, gegen über ausgenommen, im Hochdeutschen nie mit dem Dativ gebraucht wird, bezeichnet die Richtung eines Zustandes oder einer Bewegung nach einem Dinge zu, gegen Morgen liegen, die anziehende Kraft des Magnets gegen das Eisen, Liebe, Achtung gegen jemand haben, die Pflichten gegen uns selbst; auch mit dem Nebenbegriffe des Widerstandes wie wider, gegen den Wind segeln, gegen einen Befehl handeln, alles streitet gegen dich; der Vertauschung, ich wette hundert gegen eins; der Vergleichung, eines gegen das andere halten, Reichthum ist nichts gegen die Tugend; der Nähe, gegen Abend, gegen das Ende des Blattes. Im Oberdeutschen wird es häufig mit dem Dativ verbunden, welches auch im Hochdeutschen geschiehet, wenn es über bey sich hat, gegen mir über, oder mir gegen über. Das veraltete gen wird nur noch vor dem Worte Himmel ohne

Artikel gebraucht, die Augen gen Himmel richten, und in der Schiffahrt, der Wind ist Nord gen Ost.

§. 523. Ohne, welches nie mit dem Dativ verbunden werden kann, bedeutet einen Mangel, eine Abwesenheit, ohne Sorge seyn, ohne mich könnet ihr nichts, ohne einigen Verzug, ohne alles Recht, ohne allen Zweiffel, wofür man auch wohl mit dem Genitiv sagt, Zweiffels ohne; eine Ausschließung, zehn Personen ohne mich, er thut nichts ohne ihn, es verstehet sich ohne dieß, nicht ohne dem, so häufig es auch ist. Sonder lebt für ohne nur noch bey den Dichtern.

§. 524. Um bezeichnet die Richtung einer Bewegung so wohl als eines Zustandes längs der äußern Fläche eines Dinges, um die Stadt gehen, mit Strahlen um sein Haupt; eine ungefähre Nähe des Ortes und der Zeit, er muß um diese Gegend wohnen, es ist um sechs Uhr; eine Abwechselung, allemahl um den andern Tag, für nach, einer um den andern; einen Gegenstand, es ist eine edle Sache um den lieben Hausfrieden, es stehet schlecht um ihn; besonders des Verlustes, um etwas kommen; des Wissens, er weiß um alle meine Geheimnisse; einer Gemüthsbewegung, sich um etwas bekümmern, kränken; der Bemühung, des Bestrebens, jemanden um etwas bitten; sich um etwas bemühen, es ist ihm nur um die Ehre zu thun, um Lohn arbeiten; einen Unterschied

der

Von den Präpositionen.

der Zeit, Zahl, Größe und Intension, **um zwey Fuß höher, um zwey Tage zu früh.** Wenn in Verbindung mit willen der Genitiv stehet, **um des Himmels willen, um Lebens und Sterbens willen, um unsrer willen,** und mit den Pronominibus zusammen gezogen, **um meinetwillen, um deinetwillen,** so rühret derselbe nicht von um sondern von willen her. Wegen und halben werden im ähnlichen Verstande nicht mit um verbunden; eben so unnöthig ist es vor desto, um desto lieber, besser desto lieber.

§. 525. Wider druckt die Richtung eines Zustandes oder Bewegung in gerader Linie gegen etwas aus, **wider den Strom schwimmen, wider die Wand laufen;** ingleichen den Gegenstand des Widerstandes, der Beleidigung, Übertretung, Abneigung, **wider Gott sündigen, es ist wider die Gesetze, wider Willen, wider Vermuthen, gut wider das Fieber, was hast du wider mich?** Es ist einmahl eingeführet, die Präposition wider und ohne e, das bloße Umstandswort wieder, rursus, mit einem e zu schreiben.

§. 526. 4. Einen Genitiv und Dativ zugleich nehmen zu sich, zu Folge oder zufolge und längs. Das erste erfordert den Genitiv, wenn es vor dem Hauptworte stehet, **zu Folge deines Befehls,** den Dativ aber, wenn es hinter demselben stehet, **deinem Befehle zu Folge.** Längst, oder besser längs, theils auch zum Unterschiede von dem bloßen Umstandsworte längst, bezeichnet die Richtung in die Länge an etwas hin, und wird im Hochdeutschen am häufigsten mit dem Dativ oft aber auch mit dem Genitiv verbunden, **längs dem Wege, oder längs des Weges, längs dem Ufer hinschiffen.**

§. 527. 5. Den **Dativ** endlich und **Accusativ** erfordern, obgleich in verschiedenen Bedeutungen, **an, auf, hinter, in, neben, über, unter, vor und zwischen.** Der Dativ stehet bey ihnen, wenn ein Stand der Ruhe angedeutet werden soll, oder vielmehr, wenn das Verbum zwar eine Bewegung bezeichnet, das Subject aber dabey im Stande der Ruhe gedacht wird; der **Accusativ** aber wenn es im Stande der Bewegung gedacht wird; oder mit andern Worten, der Dativ stehet, wenn ich fragen kann **wo?** der Accusativ aber, wenn ich fragen muß **wohin?**

§. 528. **An,** wird 1. mit dem **Dativ** verbunden, wenn es den Ort, den Gegenstand, das Mittel, und eine Zeit, so wohl im Stande der Ruhe, als einer Bewegung, welche im Stande der Ruhe gedacht wird, bezeichnet; den Ort, **an einem Orte wohnen, stehen, bleiben, an meiner Statt, an der Krücke gehen, an dem Berge herum gehen;** den Gegenstand, **an einer Sache arbeiten, Theil an etwas haben, es ist an mir, arm an Freuden;** das Mittel, **man kennt das Silber an dem Klange;** eine Zeit, **am Anfange, es ist an dem.**

2. Mit dem **Accusativ,** das Ziel einer Handlung, der Richtung des Gemüthes und der Zeit

Von den Präpositionen.

zu bezeichnen; einer Handlung, an den Pfahl binden, sich an etwas halten, an den Hof gehen, Berg an; einer Gemüthsrichtung, an etwas denken, an jemanden glauben, sich an etwas gewöhnen; einer Zeit, mit dem Umstandswörtchen bis, bis an den Abend.

§. 529. Auf, bedeutet 1. mit dem Dativ ein Seyn oder Handeln an und über der Oberfläche des Körpers, als im Stande der Ruhe, auf dem Berge stehen, Lehrer auf Schulen, auf der Flöte blasen, auf der Gasse herum gehen, auf der Grube gehen, auf den Händen tragen, auf der Jagd seyn, auf der Reise sterben.

2. Mit dem Accusativ, eine Richtung in die Höhe, auf den Berg steigen; nach der Oberfläche eines Körpers, auf den Kopf fallen, auf den Fuß treten, ein Pflaster auf die Wunde; oft nach einem jeden Gegenstande, auf die Post gehen, auf die Messe reisen, das Haus gehet auf die Gasse, auf etwas zielen, Geld auf Bücher wenden; zugleich mit dem Nebengriffe der Bewegungsursache, auf sein Herz stolz seyn, auf seinen Reichthum trotzen; ingleichen des Endzweckes, auf Betrug ausgehen, Geld auf Zinsen geben; der Gränze, bis auf tausend zählen, bis auf weitern Befehl, er weiß es auf ein Haar; des Verhältnisses nach Zahlen, ein Schmaus auf zehn Personen, ein Thaler auf die Person; einer Zeit, auf den Sonntag verreisen, sich auf die bestimmte Zeit einstellen;

len; der Dauer, Vorrath auf viele Jahre; der Folge und Ordnung, auf das Essen spazieren gehen, die Strafe folget ihm auf dem Fuße nach; der Veranlassung, auf sein Bitten; und endlich der Art und Weise, auf diese Weise, auf jene Art, aufs neue, auf Abschlag bezahlen, auf das beste.

§. 530. **Hinter**, der Gegensatz von vor, bezeichnet das Verhältniß des Ortes im Rücken eines Dinges, 1. mit dem Dativ, im Stande der Ruhe, hinter dem Vorhange stehen, hinter dem Berge halten, der Schalk steckt hinter ihm, hinter einander, hinter jemanden her seyn. 2. Mit dem Accusativ, im Stande der Bewegung, sich hinter die Thür stellen, hinter die Wahrheit kommen.

§. 531. **In**, von sehr weitläufigen Gebrauche, sowohl einen Zustand um den Mittelpunct eines Dinges, als auch ein Bestreben nach diesem Innern zu bezeichnen. 1. Mit dem Dativ, einen Zustand im Innern eines Dinges, im Bette liegen, alle Thiere im Walde, in der Nähe seyn; ingleichen eine Handlung, welche in dem Innern eines Dinges selbst vorgehet, in einem Buche blättern, im Trüben fischen, im Felde umher irren; einen Zustand, im Begriffe seyn, in Ruhe leben, in der Noth beystehen, in Sorgen stehen; einen Gegenstand, sich in etwas vertiefen, in der Karte spielen, schnell im Laufen seyn, in diesem Falle; ein Hülfsmittel, doch nur selten, in
Gleich=

Von den Präpositionen.

Gleichnissen reden, sich im Weine betrinken, ein Pferd im Zügel halten; eine Bewegungsursache, in Geschäften reisen, etwas in guter Absicht thun; eine Art und Weise, etwas in jemandes Nahmen thun, in Eil gemacht, im überflusse leben, in einem Athem, tausend Thaler in Gold, in der That; eine Zeit, im vorigen Jahre, in dieser Woche, in acht Tagen; einen Zeitraum, ich habe ihn in drey Tagen nicht gesehen.

2. Den Accusativ, eine Bewegung nach dem Innern eines Dinges, sich in das Fenster stellen, Wasser in den Brunnen tragen, in Gesellschaft gehen, sich in etwas mengen; ein Gerathen in einen Zustand, in Noth, in Armuth gerathen, in Vergessenheit kommen, in Erfüllung gehen; die Richtung mit dem Nebenbegriffe der Materie, in Gold arbeiten, in Wachs poussiren; der Gestalt, in ein Bündel binden; der Ausdehnung, zehn Ehlen in die Länge, in die Quere; und endlich der Zeit mit dem Worte bis, bis in die Nacht spielen.

§. 532. Neben, bestimmt das Verhältniß der Nähe, und zwar 1. mit dem Dativ im Stande der Ruhe, er saß neben mir, neben der Wahrheit vorbey spatziren. 2. Mit dem Accusativ, im Stande der Bewegung, sich neben die Wand legen, er setzte sich neben mich.

§. 533.

§. 533. Über, bezeichnet das Verhältniß der Höhe in Beziehung auf ein darunter befindliches Ding, und zwar 1. mit dem Dativ, im Stande der Ruhe, es liegt über der *Thür*, schwebt über mir, das *Wasser* schlägt ihm über dem *Kopfe* zusammen, wenn die Bewegung die Gränzen des darunter befindlichen Dinges nicht überschreitet; den Gegenstand der Beschäftigung als im Stande der Ruhe gedacht, über einer *Arbeit* seyn, über den *Büchern* liegen, über dem *Lesen* einschlafen; mit dem Nebenbegriffe der Veranlassung, über dem *Lärmen* erwachen, über dem *Lesen* das *Essen* vergessen; einen Zustand oder eine Handlung, welche auf der andern Seite geschiehet, die *Stadt* liegt über dem *Flusse*, jenseit, besonders mit gegen, gegen dem *Berge* über.

2. Mit dem Accusativ, eine Bewegung zur Erhöhung, im Gegensatz des unter, über die *Thür* legen, das untere über sich kehren, über *Hals* und *Kopf*, sich über andere wegsetzen; die Richtung der Bewegung in die Höhe, in Beziehung auf das darunter befindliche Ding, die *Hand* über jemanden ausstrecken, der *Wind* bläset über das *Meer*, über die *Achseln* ansehen, er ist über alle *Berge*, über die *Gasse* laufen, über den *Fluß* gehen, einen *Mantel* über sich werfen; mit dem Nebenbegriffe des Vorzuges, *Ehre* gehet über den *Reichthum*; der Gewalt, der Aufsicht, Aufmerksamkeit, ein *Herr* über alles, über andere herrschen, ein *Aufseher* über

Von den Präpositionen.

andere; der Gemüthsbewegung, und deren Veranlaſſung, ſich über etwas ärgern, freuen, betrüben; ferner den Gegenſtand der Beſchäftigung des Geiſtes, über einen Spruch predigen, ſich über etwas beſinnen, über den Vorzug ſtreiten; eine Überſchreitung, über ſein Vermögen, über die Gebühr, über die Zeit ausbleiben, über ſechs Ehlen lang, ein Mahl über das andere, über dieß, nicht über dem, heut über drey Wochen.

§. 534. Unter, der Gegenſatz des vorigen, den Umſtand der Tiefe in Beziehung auf ein darüber befindliches Ding zu bezeichnen: 1. Mit dem Dativ, im Stande der Ruhe, unter einem Baume ſitzen, unter Waſſer ſtehen, unter der Hand, heimlich, unter dem Arme tragen, unter der Bank hervor ziehen; eine Unterwerfung, er ſtehet unter mir, unter dem Joche leben; den geringern Vorzug, du biſt weit unter ihm; eine geringere Zahl, unter zehn Tagen werde ich nicht fertig; die Art und Weiſe, unter der Larve der Freundſchaft, unter der Bedingung, unter dem Vorwande; ein Mitbefinden, einer unter ihnen, unter andern auch dieß; eine Coexiſtenz der Zeit nach, unter dem Leſen einſchlafen, unter der Zeit, ehedem in dieſer Bedeutung häufig mit dem Genitiv, daher man noch ſagt, unter Weges, unter deſſen, oder unterdeß.

2. Mit

2. Mit dem Accusativ, eine Bewegung in die Tiefe, oder in Beziehung auf ein darüber befindliches Ding, sich unter das Wasser tauchen, unter das Joch bringen, ein Land unter Wasser setzen, unter Segel gehen; eine Bewegung oder Handlung, nach der Mitte mehrerer Dinge, sich unter die Zuschauer mengen, jemanden unter seine Freunde rechnen, alles unter einander werfen, etwas unter sich theilen.

§. 535. Vor, im Gebrauche von für sehr merklich verschieden: 1. mit dem Dativ, ein eher seyn, als ein anderes Ding, so wohl der Zeit nach, vor der Zeit kommen, vor einigen Jahren, vor diesem, als dem Orte nach, vor dem Thore spaziren gehen, d. i. vor dem Thore seyn und spatziren gehen, vor einem stehen, vor dem Tische sitzen, vor der Hand; eine Gegenwart, vor meinen Augen, vor jemanden aufstehen; ein Bestreben, die Gegenwart eines andern Dinges zu meiden, vor dem Feinde fliehen, Geheimnisse vor jemanden haben, vor der Welt verborgen, Schutz vor der Kälte; eine Empfindung, welche dieses Bestreben veranlaßt, vor etwas erschrecken, sich fürchten, zittern, erstaunen; eine wirkende Ursache, vor Hunger sterben, vor Zorn außer sich; einen Vorzug, Gnade vor Recht ergehen lassen, vor allen Dingen.

2. Mit dem Accusativ, eine Richtung nach dem vordern Theile eines Dinges zu, etwas vor die

Von den Präpositionen. 367

die Thür werfen, vor den Spiegel treten, die Pferde vor den Wagen spannen, vor Gericht fordern, etwas vor sich bringen, damit es nicht vor ihn komme, damit er es nicht erfahre.

§. 536. Zwischen bezeichnet den Umstand des Ortes in der Mitte zweyer Dinge, 1. mit dem Dativ, im Stande der Ruhe, er saß zwischen mir und ihm, zwischen den beyden Häusern liegen; auch von der Zeit, zwischen Ostern und Pfingsten; ingleichen einer Handlung, welche in der Mitte zweyer Dinge vorgehet, zwischen den Partheyen Schiedsrichter seyn.

2. Mit dem Accusativ, eine Richtung nach der Mitte zweyer Dinge hin, etwas zwischen die Betten legen, es zwischen die zwey Häuser werfen.

§. 537. Alle Präpositionen können auch als bloße Umstandswörter gebraucht, (Berg auf, Himmel an, den Berg hinunter,) und als Präpositionen an statt des Nennwortes mit andern Umstandswörtern verbunden werden: von hier, von oben, seit gestern, auf heut, bey nahe. Ihre Bestimmung geschiehet gleichfalls durch sich oder durch andere Umstandswörter, von dem Tage an, von hier an, von oben herab, nach dem Berge hin, gegen uns über.

§. 538. Einige Präpositionen lassen sich mit dem Dativ und Accusativ des Artikels der, und
zuwei=

zuweilen auch des unbestimmten Artikels ein zusammen ziehen. Dieses thun, 1. mit dem Dativ dem und einem, die Präpositionen an, in, von und zu, im gemeinen Leben aber auch unter: am Fenster sitzen, im Hause seyn, vom Himmel kommen, zum Richter gehen, zum Priester weihen, für zu einem. 2. Mit dem weiblichen Dativ der, allein zu, zur Hochzeit gehen. 3. Mit dem sächlichen Accusativ das: an, auf, durch, für, in, und in der vertraulichen Sprechart auch wohl vor und über: ans Fenster treten, aufs Eis gehen, durchs Wasser fahren, ins Feuer werfen. Nothwendig ist diese Zusammenziehung, theils vor den Superlativen mit an, am besten; theils vor Hauptwörtern, welche den Artikel eigentlich nicht bekommen sollten, wohin auch adverbische Redensarten gehören, wo aber doch ein Casuszeichen nothwendig ist, am Ende, im Anfange, zum ersten, noch am Leben seyn.

§. 539. Noch fruchtbarer ist die Zusammenziehung der Präpositionen mit Pronominibus und Umstandswörtern, neue demonstrative und relative Partikeln daraus zu bilden, wovon schon etwas §. 367 und 380 gesagt worden. Man merke davon noch folgendes: 1. Für der, dieser und derselbe stehet in dieser Zusammensetzung in allen Geschlechtern und Zahlen da, wenn sich die Präposition mit einem Hauptlaute, und dar, wenn sie sich mit einem Hülfslaute anfängt: daran, darauf, daraus, darein, (wenn in den Accusativ haben sollte,) darin, (wenn es den Dativ erfor-

Von den Präpositionen.

erfordert,) darum, darüber, darunter; aber, dagegen, damit, daneben, davon, davor, dazu und dazwischen. Darnach ist das einige, welches vor einem Consonanten das dar annimmt. 2. Für die relativen welcher und was, stehen auf eben dieselbe Art, wo und wor, nur daß sie nicht mit allen Präpositionen üblich sind: woran, worauf, woraus, worin, warum für worum, worunter, worüber; aber wodurch, wofür, wogegen, wovor, womit, wozu. 3. Diesem Beyspiele folgen auch hier, her und hin, wovon sich hier auf eine nächst vorher gemeldete Sache beziehet, für das demonstrative dieser, hieran, hierauf, hieraus, hierin, hierbey, hiermit u. s. f. Her bezeichnet die Richtung der Bewegung nach der redenden Person zu, und hin diese Richtung von ihr weg, daher beyde nicht zu verwechseln sind: herab, heran, herauf, heraus, herbey, herüber, herum, herunter, hervor, herzu, stehet aber in hernach auch für nach diesem; hinab, hinan, hinauf, hinaus, hindurch, hinein, hinüber, hinunter, hinweg, hinzu.

§. 540. Eigentlich können diese Zusammenziehungen nur gebraucht werden, wenn sich die Pronomina auf Sachen beziehen, nicht aber auf Personen, ich habe dafür gut gesagt, für die Schuld, nicht für die Person, wir wollen ihn dabey lassen, bey seiner Meynung, nicht bey seinen Freunden. Darunter, dazwischen, und noch einige andere werden aber auch von Personen

sonen gebraucht, er war mit darunter, unter den Gästen, der Freund, worauf ich mein Vertrauen setze, besser auf welchen. Die feyerliche Schreibart löset diese Zusammenziehungen oft wieder auf, die Lorbern mit welchen du prangtest, für womit. Nur wenn wo für was stehet, findet keine Auflösung statt, womit, wovon, worin u. s. f. nie mit was, von was, in was. Die demonstrativen Partikeln dieser Art müssen mit den relativen nie verwechselt werden; nicht der Tag daran ich dich sehe, die Hand damit du segnest, sondern woran, womit. Diese Zusammensetzungen dürfen auch nicht getrennet werden; nicht, da gebe Gott Glück zu, sondern dazu; so wie das da auch nicht wiederhohlet werden darf, da sorge nicht dafür, für dafür sorge nicht.

Das eilfte Kapitel.
Von den Conjunctionen.

§. 541.

Die Conjunctionen sind Umstandswörter, welche das Verhältniß zwischen ganzen Sätzen, oft auch zwischen den Gliedern eines und eben desselben Satzes bezeichnen. So fern sie dieses Verhältniß angeben, sind sie Conjunctionen, außer dem aber bloße Umstandswörter.

§. 542. In der Form sind sie von den letztern nicht unterschieden, daher sie entweder Wurzelwör-

Von den Conjunctionen.

zelwörter, oder, obgleich seltener, abgeleitet, oder, und zwar am häufigsten zusammen gesetzt sind. Oft werden zwey Wörter, welche nicht zusammen gesetzet sind, zu Bezeichnung dieses Verhältnisses gebraucht; welche denn wenigstens mit angeführet werden müssen, weil der Bau der Perioden davon abhängt.

§. 543. Je mehr eine Sprache ausgebildet und verfeinert wird, desto sorgfältiger pflegt sie auch die möglichen Verhältnisse zwischen den Sätzen der Rede aufzusuchen, und mit allen nur möglichen Schattirungen zu bezeichnen; desto mehr häufen sich aber alsdann auch ihre Conjunctionen, und desto schwerer lassen sich ihre Bedeutungen mit allen kleinen Nebenbegriffen bestimmen.

§. 544. Sie sind daher auch im Deutschen sehr zahlreich, indem fast jedes Umstandswort, so wohl für sich allein, als in Verbindung mit andern als Conjunction gebraucht werden kann, und manches mehr als eine Art des Verhältnisses vertritt. Wir wollen die vornehmsten davon hier nur nennen und zwar nach den Perioden, welche sie bilden helfen; ein mehreres wird in dem Syntaxe vorkommen. Sie sind:

1. **Copulativä**, verbindende, ein gleiches Verhältniß zwischen den Gliedern eines Satzes, und mehrern Sätzen zu bezeichnen: und; auch; so wohl — als auch; nicht allein, nicht nur, — sondern auch; nicht weniger; wie auch; wie — so; theils — theils.

2. **Continuativä**, fortsetzende, eine Fortsetzung so wohl mehrerer Glieder eines Satzes, als

auch mehrerer Sätze anzudeuten: **erſtlich, erſtens, zum erſten, zweytens u. ſ. f. ferner, ingleichen, dann, über dieß, übrigens, endlich, letztens, zuletzt, ſchließlich.**

3. **Circumſcriptivä**, umſchreibende, wenn der eine Satz das Subject oder den leidenden Gegenſtand von dem Prädicate des andern vorſtellet, z. B. daß du dich wohl befindeſt iſt mir angenehm; **das einige daß.**

4. **Conditionales**, bedingende, einen möglichen Erfolg unter einer Bedingung zu bezeichnen: **wenn oder wo, — ſo; wofern; wenn anders; wo nicht; ſonſt; falls oder im Falle.**

5. **Disjunctivä**, wenn mögliche Bedingungen einander ausſchließen: **entweder, — oder.**

6. **Adverſativä**, unter mehrern Möglichkeiten eine der andern entgegen zu ſetzen; **ſondern, aber, allein, doch, jedoch, dennoch, hingegen, vielmehr.**

7. **Conceſſivä**, die ſcheinbare Aufhebung zweyer Sätze zu verneinen: **obgleich, obſchon, wenn gleich, zwar, wohl, ungeachtet, wie wohl.**

8. **Cauſales**, das Verhältniß der Urſache gegen die Wirkung zu bezeichnen, und zwar auf verſchiedene Art: **denn, weil, dieweil, das veraltete ſintemahl, weil, da, — ſo, darum, daher, mithin, folglich, nun, demnach, alſo, ſo; daß, auf daß, damit, daß nicht, damit nicht, um.**

9. Ex

Von den Conjunctionen.

9. **Explanativä**, erläuternde, wenn ein Satz die Erläuterung des andern ist: **als, nehmlich, wie denn, zumahl da.**

10. **Comparativä**, vergleichende, wenn diese Erläuterung ein sinnliches Bild enthält: **wie, gleichwie — so, als, gleich als.**

11. **Proportionales**, wenn zwey Sätze in gleichem Verhältnisse steigen und fallen: **je — je; je — desto.**

12. **Consecutivä**, eine Zeitfolge zu bezeichnen, und zwar auf verschiedene Art: **indem, während daß, indem daß; ehe, ehe noch; als, nachdem; kaum; so bald als; seit.**

13. **Illativä**, eine Folge aus dem vorigen anzudeuten: **daher, weßwegen, demnach, deßhalb, folglich.**

14. **Exceptivä**, eine Ausnahme eines oder mehrerer von dem Ganzen zu begleiten: **außer, außer daß, sonst.**

15. **Restrictivä**, einen Satz auf einen Theil des Ganzen oder auf ein besonders Verhältniß desselben einzuschränken: **als.**

16. **Exclusivä**, eines oder mehrere Dinge von dem Umfange eines Prädicates auszuschließen: **weder — noch.**

Zwölftes Kapitel.
Von den Interjectionen oder Empfindungswörtern.

§. 545.

Die Empfindungswörter drucken die jedesmahlige Empfindung als bloße Empfindung aus. Sie sind, doch nur die der zweyten Classe wie in dem zweyten Kapitel gezeiget worden, die Anfangsgründe der ganzen Sprache, weil alle Wörter, d. i. Ausdrücke klarer Begriffe, aus den Ausdrücken bloßer Empfindungen entstanden sind. Der Zeit und dem Ursprunge nach sind sie der erste Redetheil, ob sie gleich jetzt der Würde und dem Gebrauche nach der letzte sind.

§. 546. Sie sind daher dem allergrößten Theile nach einfache Wurzellaute und Wurzelwörter. Wörter, d. i. Ausdrücke klarer Begriffe, und ganze oft elliptische Redensarten können zwar auch zum Ausdrucke der Empfindungen gebraucht werden, allein alsdann drucken sie einen klaren Begriff als Empfindung, nicht aber diese als bloße Empfindung aus, und gehören also auch nicht hierher.

§. 547. Die Empfindungswörter sind so vielfach, als es die Empfindungen selbst sind. Diese theilen sich in zwey Classen, in die innern und äußern Empfindungen; eben so auch ihre Ausdrücke.

§. 548. Die Ausdrücke der innern Empfindungen sind thierische Schälle, womit der Mensch seine

Von den Interjectionen.

seine innern Empfindungen als bloße Empfindungen merklich zu machen pflegt. Die Freude, ah! ha! lärmende Freude, sa! hey! ungesittete Freude, juch! juchhey! Verwunderung, o! ah! Klage, Kummer und Schmerz, ach! ah! oh! weh! au weh! Ekel und Abscheu, pfui! fi! einen Zuruf, he! holla! Verwunderung, ho! hum! einen Aufschluß, ha ha!

§. 549. Die Ausdrücke der äußern Empfindungen bezeichnen einen von außen empfundenen hörbaren Ausdruck durch die Nachahmung: platz, da lag er! husch, war er weg! wisch, war er da! knacks, da brach es! er fiel ins Wasser, daß es sagte plump! Sie sind eigentlich der Grund unserer ganzen Rede, und sind so vielfach, als es verschiedene Schälle gibt, welche nachgeahmet werden können und sollen; allein die anständige Sprechart hat sie insgesammt wieder veralten lassen, indem sie sich lieber nach klaren Begriffen, als nach bloßen Empfindungen ausdruckt, dagegen sie in den gemeinen Mundarten desto häufiger sind.

Dritter Abschnitt.
Von der Composition oder Zusammensetzung der Wörter.

Erstes Kapitel.
Erklärung derselben.

§. 550.

Wenn zwey Wörter als Ausdrücke klarer Begriffe in eines vereiniget werden, so entstehet ein Compositum oder zusammen gesetztes Wort. Die Zusammensetzung oder Composition unterscheidet sich von der Biegung und Ableitung auch dadurch, daß hier der hinzu kommende Theil seinen Ton immer mehr verlieret, je dunkler der Begriff ist, welchen er bezeichnet, dagegen in der Zusammensetzung jeder Theil als der Ausdruck eines klaren Begriffes, seinen eigenthümlichen Ton behält: Líeb=e, Mánn=es, glück=lich; aber Aúfgáng, róthgélb.

§. 551. Zu denjenigen Wörtern, welche eine Zusammensetzung ausmachen können, gehören auch erz, miß, un und ur, welche vielen Wörtern als Vorsylben vorgesetzet werden, und zwar für sich allein veraltet sind, aber doch die Bedeutung des Grundwortes sehr genau bestimmen, daher sie auch ihren völligen Ton haben.

§. 552.

1. Kapitel. Erklärung derselben.

§. 552. Die Zusammensetzung geschiehet zunächst in der Absicht, ein Wort und dessen Begriff durch ein anderes näher zu bestimmen; nicht selten aber auch, vermittelst derselben einen dritten figürlichen Begriff auszudrucken. Dasjenige, welches durch ein anderes bestimmt wird, und welches wir das **Grundwort** nennen wollen, stehet allemahl am Ende, und das bestimmende oder **Bestimmungswort** voran: **Abendstern**, der Stern welcher des Abends gesehen wird, **Arbeitshaus**, ein Haus worin gearbeitet wird, **ankommen**, an oder in einen Ort kommen, oder daselbst gegenwärtig werden, **rothgelb**, ein Gelb welches in das Rothe fällt, **grüngelb**, welches in das Grüne fällt.

§. 553. Es erhellet hieraus, daß es nicht gleichgültig ist, welche Stelle ein Wort in der Zusammensetzung erhält, indem ein anderer Begriff entstehet, wenn es das Grundwort, und ein anderer, wenn es das Bestimmungswort ist. Beyspiele sind **Arbeitshaus** und **Hausarbeit**, **Apfelbaum** und **Baumapfel** zum Unterschiede von dem **Erdapfel**, **Bauholz** und **Holzbau**, **Bruchstein** und **Steinbruch**, **Fensterglas** und **Glasfenster**, **Bier-Bouteille** und **Bouteillen-Bier**, ein **Weinfaß** und **Faßwein**, **Hausrath** und **Rathhaus**, **rothgelb** und **gelbroth**, **schwarzbraun** und **braunschwarz**, **gelbgrün** und **grüngelb** u. f. f. Einige wenige werden doch ohne merklichen Unterschied der Bedeutung auf einerley Art gebraucht, **Sturmwind**, in manchen Gegenden **Windsturm, Windwirbel** und **Wirbelwind**.

§. 554. Da in der Zusammensetzung ein Wort das andere bestimmen soll, so müssen nicht Wörter zusammen gesetzt werden, welche einander nicht wirklich, oder nur sehr undeutlich und schwankend bestimmen. Fehlerhafte Wörter dieser Art sind **beydlebig**, nach dem Griechischen und Lateinischen amphibium, wo die Bestimmung viel zu undeutlich, und die Zusammensetzung zugleich wider die Analogie ist, **Haderlumpen**, wo eines so viel sagt, als das andere, **Achselträger**, der auf beyden Achseln trägt, viel zu dunkel und elliptisch, so auch **Augendiener** und **Zungendrescher, Thathandlung**, für factum, weil eines, wenigstens in gewissem Verstande so viel sagt, als das andere, dagegen **Thatsache** erträglicher ist.

§. 555. Das bestimmte, oder Grundwort leidet in der Zusammensetzung eigentlich keine Veränderung, sondern behält sein Geschlecht und seine völlige Biegung. Von dem Geschlechte der zusammen gesetzten Hauptwörter S. §. 150. Allein das bestimmende leidet, wenn es dessen fähig ist, oft mancherley Veränderungen, davon im folgenden.

§. 556. Manche werden in der Zusammensetzung zugleich zusammen gezogen, und sehen alsdann als Wurzelwörter oder abgeleitete aus, ohne es zu seyn: **Amt**, aus **Ambacht, Jungfer** aus **Jungfrau, Beicht** aus **Begicht, Rübsen**

sen aus Rübsamen, Junker aus Jungherr. In diesem Falle verlieret auch der verkürzte Theil seinen Ton, draus, für daraus, Drittel, Fünftel u. s. f. für Drittheil, Fünftheil, wenn diese nicht vermittelst der Ableitungssylbe el unmittelbar aus dritte und fünfte gebildet sind. Andere scheinen hingegen zusammen gesetzt zu seyn, und sind doch vermuthlich nur abgeleitet, wohin Armuth für Armde, Zierath für Zierde, weiland für weilend, und andere mehr gehören.

§. 557. In manchen Fällen können und müssen auch die zusammen gesetzten Wörter wieder getrennet werden, welches besonders von den mit Partikeln zusammen gesetzten Verbis, fortgehen, ich gehe fort, (S. die zusammen gesetzten Verba,) und einigen Partikeln gilt: er ging vorher, und er ging vor mir her; um deinetwillen, und um dein selbst willen; obschon, obgleich, ob ich gleich weiß, u. s. f.

§. 558. Am gewöhnlichsten sind die aus zwey Theilen bestehenden Zusammensetzungen; doch sind auch die aus drey Theilen häufig genug, besonders unter den Substantiven und Adjectiven: Fastnachtspiel, Goldbergwerk, Feldpostmeister, Erzbösewicht, erzmuthwillig, unaussprechlich, und von Partikeln dermahleinst. Weiter gehet man in der Zusammensetzung nicht gern, weil die gehäuften Bestimmungen Dunkelheit verursachen würden, wenn sie in einem Begriffe gedacht werden sollten. Der Curial=Styl gehet freylich oft weiter, und ziehet vier und mehr Wörter und besonders Genitive in eines zusammen,

die

die man aber alsdann lieber vermittelſt eines Querſtri-
ches verbindet: **General-Feld-Zeugmeiſter,
Reichs-General-Feldmarſchall, Ober-
Land-Jägermeiſter, Berg-Ober-Ge-
ſchworner.**

§. 559. Oft gehet die Zuſammenſetzung unvermerkt in die Appoſition über, wo zwey oder
mehrere Nahmen mit einander verbunden werden,
in welchem Falle man die auf ſolche Art vereinigten Wörter gleichfalls vermittelſt eines Striches
an einander zu hängen pflegt: **der Fürſt-Bi-
ſchof von Bamberg,** der Fürſt und Bi-
ſchof, **die Kaiſerinn-Königinn, kaiſer-
lich-königlich,** da denn nur das letzte Wort
gebogen werden darf, **des Fürſt-Biſchofes,
die kaiſerlich-königlichen Gerechtſamen.**
Zuweilen verlieret auch wohl das erſte Adjectiv ſeine
Ableitungsſylbe, **fürſt-biſchöflich.**

Zweytes Kapitel.

Arten der zuſammen geſetzten Wörter.

§. 560.

Die zuſammen geſetzten Wörter ſind von ſo vielfacher Art, als es Redetheile gibt, welche
auf ſolche Art mit einander verbunden werden können. Das Subſtantiv kann in der Zuſammenſetzung durch ein anderes Subſtantiv, durch ein
Adjectiv, durch ein Pronomen, obgleich nur ſelten,
durch ein Verbum, und durch ein Partikel beſtimmt
wer-

2. Kapitel. Arten derselben.

werden; das Adverbium und Participium, durch ein Substantiv, durch ein Verbum, und durch ein anderes Adverbium, und kann alsdann wie ein jedes anderes zu einem Adjectiv concresciret werden; das Verbum, so wohl durch ein Substantiv, als auch durch ein Adverbium; das Umstandswort, so wohl durch sich selbst, als auch durch andere Adverbia, durch Pronomina u. s. f.

§. 561. Wenn zwey Substantiva zusammen gesetzt werden, so bezeichnet das erste den Gegenstand, Zeitvertreib, Vatermord, Gottesfurcht, Schuhmacher; die Bestimmung, Halstuch, Hopfengarten, Weinglas; das Ganze des Theiles, Hausthür, Messerspitze, Pferdehuf, Tischblatt; den Besitzer, Rathsgüter, Richteramt; eine Ähnlichkeit, Habichtsnase, Meisterstreich, Bubenstück, Hornwerk, Kreutzweg; die Materie, Marmorwand, Steinplatte, Goldmünze; den Ort, Zahnschmerz, Hofprediger, Wassergewächs, Waldbaum, Sumpfvogel; die Zeit, Tagearbeit, Nachtwächter, Abendstern, Mittagsglocke, Frühlings-Cur; das Werkzeug, Schwertstreich, Federstrich, Handarbeit; die Art und Weise, Tagelohn, nach Tagen, Lobgedicht, Geldstrafe, Wettlauf; den Grad, Hauptstück, Hauptstreich; und andere Umstände mehr.

§. 562. Das bestimmende Wort kann dabey in den meisten Fällen durch den Genitiv erkläret werden, Vaterherz, das Herz eines Vaters, Richteramt, das Amt eines Richters, Zahnschmerz,

schmerz, Schmerz des Zahnes; oft aber muß dessen Begriff durch eine Präposition aufgelöset werden, Sammtkleid, ein Kleid von Sammt, Straßenraub, Raub auf der Straße, Gnadenwahl, Wahl aus Gnade, Kirchgang, Gang zur Kirche; oft auch durch ein Verbum, Apfelbaum, der Apfel trägt, Hülfsmittel, Mittel zu helfen, womit man sich hilft; und wohl gar durch dessen Passivum, obgleich die Zusammensetzungen dieser Art eben nicht die besten sind, Druckort, wo ein Buch gedruckt worden.

§. 563. Das bestimmte oder Grundwort bleibt in allen Fällen unverändert; das bestimmende oft auch, Obstkammer, Amtmann, Thurmspitze, zuweilen verliert es das weibliche e am Ende, Kirchgang, Kirchweihe, Wettlauf, Sonntag, Wundwasser; aber nicht allemahl das mildernde e, Tagereise, Hagedorn, außer wenn ein Vocal folgt, Tagarbeit, Hagapfel. Oft stehet es im Genitiv, Königsmord, Gottesfurcht, Hungersnoth, Bundeslade, Hirtenstab, Bubenstück; da denn die weiblichen Wörter gemeiniglich noch den alten Plural auf en haben, Ehrenschänder, Sonnenstaub, Freudenfest, Höllenstrafe. Oft auch im Genitiv des Plurals, Kälberbraten, Heldenmuth, Eyerdotter, Büchsenschäfter, Gänsefuß; zuweilen, wenn gleich der Bedeutung nach der Singular stehen sollte, Kindermord, Kindermörderin, Männermord, wenn gleich nur ein Kind, oder ein Mann ermordet worden; dagegen oft nur der Singular stehet, wenn

2. Kapitel. Arten derselben.

wenn gleich der Verstand den Plural erfordert, Buchhandel, Buchbinder, Vogelfänger. Zuweilen folgt das bestimmende dem Plural des bestimmten, die Apfelschale, Plur. die Apfelschalen.

§. 564. Sehr oft nehmen bestimmende Wörter weiblichen Geschlechts das s an, ohne Zweifel zu desto deutlicher Bezeichnung des Genitivs: Liebesdienst, Geburtstag, Andachtseifer, Hülfsmittel, besonders die Verbalia auf ung, Vereinigungsmittel, Verhaltungsbefehl, Reinigungs = Cur. Manche alte Zusammensetzungen haben allerley irreguläre Veränderungen erlitten: Bräutigamm, Nachtigal, Missethat, Herzeleid, wo i und e eingeschaltet worden, nach deren Muster man aber doch nicht Mittewoche für Mittwoche sagen darf.

§. 565. Oft kommt ein und eben dasselbe Bestimmungswort in mehr als einer der vorigen Formen vor, Bauergut, Bauernsenf, eine Pflanze, Bauernkrieg, Bauersmann; Erdart, Erdbeben, Erdbeere, Erdengeld, Grundzins; Feuerherd, Feuermauer, Feuersgefahr; Herzblatt, Herzeleid, Herzensangst, Herzenzähmerinn; Hundegeld, Hundeschlag, Hundsfliege, Hundshunger, Hundstag; Kindbett, Kindtaufe, Kinderblattern, Kinderlehre, Kindestheil; Landadel, Landgut, Landmann, Landesart, Landesherr, Landsmann, Landsknecht, wo Landmann und Landsmann, das alte Landherr, ein Dynast, und Landesherr, Landknecht und Landsknecht
u. s. f.

u. f. f. nicht gleich bedeutend ſind. Oft aber auch in einer und eben derſelben Bedeutung, Schweinſtall, Schweinsſtall und Schweineſtall, wo die letzte Form dem gemeinen Leben eigen iſt, Bauermann, und Bauersmann, Bauerhof und Bauernhof, Erdkloß und Erdenkloß u. f. f.

§. 566. Iſt der beſtimmende Theil ein Adjectiv, ſo wird die Eigenſchaft, welche es bezeichnet, mit dem Subſtantiv zu einem Begriffe vereiniget, daher erſteres auch die Concretions- und Declinations-Zeichen verlieret, dem Äußern nach zu einem Adverbio wird, und in allen Geſchlechtern, Endungen und Zahlen unverändert bleibt: Schwermuth, Großmuth, Eigenliebe, Grünſpecht, Rothbart, Freygut, Altgeſell, Oberhaupt, Süßklee, Kleinmuth, Müßiggang, Bitterwaſſer, Neujahr, Halbfiſch, Trunkenbold, auch mit Zahlwörtern, Dreyfuß, Sechseck, Fünfohr, Siebenſchläfer. So gar das mildernde e gehet hier verloren, Frühſtunde, Blödſinn, Trübſinn. Ausgenommen iſt hier Böſewicht.

§. 567. Wenn daher das beſtimmende Adjectiv ſeine Concretions und Declinations-Zeichen behält, ſo kann es nicht als ein Theil der Zuſammenſetzung angeſehen werden; folglich lange Weile, vor langer Weile, junge Magd, die jungen Mägde, geheimer Rath, die geheimen Räthe, die krauſe Münze, der krauſen Münze, und nicht Langeweile, Jungemagd u. f. f. weil ſie alsdann heiſſen müßten Langweile,

2. Kapitel. Arten derselben.

wie man ganz richtig sagt, langweilig; Jungmagd, wie man sagt Jungfrau, Junggesell; Geheimrath, wie man sagt Geheimschreiber; Krausmünze, wie man sagt Krauskopf. Krausemünze könnte wie Bösewicht allenfalls ausgenommen werden, allein alsdann müßte man wenigstens im Genitiv und Dativ unverändert sagen der Krausemünze. Das Sommerhalbejahr und Winterhalbejahr sind völlig verwerflich, weil der mittlere Theil declinirt werden muß, des Sommerhalbenjahres. Allerheiligen und Allerseelen, besonders wenn sie absolute und ohne das Wort Fest stehen, hat der Kirchen-Styl einmahl hergebracht, so wie der Hohepriester, des Hohenpriesters.

§. 568. In einigen alten Zusammensetzungen hat das Adjectiv allerley zufällige Veränderungen erlitten, Hoffahrt für Hochfahrt, Jachzorn für das bessere Gähzorn, Nachbar, Mitternacht. So wie auch manche alte eigene Nahmen sich an die vorige Regel nicht binden, Reichenau, Reichenhall, Langendorf, Langenau, Nauendorf, Neuendorf, Altenburg, Großen-Hennersdorf, Schwarzenberg, Weißenfels, Rothenburg, Liebenwalde. Von Pronominibus wird nur allein selbst in der Zusammensetzung gebraucht, Selbstliebe, die Liebe seiner selbst, so auch Selbstzufriedenheit, Selbstgefühl u. s. f. Selbsthalter, Selbstherrscher, Selbstschuß, Selbstschuldner.

§. 569. Auch das Verbum kann zum Bestimmungsworte in der Zusammensetzung gebraucht werden, in welchem Falle aber nur die Wurzel des Infinitivs dazu schicklich ist, so wohl in thätigem Verstande, Spieluhr, welche spielt, Pflegemutter, welche pflegt, Brechstange, zum Brechen, Grabstichel, zum Graben, als auch im neutralen, Fechtboden, wo man ficht, Reitbahn, zum Reiten, Brennglas, zum Brennen, und passiven, Trinkgeld, welches vertrunken werden soll, Schnürkleid, welches zugeschnüret wird, Brathäring, welcher gebraten wird, Brennholz, zum Verbrennen bestimmt. Da denn das Bestimmungswort oft auch die Ursache, Absicht u. s. f. bezeichnet, Wartgeld, für das Warten, Waschbecken, zum Waschen, Schlafmütze, darin zu schlafen. Unschicklich und wider die Analogie sind die, wo der Imperativ zum Bestimmungsworte gebraucht wird, Zwingeland, Stürzebecher.

§. 570. Wenn der Consonans des Wurzelwortes weich ist, und in der Aussprache weich bleiben soll, so wird ihm das mildernde e angehängt, Schreibemeister, Schreibegebühr, Schiebefenster, Pflegevater, Fangetag, Singelust, Vorhängeschloß. Aber nicht Steckenadel. In Rechenkunst, Rechenbret, u. s. f. ist die Wurzel von rechnen, gleichsam rechenen, aufgelöset.

§. 571. Sehr häufig dienen auch Umstandswörter zur Bestimmung des Substantivs, dergleichen besonders ab, an, auf, aus, außen, bey, dar, ein,

2. Kapitel. Arten derselben. 387

ein, fort, gegen, heim, her, hin, hinter, mit nach, neben, ob, ober, über, um, vor, wider, wohl, zu, zwischen, und die außer der Zusammensetzung veralteten aber, after, erz, miß, un und ur gehören: Abgang, Außenland, Beystand, Darlehen, Einkauf, Fortgang, Gegenstand, Heimkunft, Nebenstunde, Hinterlist, Wohlstand, Aberglaube, Afterrede, Erzherzog, Mißgeburt, Unart, Urkunde. Nicht, wird anstatt des un zuweilen mit den Infinitiven zusammen gesetzt, die Unterlassung der in dem Zeitworte liegenden Handlung zu bezeichnen, das Wollen und Nichtwollen, das Nichtwissen, das Nichtseyn, im Falle der Nichtzahlung.

§. 572. Auch können durch die Zusammensetzung Redetheile zu Substantiven werden, welche es für sich allein nicht sind, welche Wörter doch selten in der edlen Schreibart tauglich sind, ein Taugenichts, Gernegroß, Geradezu, das Garaus, der Willkommen, ein Nimmersatt, Schadenfroh, Willnicht u. s. f.

§. 573. Zusammengesetzte Pronomina sind nur derselbe oder derselbige, derjenige, niemand und jemand. In den beyden ersten ist das Bestimmungswort gleichfalls ein Pronomen, und dieses wird alsdann ordentlich declinirt, derselben, diejenigen. Die beyden letzten sind aus man und den veralteten Partikeln nie und je zusammen gesetzt.

§. 574. Ein Beschaffenheitswort kann in der Zusammensetzung durch ein Substantiv, durch

ein

ein anderes Beschaffenheitswort, durch ein Verbum, und durch ein Umstandswort bestimmt werden. Geschiehet es durch ein Substantiv, so wird dieses demselben entweder unverändert vorgesetzt, kraftvoll, weltkundig, tugendreich, wundervoll, pechschwarz, eiskalt, steinhart, blutwenig, goldgelb, grasgrün, (nicht grasegrün;) oder es tritt in den Genitiv, armsdick, standesmäßig, da denn auch ein Fämininum das s annimmt, hülfsbedürftig, hoffnungslos, andachtsvoll, verehrungswerth. Besonders lassen sich die Adverbia leer, los, reich, voll, werth und würdig, mit vielen Substantiven zusammen setzen.

§. 575. Geschiehet es durch ein anderes Beschaffenheitswort, so wird dieses demselben gleichfalls ohne Concretion vorgesetzt, großgünstig, freywillig, vielfältig, leichtfertig, halbjährig, höchstbeglückt, hochgelehrt, (nicht hochgelahrt,) weitläuftig. Da denn die, welche sich auf ein milderndes e endigen, dasselbe wieder verlieren, blödsinnig, geradlinig, feigherzig, geringfügig.

§. 576. Geschiehet es durch ein Verbum, so dienet dazu entweder die bloße Wurzel des Infinitives, denkwürdig, brennheiß; oder auch der Infinitiv selbst, liebenswerth, anbethenswürdig. Noch öfter geschiehet die Bestimmung durch ein Zahl- oder Umstandswort, zweytägig, dreyjährig, sechsmahlig, gegenwärtig, überklug, hinfällig, erzböse, vornehmlich,

2. Kapitel. Arten derselben.

zukünftig, abhängig, besonders sehr häufig mit un, unweise, unerfahren.

§. 577. Von den zusammen gesetzten Verbis ist schon bey der Conjugation, §. 434. f. gehandelt worden. Umstandswörter werden entweder mit sich selbst zusammen gesetzt, bisher, hinwärts, abwärts, fernerweit, gleichwohl, anheim, anbey, dabey, anjetzt, beynahe, durchaus, nimmermehr, nunmehr, forthin, oder mit andern Redetheilen, anderwärts, nochmahls, rückwärts, ehedem, nachdem, demnach; oder es werden auch andere Redetheile zusammen gesetzt, da denn das Ganze ein Umstandswort wird, und zu dessen Merkmahl oft ein s am Ende bekommt, desfalls, deshalb, ebenfalls, dermaßen, desgleichen, einander, fürwahr. Da denn auch der erste Theil der Zusammensetzung oft seine Biegungszeichen behält, allezeit, allemahl, allerdings, allenthalben, dergestalt

Drittes Kapitel.

Regeln für die zusammen gesetzten Wörter.

§. 578.

Es ist nicht gleichgültig, ob ein Wort als zusammen gesetzt betrachtet wird, oder nicht, ob sich gleich die Gränzen beyder Arten nicht allemahl genau bestimmen lassen. Aus dem Begriffe selbst läßt

läßt sich solches nicht in allen Fällen entscheiden, weil eben dieselbe Bestimmung auch außer der Zusammensetzung statt findet: **ausgehen,** aber **heraus gehen, jederzeit** aber **zu dieser Zeit, allezeit** aber **lange Zeit, brandschatzen, rathschlagen,** aber **Sturm laufen, Hochzeit machen, Stunde halten.** Man merke indessen folgende Regeln.

§. 579. Wahre Zusammensetzungen sind:

1. Wenn der bestimmende Theil die sonst gewöhnlichen Biegungszeichen verlieret, **Faulthier** für faules Thier, **gesetzgebend,** für Gesetze gebend, **Kurzweil, Schwarzdorn** für schwarzer Dorn, **Hochmesse** für hohe Messe, **Langohr,** ein Geschöpf mit langen Ohren, die **Meistbiethenden,** welche das meiste biethen, **zweymahl, dreymahl,** u. s. f. für zwey Mahle, **Denkmahl,** zum Andenken. Also nicht **Langeweile, Jungemagd** und die übrigen schon §. 567. angeführten. Ausgenommen sind nur: 1. die eben daselbst schon gedachten Substantiven **Hohepriester, Allerheiligen, Allerseelen.** 2. Die Pronomina **derselbe, derselbige** und **derjenige,** wo der erste Theil ordentlich mit declinirt wird. 3. Viele aus Nennwörtern zusammen gesetzte Umstandswörter, **allezeit** für **allzeit, allemahl, alleweile, jederzeit, allerhand, allerley, allesammt, deshalb, desfalls.**

2. Wenn sich an dem bestimmenden Worte ein Zeichen der Composition befindet, dergleichen das **t euphonicum** ist, **meinetwegen, deinet-**

3. Kapitel. Regeln für dieselbe.

nethalben, um ihretwillen, allenthalben, entzwey für inzwey; ingleichen das s an den Infinitiven, liebenswürdig, küssenswerth, und an den weiblichen Hauptwörtern, andachtseifer, sehnsuchtsvoll, hülfsbedürftig, anbethungswerth; das r an dem da und wo, darbringen, worein; die weggelassene Biegungssylbe, insgeheim, insgemein, beyseit, u. s. f.

3. Wenn das bestimmte Wort eine Endung bekommt, welche auf das Ganze gehet. Dergleichen sind: 1. das adverbische s, Umstandswörter zu bilden, schlechterdings, allerdings, sporenstreichs, beyderseits, vielmahls, beyseits. 2. Die Endung en, so fern sie gleichfalls Umstandswörter bildet, bisweilen, zuweilen, allermaßen, beysammen, beyzeiten, dermaßen, derhalben, allerwegen, zufrieden. 3. Die Endung er an den von Zahlwörtern abgeleiteten Substantiven, ein Achtundvierziger, ein Vierundzwanzigpfünder. 4. Die Ableitungssylben an solchen Beschaffenheitswörtern, welche für sich allein nicht üblich sind, dreytägig, sechsjährig, großblätterig, vierbeinig, dickköpfig, dreymonathlich, übereinstimmig, wo die Ableitungssylbe gleichfalls auf das Ganze gehet. Ausgenommen sind die mit und verbundenen abgeleiteten Zahlwörter, der ein und zwanzigste, zwey und dreyßigerley, hundert und zehnfach.

4. Besonders wenn zugleich der vorstehende Artikel das Ganze als selbständig bezeichnet, wohin

besonders die Verbalia auf ung mit ihren Bestimmungswörtern gehören, **schadlos halten**, aber **die Schadloshaltung**, **aus einander setzen**, aber **die Auseinandersetzung**, **genehm halten**, aber **die Genehmhaltung**; wo doch allzulange Substantive zu vermeiden, und lieber zu umschreiben. Oft auch der Infinitiv mit seinem Bestimmungsworte, wenn er als ein Hauptwort stehet, **das Bewußtseyn, das Daseyn, das Wohlergehen.** Wenn indessen der Gebrauch die Zusammensetzung nicht bereits eingeführet hat, so schreibt man beyde lieber getheilt, welches nothwendig ist, wenn der Bestimmungswörter mehr sind, **das hinweg gehen, das aus einander fahren, das auf und abgehen, das zu Hause gehen.**

5. Wenn ein Theil der Zusammensetzung veraltet ist, wohin besonders die Bestimmungswörter **ab, after, erz, miß, un** und **ur** gehören.

6. Wenn eine Ellipsis statt findet, d. i. wenn noch ein anderes Bestimmungs = oder Verbindungswort ausgelassen ist; welches nebst dem folgenden der sicherste Erkenntnißgrund eines zusammen gesetzten Wortes ist. Dahin gehören **aller** vor den Superlativen, wo es für unter allen stehet, **anstatt** für an der Statt, **einander**, d. i. einer den andern, **überall**, die Zusammensetzungen mit **selbst, Selbstliebe**, seiner selbst, **indessen, unterdessen, indem, ehedem, vordem, selbander** u. s. f. **Scheiterhaufen**, ein Haufen von Scheiten, **Brennglas** zum Brennen, der **Garaus, Kehraus**, ein **Vierteljahr**, drey

3. Kapitel. Regeln für dieselbe. 393

drey Viertelehle, zwey Drittelpfund, ein Achtelloth, wo das bestimmte Wort statt des Genitivs stehet, gottlob! die Zahlwörter dreyzehen, vierzehen u. s. f. wo und ausgelassen ist, aber ein und zwanzig, hundert und eins u. s. f. weil zwey mit und verbundene Wörter nie zusammen gezogen werden können.

7. Wenn die Bedeutung des Ganzen figürlich ist, oder von der gewöhnlichen Bedeutung eines oder beyder Theile abweicht, welches in den meisten Fällen statt finden wird. Dahin gehören vornehmlich, die meisten §. 434. schon angezeigten zusammen gesetzten Verba, so wohl mit Partikeln als auch mit Substantiven, brandschatzen, rathschlagen, willfahren, abdanken, auskommen u. s. f. und die meisten zusammen gesetzten Partikeln, allda, allhier, gleichwohl, ehedem, vielmehr, wenn es die Conjunction ist, aber es ist viel mehr, zuwege, überhaupt, wofern, damit, ohnehin.

§. 580. Folglich können nicht als Zusammensetzungen angesehen werden.

1. Das Substantiv mit seinem Bestimmungsworte, wenn dieses die gewöhnlichen Biegungszeichen hat; folglich getheilt, widrigen Falls, folgender Gestalt, zwey Drittel, drey Viertel, einiger Maßen, gewisser Maßen, andern Theils, größten Theils, das erste Mahl u. s. f. Man schreibt ohne hin, ich meines Theils, meines Wissens, hiesigen Ortes. Keinesweges und unterweges

Bb 5 lassen

laſſen ſich wegen der figürlichen Bedeutung vertheidigen.

2. Das Nennwort mit seinem Bestimmungsworte; folglich getheilt eben derselbe, ein jeder, ein mehreres.

3. Das Adverbium, Adjectiv oder Participium mit seinem Bestimmungsworte, wenn keine Ellipse oder Figur statt findet, gleich bedeutend, reich beladene Schiffe, zusammen gesetzte Wörter, bevor stehend, neu geboren, hinzu kommend, gegen über, wie viel? (aber der wievielste? weil hier eine gemeinschaftliche Endsylbe ist,) so gleich, so bald, gleich weit, gleich groß, so gar, so wohl, als auch. Von der erlaubten Zusammenziehung des Participii mit einem Substantiv S. §. 459.

4. Die Präposition mit ihrem Casu, wenn jedes seine gewöhnliche Bedeutung hat; folglich getheilt, bey Seite, (aber beyseit und beyseits,) in kurzem, mit einander, von einander u. s. f. ihm zu Liebe, zu Gute, dir zu Folge, bey nahe, Scheins halber, Alters halber, von Rechts wegen.

5. Das Substantiv mit seinem Adverbio, folglich getheilt, zwey Daumen breit, wie man sagt drey Ehlen lang; Berg auf, Berg ab, Himmel an, wie man sagt Straße auf und ab gehen; eine Zeit lang, drey Jahre lang, ein Arm voll, eine Hand voll, sechs Hände voll.

6. Das Verbum mit seinem Adverbio, diejenigen ausgenommen, welche bereits §. 434. angezeiget

zeiget worden, folglich getheilt, bevor stehen, entzwey gehen, fehl schlagen, überein stimmen, genehm halten, empor steigen, hoch fliegen, herein kommen, voll gießen, viel gelten, gut heissen, nahe liegen, zusammen laufen. Sonst müßten alle Adverbia mit ihren Verbis zusammen gezogen werden. Heimgehen, heimkehren u. f. f. können sich damit rechtfertigen, daß heim im Hochdeutschen bey nahe veraltet ist; in heimsuchen ist die Bedeutung ohne dieß figürlich.

7. Das Verbum mit seinem Casu, die theils figürlichen, theils elliptischen fuchsschwänzen, handhaben, brandschatzen u. f. f. ausgenommen, S. §. 437. Folglich getheilt Sturm laufen, zur Ader lassen, (das gemeine Aderlassen etwa ausgenommen,) Haus halten, Dank sagen, Krieg führen,

§. 581. In zweifelhaften Fällen schreibt man zwey Wörter lieber getheilt als zusammen gesetzt, weil die Zusammenziehung keinen Nutzen gewähret, wohl aber in vielen Fällen der Deutlichkeit schadet, und die Menge der Wörter für Wörterbücher und Register ohne Noth vermehret.

§. 582. Es lassen sich noch täglich neue Zusammensetzungen machen, doch müssen dabey Analogie, Deutlichkeit und Wohlklang auf das genaueste beobachtet werden. Besonders vermeide man die allzulangen und dunkeln Zusammensetzungen; zu jenen gehören die meisten dreymahl zusammen gesetzten, zu den letztern aber die elliptischen, wo

eine

Präposition zum Nachtheil der Deutlichkeit verschwiegen ist, die donnerschwangern Wolken, die blumenbekränzte Flur, der goldbesetzte Hut, kunsterfahren.

Viertes Kapitel.
Von dem Tone der zusammen gesetzten Wörter.

§. 583.

Die Zusammensetzung ändert eigentlich an dem Tone nichts, sondern läßt jedem Theile der Zusammensetzung seinen eigenthümlichen Ton. Allein, da in einem jeden Worte nur eine Sylbe den Hauptton haben kann, so hat diesen in der Zusammensetzung, so wie außer derselben, ordentlicher Weise das bestimmende Wort: Ausbund, fortfahren, Sträßenraub, Großmuth, goldgelb, so wie man ohne Zusammensetzung sagt, er ist aus Wien, bey der Sache gut fahren, ein großes Haus, Gottes Allmacht, so gelb wie Gold.

§. 584. Indessen gibt es doch einige, welche den Ton nicht auf dem bestimmenden, sondern auf dem bestimmten Worte haben. Dergleichen sind von Substantiven, einige vielsylbige Zusammensetzungen mit all, Allwissenheit, Allweisheit, Barmhérzigkeit, Feldwéges, Hahnbütte, Hohlúnder, so fern man es als zusammen gesetzt

4. Kapitel. Ton der Compositorum.

setzt betrachtet, **Kalmäuſer**, **Kalbäunen**, einige vielſylbige Zuſammenſetzungen mit Zahlwörtern, **Dreyeinigkeit**, **Dreyfältigkeit**, **Dreyhéller**, und vielleicht noch andere mehr.

Von Beſchaffenheitswörtern: einige Zuſammenſetzungen mit ab, abhélflich, abſpénſtig, abwéndig, abſónderlich, abwégſam, ablöslich; die mit all, allmächtig, ob man gleich ſagt Allmacht, allmählich, allweiſe, allwiſſend, alltägig; ingleichen die Superlative mit aller, allerbéſt, allerliebſt; viele mit aus, ausbündig, ausdrücklich, ausführlich, ausnéhmend, ausſpréchlich, und die davon abgeleiteten, Ausführlichkeit, unausſpréchlich; die meiſten mit groß und hoch zuſammen geſetzten Titul-Wörter, großmächtig, großgünſtig, großächtbar, hochádelig, hochédel, hochgebóren, hochfürſtlich, hochgeéhrt, hochgeléhrt, hochwürdig, hochnöthig, aber hóchbetagt, hóchbetraut, hóchmüthig, hóchtrabend; viele mit Zahlwörtern zuſammen geſetzte, achtjährig, dreytägig, zweyſeitig, ſechseckig, fünfpfündig, ſiebenmählig; und etwa noch folgende, außerórdentlich, balſámiſch, barmhérzig, beſtmöglichſt, dienſtfreundlich, freyeigen, freywillig, handgreifflich, hauptſächlich, herzinnig, holdſélig, inſtándig, nothwéndig, vornéhmlich, u. ſ. f.

Von Verbis, außer den mit hinter, voll und wider, (S. §. 436.) einigen mit miß, (S. §. 438.) und den mit durch, über, um und unter zusammen gesetzten, (S. §. 440.) noch kalmäusern und die mit außer und aufer zusammen gesetzten, mit ihren Ableitungen, auferstéhen, auserlésen, auserkóren.

§. 585. Die Umstandswörter, welche außer der Zusammensetzung selten einen gewissen bestimmten Ton haben, haben denselben in der Zusammensetzung bald auf der ersten und bald auf der letzten Hälfte, und zwar auf einer von beyden entweder beständig, oder nach dem Unterschiede der Bedeutung, oder auch willführlich.

1. Beständig haben den Ton, 1) auf der ersten Sylbe, abwärts, aufwärts, anderwärts, anderweit, auswärts, damahls, dazumahl, dennoch, dergestalt, dermahlen, diesfalls, desfalls, desto, diesmahl, ebenfalls, ehemahls, ehegestern, einwärts, etwa, etwas, fernerweit, gleichsam, gleichwohl, herwärts, hinwärts, hinterwärts, jemahls, jenseit, niemahls, nachmahls, nachgehends, nochmahls, rückwärts, seitwärts, übergroß u. s. f. vormahls, vorwärts, wiederum, und andere mehr. 2) Auf der letzten Hälfte: die mit all, allen, aller, allzu und als anfangenden, allhier, allgemein, allezeit, allerdings, allenfalls, alsbald, allzuviel u. s. f. die mit an, bey und bis anfangenden, anjetzt, annoch, anbey, beyan, beysammen, bisher; die mit da, so fern sie nicht im folgenden vorkommen, dafern, daheim, dahinten, danieder; viele mit der, dereinst, dermahleinst, derhalben, desgleichen,

gleichen, dieweil, und die Pronomina derselbe und derjenige; die mit ent, entgegen, entweder, entzwey; die mit hin, hindurch, hinab, hinweg u. s. f. die mit in, über, um, vor und zu, indem, indessen, immittelst, überaus, überhaupt, vorbey, umher, zuvor, zugegen; und folgende einzele, fortan, forthin, ehedem, ehedessen, einander, einher, empor, fürwahr, gleichwie, jedoch, jedennoch, mithin, nachdem, nachher, nunmehr, obwohl, obgleich u. s. f.

2. Nach dem Unterschiede der Bedeutung, wohin besonders die mit da, her und hier, zusammen gesetzten Partikeln gehören, welche den Ton auf der ersten Hälfte haben, wenn sie demonstrativ, und auf der letzten, wenn sie relativ sind, oder als Conjunctionen stehen: davón wollen wir schweigen, ich schweige davón, dámit ist es nicht ausgerichtet, er gieng damít davon, und als Conjunction, damít es nicht geschehe, tritt híerher, er kam hierhér. Die mit wo zusammen gesetzten haben den Ton auf der letztern Hälfte, wenn sie relativ sind, und auf der ersten, wenn sie fragen, woraús er hellet, wóraus ist das genommen?

3. Oder endlich willkührlich, wobey es auf den Sprechenden ankommt, welchen Begriff er durch den Hauptton vorzüglich heraus heben will; wohin besonders dorther, dorthin, einmahl, nunmehr, also, voraus, durchaus,

aus, warum die mit immer und nimmer zuſammen geſetzten, und andere mehr gehören.

§. 586 Die dreyfach zuſammen geſetzten Wörter haben den Hauptton gemeiniglich auf dem mittlern Worte: Feldbaukunſt, Frohnleichnam, Großhofmeiſter, Hauptböſewicht, Feldmarſchall, Hofpoſtmeiſter, Kreishauptmann, Kriegsſchauplatz, Erbjägermeiſter, Erzſchatzmeiſter, Allgegenwart, Bergnachfahrer, Erbzinsgut, Kreisabſchied. Aber auch oft auf dem erſten: Faſtnachtſpiel, Himmelfahrtsfeſt, Krämerhandwerk, Kaufmannsburſch, Krätzbeerſtaude, Kupfergewerk, Erdbeerbaum. Die Nahmen der Würden, welche ein zwey und mehr Beſtimmungswörter vor ſich haben, legen den Hauptton gemeiniglich auf das Grundwort der ganzen Würde: Groß-Kron-Feldherr, Reichs-General-Feldmarſchall.

Vierter Abschnitt.
Von dem Syntaxe oder dem Redesatze.

§. 587.

Die bisher betrachteten einzelen und zusammengesetzten Wörter sind um deswillen da, damit sie zu einer zusammen hangenden Rede verbunden werden können. Wie solches geschehen muß, lehret der Syntax oder der Redesatz.

§. 588. Dieser handelt in drey Kapiteln, 1. von der Verbindung einzeler Wörter mit einander; 2. von der Verbindung mehrerer Wörter zu einem Satze, oder von der Ordnung, in welcher die Wörter in dem Satze auf einander folgen; und 3. von der Verbindung mehrerer Sätze zu einer Periode.

Erstes Kapitel.
Von der Verbindung einzeler Wörter mit einander.

§. 589.

Weil manche Wörter in der Verbindung mit andern mehrere mögliche Verhältnisse zu bezeichnen haben, so hat man, diese Verhältnisse an ihnen kenntlich zu machen, sie mit eigenen Beugungsgungssylben versehen. Wenn nun ein Wort vermöge dieses Verhältnisses auf eine gewisse Art gebeuget wird, so sagt man, daß es von dem andern Worte regieret werde, obgleich diese Beugung nicht so wohl von dem Worte selbst, als vielmehr von dem Verhältnisse herrühret.

1. Bestimmung des Substantives durch den Artikel.

§. 590. Der Artikel ist zunächst um der Gattungswörter willen da, ihre Selbständigkeit zu bestimmen, welche sie als Gattungswörter verloren hatten. Er ist im Deutschen gedoppelt, der bestimmte Artikel der, die, das, und der unbestimmte ein; von welchen der erste am genauesten, der letztere aber nicht so genau bestimmet. Nebenbey dienet der erste auch, die mangelhafte Deutsche Declination besonders der eigenen Nahmen zu ersetzen.

§. 591. Da die eigenen Nahmen, wohin auch die Nahmen der Weltgegenden gehören, ihrer Selbständigkeit nach schon hinlänglich bestimmt sind, so bedürfen sie als solche eigentlich keines bestimmten Artikels, (S. §. 122.) Ausgenommen sind die eigenen Nahmen der Völker, Berge, Wälder, Meere, und Flüsse, welche den Artikel nicht entbehren können, ohne Zweifel, weil die appellative Beschaffenheit ihrer Nahmen noch zu neu und in einem zu frischen Andenken ist, (S. §. 231.)

§. 592. Zu den eigenen Nahmen gehöret auch der Nahme Gott, wenn er als ein eigener Nahme des höchstens Wesens gebraucht wird, in welchem Falle

1. Kapitel. 1. Artikel.

Falle er auch nach der 4ten Declination der eigenen Nahmen, (S. §. 240.) folglich im Genitiv **Gottes**, im Dativ nur **Gott**, abgeändert wird: **gib Gott was Gottes ist**. Stehet er appellativ, **der gütige Gott, der Gott der Liebe**, so erfordert er nicht nur den Artikel, sondern auch im Dativ e, obgleich letzteres auch häufig weggelassen wird.

§. 593. Bey den übrigen eigenen Nahmen findet der bestimmte Artikel nur statt, 1. wenn man Personen-Nahmen mit Geringschätzung und Verachtung nennet, (S. §. 230.) 2. wenn sie vermittelst desselben decliniret werden müssen, in welchem Falle er doch im Nominativ unnöthig ist, weil dieser als der Nahme des Subjectes hinlänglich genug bestimmt ist, (S. §. 229.) und 3. wenn sie wieder als Gattungswörter gebraucht werden, (S. §. 123.)

§. 594. Hingegen bezeichnet der Artikel der bey Gattungswörtern und allen übrigen Wörtern, welche als Gattungswörter gebraucht werden: 1. die ganze Gattung als ein selbständiges Ding, **der Mensch ist nun einmahl sterblich**, d. i. alle Menschen; **die Musik ist etwas angenehmes**, eine jede Musik; **der Geiz ist doch ein häßliches Laster**. 2. Ein schon bekanntes oder doch leicht zu errathendes einzeles Ding aus der ganzen Gattung: **der Mensch ist wieder da**, der bewußte Mensch; **ich höre die Musik**, welche wir bestellet hatten.

§. 595. Er ist folglich unnöthig und fehlerhaft so wohl, wenn das selbständige Ding schon
genauer

genauer bestimmt ist, als durch den Artikel geschehen kann, als auch, wenn nichts als selbständig bestimmt werden soll. Zu dem ersten Falle gehören: 1. Wenn das Substantiv bestimmte Zahlwörter vor sich hat, doch nur in manchen Fällen, (S. §. 263.) 2. Vor den allgemeinen Zahlwörtern all, (S. §. 275.) jeder, (§. 276.) mancher, einige, etliche, kein, (§. 277.) und zuweilen auch vor viel und wenig, (§. 278. 280.) 3. Vor allen Pronominibus, die abstracten Possessiva nur ausgenommen, (S. §. 359.) 4. In Anreden, wo doch die aus Zahlwörtern bestehenden Beysätze ausgenommen sind, o Ludwig der sechzehnte! außer wenn sie voran stehen, o sechzehenter Ludwig! 5. Vor den Titeln allgemein bekannter Personen, doch nur in der vertraulichen Sprechart, Kaiser Joseph, Doctor Luther, wohin um der Kürze willen auch im Curial-Styl Kläger, Inhaber, Advocat, Endesbenannter, u. a. m. und in allen Sprecharten auch das Wort Herr gehören, Herr Müller. 6. Wenn eine Apposition vorhanden ist, d. i. wenn von einem Dinge mehrere Nahmen oder Titel auf einander folgen, Friedrich, König in Preussen; Gott Vater. Ist aber das folgende Substantiv eine Erklärung, so ist der Artikel nothwendig, Antonin der Weltweise, um ihn von andern Antoninen zu unterscheiden, Gott der Vater, zum Unterschiede von andern Personen des göttlichen Wesens, Carl der fünfte. 7. In manchen Aufschriften und Büchertiteln, Vorrede, Ende, erster Theil, Deutsche Sprachlehre; wo doch
andere

1. Kapitel. 1. Artikel.

andere den Artikel nicht nur ertragen, sondern auch erfordern, der erste Theil, das zweyte Buch, das verlohrne Paradis. 8. Wenn mehrere Substantive unmittelbar auf einander folgen, besonders in der affectvollen Rede, Gut, Ehre, Leben, kurz alles ist verloren. 9. Wenn ein Genitiv vorher gehet, wodurch die Selbständigkeit bereits hinlänglich bezeichnet wird, der Tugend Lohn, Gottes Huld, des Mitleids Stimme.

§. 596. Eben so wenig findet der Artikel statt, wenn weder die Gattung als ein Individuum, noch eines oder das andere bereits bekannte einzele Ding aus derselben, sondern die Gattung, Art und Materie überhaupt angedeutet werden soll: nennest du das Glück? auf Raub ausgehen, etwas aus Gewohnheit thun, nimm Melisse, habe Geduld, Beute machen, es ist von Bley, von Eisen, von Holz, auf Rechnung ausnehmen, ohne Zweifel, ich habe es in Händen, ich sehe es vor Augen, über Feld gehen, eine sonderbare Art Menschen, wo nichts als ein Individuum bezeichnet werden soll; wohin auch eine Menge figürlicher und sprichwörtlicher Ausdrücke gehöret, Noth bricht Eisen, Alter hilft für Thorheit nicht, u. s. f. wo der Artikel oft nur um der kernvollen Kürze willen verbissen wird. Dahin gehören auch diejenigen Wörter, welche eine Materie, ein Maß, eine Zahl, ein Gewicht u. s. f. bezeichnen, wenn sie als bloße Gattungswörter und Materialia, ohne alle Selbständigkeit stehen:

drey Ehlen Tuch, ein Glas Wein, vier Klafter Holz, ein Scheffel Erbsen, vier Pfund Eisen, ein Paar neue Schuhe.

§. 597. Manche Gattungswörter werden dabey so unbestimmt, daß sie mit dem Artikel auch die Biegungszeichen wegwerfen, wenn gleich die dabey befindliche Präposition dieselben erfordern sollte: es gehet nach Wunsch, mit Fleiß, mit Blut bespritzt, mit Fleisch bekleidet, es ist von Bley, von Jahr zu Jahr, von Haus zu Haus, ein Mann von Verdienst, mit Weib und Kind.

Dagegen in andern Fällen die Biegungssylbe ohne Härte nicht wegbleiben darf: zu Bette gehen, zu Hülfe kommen, mir zu Liebe, ihm zu Leide, außer Stande seyn, zu Hause bleiben, zu Fuße nach Hause gehen, bey Hofe leben, von Tag zu Tage, bey Leibe nicht; zu Rathe halten, zu Gute thun, nach Tische.

Ja in andern Fällen wird sogar der Präposition das Casus-Zeichen des Artikels angehänget, ohne daß sich solches allemahl durch den Artikel auflösen ließe: im Stande seyn, im Schwange gehen, im Stiche lassen, am Ende, im Anfange, zum Überflusse, im Ernste. Von welchem Unbestande sich kein Grund angeben lässet, daher die einzelen Fälle bloß aus dem Gebrauche erlernet werden müssen.

§. 598. Außer den obigen Fällen den bestimmten Artikel wegzulassen, wenn etwas individuell

bestimmt

bestimmt werden soll, würde bey eigentlichen Gattungswörtern ein Fehler seyn: die Wahrheit heiliger Schrift, besser der heiligen Schrift, Fuß hat Haupt hinweg getragen, Logau. Abstracta können ihn eher entbehren, weil sie keine eigentlichen Gattungswörter sind, und es daher oft gleichgültig ist, wie sie gebraucht werden: ich liebe Wahrheit oder ich liebe die Wahrheit; so auch, in beßter Ordnung, vor Endigung des Krieges.

§. 599. Der unbestimmte Artikel ein bezeichnet: 1. ein Ding aus der ganzen Gattung, doch so unbestimmt, daß es gleich viel ist, welches man darunter verstehet: es begegnete mir ein Fremder, da saß ein Vogel, hier ist ein Messer. 2. Macht er dieses unbestimmte Ding zum Repräsentanten der ganzen Gattung, wie der bestimmte Artikel, ein Mensch ist doch ein schwaches Geschöpf, besonders im Nachsatze, was für ein schwaches Geschöpf ist nicht ein Mensch! und 3. bezeichnet er bloß die Gattung, zu welcher ein Ding gehöret, doch nur bey solchen Substantiven, welche als Gattungswörter gebraucht werden können: welch ein Mensch! was ist das für ein Mann? — es ist ein Schweizer, ein Fremder, ein Künstler, er hatte einen bösen Vater. Besonders vor solch, einen solchen Freund wünschte ich mir; nicht solch einen, und noch weniger so einen.

§. 600. Da auch eigene Nahmen als Gattungswörter stehen können, so leiden sie als solche auch den unbestimmten Artikel: ein Plato unserer Zeit, ein so weiser Mann als Plato war, selbst ein Alexander. Wenn er die Gattung bezeichnet, so ist es oft gleichgültig, ob man ihn setzt oder nicht: als er noch König war, in Gedanken ist sie schon gnädige Frau, wir warteten lange Zeit, das ist guter alter Wein; aber nicht das war harter Winter, für ein harter Winter.

§. 601. Fehlerhafte Arten des Gebrauches dieses Artikels sind: 1. Vor eigenen Nahmen, wenn sie nicht appellative stehen, so spricht ein heiliger Paulus. 2. Der Gebrauch des Curial-Styles, eine hohe Obrigkeit, ein hochweiser Rath, eine löbliche Universität. 3. Vor den Zahlwörtern, eine acht Tage, eine zwey Stunden eher, (S. §. 263.) 4. Vor den Neutris der meisten Adjectiven, ein Vieles, ein Großes, (S. §. 329.) 5. Der Niederdeutsche Gebrauch an statt des Pronominis jemand, es möchte einer sagen, (S. §. 348.)

§. 602. Wohl aber läßt er sich im Dativ häufig an die Präposition hängen: das dienet zum Beweise, die Noth zur Tugend machen. Womit doch das r des Genitivs und Dativs der weiblichen Wörter nicht zu verwechseln ist, welches ein bloßes Casus-Zeichen ist: das Nordlicht kommt zu gewisser Zeit, hat keinen Artikel, daher ist auch der Ausdruck nicht so bestimmt, als wenn man sagt, es kommt zur gewissen Zeit.

§. 603.

1. Kapitel. 1. Artikel.

§. 603. Wie durch die beyden Artikel die Begriffe zweyer Wörter bestimmt und zum Theil verändert werden können, erhellet aus folgendem Beyspiele: er ist ein **Königssohn**, eines **Königs Sohn**, ein **Sohn eines Königes**, ein **Sohn des Königes**, der **Königssohn**, der **Sohn eines Königes**, der **Sohn des Königes**.

§. 604. Außer demjenigen, was beyde Artikel an dem Substantiv in Ansehung der Selbständigkeit bestimmen, sind noch zwey Fälle möglich. Es kann eine mehrfache aber unbestimmte Anzahl von den Individuis, welche ein Gattungswort bezeichnet, ausgedrucket werden, oder es kann ein ungenannter und zugleich unbestimmter Theil des Ganzen gemeinet seyn. Beyde Fälle drucken die Deutschen ohne allen Artikel aus, und zwar den ersten durch den Plural des Gattungswortes, weil der unbestimmte Artikel, der hier eigentlich stehen müßte, keines Plurals fähig ist, ich sehe **Menschen**, **Vögel fangen**, es kommen **Pferde**. Der letzte Fall findet besonders bey Collectivis und Materialibus statt, so lange sie als solche gebraucht werden, sechs **Ehlen Tuch**, es ist noch **Gewürz** da, gib mir **Brot**, wir trinken **Wein**, es ist **Eisen**. Wenn sie aber wieder Gattungswörter werden, und entweder Arten, oder auch bestimmte Ganze bezeichnen, so sind sie wieder beyder Artikel fähig; der **Wein** ist gerathen, ein guter **Wein**; gib mir **Brot**, gib mir das **Brot**, das ist ein schönes **Brot**, ein großes **Brot**.

§. 605. Der Artikel wird dem Substantive welches er bestimmet, allemahl vorgesetzet, und folget demselben in allen Endungen, Zahlen und Geschlechtern, welches auch der unbestimmte Artikel thut, wenn er ohne Hauptwort stehet, wer gibt mir ein Buch? — hier ist eines; in welchem Falle er doch in dem Casu von seinem Verbo abhänget. Der bestimmte Artikel kann oft mehr auf einander folgende Substantive eines Geschlechtes und einer Zahl zugleich bestimmen, der Geitz, Hochmuth und Argwohn dieses Mannes; allein der unbestimmte muß jedesmahl wiederhohlet werden. Folgen mehrere Substantive verschiedenen Geschlechts und verschiedener Zahl auf einander, so ist die Wiederhohlung auch des bestimmten Artikels nothwendig.

2. Verbindung des Substantives mit andern Substantiven.

§. 606. Wenn zwey oder mehrere Substantive mit einander verbunden werden, so stehen sie entweder in einem gleichen oder in einem ungleichen Verhältnisse. Im ersten Falle sind sie entweder bloß mehrere Nahmen neben einander aufgezählter Dinge, oder mehrere Nahmen eines und eben desselben Dinges, oder das hintere ist eine Erklärung, oder endlich auch eine Einschränkung des vordern. In allen diesen Fällen werden sie ordentlich in einerley Casu gesetzt, weil sie in gleichem Verhältnisse entweder gegen das Subject oder gegen das Prädicat stehen.

§. 607.

§. 607. Werden bloß mehrere Dinge aufgezählt, und ihrer sind nur zwey, so werden sie vermittelst einer Partikel gesetzet oder ausgeschlossen, Ruhm und Unsterblichkeit erwarten dich, so wohl Ruhm als Unsterblichkeit erwarten dich, weder Pflanzen noch Bäume blühen. Da man denn, wenn sie einerley Endsylben haben, in der vertraulichen Schreibart auch wohl die erste zu verbeißen pflegt, in Freund und Feindes Land, durch Dorn und Hecken. Sind ihrer mehrere, so werden nur die beyden letzten mit und verbunden, wo Kerker, Gift und Dolch uns augenblicklich drohen. Geschiehet die Ausschließung mit weder — noch, so bekommt das erste weder und alle folgende noch, weder Gott, noch Menschen, noch Gesetze fürchten. Der Affect läßt in einem bejahenden Satze auch wohl alle Verbindung weg, Stolz, Untreu, Üppigkeit hauchen uns hier giftige Dünste entgegen.

§. 608. Wenn einem Dinge mehrere Nahmen oder Titel beygeleget werden, so stehen die Substantive in der Apposition. Sind sie alle Gattungswörter, so stehen sie insgesammt in einerley Casu und Zahl, sags den Prinzen, meinen Brüdern. Ist der zweyte Nahme ein eigener, so stehet er im Deutschen hinten, die Stadt Berlin, der Kaiser Joseph. Von der Declination solcher Nahmen S. §. 246. 247. und von der Zusammenziehung zweyer in Apposition stehenden Hauptwörter §. 559.

§. 609.

§. 609. Ist das hintere die Erklärung des vordern, so stehen sie gleichfalls in einerley Casu, aber nicht nothwendig in einerley Zahl, heil Deinem würdigen Sohne, jetzt meinem Könige; der Schlaf, der Müden Freund, der Unglücklichen Trost; deine Thorheiten, diese Quelle deines Unglückes. Doch pflegt man, wenn es ungezwungen geschehen kann, ein Wort gern durch ein anderes gleichen Geschlechtes zu erklären, das Urtheil der Vernunft, der stets bestochenen Rathgeberinn.

§. 610. Schränkt das hintere den Begriff des Prädicates auf ein besonderes Verhältniß des erstern ein, so bekommt es die einschränkende Partikel als, mit Beybehaltung des Casus des erstern, ich betrachte den Menschen, als Menschen, nicht als Christen; wie durch Christum, als den Sohn Gottes alles erschaffen ist; nicht als dem Sohne.

§. 611. Stehen sie in einem ungleichen Verhältnisse, so finden hier so viele Fälle statt, als es Arten des Verhältnisses gibt. Sehr oft wird solches durch eine Präposition ausgedruckt, Reize zur Unmäßigkeit, Leute aus der Stadt, Segen von oben, Erziehung auf dem Lande. Zuweilen bleibt das hintere unverändert, oft aber wird es auch durch den Genitiv, und eben so oft auch durch die Präposition von ausgedruckt. Wir bleiben hier nur bey den drey letzten Fällen stehen.

§. 612. Diejenigen Verhältnisse, welche auf eine dieser drey Arten oder auf mehrere derselben

zugleich

1. Kapitel. 2. Substantiv.

zugleich ausgedruckt werden, sind vornehmlich: 1. das Verhältniß der wirkenden Ursache, so wohl mit dem Genitiv, der Sohn Gottes, ein Befehl des Königes, die Nachkommen Adams, Söhne eines Vaters; als auch mit von, besonders wenn der Genitiv Mißdeutung verursachen, und den bloßen Besitz bezeichnen könnte, ein Gemählde von Titian, ein Gedicht von Gellert, wo von die wirkende Ursache genauer bezeichnet; außer welchem Falle man lieber den Genitiv gebraucht, der Verfasser von diesem Buche, besser dieses Buches.

§. 613. 2. Das Verhältniß des Besitzes, der Herrschaft. 1) Mit dem Genitiv, die Länder des Fürsten, die Güter des Freyherrn, das Haus meines Nachbars, die Göttinn des Glückes, ein Herr vieler Güter. 2) Mit von vor den eigenen Nahmen der Länder, Bezirke, Güter und Örter, die Kaiserinn von Rußland, der König von Pohlen, der Churfürst von Sachsen, Bischof von Bamberg, Herr von Schlesien; wo der Genitiv, der alsdann voran stehet, nur in der höhern Schreibart vorkommt, Preußens König, Rußlands Kaiserinn. In andern Fällen würde von fehlerhaft seyn, das Haus von meinem Nachbar, besser meines Nachbars. Doch sagt man der Herr, die Frau vom Hause, der Sohn vom Hause.

§. 614. 3. Das Verhältniß des Daseyns in Ansehung der Zeit und des Ortes, durch den Genitiv, besonders in der edlern Schreibart, ein

Lehrer

ein Lehrer dieser Schule, die Gelehrten unsers Jahrhunderts, die Einwohner der Stadt, die Jugend der Dörfer, die Stunde der Mitternacht. Oft auch durch die Präpositionen in, an u. s. f.

§. 615. 4. Das Verhältniß des Unselbständigen, in Ansehung des selbständigern, woran es sich befindet, besonders bey Abstractis, welche durch ihre Concreta erkläret werden müssen; am häufigsten und besten durch den Genitiv, die **Schönheit dieser Person, die Reitze des Frühlinges, Entwickelung unserer Kräfte, die Bewegung des Körpers, jenseit der Schatten des Grabes, die Zeit des Lebens.** Oft auch durch eine Präposition, **die blühende Röthe auf den Wangen, Stärke in den Gliedern.** Aber nicht durch von, wenn der Genitiv stehen sollte, **den Schein von der Tugend haben, das Ende vom Liede, das Schwarze von der Dinte.**

§. 616. 5. Das Verhältniß der Theile gegen das Ganze, oder die Bezeichnung des Ganzen, woraus etwas bestehet. 1) Mit dem Genitiv, **ein Theil der Soldaten, die Versammlung der Fröhlichen, die Gemeine der Heiligen, eine Ehle des besten Sammtes.** Oft aber auch mit von, **eine Ehle von dem besten Sammte;** besonders wenn sich der Genitiv nicht deutlich bezeichnen lässet, oder einen Mißklang verursachen würde, **eine Reihe von Kirschbäumen,** aber, **eine Reihe der besten Kirschbäume,** weil hier der Genitiv merklicher

licher ist. 2) Sehr häufig wird der Nahme des Ganzen, woraus ein Theil bestehet, ohne Artikel in den Nominativ gesetzt, in welchem er unverändert bleibt, eine Mahlzeit Essen, ein Gericht Fische, eine Menge Vögel, Menschen, eine Summe Geld, ein Stück Brot, von einem Glase Wein, von zwey Maltern Korn, mit drey Ehlen Tuch, drey Klafter Holz, vier Pfund Gold, mit drey Fudern Steine. Im Oberdeutschen gebraucht man hier häufig den Genitiv, welchen auch wohl die edlere Schreibart nachahmet, eine Summe Geldes, mit einem Stücke Brotes; besonders wenn das Ganze noch ein Bestimmungswort vor sich hat, eine Menge schöner Vögel, ein Gericht der seltensten Fische, ein Glas süßen Weines, ein Maß frischer Milch, eine Reihe gehauener Steine. Wohin auch die im gemeinen Leben üblichen eine Meile Weges, und mit versetzten Genitiven Volks die Menge, Geldes die Hülle und Fülle gehören. Das Wort Paar bleibt mit seinem Bestimmungsworte unverändert, dagegen der Nahme des Ganzen die Casuszeichen annimmt, ein Paar Schuhe, vor ein Paar Tagen, mit ein Paar Zeilen. 3) Ist der Theil, wovon das Ganze angegeben wird, noch an demselben befindlich, so setzt man das letztere am besten in den Genitiv, die Wand des Hauses, ein Drittel der Stadt, die Gränzen Sachsens, die Provinzen Deutschlandes, die obern Theile Italiens. Ist es aber nicht mehr an demselben befind=

befindlich, so stehet um der Deutlichkeit willen, von, ein Finger von dem heil. Burchard, als Reliquie, die Wolle von einem Schafe, die Brust von einem Widder. Welches aber auch oft im ersten Falle stehet, wenn der Theil von dem Ganzen getrennet werden soll, nimm dir etwas davon, ein Stück von dem Braten; oder sich der Genitiv nicht ohne Mißklang bezeichnen läßt, die Theile von Africa, die Provinzen von America.

§. 617. 6. Das Verhältniß der Materie, woraus etwas verfertiget ist oder bestehet, mit von, ein Ring von Gold, ein Kranz von Blumen. 7. Das Verhältniß der Herkunft, mit von, von hohem Adel, von gutem Geschlechte, von niederm Range, von vornehmer Geburt, ein Deutscher von Geburt. Zuweilen auch mit dem Genitiv, ein Deutscher seiner Geburt, oder seiner Geburt ein Deutscher.

§. 618. 8. Das Verhältniß des Gegenstandes, durch welches das vordere Substantiv bestimmt wird, mit dem Genitiv, ein Muster der Mäßigkeit, ein Vetter des Ministers, die Belagerung der Stadt, ein Freund unsers Hauses, ein Feind aller Laster, der Verkauf des Hauses, die Ermordung eines Unschuldigen, die Welt ist eine Schule des Bösen, das Gefühl unsers Glückes, der Genuß des Lebens. Wo nur dahin zu sehen ist, daß bey Substantiven, welche so wohl thätig als leidend gebraucht werden, keine Zwey-
deutig-

deutigkeit und Verwechselung der vorigen Verhältnisse entstehe, *der Verlust unsers Freundes*, kann heißen, der Verlust, welchen unser Freund erlitten, nach §. 612. und der, welchen wir in ihm erlitten, *die Liebe Gottes*, welche wir gegen ihn haben, und welche er gegen uns trägt. So auch *die Furcht des Todes, der Genuß eines Freundes, die Hülfe der Stadt, die Einsegnung des Priesters*, in welchem Falle man den Gegenstand lieber durch eine Präposition oder auf andere Art umschreibt, *die Furcht vor dem Tode, die Liebe gegen Gott, der in dem Freunde erlittene Verlust;* außer wo der Gebrauch die Bedeutung schon hinlänglich bestimmt hat, *der Dienst des Königes, der Dienst Gottes, die Furcht Gottes, des Todes.* Von ist fehlerhaft, wenn der bloße Genitiv deutlich genug ist, ein Freund von unserm Hause, der Beweis von meiner Treue.

§. 619. 9. Das Verhältniß einer bestimmten Größe, eines Maßes, Gewichtes, Werthes oder Alters, mit von, *eine Sache von großer Wichtigkeit, ein Mann von vieler Gelehrsamkeit, von Verdiensten, von Jahren, eine Reise von zehen Meilen, ein Faß von sechs Eimern, ein Stein von vier Pfunden, ein Jüngling von zwanzig Jahren.* In einigen wenigen Fällen auch mit dem Genitiv, *ein Kind guter Art.* Zu dem Gebrauche mit von gehöret auch folgende Beschreibung der Beschaffenheit, *ein Abscheu von ei-*

Ob

nem Menschen, das ist nur ein Traum von Glück, ein Ausbund von einem ehrlichen Manne. 10. Ingleichen des Inhaltes, auch mit von, ein Gedicht von dem Tode.

§. 620. Wenn der Genitiv stehen sollte, und sich derselbe an dem Worte nicht ausdrücken läßt, auch der Artikel nicht statt findet, so ist von in allen Fällen unentbehrlich, Ströme von Begeisterung, ein unermeßliches Feld von Gegenständen; aber Ströme sanfter Begeisterung.

§. 621. Der Genitiv tritt, besonders in der eblern Schreibart, gern voran, der Sitten Weichlichkeit, des Lebens Freude, wir sind des Todes tägliche Beute. Nur muß kein Adjectiv oder Pronomen vorhergehen, welches sich auf das folgende Substantiv beziehet, dieser des Todes Gedanke, bey solcher der Sache Beschaffenheit, nach reifer der Sachen überlegung. Ein Substantiv kann mehrere Genitive bey sich haben, wovon entweder einer den andern regieret, die Verbindlichkeit des Gesetzes der Natur; oder wovon beyde zu dem in der Mitte stehenden Substantiv gehören, des Himmels höchstes Gesetz der Ordnung; in welchen Fällen doch Wohlklang und Deutlichkeit mit in Betrachtung kommen müssen.

3. Von dem Adjectiv und dessen Verbindung mit dem Substantive.

§. 622. Das Adjectiv und concrescirte Participium stellen eine Beschaffenheit als an dem Dinge

Dinge befindlich, oder als Eigenschaft dar; sie haben daher, (die unveränderlichen Zahlwörter und Adjective ausgenommen, S. §. 264. f. 310.) das Concretionszeichen, und stehen allemahl vor dem Substantiv, dem sie zugleich in dem Casu, in dem Geschlechte und in der Zahl folgen, die sterbende Unschuld, das holde Lächeln des Frühlinges. Nur wenn sie eigenen Nahmen beygefüget werden, stehen sie nebst den Zahlwörtern unmittelbar hinter denselben, Carl der zwölfte, Alexander der große, wo die höhere Schreibart sie auch wohl voran setzet, der zwölfte Carl, der große Alexander. Die im gemeinen Leben üblichen mein Vater seliger, vier Mark Lübisch, Dänisch, drey Fuß Rheinländisch, sind Überbleibsel der veralteten Gewohnheit, die Adjectiva ohne Concretion hinter das Substantiv zu setzen.

§. 623. Wohl aber kann es sich auf ein vorher gegangenes Substantiv beziehen, Französische Waaren und nicht Deutsche, die künftige Zeit so wohl als die vergangene, allerley Personen, vornehme und geringe, die Rose, die schönste unter den Blumen. Im Singular lassen sich zwey verschiedene Dinge, auch wenn sie einerley Geschlechtes sind, nicht füglich durch ein Adjectiv bestimmen, der tugendhafte Bürger und Bauer; wohl aber im Plural, wohlriechende Pflanzen und Kräuter.

§. 624. Vor zusammen gesetzten Substantiven kann es sich, so wie der Artikel, nur auf das bestimmte

stimmte oder Grundwort beziehen, daher es fehlerhaft ist, wenn es sich auf das bestimmende beziehen soll, ein seidener Strumpf-Fabricant, ein französischer Zeitungsleser.

§. 625. Wenn ein Substantiv durch ein Gattungswort höherer Art erkläret wird so folgt das zu dem erstern gehörige und demselben nachgesetzte Adjectiv dem Geschlechte des höhern Gattungswortes: der Mensch, das edelste unter allen Geschöpfen; die Vernunft, das kostbarste Geschenk der Natur; die Donau ist der erste unter den Strömen Deutschlandes. Nur nach Personen-Nahmen stehet es in dem natürlichen Geschlechte der Person: Daphne war die gelehrteste unter allen Frauenzimmern; Ravaillac, der verworfenste aller Ungeheuer. Aber nicht, wenn der Personen-Nahme appellative stehet, Minna von Barnhelm, das beste unter Lessings Schauspielen.

§. 626. Da Adjective Eigenschaften bezeichnen, so können ihrer so viele seyn, als verschiedene Eigenschaften von einem und eben demselben Dinge angegeben werden müssen, da man denn zwey, und von mehrern die beyden letzten durch und verbinden kann, oder auch nicht: der Tod, dieser stets drohende und nie entfernte Gast; die finstern, stillen Schatten des Todes; die ganze, lange, traurige Nacht. Wenn aber das Substantiv mehrere Arten oder mehrere Verhältnisse an einem Dinge bezeichnet, so ist die Verbindung nothwendig, die irrdische und himmli-

himmlische Weisheit, die hintere, vordere und obere Seite. Sie können auch durch einen Zwischensatz getrennet werden, der aber nicht zu lang seyn darf, die ganze mit uns erwachende Gegend.

§. 627. Participia und Adverbia, welche relativ sind, und daher einen Casum erfordern, behalten denselben bey, wenn sie concresciret werden, da sie denn denselben vor sich nehmen, ein der Ewigkeit würdiges Werk, dein des Lebens müder Geist. Kommt noch eine Präposition oder ein ander Wortes dazu, so wird diese Art des Ausdruckes oft zu hart, ein vor Sehnsucht krankes Gemüth, dieser gegen alle Menschen höfliche Jüngling, ein zwey Ehlen langes Schwert; daher man in solchen Fällen das Adjectiv lieber in das Adverbium auflöset, obgleich die höhere Schreibart die gedrungene Kürze gern vorziehet, die durch den frühen Tod erpreßten Thränen. Eben dieses gilt von andern Bestimmungswörtern des Adjectives, ein eben so großes als schönes Haus. Aber den Genitiv des folgenden Substantives dem Adjective vorzusetzen, ist unverzeihlich, mit der des jugendlichen Alters brausenden Hitze.

§. 628. Der Comparativ behält auch nach der Concretion sein als, wenn das verglichene Ding auf ihn folgt, der Bach fließt hier mit einem angenehmern Geräusche als dort. Der Superlativ hat in diesem Falle eine Präposition nach sich, in der edlern Schreibart aber oft den

Genitiv, welcher in der höhern auch vortreten kann, der reichste Einwohner in der Stadt, oder der Stadt, er ist der größte von oder unter beyden, der mächtigste Monarch in Europa, oder Europens, oder Europens mächtigster Monarch, der Stürme wüthendster.

§. 629. Das Adjectiv wird durch ein Adverbium bestimmt, eine sanft rauschende Quelle, welches mit einem Adjectiv nicht verwechselt werden muß. Ein unbekannt reisender Prinz, ist etwas anders als ein unbekannter reisender Prinz. Auch die Adverbia, wenn sie als Umstandswörter das Substantiv bestimmen, dergleichen ganz, halb, genug, allein, voll, lauter, eitel, nichts, u. s. f. sind, müssen nicht für Adjectiva gehalten werden. Ein Schäfer aus der goldnen Zeit, ganz Ruhe, ganz Zufriedenheit, Gell. wo es das Umstandswort ist. Zweydeutig ist es in ganz Pohlen, in ganz Deutschland, und vor andern Orts- und Ländernahmen ohne Artikel, wofür man in den Casibus obliquis doch lieber mit dem Concretions-Zeichen in dem ganzen Pohlen sagt. Ein gleiches gilt von kein, viel und wenig, S. §. 277. f.

4. Gebrauch der Zahlwörter.

§. 630. Von dem Gebrauche der Zahlwörter ist bereits §. 259. f. verschiedenes gesagt worden, welches hier nachgesehen werden kann. Die Jahrzahlen und die Stunden des Tages werden an statt der

1. Kapitel. 4. Zahlwörter.

der Ordnungszahl mit der Hauptzahl verbunden, so daß bey der letztern das Wort Uhr gesetzt oder verstanden wird: im Jahr ein tausend sieben hundert und achtzig; im Jahr der Welt vier tausend; es ist drey Uhr, es ist um drey, es schlägt vier, ich komme halb sieben. Von dem Singular der Substantiven, welche eine Zahl, ein Maß, Gewicht u. s. f. bedeuten, S. §. 166.

§. 631. Nach den bestimmten Zahlwörtern, sie seyn nun Hauptzahlen oder Ordnungszahlen, kann das Hauptwort, wenn es die ganze Classe bedeutet, woraus die Zahl genommen worden, und die Präpositionen von, aus oder unter bekommen sollte, auch in den Genitiv gesetzt werden, vier der hiesigen Einwohner, für vier hiesige Einwohner, oder vier von den hiesigen Einwohnern; eines deiner Glieder. Da denn die persönlichen Pronomina voran stehen, es kamen unser sechs, es waren ihrer sieben. Den Genitiv des Substantivs voran zu setzen, der traurigen Jahre zehen, ist im Hochdeutschen veraltet. Den Genitiv leiden auch die Ordnungszahlen, wenn ein Substantiv mit noch einem Bestimmungsworte folgt, die letzte deiner Freuden, der erste meiner Brüder.

§. 632. All leidet wegen seiner genauen Bestimmung keinen Artikel vor sich, (S. §. 275.) wenn es aber die gesammten Individua einer gewissen Art bedeutet, und das Nennwort im Plural einen Artikel hat, so tritt er als ein Adverbium dahinter, die übrigen alle, oder alle übrigen; die Thränen alle fließen umsonst;

wo es auch hinter dem Verbo stehen kann, die Thränen fließen alle umsonst. So auch mit persönlichen Pronominibus, wir alle, ihr alle, wir alle haben unsere Fehler, wir haben alle unsere Fehler. Doch findet diese Versetzung bey persönlichen Pronominibus nur im Nominativ und Accusativ, bey Hauptwörtern aber in allen Casibus, nur im Genitiv nicht, statt. In den übrigen Bedeutungen wird es wie ein anderes Adjectiv gebraucht, nur daß es, wenn es im Neutro eine Allgemeinheit im Singular bezeichnet, auch hier die Versetzung leidet, dieses alles, und alles dieses, das ist noch alles nichts, besser das alles ist noch nichts, alles das sind Thorheiten, oder das alles.

§. 633. Wenn jeder (S. §. 276.) im Plural stehen sollte, so wird es in der edlern Schreibart gern in dem Singular mit dem Genitiv verbunden, er lebt in jedem meiner Gedanken. So auch kein, (S. §. 277.) viel, wenig, (§. 278.) mancher, (§. 281.) einige und etliche, (§. 282.) wenn das Nennwort das Geschlecht oder die Art ausdruckt, keiner der unsrigen, für keiner von uns, keines deiner Kinder, viele der unsrigen, manche unsrer Bekannten, einige deiner Freunde; ingleichen mit voran gesetztem Genitiv in der höhern Schreibart, unser keiner, so werde mir meiner Sünden keine vergeben, Less. welche Form doch mit andern allgemeinen Zahlwörtern selten mehr gebraucht wird, außer mit persönlichen Pronominibus, ihrer etliche, es waren unser wenige. Eines,
jedes,

1. Kapitel. 4. Zahlwörter.

jedes, keines, manches, für jemand, jedermann, oder jede Person, niemand, mancher, gehören in die Sprache des gemeinen Lebens.

§. 634. Eine bestimmte Zahl ungefähr zu bezeichnen, braucht man ungefähr, etwa, einige oder etliche, bey nahe, und im gemeinen Leben bey, gegen, an die, beyläufig, wohin auch die Form, ein Stück oder zehn, ein Jahr oder vier, zusammen gezogen, ein Stücker zehn, ein Jahrer vier, d. i. ungefähr zehn Stück, vier Jahr, gehöret. Etliche und einige werden gleichfalls nur im gemeinen Leben von zwanzig an bis hundert gebraucht, etliche und zwanzig, einige und dreyßig, d. i. zwanzig, dreyßig und einige darüber. Etliche zwanzig, einige dreyßig, mit Weglassung des und gibt freylich einen falschen Sinn, ist aber dennoch sehr gangbar. Eine ungefähre Zahl zwischen zwey bekannten Gränzen auszudrucken, gebraucht man bis: drey bis vier, zehn bis zwanzig.

5. Gebrauch der Pronominum.

§. 635. Alle Pronomina adjectiva folgen so wie die eigentlichen Adjectiva und Ordnungszahlen, wenn sie sich auf ein Substantiv beziehen, in Ansehung des Geschlechts und der Zahl dem letztern, in Ansehung des Casus aber dem Verbo, mit welchem sie verbunden werden: die Tugend und das Laster, jener befleißige dich, dieses fliehe; die Blume, deren Reize der Sturm zerstörte.

a. Gebrauch der persönlichen Pronominum.

§. 636. Von diesen ist bereits §. 336, manches gesagt worden; ihr Gebrauch mit dem Verbo wird im folgenden vorkommen. Man merke noch. Die persönlichen Pronomina können auch ihr Hauptwort so wohl in Appositione, als zur Erklärung neben sich haben: ich, der Herr; du Thor; er, Kläger; sie, die edelste ihres Geschlechts; ihr frommen Leute; dir, Eduard, nur dir, gab sie der Rache Schwert. Hat dasselbe ein Adjectiv ohne Artikel bey sich, so wird dieses nach der zweyten Declination der Adjective declinirt: ich armer Mann, mir verlassenen Kinde, S. §. 298.

§. 637. Die persönlichen Pronomina nehmen oft den Nominativ des Relativi der in ihre Gesellschaft: der du von Ewigkeit bist, oder du, der du von Ewigkeit bist, oder du, der von Ewigkeit ist; von dem, der ich war, ist kaum ein Schatten mehr übrig; wir, die wir uns selbst nicht kennen; er, der sich meiner so treulich angenommen hat.

§. 638. Die vertrauliche Sprechart gebraucht oft den Dativ mir, wo nur eine sehr entfernte Beziehung statt findet: ich lobe mir das Lebendige; du wirst mir einmahl ein feiner Gast werden; das ist mir eine Freude, das mag mir eine Freude heissen. Der ähnliche Gebrauch des dir gehöret in die Sprache der niedrigen

gen Vertraulichkeit, das war dir eine Lust, d. i. das war eine Lust, ich verſichere es dir.

§. 639. Eigentlich wird ein jedes Ding, welches nicht als die erſte und zweyte Perſon angegeben iſt, für die dritte Perſon gehalten, daher dieſe den Subſtantiven nicht erſt beygefüget werden darf. Nur ein beſonderer Nachdruck erfordert daſſelbe, in welchem Falle das Subſtantiv mit dem Pronomine in Appoſition ſtehet: der balſamiſche Schlaf, er fliehet die Elenden, oder er, der balſamiſche Schlaf, fliehet die Elenden, oder mit der Inverſion, die Elenden fliehet er, der balſamiſche Schlaf, alles für das mattere, der balſamiſche Schlaf fliehet die Elenden. So auch, dieſes Leben, wie kurz iſt es; er kann ihn nicht faſſen, den Schmerz; Antonin, er, der nicht die Pracht, nur die Einfalt der Natur liebte. Geſchiehet ſolches im gemeinen Leben ohne Abſicht eines Nachdruckes, ſo iſt es allerdings ein Fehler, ſie ſind noch nicht reif, die Äpfel.

§. 640. Mit den beſtimmten Zahlwörtern werden die perſönlichen Pronomina gern im Genitiv verbunden, es ſind unſer zehn, wir ſind an der Zahl zehen, es kamen ihrer vier. So auch mit einigen unbeſtimmten. Wie viel ſind euer? Unſer ſind viel, wenig, mehr; unſer aller Mutter. Unſer einer, d. .i. eine Perſon unſers oder meines gleichen, gehöret in das gemeine Leben. Mit kein iſt der Genitiv im Hochdeutſchen nicht ſo üblich, unſer keiner, keiner von uns.

§. 641.

§. 641. Das Reciprocum *sich* wird niemand leicht mit dem persönlichen Pronomine der dritten Person verwechseln, wenn man nur bedenkt, daß jenes gebraucht wird, so oft das Subject und der Gegenstand des Verbi eine und eben dieselbe Person sind: *er bildet sich ein*, nicht *ihm*, *sie nahmen es sich*, nicht *ihnen*. So bald aber beyde verschieden sind, stehet das persönliche: *er nahm sich nichts, sondern bath, daß man es ihm geben sollte*, wo im letztern Falle beyde verschieden sind. So auch, *er that es, mit der ihm eigenen Herablassung*, eigentlich, mit der Herablassung, welche ihm eigen ist, wo beyde wieder zwey Dinge sind. Wenn *einander* für sich gesetzt werden kann, ist bereits §. 446. bemerket worden.

§. 642. Da die persönlichen Pronomina in den Casibus obliquis zugleich relativ sind, und einen Ausspruch auf die vorher genannte Person zurück führen, so ist man oft ungewiß, ob man ein persönliches Pronomen der dritten Person oder die determinativen *derselbe, selbiger* und *solcher* gebrauchen soll. Doch trifft dieser Zweifel nicht so wohl das Subject der Rede, als welches allemahl durch ein persönliches Pronomen angedeutet wird, es sey nun eine Person, oder eine Sache, obgleich im letztern Falle auch oft ein Determinativum statt finden kann, als vielmehr, wenn noch ein Substantiv vorhanden ist, auf welches das Pronomen gleichfalls gezogen werden kann, wo man, wenn Mißdeutung zu besorgen ist, lieber ein Determinativum gebraucht: z. B. *nun weiß ich,*

ich, warum sie sie so sehr lieben, wo das erste sie auf das Subject des Satzes gehet, das zweyte aber auf ein anderes Substantiv, daher man hier, so wohl um der Deutlichkeit, als um des Wohlklanges willen, lieber selbige oder dieselben setzet. In andern Fällen hebet man die Zweydeutigkeit durch dieser, jener, oder durch der erstere, der letztere.

§. 643. Da es der neuern Höflichkeit noch nicht genug ist, eine andere Person im Plural mit sie anzureden, so wählet sie gegen Vornehme oft das determinative dieselben, hochdieselben, höchstdieselben, u. s. f. da es denn im Dativ, noch denenselben für denselben lautet, dieselben haben mir befohlen. Dürften dergleichen Arten des Ausdruckes nach den Regeln der Grammatik beurtheilet werden, so wären sie freylich zu verwerfen; allein da der Curial-Styl sich daran nicht bindet, so dürfen wir uns auch nicht weiter dabey aufhalten.

§. 644. Das unbestimmte es wird im Deutschen sehr häufig gebraucht, 1. einen Ausspruch auf ein Substantiv sächlichen Geschlechts zurück zu führen, in welchem Falle es im Genitiv seiner, im Dativ ihm und im Accusativ wieder es hat, (S. §. 343.) das Gewitter ist vorbey, ich sehe es nicht mehr; 2. Ein unbestimmtes und unbekanntes Subject zu bezeichnen, es blitzt, (S. die unpersönlichen Zeitwörter, §. 448. f.) 3. Ein bestimmtes Subject unbestimmt anzukündigen, es ist noch nicht Liebe, wenn man andern Gutes wünscht, er ist es, den ich suche;

ja

ja einen jeden Satz unbestimmt anzufangen, um ihn desto bestimmter zu endigen, da denn das Subject hinter das Verbum tritt, *es sind nur Kinder, es lebe der Kaiser! es tanze, wer da will.* In den beyden letzten Fällen wird es nur allein im Nominativ gebraucht. Man vermeide die unnöthige und den Wohlklang beleidigende Wiederhohlung dieses es: *sie müssen mir es erlauben, es ihnen zu sagen, daß ich es nicht glauben kann.*

b. Von den possessiven Pronominibus.

§. 645. Die concreten Possessiva stehen, wenn sie ein Substantiv bey sich haben, vor demselben und folgen demselben in dem Geschlechte und der Zahl, *es hat seine Richtigkeit, die Sache hat ihre Richtigkeit. Vater unser* für *unser Vater* ist eine buchstäbliche Übersetzung des Pater noster. Oft folgen sie, so wie die persönlichen, bey Personen-Nahmen sächlichen Geschlechts dem natürlichen Geschlechte der Personen, *das arme Mädchen, trockne ihr ihre Thrä- ab,* für *ihm seine.*

§. 646. Mehrere mit *und* verbundene Substantive eines Geschlechtes, allenfalls auch wenn eines ein Masculinum und das andere ein Neutrum ist, können mit einem Possessivo zufrieden seyn, *mein Leben und Vermögen, mein Haus und Hof;* in andern Fällen muß das Possessivum wiederhohlet werden, *euer Leben, und eure Ehre.*

§. 647.

§. 647. Da der Genitiv des Hauptwortes bereits den Besitz andeutet, so darf demselben nicht erst ein Possessivum folgen, **unsers Vaters Freude**, nicht seine Freude. Auch nicht, wenn der Genitiv unkentlich ist, **Frau Wolf ihre Töchter**, besser die **Töchter der Frau Wolf**. Auch nicht gern, wenn sich das Pronomen auf ein vorher gehendes Substantiv beziehen soll, **dieß Beywort ist noch mahlerischer als Homers seines**, Gell. besser als das des Homer, oder noch besser, als **Homers Beywort**.

§. 648. Eben so antwortet man auf die, obgleich im Hochdeutschen seltene Frage, mit dem Genitiv, wessen ist der Hut? nur schlechthin mit dem Genitiv **meines Bruders**. Muß mit einem Pronomine geantwortet werden, so heißt es vollständig, es ist mein Hut, oder im gemeinen Leben auch verkürzt, es ist meiner, oder noch kürzer meiner. Aber auf die Frage wem gehöret der Hut? kann nicht anders als im Dativ geantwortet werden, mir, ihm, u. s. f.

§. 649. Vor den abstracten Titel-Wörtern **Majestät, Hoheit, Gnaden, Excellenz** u. s. f. sollte billig **Euer** oder **Ew.** in unmittelbaren Anreden stehen, **Seine** oder **Se.** wenn man in der dritten Person von männlichen Personen spricht, **Jhro** oder **Jhre**, in der dritten Person von weiblichen Personen, und **Jhre** im Plural von mehrern Personen. **Ew. Majestät geruhen; Se. Majestät (der König) haben befohlen; Jhre Majestät (die Königinn,) sind ausgefahren; Jhre Majestäten (der König**
und

und seine Gemahlinn,) werden kommen. Allein fast jeder Hof hat hier seine eigene Grammatik, welcher man folgen muß. Von dem Jhro S. auch §. 356.

§. 650. Da mehrere Substantive eines Geschlechtes in einem Satze vorkommen können, so wird es oft ungewiß, auf welches das Possessivum der dritten Person gezogen werden soll, daher man zu Vermeidung der Mißdeutung statt desselben den Genitiv des Determinativi dessen oder deren gebraucht. Man merke davon. 1. Das Subject der Rede bekommt allemahl das Possessivum: er büße sein Verbrechen, hier ist man sein eigener Herr. 2. Auch ein anderes Substantiv, wenn keine Verwechselung mit dem Subjecte zu besorgen ist: noch sah ich Edmunds Geist auf seinen Lippen schweben; alles was seiner Glückseligkeit in ihrem Laufe entgegen stehet. 3. Ist Mißdeutung zu besorgen, so bekommt das nächst vorher gehende Substantiv dessen oder deren: wer Gott liebt hält dessen Gebothe, wo seine auf das Subject wer gezogen werden könnte; Cajus vertrauet dem Silen alles an, weil er von dessen Redlichkeit überzeugt ist; Titius meldet seinem Freunde, er habe seinen Garten verkauft, wenn es Titii Garten ist, aber dessen, wenn es das Freundes Garten ist; es kam ein Schiff und man schickte einen Officier an dessen Bord; der Hochbothsmann ist dem Schiffer untergeordnet, und vertritt dessen Stelle in dessen Abwesenheit, wo sein auf

den

1. Kapitel. 4. Pronomina.

den Hochbotsmann gezogen werden könnte. Aber, er verlor den Freund, der ihn mit seinem Rathe unterstützte, wo der Mißdeutung schon durch das ihn vorgebeuget ist. 4. Leblose Dinge, besonders sächlichen Geschlechts, bekommen auch außer diesem Falle in der edlern Schreibart oft dessen oder dasselbe: das ist ein schönes Haus, wer ist dessen Besitzer? oder der Besitzer desselben? man hatte das Schloß geplündert und dessen Thore abgebrannt; die Außenlinien des Körpers stellen unsern Augen dessen Gestalt vor.

c. Demonstrative Pronomina.

§. 651. Dieser, der und jener zeigen gleichsam mit Fingern auf einen Gegenstand, wobey dieser den nähern, jener aber den entferntern Gegenstand bezeichnet. Beyde können so wohl vor ihrem Substantive stehen, als auch in Beziehung auf ein vorher gegangenes: wie angenehm duftet diese schöne Blume! meide das Laster, denn nur dieses kann dich unglücklich machen. S. §. 361. Jener stehet auch häufig für das determinative derjenige: ich neige mich mit Ehrfurcht gegen jenes Wesen, dessen Güte unendlich ist.

§. 652. Alle drey können auch durch einen kurzen Satz von ihrem Substantive getrennet werden, diese einer andern Belohnung würdige Tugend; nur durch keinen Genitiv, jene der Sachen Beschaffenheit. Der Genitiv dieser Pronominum mit Verschweigung ihres Substantivs klingt in den meisten Fällen zu hart, dieser Thorheit ist erträglicher als jener Weisheit. **Vorzeiger dieses, den vierten dieses** sind im gemeinen Leben gangbar.

§. 653. Die Neutra von dieser und der stehen oft absolute für alle Geschlechter und Zahlen: **sind dieß oder das die Männer, die uns Weisheit lehren sollen? alles das sind Thorheiten.** Sie hinter dem Substantive als Adverbia zu setzen, macht Mißklang: **die Sache ist die, die Geschichte ist diese.** Der stehet am häufigsten für dieser, nicht selten aber auch für jener: **man trägt sich mit der und jener Sache; wenn man allein ist, so denkt man an dieß und das, o wie flattert er umher, bald zu dieser bald zu der!** Weiße. S. auch §. 364. f. Um eines besondern Nachdruckes willen kann ein Demonstrativum auch gleich hinter seinem Substantiv stehen: **Orbil! der sollte hier seyn? aber nicht, die erste Welt, die hat das Feld nicht können bauen.**

§. 654. Wenn drey Substantive durch Demonstrative zurück gerufen werden sollen, so bezeichnet dieser das nächste, der das mittlere, und jener das entferntere. Sind ihrer mehr als zwey, so müssen sie durch die Ordnungszahlen der erste u. s. f. bezeichnet werden.

d. Determinative Pronomina.

§. 655. Diese werden auf gedoppelte Art gebraucht: 1. bestimmen sie das Subject, auf welches der folgende Satz gezogen werden soll, der

als-

alsdann durch eines der folgenden Relativen auf das Subject zurück geführet wird; welches vornehmlich derjenige, derselbe, das verkürzte der, und solcher thun: wie glücklich sind doch die, welche nicht mehr erwachen; verzeihe es denenjenigen, welche Schuld daran sind: oder 2. sie führen den Satz selbst auf das Subject zurück, doch mit mehrerer Bestimmung, als die folgenden Relativa, fast wie die Demonstrativa; welches derselbe, der und selbiger thun. S. auch §. 368. f.

§. 656. Wenn das zu derjenige und der gehörige Substantiv noch ein Possessivum vor sich hat, so bekommt es entweder eine Präposition, oder es stehet im Genitiv: die, oder diejenigen meiner ehemahligen Freunde, oder unter, von meinen ehemahligen Freunden, welche u. s. f. Derjenige stehet allemahl im Vordersatze, und erfordert ein Relativum nach sich, allein derselbe kann auch im Nachsatze stehen, und sich auf ein vorher gehendes Substantiv beziehen: das Unglück ist groß, wer hat Muth dasselbe zu ertragen? Wo es denn so wie der oft für die Possessiva der dritten Person gebraucht wird, S. dieselben.

§. 657. Das determinative der, welches mit dem vorigen Demonstrativo und dem folgenden Relativo nicht verwechselt werden muß, (S. §. 369.) wird auf beyderley Art gebraucht, und zwar sowohl conjunctive als absolute, auf welche letztere Art doch der weibliche Genitiv der Einheit deren oder verkürzt, der, vermuthlich um der Zweydeu-

Ee 2   tig-

tigkeit willen, nicht gebraucht werden kann; nicht, sie ist die Tochter der oder deren, welche wir gestern sahen, sondern der Frau, ob man gleich ganz richtig dessen für des Mannes sagt. Im Nachsatze nach wer kann es auch oft weggelassen werden: wer reich werden will, fällt in Versuchung.

§. 658. Selbiger, bestimmt um des fehlenden Artikels willen, nicht so genau, als derselbe, und kann daher nur im Nachsatze in Beziehung auf ein vorher gegangenes Substantiv gebraucht werden, zur selbigen Zeit; da es denn auch oft für das persönliche Pronomen stehet, so wie die Vögel ankamen, fing man selbige weg, besonders wenn zwey auf einander folgende sie einen Mißklang machen würden, so fingen sie selbige weg.

§. 659. Solch wird auf zweyerley Art gebraucht: 1. im Vordersatze, so wohl mit dem stärkern als schwächern Nebenbegriffe der Vergleichung, da es denn als nach sich hat: solche Werke, als diese sind; er ist kein solcher Mann, als du glaubst. 2. Im Nachsatze, in Beziehung auf ein vorher gegangenes Substantiv, von welchem es zugleich die Art und Weise bezeichnet: von solchem Kampfe ward mein Herz gefoltert, er ist auch ein solcher. Der unbestimmte Artikel kann auch hinter demselben stehen, in welchem Falle es aber die Concretions- und Biegungssylbe verlieret, solch ein Mann, solch eine Heldenthat. Aber solch schönes Wetter, solch gutes Deutsch, für solches oder das bloße so gehöret in die Sprache des gemeinen Lebens. Ein Fehler ist es, wenn es ohne alle Bezeichnung der Art und Weise für selbiger oder gar für ein persönliches Pronomen gesetzt wird: man bestraft die Fehler an den Kindern, damit sie solche (selbige) nicht wieder begehen; Cajus ist zwar angekommen, aber es will solcher (er will) weiter reisen. S. auch §. 372.

e. Pronomina Relativa.

§. 660. Wenn ein Relativum ein Prädicat auf zwey oder mehr Substantive zurück führet, so stehet es allemahl im Plural, Weisheit und Tugend sind es, welche uns glücklich machen. Es, wenn die Substantive Sachen bedeuten, nur auf das letzte zurück zu führen, ist zwar im gemeinen Leben gewöhnlich, aber nicht nachzuahmen, die Stadt und das Land, welches du verwüstetest. Wenn ein Prädicat auf einen ganzen Satz zurück geführet werden soll, so stehet das Relativum im Neutro, welches zu erweisen war.

§. 661. Welcher ist der feyerlichen Rede am angemessensten, der der kürzern vertraulichen; nur statt des Genitivs in beyden Zahlen wird der vollständige Genitiv von der gebraucht, der Vorzug, dessen er so würdig ist, die Personen, deren wir erwähnten. Auch, wenn ein persönliches Pronomen zurück gerufen werden soll, kann nur der gebraucht werden, der du mit Allmacht dieses Element beherrschest, Naml. ihr die ihr im überflusse lebt. S. auch §. 375. f.

§. 375. f. Wenn hingegen auf das Pronomen unmittelbar der gleichlautende Artikel folgt, so wird um des Wohlklanges willen auch in der vertraulichen Sprechart lieber **welcher** gebraucht, **die Stadt, welcher der König diese Freyheit verlieh,** für **der der König.**

§. 662. Da der gleichlautende Nominativ und Accusativ von **welcher** und **der** oft Zweydeutigkeiten verursachen können, so müssen selbige vermieden werden: **die Truppen, welche die Feinde verfolgten; die Fremde, die die Nachbarinn sahe, oder welche die Nachbarinn sahe;** wo ungewiß bleibt, welches der thätige und welches der leidende Gegenstand ist, welche Unbequemlichkeit leicht durch das Passivum gehoben werden kann.

§. 663. Den Relativen, besonders dem **welcher** zu desto genauerer Bestimmung noch ein **als** vorzusetzen, ist in den meisten Fällen unnöthig, und macht die Rede nur schleppend, **die vier ersten Gedichte, als welche anfänglich zuerst heraus kamen.** Ein Relativum vor Imperativen zu setzen, ist wider die Natur der Deutschen Sprache, **welches siehe.**

§. 664. Wenn sich das Relativum **der,** (S. §. 376.) auf **wer** beziehet, so kann es, wenn es das Prädicat anfangen sollte, auch oft verschwiegen werden, **wer reich werden will, fällt in Versuchung.** Wenn es aber zugleich mehr demonstrativ ist, so kann es nicht wegbleiben, **wer da will selig werden, der** u. s. f. Von **was** und **so** S. §. 378. 379.

f. Fra=

f. Fragende Pronomina.

§. 665. Von diesen ist das nöthigste bereits §. 381. f. gesagt worden. Man merke nur noch, daß in dem Casu, in welchem gefragt wird, auch geantwortet werden müsse: wem gehöret dieses Haus? Antw. mir oder unserm Freunde. Nur wenn mit dem Verbo seyn und dem Dativ oder Genitiv gefragt wird, wovon doch der erste Fall nur im gemeinen Leben, und der letzte im Hochdeutschen nur selten vorkommt, kann, wenn die Antwort ein Pronomen angibt, nur das Adverbium eines Possessivi stehen: wem oder wessen ist die Uhr? Antw. sie ist mein.

5. Gebrauch des Verbi.
a. Gebrauch der Personen.

§. 666. Die Deutsche Conjugation bezeichnet die drey Personen des Subjectes nicht allein hinten am Ende des Verbi, sondern auch vorn durch die Pronomina, welche daher in der ersten und zweyten Person nicht weggelassen werden können, wohl aber in der dritten, so bald das Subject dieser Person genannt ist: ich fliehe, du rasest; aber Arist dichtet, der Wind brauset. Es in der ersten und zweyten Person wegzulassen, auch wenn das Subject durch ein Substantiv genannt wird, ist wider die Natur der Deutschen Sprache: armer Sperling, hast gemacht, daß mir die Augen roth geweinet habe. Außer allenfalls, wenn das Pronomen durch eine Apposition von dem Verbo getrennet wird: ich, armer Mann,

Mann, habe ihn so lange vergebens gesucht; du, himmlische Weisheit, hast mich bisher geflohen. Stehet aber das vorher gehende Pronomen in einem andern Casu, so, ist die Wiederhohlung nothwendig: für mich, der ich dieses Anblickes gewohnt war.

§. 667. Es gehöret mit zu den Blumen der Mode-Höflichkeit, wenn man in Briefen an Höhere das Pronomen der ersten Person, wenn es hinter dem Verbo stehen sollte, aus Bescheidenheit verschweiget: Denenselben habe hiermit melden wollen; Ew. Excellenz kann hiermit versichern. Welches man ohnehin wohl nicht leicht wagt, wenn es vor dem Verbo stehet. Nur wenn zwey und mehr Verba in einem und eben demselben Satze zu einer Person gehören, da kann das Pronomen, wenn es einmahl gesetzt worden, die folgenden Mahle verschwiegen werden: weil du nichts thust, beständig müßig gehest, immer tändelst, und stets außer dir bist, so kannst du auch nichts vor dich bringen; wo es in dem Nachsatze wieder nothwendig wird. Auch wenn zwey Sätze durch und und oder verbunden werden, und das Verbum unmittelbar darauf folgt: wagst du es, und willst, daß ich es thun soll, wo es aber auch stehen kann, und willst du u. s. f. und stehen muß, wenn es von der Partikel getrennet ist, er wagt es, und vermuthlich wird er glücklich seyn.

§. 668. Das unbestimmte es kann, wenn das Subject bestimmt ist, oft verschwiegen werden, in welchem Falle aber das letztere vor das

1. Kapitel. 5. Verbum.

Zeitwort tritt: **es lebe der König, oder der König lebe; es spricht der Unweisen Mund, oder der Unweisen Mund spricht.** Besonders bey solchen unperſönlichen Zeitwörtern, welche als Reciproca gebraucht werden: **mich frieret, uns gelüſtet, davor grauet ihm;** für es frieret mich, es gelüſtet uns, es grauet ihm davor. Ingleichen in Fragen, **gelüſtet dich?** oder **gelüſtet es dich?**

§. 669. Der Imperativ läßt in der zweyten Perſon, weil ſie ohnehin ſchon beſtimmt genug iſt, das Pronomen weg: **gehe hin und thue desgleichen; ſuchet ſo werdet ihr finden.** Welches doch um des Nachdruckes willen, und wenn mehrere Perſonen zu unterſcheiden ſind, ſtehen muß: **wenn er es nicht haben will, ſo nimm du es.** Die dritte Perſon hingegen kann das Pronomen nicht entbehren: **guter Freund, komme er her; meine Herren, laſſen ſie es ſich gefallen.**

b. Gebrauch der Zahlen.

§. 670. Ein Verbum, welches ſich nur auf ein einzeles Subject beziehet, kann nie im Plural ſtehen. Eine Ausnahme macht auch hier die modiſche Höflichkeit, welche alle Perſonen von gleichem und höherm Stande nicht nur im Plural anredet, **wehrter Freund, beſuchen ſie uns;** ſondern auch von Höhern in der dritten Perſon im Plural ſpricht, **der Herr Graf haben befohlen.**

§. 671.

§. 671. Wenn sich ein Verbum auf zwey oder mehrere Subjecte der dritten Person beziehet, so stehet es im Plural: die Rose, die Nelke und die Hyacinthe sind doch die schönsten Blumen. Eine Ausnahme macht nur die Rechenkunst, welche hier oft den Singular braucht: eins und zwey ist drey, dreymahl vier ist zwölfe.

§. 672. Wenn die mehrfachen Subjecte zugleich verschiedene Personen sind, so ziehet man die erste Person der zweyten, und die zweyte der dritten vor: du und ich wissen das nicht, ich und er werden das nicht einsehen lernen, du und er werdet das nicht erfahren. Zuweilen läßet sich das Pronomen der Mehrheit schicklicher voran setzen: wir, ich und Arist, haben dich lange gesucht; ihr beyde, du und Arist, werdet das nicht erfahren. Wenn das Verbum voran stehet, so pflegt man es im gemeinen Leben auch wohl nach dem nächsten Pronomine zu beugen: das muß er und sein Bruder wissen, besser das müssen sie, er und sein Bruder wissen; wenn wirst du und Sophronius kommen? besser, wenn werdet ihr, du und Sophronius, kommen? oder wenn wirst du mit dem Sophronius kommen?

c. Gebrauch der Zeiten.

§. 673. „Das Präsens druckt eigentlich die gegenwärtige Zeit, das Präteritum die vergangene, und das Futurum die künftige aus, allein nicht so genau,

genau, daß nicht oft eines für das andere gesetzt werden könnte. So stehet das Präsens oft anstatt des Präteriti: ihr höret es ja, daß ich mich nicht dazu zwingen lasse, für ihr habt es ja gehöret; ingleichen an statt des Futuri, ich reise morgen nach Berlin, ich bin bald wieder hier, wenn du wieder zurück kommst. Zuweilen wird auch das Futurum anstatt des Präsentis gebraucht, ich hoffe, er wird schon da seyn.

§. 674. Besonders pflegt man in lebhaften Erzählungen, um den Vorgang dem Zuhörer als gegenwärtig darzustellen, gern das Präsens an statt des Imperfecti zu gebrauchen:

Bedenk es nur einmahl, ich schenk ihm jüngst ein Band
Und knüpf es ihm dazu noch selber um die Hand,
Und gestern seh ich gar, u. s. f. Gell.

Welche Form doch theils der vertraulichen, theils der mahlerischen und dichterischen Erzählungsart angemessener ist, als der ernsthaften historischen, welche auf keine Weise täuschen muß.

§. 675. Wenn eine Frage schlechthin bejahet oder verneinet wird, so muß in der Antwort das Tempus der Frage beybehalten werden: sind sie schon in Berlin gewesen? Antw. ja, sie sind schon da gewesen; nicht, sie waren schon da. In andern Fällen finden freylich andere Zeiten statt: ist er schon weggegangen? Antw. er ging eben jetzt weg; wo

die

die Antwort vollständiger lauten müßte, **nein, aber er ging eben jetzt weg.**

§. 676. Der Unterschied der drey verschiedenen Stufen der vergangenen Zeit, folglich des Jmperfecti, Perfecti und Plusquamperfecti ist bereits §. 410. angegeben worden. Das Perfectum wird von einer jeden vergangenen Veränderung gebraucht, wenn sie für sich allein, und ohne Beziehung auf eine andere Veränderung als vergangen vorgestellet wird, **jetzt hat die Luft ihre balsamischen Gerüche verloren, ihre Heiterkeit ist in Nebel und feuchte Wolken entwichen, die Schwalbe ist verschwunden und die Melodie der Vögel verstummt.**

§. 677. Das Jmperfect wird gebraucht, eine Handlung zu bezeichnen, welche erst als kurz vergangen bezeichnet werden soll, oder auch noch nicht völlig vorüber ist, wenn die andere anfängt; daher wird es in Erzählungen am häufigsten gebraucht, und ist das wahre Tempus historicum der Deutschen: **die Sonne fing an, die letzten Stunden des Tages zu beschließen, als mich ein Freund in seine stille Laube einlud, wo frische Kühlung aus dem Gewölbe der Blätter fiel. Die ganze Natur lächelte in dem Wiederscheine des Purpurs umher, der von dem westlichen Himmel glänzte,** u. s. f.

§. 678. Das Plusquamperfect stehet, wenn eine Veränderung als völlig vergangen gedacht

dacht wird, wenn sich die andere anfängt: von den Sommerblumen, in deren Schoß der müde Schmetterling schon eingeschlummert war, hauchte uns ein kühler Wind angenehme Düfte entgegen; immer tiefer ward die Stille, alle Sänger waren verstummt, die mit ihrer Musik die Anmuth des Landes vermehrten. — Herr zweyer Ewigkeiten, wovon die eine vergangen war, ehe sich des Engels Ewigkeit angefangen hatte. So auch im Conjunctiv: wenn der Friede diese Fluren verlassen hätte, wie einsam würden nicht unsere Sommerhäuser stehen.

§. 679. Da es dabey oft bloß auf die Vorstellungsart ankommt, in was für einem Verhältnisse man eine Veränderung gedacht wissen will, so kann in einem Falle oft mehr als eines der vergangenen Zeiten statt finden: dein Herz ward bloß darum so tief gebeuget, damit es seine wahre Stütze sollte kennen lernen; wo auch das Perfectum stehen kann.

§. 680. Überhaupt pflegen die eblere und höhere Schreibart, wenn die obigen Verhältnisse nicht zu merklich hervor stechen, das kürzere Imperfect gern den zusammen gesetzten Zeiten des Perfecti und Plusquamperfecti vorzuziehen: fühle die große Wahrheit, welche die Nacht des heidnischen Irrthumes zerriß, für zerrissen hat; vielleicht, ach! raubte man mir mit Gewalt sie nie, für das Plusquamperfect.

§. 681.

§. 681. Das Futurum absolutum wird gebraucht, wenn eine Veränderung überhaupt und ohne alle Beziehung als künftig bezeichnet werden soll: **bald wird der Frühling kommen; wenn werde ich ihn wieder sehen? Wenn Felsen zerschmelzen, und Gebirge verschwinden werden, dann werden diese ihren Schatz kennen lernen.** Das Futurum exactum aber, wenn die eine Veränderung bey dem Anfange der folgenden als völlig vergangen vorgestellet werden soll: **wenn mein Gebein längst wird verweset seyn, dann werden die Welten alle vergehen.**

d. Gebrauch der Modorum.

§. 682. Die Modi bezeichnen die Art, wie das Prädicat von dem Subjecte gesagt wird. Wird es als wahr oder gewiß von demselben gesagt, so stehet der Indicativ, wenn es aber nicht mit völliger Gewißheit gesagt werden kann oder soll, der Conjunctiv, welcher daher nach allen Verbis und Partikeln gesetzt werden muß, welche einen noch ungewissen oder zweifelhaften Erfolg bedeuten. Dahin gehören die Verba, welche ein Bitten, Rathen, Ermahnen, Wünschen, Scheinen, Befehlen, Wollen, Bedingen, u. s. f. bezeichnen, weil der Erfolg derselben immer noch zweifelhaft und ungewiß ist: **es wäre zu wünschen, daß wir mehr mit den Sitten als mit der Macht Frankreichs Krieg führen möchten,** wo, wenn der Vordersatz mit mehr Gewißheit gesaget werden soll, es auch heißen kann, es

ist

ist zu wünschen; ach, er liebe mich nur wie vorher! es schien, als wenn alle unsere Kräfte wären verjünget worden; eine ganze Schaar Vögel fing an zu schlagen, als wenn sie sich vereinigt hätte, uns zu begrüßen; ich befehle dir, daß du kommest.

§. 683. Wenn daher der Conjunctiv mit gewissen Conjunctionen verbunden wird, so rühret derselbe nicht so wohl von der Conjunction, als vielmehr von dem noch zweifelhaften Erfolge des ganzen Ausspruches her. Dergleichen Conjunctionen sind daß, damit, wenn, als wenn, u. s. f. doch nur in den schon gedachten Fällen des ungewissen Erfolges: ich melde dir solches, damit du dich darnach zu richten wissest; ich besorge, daß er stolz werden möchte; wenn er kommen sollte; ich bin nicht würdig, daß du unter mein Dach eingehest. So bald aber das Prädicat als gewiß dargestellet wird, erfordern sie auch den Indicativ: ich sehe, daß er kommt; daß er gelehrt ist, habe ich lange gewußt; sie bethet bloß darum so fleißig, damit der Himmel wieder erkenntlich seyn soll; woher weißt du, daß er todt ist?

§. 684. Dahin gehöret auch der Fall, wenn man den Inhalt seiner Rede, oder der Rede eines andern anführet, so fern man dabey gleichfalls die Wahrheit unentschieden lässet, die Anführung mag übrigens mit daß oder ohne dasselbe geschehen: ihr habt ja immer gesagt, daß er ein vernünftiger Mann sey; ich bewies ihm,

daß

daß er verbunden sey, zu gehorchen; wir antworteten, daß dieses statt haben könne. Indessen kann auch hier der Indicativ stehen, wenn der angeführte Satz als ausgemacht prädicirt wird: sage ihm, daß er ein Thor ist.

§. 685. Da das Verbum wissen allen Zweifel ausschließt, so wird nach demselben der Conjunctiv oft unrichtig an statt des Indicativs gesetzt: ich dachte ihr Vormund sollte am besten wissen, wie hoch sich ihr Vermögen beliefe, Gell. besser beläuft; nun, man sollte denken, ein funfzigjähriger Mann sollte wohl wissen, was ein Glück wäre, eben derf. besser ist; er geht, ich weiß fürwahr nicht, was die Ursach sey, eben derf. besser ist. Hingegen sagt man ganz richtig, ich wußte es lange, daß er kommen würde; ich möchte doch wissen, was er mir zu sagen hätte.

§. 686. Eben so fehlerhaft ist es, wenn man um mehrerer in einer Periode vorkommender Conjunctiven willen, auch den Satz, welcher mit Gewißheit prädiciret werden soll, in den Conjunctiv setzt: es würde sehr gemein lassen, wenn man nichts anders sehen wollte, als was durch eine natürliche Folge aus einander flösse, besser fließt; sprich, warum käm, (kommt) er nicht, wenn er beständig wär? Gell. er hat mich versichert, daß er ein scharfsinniger Mensch wäre, und mehr Bücher gelesen hätte, als Stunden im Jahre wären, (sind,) eben derf. wo zugleich,

gleich, so wie in den meisten der vorigen Beyspiele, das Imperfectum irrig an statt des Präsentis stehet.

§. 687. Hingegen ist es oft gleichgültig, welcher Modus gesetzt, oder wie das Prädicat von dem Subjecte gesagt wird: freue dich, als einer, der da weiß, daß die Betrübniß sich zur Freude erheben könne, oder kann; sollte man es ihm wohl ansehen, daß er zornig seyn kann, oder könnte? der Spiegel erinnert mich, daß es Zeit sey (oder ist,) ernsthaft zu werden.

§. 688. Das Imperfect des Conjunctivs bedeutet nichts vergangenes, sondern etwas ungewisses theils gegenwärtiges theils zukünftiges, daher es in dem erstern Falle oft für das Präsens des Conjunctivs stehet: er behauptete er wäre es nicht; ich bath, daß er kommen möchte; wenn er es doch thäte; und scheute sie uns nicht, sie gäb ihm selbst den Thron, Weiße. Nur vermeide man den in Obersachsen so gewöhnlichen Fehler, den Conjunctiv des Imperfecti an statt des Präsentis des Indicativs zu setzen: wenn sie wüßte, daß wir von ihrer Andacht sprächen, Gell.

§. 689. Das Perfectum des Conjunctives bezeichnet eine geschehene Sache als ungewiß: man beschuldigt ihn, daß er sich nicht die gehörige Zeit genommen habe. Das Plusquamperfect dieses Modi hingegen deutet an, daß etwas geschehen wäre, wenn eine andere mögliche

liche Bedingung wäre erfüllet worden: *er wäre ein berühmter Mann geworden, wenn er länger gelebt hätte; wir hätten unsere Absicht erreicht, wenn ihr nur gewollt hättet.*

§. 690. Der Imperativ wird nicht allein zum Befehlen und Verbiethen, sondern auch zur Aufmunterung, zur Ermahnung, zur Anrede und selbst zum Bitten gebraucht. Die höhere Schreibart bedient sich seiner mehrmahls, einen möglichen Fall verkürzt auszudrucken; *sey ohne Freund, wie viel verliert dein Leben,* d. i. wenn du ohne Freund bist.

§. 691. Der Infinitiv prädiciret das Prädicat ohne Bestimmung einer Person, und gränzt unmittelbar an das Substantivum. Man gebraucht ihn, so wohl zur Ergänzung des unselbständigen Prädicates solcher Verborum, welche nur einen allgemeinen Umstand bedeuten, *ich will gehen, ich soll reisen,* davon im folgenden Abschnitte, als auch als ein Substantivum, so wohl mit als ohne Artikel, im letztern Falle doch nur im Nominativ und an statt des Subjectes: *eine Gottheit glauben ist der Freude Anfang, eine Gottheit lieben, ist der Freude völlige Reife.* Wenn er im Accusativ zu stehen scheinet, *das nenne ich schlafen,* so gehöret er zu dem erstern Falle, davon im folgenden.

e. Gebrauch der Hülfswörter.

§. 692. Die Hülfswörter sind in den zusammen gesetzten Zeiten das wahre und eigentliche Verbum,

bum, daher man sie nicht verschweigen sollte, außer, wenn mehrere mit einander verbundene Verba einer Zeit, Person und Rection einerley Hülfswort haben sollten: Dinge, welche ich weder gesehen, noch gelesen, noch gehöret habe; Schönheiten, deren Reize das Alter nicht vermindern, sondern vielmehr vermehren wird; ich habe gesehen, daß einige dadurch sind gerühret, andere belehret worden. Die Fälle, wo die Zusammenkunft mehrerer Hülfswörter Mißklang und schleppende Dehnung verursacht, lassen sich bey ein wenig Geschmack und Übung leicht vermeiden.

§. 693. Außer diesem Falle können die Hülfswörter haben und seyn, wenn sie hinten stehen sollten, und die Deutlichkeit nicht zu sehr leidet, nur in der höhern und dichterischen Schreibart, um der kernvollen Kürze weggelassen werden: ihr alle, die ihr die Unbequemlichkeiten des Winters getragen, und euch in eure Wohnungen verschlossen gesehen, vergeßt nun die Unlust der rauhen Monathe.

Der Zwietrachtsgeist der Britten,
Der noch den Schimpf empfand, daß Schottland
ihn bestritten, Weiße.

Die seines Lebens Gift, ihm stets ein Fluch gewesen, eben ders.

Doch was geschehn, ersetzt jetzt keine Reue wieder, eben ders.

Das Hülfswort werden kann niemahls verschwiegen werden.

§. 694.

§. 694. Man vermeide den in manchen Provinzen so häufigen irrigen Gebrauch der Hülfswörter, z. B. ich habe es ihm gesagt gehabt, für, ich hatte es ihm gesagt; ich hätte es ihm geben würden, für ich würde es ihm gegeben haben; ich habe zu vernehmen gehabt, für ich habe vernommen.

7. Verbindung eines Verbi mit dem andern.

§. 695. Wir reden hier nur von derjenigen Verbindung eines Theiles eines Verbi mit einem andern Verbo, welche in der Absicht geschiehet, entweder das unvollständige Prädicat des letztern zu ergänzen, oder zwey Sätze in einander zu ziehen, oder einen Gegenstand, eine Art und Weise, eine Absicht u. s. f. zu bezeichnen. Dazu bedienet man sich im Deutschen theils des Participii, besonders der vergangenen Zeit, theils des bloßen Infinitives, theils aber auch des Infinitives mit dem Wörtchen zu.

§. 696. 1. Die Participia können wie ein jedes anderes Adverbium mit dem Verbo verbunden werden, ich fand ihn schlafend, die Freuden des Lebens sind sparsam gestreuet; allein wir bemerken hier nur diejenigen Fälle, worin das Participium Präteriti sich noch von einem bloßen Adverbio unterscheidet. Es wird gebraucht:

1) Mit den Hülfswörtern haben, seyn und werden, die fehlenden Zeiten und das fehlende Passivum der Deutschen Conjugation zu ersetzen, S. §. 409. 410.

2) Mit

2) Mit den Verbis haben wollen und wissen: ich wollte sie gefragt, gebethen, ersucht haben, ich will ihn nicht geschimpft haben, welche Form doch nur im gemeinen Leben üblich ist; das will ich dir gesagt, befohlen haben, er will es bezahlt haben; das wollte er bestraft wissen, davon will ich nichts gesagt wissen, u. s. f. Welche Form in den meisten Fällen eine Zusammenziehung zweyer Sätze mit Auslaffung des daß ist.

3) Nach dem Verbo kommen, die Art und Weise der Bewegung zu bezeichnen, wo es in den meisten Fällen an statt des Participii Präsentis stehet: er kommt gegangen, geritten, gefahren, gelaufen, gekrochen, da kommen sie angestiegen, da kommt er hergeschoffen, es kam geschwommen. Am häufigsten in der vertraulichen Sprechart, selten in der eblern, auf zerstückten Bretern kommen Kriegesheere angeflogen, Kleist. Die Absicht warum man kommt, stehet in dem Infinitiv mit dem Wörtchen zu, ich komme ihnen etwas zu sagen.

§. 697. 2. Mit dem bloßen Infinitiv werden verbunden:

1) Diejenigen Verba, welche einen bloß allgemeinen Nebenumstand jeder Handlung bezeichnen, denen daher die Handlung selbst im Infinitiv beygefüget wird. Diese sind: dürfen, können, laffen, mögen, müffen, follen, werden und wollen: er soll gehen, etwas thun

dürfen, laß ihn machen, ich muß schreiben, ich werde kommen.

2) Einige wenige, wo theils der folgende Infinitiv die Stelle eines Substantives vertritt, theils die ganze R. A. verkürzt ist, so daß zwey Sätze in eines gezogen sind. Diese sind: heissen, helfen, hören, lehren, lernen, sehen, und in einigen Fällen auch fühlen. Das heiße ich schlafen, noch mehr aber, wenn es für befehlen stehet, er hieß mich ruhig seyn; du hießest uns zu deinem Lager kommen; wir halfen ihm arbeiten; schon höre ich ihn kommen; der meine Brust zuerst von dem himmlischen Feuer der Freundschaft glühen lehrte; lerne ihn erst kennen; ich sahe ihn kommen; mit wiederhohlten Schlägen fühl ich mein Herz sich bewegen, obgleich fühlen am seltensten auf diese Art gebraucht wird.

Anm. 1. Diejenigen von diesen Verbis, welche Activa sind und den Accusativ ihres leidenden Gegenstandes bey sich haben, machen in dieser Form oft Zweydeutigkeiten: laß ihn rufen, laß ihn tragen, der König hieß ihn binden, ich höre ihn rufen, ich sahe ihn schlagen, können active und passive verstanden werden, daher, wenn Mißdeutung zu besorgen ist, die Sache umschrieben werden muß. Er hört sich gerne loben, hat jederzeit eine passive Bedeutung.

Anm. 2. In den zusammen gesetzten Zeiten stehen diese und die Verba der vorigen Num. anstatt des Participii Präteriti gleichfalls in dem Infinitiv:

finitiv: er hätte nicht auf Beyfall rechnen dürfen, wer hat dich kommen heissen, ich habe ihm arbeiten helfen, ich habe mir sagen lassen, hast du mich reden hören, du hättest doch schreiben können. Nur lehren und lernen werden eben so oft mit dem Participio, als mit dem Infinitiv gebraucht: alles hat mich sein Herz kennen gelehrt; seit dem ich ihn habe kennen gelernet; bey wem haben sie tanzen gelernet? so wie lehren, wenn es voran stehet, auch den Infinitiv mit zu erfordert: ein Roß, das noch kein Gebiß des Reiters gelehret hat, seine Schritte mit Vorsicht abzumessen, Dusch.

3) Folgen diesem Beyspiele auch zum Theile einige andere Verba, aber auch nur in einigen Bedeutungen. Dieses sind:

Bleiben, mit den Infinitiven hangen, kleben, knien, leben, liegen, sitzen, stecken, stehen.

Finden, die Art und Weise zu bezeichnen, wie man etwas gefunden, nur mit einigen Infinitiven ich fand ihn schlafen, ich fand es auf dem Tische liegen; wofür auch das Participium Präsentis gebraucht wird.

Fahren, nur mit dem Infinitiv spaziren.

Gehen, mit den Infinitiven betteln, schlafen, spaziren, wallfahrten. Andere gehören in die Sprache des gemeinen Lebens.

Haben, in den R. A. er hat gut machen, Geld auf Zinsen stehen haben.

Legen, mit dem Infinitiv schlafen, sich schlafen legen.

Machen, mit den Infinitiven lachen, weinen, oft auch mit gehen, laufen.

Nennen: das nenne ich schlafen, gehen, trinken, tanzen u. s. f.

Reiten, nur mit spaziren.

Thun, nur mit nichts als, er thut nichts als schlafen, spielen, müßig gehen u. s. f.

Alle diese Verba folgen in den zusammen gesetzten Zeiten der gewöhnlichen Form, nicht aber den vorigen: ich habe ihn schlafen gefunden, wir sind spaziren gegangen.

§. 698. 3. Der Infinitiv mit zu dienet nach vielen Verbis, mit Auslassung des daß zwey Sätze in einen zusammen zu ziehen. Er bezeichnet alsdann so wohl einen Gegenstand der Handlung, es fängt an zu regnen, er höret auf zu spielen, ich befehle dir zu kommen, er bemühet sich aufzustehen, er bestrebte sich reich zu werden, du bathest mich es dir zu geben, wir denken noch heute abzureisen, sie drohen sich zu rächen, ermahne ihn zu folgen, sie hoffen noch glücklich zu werden, er pflegt stark zu spielen u. s. f. Wozu sich oft noch ein Participium Präteriti gesellet, so wohl im passiven Verstande, die Schöpfung schien einem ewigen Tode übergeben zu seyn, es kränkte ihn, sich von andern übertroffen zu sehen; als auch im activen, er behauptet, es gesehen zu haben, er bekannte

kannte es gethan zu haben, ich wünschte, es nie geglaubt zu haben.

Als auch eine Abſicht; ich kam nur her, mit ihnen zu ſprechen; wo es auch oft die Conjunction um zu ſich nimmt, dieſe Abſicht noch merklicher zu machen, wir leben nicht um zu eſſen, ich breche hier ab, um nicht zu weitläufig zu werden. Beſonders wenn die Abſicht die Rede anfängt, um dieſe Stärke zu zeigen, muß unſere Geduld durch manche Fälle geübt ſeyn. Aber in der vorigen Bedeutung des Gegenſtandes noch ein um hinzu zuſetzen, iſt ein Fehler: große Herzen ſind beſtimmt, um hier zu leiden; wenn ich innere Ruhe genug hätte, um mein Herz den Vergnügungen zu öffnen.

§. 699. Außerdem ſtehet der Infinitiv mit dem Wörtchen zu noch, theils nach den relativen Adverbiis, theils aber auch nach dem Umſtandsworte ohne; davon im Folgenden. Hingegen wird er unrichtig gebraucht: 1. Wenn der Infinitiv das Subject der Rede iſt, berühmt werden iſt keine Kunſt, außer wenn die Rede umgekehret wird, es iſt keine Kunſt berühmt zu werden. 2. Nach den vorigen Verbis, welche einen bloßen Infinitiv erfordern, jemanden lachen machen, er thut nichts als ſpielen, nicht zu. 3. Nach manchen Adverbiis und Participiis, wo er entweder überflüßig iſt, oder doch der Verſtand keine Zuſammenziehung leidet: man hätte ſie kürzer zu ſeyn gewünſcht, für man hätte ſie kürzer gewünſcht; er glaubte es ent-
ſchie-

schieden zu seyn, für er glaubte, daß es entschieden sey; der Staat scheint sich einen allgemeinen Nutzen davon versprechen zu können, für es scheint, daß sich der Staat einen allgemeinen Nutzen davon versprechen könne.

8. Verbindung des Verbi mit dem Substantiv.

§. 700. Wenn ein Substantiv mit einem Verbo verbunden wird, so ist entweder das erste oder das letzte der regierende Theil. Im ersten Falle wird das Substantiv entweder mit dem Infinitiv oder mit den bestimmtern Modis des Verbi verbunden.

§. 701. Geschiehet solches mit dem Infinitiv, so nimmt derselbe das Wörtchen zu vor sich, den Gegenstand des Begriffes des Substantives zu bezeichnen: der Befehl etwas zu thun, die Begierde empor zu kommen, das Verlangen nützlich zu seyn, die Ehre vorgezogen zu werden, der Eifer Gutes zu thun, die Erlaubniß wegzugehen, die Freyheit zu verkaufen, die Furcht gefangen zu werden, die Gefahr zu sterben. die Macht Schaden zu thun u. s. f.

§. 702. Wenn ein Verbum finitum von einem Substantive regieret wird, so ist dieses allemahl das Subject, daher das Verbum, als das Prädicat, sich nach dessen Zahl und Person bequemen muß, S. im vorigen.

§. 703.

§. 703. Von mehrerm Umfange ist der Fall, da das Substantiv von dem Verbo regieret, und durch daſſelbe in ſehr mannigfaltige Verhältniſſe gegen das Prädicat verſetzet wird, welche Verhältniſſe durch die Caſus an dem Subſtantive, und wo dieſe nicht zureichen, durch Präpoſitionen ausgedruckt werden.

a. Von dem Verbo mit dem Nominativ.

§. 704. Der **Nominativ** iſt nebſt dem **Vocativ** der eigentliche Caſus des Subjectes, indem jener das Subject der erſten und dritten, dieſer aber der zweyten Perſon ausdruckt, (S. §. 172.) obgleich der Vocativ im Deutſchen nur in einem einigen Falle von dem Nominativ unterſchieden iſt, (S. §. 328.) außer daß er wegen ſeiner genauen eigenen Beſtimmung keines beſtimmten Artikels bedarf, des unbeſtimmten aber ohnehin nicht fähig iſt.

§. 705. Bey den unperſönlichen Zeitwörtern ſcheinet zwar das Subject im Accuſativ oder Dativ zu ſtehen, allein dieſe ſind alsdann wirklich der leidende Gegenſtand, und das Subject wird durch das unbeſtimmte es vertreten, welches oft auch ausdrücklich da ſtehet, es frieret mich, mir grauet, es grauet mir. Welches es oft auch gebraucht wird, wenn das Subject die Stelle des Prädicates einnehmen ſoll, es lebe der König! es ſind viele Menſchen geſtorben.

§. 706. Wenn das Verbum ein Paſſivum, und folglich das Subject der leidende Gegenſtand iſt, ſo kann dieſes als beſtimmte Perſon, nur alsdann
im

im Nominativ stehen, wenn das Activum den Accusativ erfordert. Man sagt also ganz richtig, ich werde gesucht, ich werde gerufen, ich werde genannt, weil man sagt, man sucht mich, rufet mich, nennet mich. Aber unrichtig, ich werde berichtet, er ist übel begegnet worden, ich bin versichert worden, wir sind geholfen worden, weil man sagt, einem etwas berichten, einem begegnen, einem helfen, einem versichern; bey welchen Verbis es, es stehe nun ausdrücklich oder nicht, wiederum die Stelle des Subjectes vertritt, und der Casus des leidenden Gegenstandes bleibt: es ist mir berichtet worden, mir ist übel begegnet worden, uns ist geholfen worden, mir ist versichert worden. Lehren wird zwar mit zweyen Accusativen gebraucht, allein man sagt dessen ungeachtet nicht ohne Härte, ich bin die Musik gelehret worden, sondern sie ist mir gelehret worden, zum deutlichen Beweise, daß die beyden Accusative im Activo diesem Verbo nicht ursprünglich eigen sind.

§. 707. Einige Verba mit unvollständigen Prädicaten erfordern einen doppelten Nominativ, einen des Subjectes, und einen des vollständigern Prädicates. Diese Verba sind vornehmlich seyn, werden, bleiben, heissen und scheinen. Salomo war ein König, Cajus ist ein Kaufmann geworden, er bleibt immer ein Kind, Alexandre hieß der Große, er scheint ein ehrlicher Mann, wo doch der Nominativ von dem ausgelassenen Verbo seyn herrühret, er scheint ein ehrli-

ehrlicher Mann zu seyn. Wenn seyn ein vollständiges Prädicat bezeichnet, es ist ein Gott, so ist der Nominativ hier das wahre Subject. Auch die Passiva von heissen, dem Activo, wenn es für nennen stehet, nennen, schelten, schimpfen, taufen für in der Taufe benennen, erfordern einen doppelten Nominativ: er ist ein Betrieger geheissen, genannt, geschimpft, gescholten worden, das Kind wird Friedrich getaufet werden.

§. 708. Wenn ein Nominativ mit einem andern Substantive vermittelst des Wortes als verglichen, oder durch dasselbe erkläret, erläutert oder eingeschränket wird, so stehet dieses gleichfalls im Nominativ: er blühet als eine Rose, wir schreiben uns als Freunde, ich als ein alter Mann sollte wohl wissen was ein Glück wäre, er fiel als ein Held. Wo dieses als aber nicht weggelassen werden darf: Gott sitzt König immerdar, Opitz; ein kleiner Mars stand er, Gleim; ein Held fall ich, eben derf.

§. 709. Bey den Reciprocis wird es in diesem Falle zweifelhaft, ob der Nominativ oder der Accusativ stehen müsse; jenen scheinet das persönliche Pronomen, diesen das Reciprocum zu fordern. Doch sagt man am häufigsten im Nominativ, er hält sich, beträgt sich, verhält sich, führt sich auf als ein rechtschaffener Mann; und mit dem Accusativ, er hat sich als einen großen Mann gezeigt.

b. Von

b. Von dem Verbo mit dem Genitive.

§. 710. Der Genitiv wird gebraucht, theils die so wohl in dem Subjecte als Prädicate vorkommenden Substantive mit beziehenden Begriffen zu erklären, in welchem Falle er von diesen regieret wird, S. §. 611. f. theils mit manchen Präpositionen, gewisse Verhältnisse auszudrucken, S. §. 504. f. theils verschiedene relative Adverbia zu erklären, davon im folgenden bey den Adverbiis, theils aber auch gewisse Verhältnisse zu bezeichnen, in welche ein selbständiges Ding durch das Verbum versetzet wird, mit welcher Verrichtung wir es hier eigentlich zu thun haben.

§. 711. In dieser Rüksicht war sein Gebrauch ehedem im Deutschen von einem überaus weitem Umfange, und es scheinet, daß er alle Verhältnisse ausdrucken müssen, von welchen man keine andere als dunkele Begriffe hatte, und sie daher auf keine bestimmtere Art ausdrucken konnte, oder von welchen man das Muster in der Lateinischen Sprache fand, welche einen eben so weitläufigen und oft unbestimmten Gebrauch von diesem Casu macht. Bey mehr Cultur suchte die Hochdeutsche Mundart viele dieser Verhältnisse auf eine bestimmtere Art durch die Präpositionen auszubrucken, welche die Oberdeutsche noch jetzt durch Genitive bezeichnet, welche denn die höhere Schreibart der Hochdeutschen nicht selten wieder von ihr entlehnet, und sich dadurch das Ansehen der Neuheit und Kürze gibt.

§. 712.

1. Kapitel. 8. Verbum und Substant. 463

§. 712. Diejenigen Fälle also, wo die Hochdeutschen noch jetzt das Verbum mit einem Genitive verbinden, sind bloße Überbleibsel des ältern sehr weit sich erstreckenden Gebrauches, daher sich auch keine bestimmte Regeln davon geben lassen, sondern es müssen die meisten der zu jedem Verhältnisse gehörigen einzelen Fälle aus dem Gebrauche erlernet werden. Die vornehmsten dieser Verhältnisse sind folgende.

§. 713. 1. Das Verhältniß der Zeit, sowohl auf die Frage wenn? am häufigsten nur mit den Substantiven Abend, Morgen, Mittag, Nacht, Tag, und die Nahmen der Wochentage: Abends kommen, wenn es des Morgens regnet, des Nachts reisen, des Tages schlafen, besser am Tage, die Post gehet Sonntags ab, wir kamen Montags an, eines Tages, für das unbestimmte einmahl, nächster Tage, besser nächstens, heutiges Tages, aber nicht morgendes Tages, auch nicht morgen des Tages, sondern schlechthin morgen; gestern Morgens, Abends, besser mit dem Accusativ gestern Morgen, Abend, Mittag; ingleichen mit den Wiederhohlungszahlen, einmahl, zweymahl, und den vorigen Substantiven und den Wörtern Jahr und Monath, des Tages, Jahres, Monathes, einmahl, zweymahl, für an dem Tage, im Jahre. Mit andern Substantiven stehet der Accusativ, die Woche zweymahl. Als auch auf die Frage wie lange? ich
wartete

wartete zwey ganzer Stunden, Jahre, Tage u. s. f. wofür doch der Accusativ üblicher und besser ist.

§. 714. 2. Das Verhältniß des Ortes, auch nur noch in einigen Fällen: aller Orten, hiesigen Ortes, etwas gehörigen Ortes melden; wofür man doch lieber und besser mit Präpositionen sagt, an allen Orten, an hiesigem Orte, an dem gehörigen Orte anbringen.

§. 715. 3. Das Verhältniß der Art und Weise, gleichfalls nur in einigen, wo der Genitiv oft statt eines Umstandswortes stehet: einiger Maßen, gewisser Maßen, folgender Gestalt, dieser Gestalt, geraden Weges, stehenden Fußes, guten Theils, ich meines Theils, sich einer Sache alles Ernstes annehmen, mit allem Ernste, ich meines Theiles, meines Wissens, Bedünkens, unverrichteter Sache u. s. f. Hungers sterben, vor Hunger, eines schmählichen Todes sterben, der Hoffnung, des Zutrauens, jemandes Gnade leben. Besonders in manchen Fällen mit dem Verbo seyn; Willens seyn, (nicht in Willens seyn, oder in Willens haben,) er ist meiner Meinung, das ist deines Amtes nicht, guten Muthes seyn, des Todes seyn, es ist so Herkommens, eines Geschlechtes, eines Sinnes seyn.

§. 716. 4. Den Gegenstand der Sache nach vielen Verbis, welche außer dem Nominativ des thätigen und dem Accusativ des leidenden

Gegen-

Gegenstandes noch die Sache erwähnt wissen wollen. Die vornehmsten Verba dieser Art sind: anklagen, doch nur in einem Verstande, berauben, beschuldigen, entlassen, entledigen, entsetzen, gewähren, überführen, überheben, überzeugen, versichern, aber wenn es den Dativ der Person bekommt, so stehet die Sache im Accusativ, ich versichere es dir, ich versichere dich dessen, des Landes verweisen, würdigen, u. a. m. Andere erfordern statt des Genitivs eine Präposition vor der Sache, z. B. jemanden von etwas befreyen.

§. 717. Dahin gehören auch sehr viele Reciproca, bey welchen der Gegenstand der Sache im Genitiv stehet, und wo das Reciprocum sich die Stelle des Accusativs vertritt: sich einer Sache annehmen, anmaßen, äußern, bedienen, begeben, befahren, befleissigen, bemächtigen, bemeistern, bescheiden, entäußern, entbrechen, enthalten, entladen, entschlagen, entsinnen, entziehen, erbarmen, erinnern, erwehren, getrösten, rühmen, schämen, überheben, unterfangen, unterstehen, unterwinden, vermuthen, versehen, versichern, weigern. Für, es verlohnt sich nicht der Mühe, sagt man richtiger, es lohnt oder belohnt die Mühe nicht. Einige andere werden nur in einem oder dem andern Falle mit dem Genitiv gebraucht: sich eines bessern bedenken oder besinnen, jemanden eines bessern belehren, sich der Sünde fürchten. Dagegen andere im Hochdeutschen lieber eine Präposition bekommen, obgleich die höhere Schreibart manche derselben noch jetzt mit dem Genitive verbindet: sich *bedanken,* (für,) *beklagen,* (über,) *besinnen,* (auf,) *hüten,* (vor,) *wundern, verwundern,* (über,) *nähren,* (von,) *freuen,* (über.) Wohin auch die unpersönlichen *mich gelüstet, verlanget,* (nach,) und *er jammert mich,* für es jammert mich seiner gehören.

§. 718. 5. Den leidenden Gegenstand, welcher noch jetzt im Oberdeutschen bey sehr vielen Verbis in den Genitiv gesetzt wird. Diejenigen, welche ihn auch im Hochdeutschen bekommen, sind: *bedürfen, entübrigen, entbehren, erwähnen,* alle drey auch mit dem Accusativ, *gedenken, Erwähnung thun, eines Sohnes genesen,* auch von, ich geschweige seiner Fehler, *gewohnen,* das Neutrum, *jemandes pflegen, schonen,* alle drey auch mit dem Accusativ. Hingegen werden, die höhere Schreibart etwa ausgenommen, *achten, begehren, hüten genießen, kennen, mißbrauchen, versehlen, vergessen, warten,* für pflegen, lieber mit dem Accusativ, und *harren, hoffen, lachen, schweigen, spotten, warten,* für erwarten, u. a. m. lieber mit Präpositionen verbunden.

c. Verbindung des Verbi mit dem Dativ.

§. 719. Der Dativ bezeichnet für sich allein, 1. das Ganze, an welchem der Begriff des Verbi vorgehet, besonders so fern es eine Person ist, oder als Person betrachtet wird, denn wenn es eine

leblose

leblose Sache ist, so wird sie am häufigsten mit einer Präposition ausgedruckt. So wohl mit Transitivis, in welchem Falle der leidende Gegenstand im Accusativ stehet: einem das Brot aus dem Munde nehmen, sich in die Finger stechen, einem auf die Achsel klopfen, jemandes Worten einen falschen Sinn andichten, ihm pocht, ihm schlägt das Herz, das Gewissen schlägt mir, einem Vogel die Zunge lösen. Als auch mit Intransitivis: es ist mir aus den Gedanken gekommen, die Haare gehen ihm aus, mir frieret das Gesicht, der Kopf thut mir weh, schmerzet mir, ihm blutete das Herz.

§. 720. 2. Das Verhältniß der Person oder Sache, um deren willen das Prädicat dem Subjecte zukommt, der persönliche Gegenstand, auch wenn es keine eigentliche Person ist, aber doch als solche betrachtet wird, das Ding, auf welches der Begriff des Verbi durch einen Umschweif, vermittelst des leidenden Gegenstandes gerichtet ist. Der Dativ stehet daher vornehmlich bey transitiven Verbis, wenn ihr Activum den leidenden Gegenstand im Accusativ, das Passivum aber denselben im Nominativ bey sich hat, diejenigen ausgenommen, welche bey dem Accusativ vorkommen werden: einem etwas abbitten, abfordern, abzwingen, abstreiten, anhaben, anpreisen, anrathen, aufkündigen, ich bedinge es mir, befehle es dir, bringe es mir, das benimmt mir den Muth, man berichtete es mir, einem etwas bezahlen. So auch bißchen,

borgen, erlaſſen, erwiedern, erzählen, ge=
ben, gebiethen, geloben, geſtatten, einem
ſein Wort halten, glauben, gönnen, kla=
gen, leihen, liefern, leiſten, melden, machen, nehmen, nennen, rauben, offenba-
ren, opfern, rathen, reichen, ſagen,
ſchaffen, ſchenken, ſchicken, ſenden, ſchreiben, ſtehlen, thun, ſuchen, verweigern,
verurſachen, verbinden, verpflichten, wün-
ſchen, zeigen, zurechnen, u. ſ. f.

§. 721. 3. Den Gegenſtand der Perſon, auf
welchen der Begriff des Verbi gerichtet iſt, bey
den meiſten Neutris, ſie mögen nun mit haben
oder ſeyn verbunden werden: einem anliegen,
angehören, ausweichen, begegnen, das
bekommt mir, ſtehet mir bevor, bleibet
mir, einem beyfallen, danken, dienen,
drohen, fluchen, folgen, fröhnen, an
die Hand gehen, das gedeihet ihm, einem
gefallen, gehören, gehorchen, gelingen,
gerathen, geſchehen, geziemen, glauben,
gleichen, leuchten, lohnen, nützen, einer
Sache obliegen, einem rathen, ſchaden,
ſchmeicheln, das ſcheinet mir, ihm iſt
ein Kind geſtorben, ſich einer Sache un-
terziehen, das iſt mir zu hoch, er iſt mir
getreu, einem Dinge ſteuern, widerſtehen,
einem trotzen, wehren, weichen, winken,
wohl wollen, das wird mir zur Laſt, wie
wird mir u. ſ. f. Wohin auch die unperſönlichen
gehören: es ahndet, ekelt, beliebet, ge-
bricht,

bricht, geziemet, grauet, träumet, schwindelt mir.

§. 722. Ankommen wird sehr häufig mit dem Accusativ gebraucht, der Schlaf kam ihn an, es kommt mich eine Furcht an, Zittern und Entsetzen möchte einen ehrlichen Mann ankommen; indeßen ist der Dativ analogischer, weil die Präposition in zusammen gesetzten Verbis ein bloßes Adverbium ist, und keinen Casum regieret. Da däuchten ehedem scheinen bedeutete, so ist mir däucht beßer als mich däucht, hingegen sagt man lieber mich dünkt. Helfen hat am richtigsten den Gegenstand der Person jederzeit im Dativ, einem helfen, weil man nicht im Passivo sagt, ich werde geholfen, sondern mir wird geholfen, damit ist mir nicht geholfen. Auch kosten erfordert den Gegenstand der Person jederzeit im Dativ, es kostet mir zehn Thaler.

§. 723. Manche Verba können so wohl mit dem Dativ als auch mit dem Accusativ verbunden werden, nachdem ein Ding als der persönliche oder leidende Gegenstand dargestellet wird, wo sich doch die Bedeutung oft merklich ändert: es hat mir nicht wollen angehen, d. i. gelingen, und es gehet mich an, es betrifft mich; einem seine Schuld bezahlen, und einen bezahlen; einem seine Mühe belohnen, und einen belohnen; mir schmerzt der Kopf, und das schmerzt mich; laß mir die Sache, und laß mich gehen, laß ihn machen; einem rufen, als ein Neutrum, und einen rufen, als ein Activum.

§. 724. Wenn man bey transitiven Verbis zweifelhaft ist, ob ein Substantiv der leidende oder persönliche Gegenstand ist, folglich ob es im Accusativ oder Dativ stehen müsse, so setze man die ganze R. A. in das Passivum. Findet alsdann der Nominativ statt, so gehet derselbe im Activo in den Accusativ über; muß aber der Dativ bleiben, so stehet derselbe auch im Activo. Man sagt, das Kind wird von seiner Mutter geliebkoset, folglich einen liebkosen; ich werde von vielen Leuten angegangen, folglich einen angehen. Hingegen mir wird geholfen, folglich einem helfen; mir ist berichtet, versichert worden, folglich einem etwas berichten, versichern.

§. 725. Daß der Dativ des persönlichen Pronominis mir in der vertraulichen Sprechart oft so viel bedeutet, als nach meinem Urtheile, du wirst mir ein feiner Mann werden, ist bereits §. 638. bemerket worden. Die höhere Schreibart macht von diesem Casu noch einen andern Gebrauch, so wohl den Gegenstand des Nutzens, der bewegenden Ursache, als auch der Gegenwart u. s. f. mit Auslassung einer Präposition, zu bezeichnen: dir grünet Berg und Thal, dir läutert sich die Luft, für dich, Opitz. Dir schmückt das fromme Mädchen sich, bey seinem Morgenliede, für dich, um deinetwillen, Raml. Dir fleht der sorgenvolle Greis, zu dir, eben ders. Laß ab, laß ab, schon

schon blutet dir das Opfer, vor dir, Zach. Wie an der Brust ein früh unglücklich Mädchen dem blanken Stahl des wilden Mörders lächelt, eben derſ. Du ſchreyſt mit Luſt, und ſchreyſt dir gut, nach deinem Urtheile, Haged. von dem Kuckuck.

§. 726. Andere Verhältniſſe, z. B. des Mittels und des Werkzeuges, der Geſellſchaft, Verbindung, der Zeit, des Ortes der Ruhe, des Ortes, wo eine Bewegung anfängt, u. ſ. f. werden durch Präpoſitionen ausgedruckt, S. §. 510. 526. 527.

d. Verbindung des Verbi mit dem Accuſativ.

§. 727. Diejenigen Verhältniſſe, welche der Accuſativ in Verbindung mit dem Verbo für ſich allein und ohne Präpoſition ausdruckt, ſind: 1. das Verhältniß des leidenden Gegenſtandes, oder desjenigen Dinges, es ſey Perſon oder Sache, auf welches der Begriff des Verbi unmittelbar wirkt, daher eigentlich ein jedes Activum einen Accuſativ erfordert, der in dem Paſſivo allemahl in den Nominativ übergehet: ich ſuchte dich, ich ſahe ihn, ſie fanden einen Schatz, der Sturm entblätterte die Roſe. Dahin gehöret auch das Verbum laſſen, wenn deſſen mangelhaftes Prädicat durch einen Infinitiv ergänzet wird, welcher gleichfalls den Accuſativ der Perſon erfordert: laß mich dieſen Tag vollenden, ſie ließen ihn gehen, laß dich nichts merken; da es denn auch wohl den Accuſativ der Sache bekommt:

kommt: ich ließ es ihn merken, laß ihn deinen Reichthum nicht merken, wo aber der zweyte Accusativ von dem Infinitiv abhängt.

§. 728. Ferner gilt dieses von den meisten Reciprocis, welche wahre Activa sind, deren Wirkung nur auf das Subject zurück geführet wird: **ich erinnere mich, unterstehe mich, besinne mich, schäme mich.** Aber ich getraue mir, weil es für trauen oder zutrauen stehet. Ingleichen von sehr vielen unpersönlichen Zeitwörtern, so fern ihre Bedeutung gleichfalls activ ist: es befiel ihn ein Schwindel, es befremdet mich, es betrift dich, er dauert mich, es durstet, hungert, frieret, freuet, mich, es gereuet, verdrießt, wundert mich.

§. 729. Ingleichen manche Neutra, wenn sie eine thätige Bedeutung bekommen, welche unmittelbar in einen andern Gegenstand wirket: **sich einen Buckel lachen, etwas nicht gewohnen können, ein Amt abdanken.** Besonders wenn eine Präposition ausgelassen ist: **ich gehe diesen Weg, die Treppe auf und ab gehen, den Berg hinauf steigen.** Nur vermeide man bey Neutris sowohl als Activis solche Accusative, welche den Grundbegriff des Verbi wiederhohlen, welches wider die Natur der Deutschen Sprache ist: **ein herrliches Leben leben, herrlich leben,** so auch, **einen ewigen Schlaf schlafen, einen guten Kampf kämpfen, einen Streit streiten.** Zu den Neutris, welche mit einem Accusativ verbunden werden können, gehören auch manche unpersönliche Zeitwörter, es regnet Blut,

Blut, ich möchte Blut weinen, es schneyete Flocken einer wälschen Nuß groß, es hagelt Steine.

§. 730. Wenn außer dem Gegenstande, in welchen das Verbum unmittelbar wirkt, noch ein anderer vorhanden ist, auf welchen die Wirkung nur mittelbar ist, so stehet entweder dieser in dem Accusativ, und jener in dem Genitiv, (S. den Genitiv,) oder dieser in dem Dativ und jener in dem Accusativ, (S. den Dativ.) Allein es gibt auch noch einen dritten Fall, da beyde im Accusativ stehen. Dieses geschiehet: 1. bey solchen Activis, welche eine Apposition, oder zwey Nahmen von einem und eben demselben Dinge erfordern, dergleichen nennen, heissen, wenn es für nennen stehet, schelten und schimpfen sind: ich nenne, heisse, ihn meinen Vater, man schalt, schimpfte ihn einen Betrieger; welche Verba denn im Passivo zwey Nominative erfordern.

2. Einige wenige andere: einen etwas fragen, eines bitte ich dich, besser ich bitte dich darum, und besonders lehren nach dem herrschenden Gebrauche, er lehret mich die Mathematik, wo doch der Dativ der Person analogischer ist, weil man im Passivo nicht sagt, ich werde die Mathematik gelehret, sondern mir wird u. s. f. Ein anders ist, wenn lehren nur einen Casum nach sich hat, er lehret die Mathematik, oder er lehret, d. i. unterrichtet, mich. Wenn heissen befehlen bedeutet, so erfordert es so wie kosten, richtiger den Dativ der Person, wenn der Accusativ der Sache dabey stehet:

het: wer hat dir das geheissen? es kostet mir zehn Thaler. Hingegen sagt man mit einem Casu und dem Infinitiv ganz richtig: man hieß ihn gehen, man hieß ihn kommen, so wie man sagt, laß ihn gehen, und laß mir diese Freude.

§. 731. 2. Das zweyte Verhältniß, welches durch den bloßen Accusativ ausgedruckt wird, ist das Verhältniß der Zeit. 1) Der Zeit, worin etwas geschiehet, auf die Frage wenn? Es geschahe den dritten Tag nach unserer Ankunft; künftige Ostern hoffe ich sie zu sehen; vorigen Sonnabend; den ersten May; die Woche dreymahl. In andern Fällen theils mit dem Genitiv, theils auch mit Präpositionen. 2) Der Zeitdauer, auf die Frage wie lange? Warten sie noch ein Paar Tage; noch einen Augenblick, so sind wir verloren; wir sind bereits einen Monath hier; die ganze Rede über stehen. 3) Der Wiederhohlung, auf die Frage wie oft? Die Feinde sind dreymahl geschlagen worden, ich sehe ihn alle Tage.

§. 732. 3. Das Verhältniß der Größe, oder Ausdehnung, des Gewichtes, Alters, Werthes und Preises: es kostet einen Thaler; es wiegt einen Zentner. Besonders mit näherer Bestimmung der Ausdehnung, des Alters u. s. f. durch Adverbia, welche alsdann hinten stehen: eine Ehle lang, zwey Fuß breit, sechs Zoll dick, einen Schuh hoch, eine Ruthe tief, zehen Tage lang, acht Pfund schwer, zwanzig

1. Kapitel. 8. Verb. und Substant.

zig Jahre alt, tausend Thaler schuldig seyn, er ist eine Million reich, eine wälsche Nuß groß. In manchen Fällen auch noch mit dem Genitiv, S. diesen Casum, und in andern mit Präpositionen: ich habe es für zehn Thaler gekauft, verkauft.

§. 733. 4. Das Verhältniß des Raumes, in welchem eine Bewegung vor sich gehet, nur in einigen Fällen: wir reisen, gehen, fahren, diesen Weg; den Berg hinauf steigen; die Treppe auf und ab gehen; eile den Berg hinan. Wo der Accusativ nicht von den Partikeln herrühret, welche hier bloße Adverbia sind. Andere Verhältnisse des Accusatives werden mit Zuziehung gewisser Präpositionen ausgedruckt, S. §. 519 und 527. f.

9. Von dem Gebrauche der Adverbien.

§. 734. Die Adverbia, (§. 470. f.) sie seyn nun Beschaffenheits- oder Umstandswörter, bedeuten etwas Unselbständiges an und für sich, und werden daher zur Bestimmung alles übrigen in der Rede gebraucht; so wohl des Selbständigen, oder der Substantiven, wohin besonders die Umstandswörter ganz, halb, viel, wenig, mehr, genug, lauter und eitel für nichts als, allein, weiland, voll, etwas, nichts gehören: ganz Deutschland, er ist ganz Zärtlichkeit, Gott allein oder allein Gott, ein Glas voll Wein, lauter geringe Personen, nichts Gutes, etwas Wein, Berg an. Anstatt der Beschaffenheitswörter werden zu Be=
stim=

stimmung des Substantives Adjective gebraucht. Als auch, und zwar vornehmlich, des Unselbständigen, welches durch nichts als durch ein Adverbium bestimmt werden kann, es sey nun ein Adjectiv, ein außerordentlich großes Haus, ein sehr schöner Vogel; oder ein Pronomen, ich selbst, dieser allein; oder ein anderes Adverbium, überaus sehr, halb todt, schön geschmückt; daher denn mehrere solcher Adverbien, besonders Umstandswörter, hinter einander stehen können, wovon immer eines das andere bestimmt, von nun an bis auf immer und ewig.

§. 735. Am häufigsten wird das Verbum durch Adverbia bestimmt, theils den Begriff der Zeitwörter mit unvollständigen Prädicaten zu ergänzen, Cajus ist krank, Crösus war reich, die Blume wird welk, der Wein macht uns beredt; als auch die Art und Weise näher zu bestimmen, wie der Begriff des Verbi dem Subjecte zukommt, die Wunde schmerzet sehr, unser Freund starb plötzlich, er liegt gefangen. Wo doch theils Mißdeutung zu vermeiden ist, wenn das Adverbium so wohl auf den leidenden Gegenstand, als auf den Begriff des Verbi gezogen werden kann, er beschreibt ihn sehr einfältig; theils der Gebrauch eines Adverbii, wo ein Adjectiv stehen sollte, d. i. wo nicht das Verbum bestimmt, sondern die Beschaffenheit dem Substantiv als einverleibt gedacht werden soll, sie hat die Backen roth, für rothe Backen, ob man gleich sagt, er hat den Kopf verbunden; theils der Gebrauch eines bloßen Adverbii,

wo

1. Kapitel. 9. Adverbium. 477

wo der Verstand mehrere Bestimmung fordert, man glaubt ihn treulos, besser man hält ihn für treulos, oder glaubt, daß er treulos ist, weil treulos in dem ersten Falle nur den Begriff des Verbi oder die Art und Weise des Glaubens bestimmt.

§. 736. Die Adverbia stehen daher im Satze allemahl da, wo sie etwas zu bestimmen finden, und zwar gemeiniglich vor dem bestimmten, *es ist ein gar guter Mann, nicht gar ein guter. Es ist uns nicht erlaubt dieses zu thun, ich habe es oft nicht gehöret*, geben einen andern Sinn als, *es ist uns erlaubt, dieses nicht zu thun, ich habe es nicht oft gehöret.* Einige Bestimmungswörter der Substantive und Pronominum, allein, selbst, voll, genug, viel, wenig u. s. f. können so wohl vorn als hinten stehen. Solch und so für solch stehen vor dem unbestimmten Artikel, *solch ein Mensch, so ein Mann.*

§. 737. Der Begriff eines Adverbii wird entweder an einem Dinge allein gedacht, *die Blume ist schön, er kommt oft*, oder zwischen zweyen Dingen, in welchem Falle ihnen der Begriff des Adverbii entweder in gleichem, oder in ungleichem Grade zu= oder abgesprochen wird. Das erstere geschiehet vermittelst der Wörtchen, so und als, (besser als wie, und als wie,) *so schön als eine Rose, er ist nicht so groß als*

als du; da denn das erstere zu deutlicherer Bestimmung der Ähnlichkeit oft noch das Wort eben bekommt, sie sind eben so gut als ihr. Im Grade der Ungleichheit wird dem einen Dinge entweder eine Beschaffenheit im höhern oder geringern Grade zugeschrieben, als dem andern, welches theils durch die Umschreibung mit weniger, minder und mehr geschiehet, (S. §. 498.) oder im Falle des höhern Grades durch den Comparativ, (S. §. 487. f.) welcher denn gleichfalls als, (selten mehr denn, und gar nicht wie und weder,) nach sich bekommt, es ist süßer als Honig, er ist gelehrter als sie alle, aber kein verneinendes Wort nach sich bedarf, größer als kein zweyschneidig Schwert. Oder es wird das eine Ding in Ansehung dieser Beschaffenheit über alle übrigen seiner Art erhoben, welches vermittelst des Superlatives mit am und auf das geschiehet, da denn derselbe im ersten Falle oft die Präposition unter nach sich hat: er lief am geschwindesten unter allen, sie sang auf das beste.

§. 738. Wenn der Besitz oder Mangel durch ein Beschaffenheitswort ausgedruckt wird, so bekommt der Gegenstand desselben an: reich an Tugend, an liegenden Gründen, arm an Freuden; der Sitz der Beschaffenheit am, krank am Leibe, arm am Geiste; der Theil des Ganzen aber, von welchem die Beschaffenheit eigentlich gesagt werden soll, von: klein von Person, der Person nach, ein Vogel schön von

1. Kapitel. 9. Adverbium. 479

von Federn, von Schenkeln leicht, schön von Gestalt, Gell. schwarz von Haaren, blau von Augen, Hageb.

§. 739. Diejenigen Adverbia, welche den Gegenstand der Beschaffenheit, oder die Art und Weise derselben durch ein Verbum erkläret wissen wollen, dergleichen diejenigen sind, welche eine Möglichkeit, Leichtigkeit, Schwierigkeit, Nothwendigkeit, Pflicht, Verlangen u. s. f. bedeuten, erfordern den Infinitiv mit zu: leicht zu bewerkstelligen, schwer zu sagen, möglich zu glauben, begierig zu sehen, hart zu beissen, bereit zu folgen. Gut, und zuweilen auch übel, böse, schlecht u. s. f. sind mit dem bloßen Infinitiv zufrieden: hier ist gut wohnen, du hast gut sagen, hier ist schlecht gehen, übel wohnen.

§. 740. Das Umstandswort ohne nimmt um der Kürze willen oft gleichfalls den Infinitiv mit zu nach sich: kannst du dich einen Engel nennen hören, ohne zu erröthen? d. i. und nicht erröthen; o kann ich daran denken, ohne zu zittern? ich sprach mit ihm, ohne zu wissen, wer er war, ohne daß ich gewußt hätte. Welche Art des Ausdruckes oft eine Bedingung enthält: der Freund kann nicht Freund seyn, ohne sich mit mir zur Tugend zu vereinigen, wenn er sich nicht mit zur Tugend vereinigt.

§. 741.

§. 741. Die Adverbia sind ihrer Bedeutung nach entweder absolut, welche nur an einem Dinge gedacht werden dürfen, *der Berg ist groß, er kommt oft*; oder relativ, wenn ihr Begriff zwischen zwey Dingen gedacht werden muß. In dem letztern Falle wird das zweyte Ding, welches zur Erklärung des relativen Begriffes erfordert wird, auf verschiedene Art ausgedruckt, entweder durch den Infinitiv *müde länger zu leben, matt von vielem Gehen*; oder durch eine Partikel, *gegen alle Menschen höflich, höher als ein Haus, am meisten unter allen*; oder endlich durch den bloßen Casum des Hauptwortes, und alsdann können auch Adverbia einen Casum regieren.

§. 742. Mit dem Genitiv werden verbunden, 1. Umstandswörter, wohin nicht allein die schon §. 504. f. bemerkten Präpositionen, sondern auch alle Zahlwörter gehören, wenn sie unconcrescirt und als bloße Umstandswörter gebraucht werden, *es waren ihrer sieben, so viel ihrer sind, Geldes genug*. 2. Verschiedene relative Beschaffenheitswörter, welche entweder beständig, oder nur in der höhern Schreibart, oder auch nur in einzelen Fällen mit dem Genitiv verbunden werden. Die vornehmsten davon sind: *bedürftig, befugt, benöthigt, bewußt, eingedenk, fähig, froh*, nur in einigen Fällen, *gewahr, gewiß, gewohnt, kundig, los, mächtig, müde, quitt, satt, schuldig, theilhaft, überdrüssig*,

drüſſig, verdächtig, verblichen und ver=
fahren nur mit dem Genitiv Todes, verluſtig,
voll, werth, würdig, und ihre Gegenſätze mit
un; welche ihren Caſum auch nach der Concretion
behalten, wenn ſie der letztern fähig ſind, ein des
Diebſtahls verdächtiger Menſch.

§. 743. Den Dativ erfordern, außer den ſchon
bey den Präpoſitionen angeführten Umſtandswörtern,
diejenigen Beſchaffenheitswörter, welche ſich durch
einen Umweg auf ein anderes Ding beziehen, beſonders wenn ſie den perſönlichen Gegenſtand be-
nannt wiſſen wollen, wohin z. B. ähnlich,
angenehm, bekannt, bequem, bange,
beſchwerlich, deutlich, dunkel, dienlich,
dienſtbar, erſprießlich, erwünſcht, ge-
fährlich, gehorſam, gemäß, geneigt, getreu, gewogen, gleich, gut, heilſam,
leicht, lieb, nachtheilig, nahe, nöthig,
nützlich, ſchädlich, ſchuldig, ſchwer,
verwandt, werth, (wenn der Werth nicht mit
einem Zahlworte beſtimmt wird,) u. ſ. f. nebſt
ihren Gegenſätzen mit un und den Participien ſolcher Verborum, welche den Dativ regieren, gehören, obgleich bey vielen auch der perſönliche
Gegenſtand durch eine Präpoſition, beſonders durch
für und gegen ausgedruckt werden kann.

§. 744. Von Adverbien, welche mit dem
Accuſativ verbunden werden, kommen außer
den ſchon bemerkten Präpoſitionen, nur diejenigen vor, welche ein Maß, Gewicht, Alter, und
einen Werth, wenn derſelbe mit einem Zahlworte
beſtimmt wird, bezeichnen, zehn Ehlen lang,
fünf

fünf Pfund schwer, funfzig Jahr alt, zehn Thaler werth, S. das Verb. mit dem Accus.

§. 745. In Ansehung der Umstandswörter bemerken wir nur noch, daß eine doppelte Verneinung in einem Satze wider die Natur der Deutschen Sprache ist, sie haben kein Glück nicht mehr, besser kein Glück mehr; wenn der nichts nicht fühlt; Logau, für nichts fühlt; das hat nie kein Mensch gesehen, für nie ein Mensch oder kein Mensch; wer nimmer nichts versucht der weiß nicht was er kann, Logau, für nimmer etwas. Auch wenn ein Verbum bereits eine Verneinung in sich schließt, darf solche nicht wiederhohlet werden, er läugnete, daß er es gethan habe. Da bey hindern und sich hüten, die Verneinung nicht so deutlich ist, so kann sie stehen, wenn sie mit daß verbunden werden, er hinderte mich, daß ich nicht kommen konnte, hüte dich, daß du nicht fallest; allein sie muß wegbleiben, wenn der Infinitiv mit zu darauf folgt, das hinderte mich zu kommen, hüte dich zu fallen. Wenn ein Wort eine Verneinung bey sich hat, oder in sich schließet, und der folgende dazu gehörige Satz gleichfalls verneinend ist, so ist das der einige Fall, in welchem im Deutschen eine doppelte Verneinung als eine Art von Bejahung angesehen werden kann: das hindert nicht, daß nicht jeder sollte glauben können, was er will; ich zweifele nicht, daß er es nicht sollte gehöret haben, wo man mit mehr Gewißheit sagen würde, ich zweifele nicht, daß er er es gehöret hat; es war niemand, der nicht wünschte, daß u. s. f. da war keiner, der sich nicht geschämet hätte. Nach fürchten den Gegenstand mit nicht auszudrucken ist eine knechtische Nachahmung des Lateinischen: ich fürcht Achat, daß meine Schwäche nicht, wenn ich sie sprechen will, aus jeder Sylbe spricht, Schleg.

10. Gebrauch der Präpositionen.

§. 746. Da von ihnen das meiste bereits §. 499. f. gesagt worden, so bemerken wir hier nur noch folgendes. Wenn mehrere Substantive, welche entweder gar nicht, oder nur durch und und oder verbunden sind, durch eine und eben dieselbe Präposition bestimmt werden sollen, so kann selbige wiederhohlet, oder auch nur einmahl gesetzt werden: durch List, Betrug und Verrath, oder durch List, durch Betrug und durch Verrath. Sind sie aber durch entweder, theils oder andere Partikeln verbunden, so ist die Wiederhohlung nothwendig: entweder durch List, oder durch Gewalt; theils mit Geld, theils mit Waare bezahlen.

§. 747. Zwey unmittelbar auf einander folgende Präpositionen machen Dunkelheit und Härte, durch mit Geld bestochene Stimmen, besser durch die mit Geld bestochnen Stimmen. Außer wenn sie bloße Umstandswörter sind und sich selbst bestimmen, beyan, voran, von unten an.

§. 748. Da die Präpositionen in der Zusammensetzung mit Verbis wahre Adverbien sind, und als solche keinen Casum regieren können, so darf auch die Präposition nicht verschwiegen werden, wenn der Verstand sie fordert: Deutschland gränzt an Frankreich an, nicht gränzt Frankreich an; was für Bilder gehen vor meiner Seele vorbey, nicht gehen meine Seele vorbey.

§. 749. Der Ort, welcher das Ziel einer Bewegung ist, wird im Deutschen mit verschiedenen Präpositionen ausgedruckt, und in den meisten Fällen kommt es bloß auf den Gebrauch an, daher sich keine bestimmte Regeln davon geben lassen.

1. Mit nach. 1) Vor den eigenthümlichen Orts= und Ländernahmen, ehedem gen, im gemeinen Leben noch vor manchen Ortsnahmen auf: nach Leipzig, Berlin, Hamburg, nach Frankreich reisen, nach England segeln, nach Holland, Paris, Rom schreiben, Waaren nach Rußland schicken, ich gehe morgen nach Hamburg ab. 2) Vor den appellativen Hof und Haus ohne Artikel: nach Hofe gehen, fahren, reisen, schreiben; nach Hause eilen, gehen, schicken, kommen. 3) Vor verschiedenen andern Gattungswörtern, welche aber alsdann den bestimmten Artikel haben müssen: nach der Stadt gehen, reisen, fahren, eilen, der Weg gehet nach dem Walde, nach dem Flusse. Besonders wenn bloß die Gegend bezeichnet werden soll, der Wind drehet sich nach Westen, sich auf der

der Reise nach Morgen wenden, den Mantel nach dem Winde hängen; ingleichen mit zu, es liegt nach dem Walde zu. Oder der Gegenstand der Richtung: nach jemanden hauen, schlagen, nach etwas greiffen, sich nach etwas umsehen. Auch mit Bemerkung der Absicht, nach Wein gehen, nach der Wache schicken.

2. Mit auf. 1) Wenn die Bewegung nach einem höher gelegenen Orte gerichtet ist: auf den Berg steigen, auf das Schloß gehen, auf den Baum klettern, auf den Gipfel gelangen. 2) Auch in vielen andern Fällen, vermuthlich so fern der Ort ehedem wirklich als höher gelegen betrachtet werden konnte: auf das Rathhaus, auf die Wache, auf die Börse, auf die Post gehen, auf die Universität ziehen, auf das Land, auf das Dorf, auf das Feld gehen, auf die Welt kommen. 3) Ferner, auf die Gasse laufen, auf die Reitbahn, auf die Hochzeit, auf den Ball gehen, auf die Messe, auf den Jahrmarkt reisen.

3. Mit an, welches nur die Richtung nach der äußern Fläche eines Dinges bezeichnet: an seine Arbeit gehen, sich an einen Ort begeben, an den Galgen führen, an den Hof gehen, etwas an den Hof melden, berichten, schicken, an das Ufer fahren, einen Bothen an jemanden schicken, an einen Freund schreiben.

4. Mit **in**, eigentlich die Richtung nach dem Innern einer Sache zu bezeichnen: in die Stadt kommen, gehen, reisen, Waſſer in den Brunnen tragen, in den Wald, in den Garten, in die Kirche, in die Schule, in das Feld gehen, in das Haus brechen, in die Taſche ſtecken, in den Weg treten.

5. Mit **zu**. 1) Wenn das Hauptwort unbeſtimmt, bloß zur Bezeichnung der Art und Materie, folglich ohne den beſtimmten Artikel gebraucht wird, entweder mit dem Caſus-Zeichen am Ende der Präpoſition, oder ohne daſſelbe: zu Hauſe gehen, bringen, kommen, zur Hochzeit, zum Tanze, zur Kirche, zu Weine, zu Felde gehen, zu Boden fallen, zu Dorfe, zu Grunde, zu Bette, zu Markte, zu Stuhle, zu Tiſche, zu Schiffe gehen. 2) Vor Perſonen und Perſonen-Nahmen, zu jemanden gehen, zu einem Freunde fahren, zum Doctor, zum Richter gehen.

6. Auf eben ſo verſchiedene Art wird auch die Ruhe ausgedruckt, da es aber auch hier bloß auf den Gebrauch ankommt, ſo wollen wir uns dabey nicht länger aufhalten.

§. 750. Wenn **in** den Accuſativ erfordern ſollte, oder ſo viel als **hinein** bedeutet, ſo iſt dafür in den Zuſammenſetzungen ein üblich: hinein, darein, thue es hinein, komm herein, einſtecken, eintreiben, einärnten, einjagen; es iſt darin, hierin beſtehet es. Daher ſind **Einhalt** und **Inhalt**, **Einlage** und **Inlage**

gar

gar sehr verschieden, und daher sagt man für **Ein-**
wohner auch richtiger **Inwohner,** und für ein-
ländisch richtiger inländisch, ob man gleich
Eingeweide, einheimisch sagen muß. Für
sich kommt dieses ein nur noch in den R. A. vor,
Wald ein, und **Berg ein gehen. Darinnen,**
worinnen, hierinnen sind die durch die alte
Ableitungssylbe en für Umstandswörter, ohne
Noth verlängerten darin, worin, hierin, (S.
§. 475.) um welcher Endung willen auch das n
verdoppelt worden. **Darinn, hierinn,** und
worinn, mit einem doppelten n ohne Ableitungssylbe, lassen sich mit nichts entschuldigen.

11. Gebrauch der Conjunctionen.

§. 751. Wenn die copulativen und disjunctiven Conjunctionen einerley Nennwörter verbinden,
so müssen diese in einerley Casu, aber nicht nothwendig in einerley Zahl und Geschlecht stehen: das
widerfuhr uns und ihm; so wohl der König als seine Unterthanen. Wenn mehrere
Verba in einem und eben demselben Satze durch
eine copulativa verbunden werden, so müssen sie
in einerley Tempore und Modo stehen: was wir
fürchteten und hoffeten. Aber nicht in zweyen
Sätzen: ich habe dich geliebt, und werde
dich ferner lieben.

§. 752. Einige Conjunctionen stehen allemahl
vor ihrem Satze oder Worte, wie daß, denn,
wenn es causal ist, und, oder, weil und wenn;
andere allemahl hinter einem oder mehreren Wörtern, wie auch, wenn es concessiv ist, denn,
außer

außer wenn es causal ist; andere können sowohl zu Anfange, als nach einem oder mehreren Wörtern stehen, als aber, auch, doch, entweder, zwar u. s. f.

§. 753. Viele Conjunctionen beziehen sich auf einander, da man sich denn hüten muß, daß man keine sich auf einander beziehen lasse, welche der Sprachgebrauch nicht hergebracht hat. Die vornehmsten sind: entweder — oder; weder — noch; weil oder da — so; wenn — so; wie, gleichwie, — so, also; so — so; je — desto, je — je; zwar — aber, allein, doch, jedoch, gleichwohl, hingegen, nichts desto weniger; nicht — sondern; nicht allein, nicht nur — sondern auch; ob gleich, ob schon, ob wohl, wenn gleich, wenn schon, wenn auch, wie wohl — so, so doch, so nichts desto weniger; so wohl — als, als auch.

§. 754. Da eine und eben dieselbe Conjunction oft mehr als eine Art des Verhältnisses bezeichnet und in einer ausgebildeten Rede der richtige Gebrauch dieses Redetheiles überaus wichtig ist: so stehe hier ein kurzes alphabetisches Verzeichniß der vornehmsten Conjunctionen, nebst dem was bey einer jeden vorzüglich zu bemerken ist.

Aber ist 1. Copulativ, einen unerwarteten Umstand, einen Einwurf mit dem vorigen, zu verbinden, zu Anfange des Satzes aber in Beziehung auf etwas vorher gegangenes: in melancholischen Gängen von Laub will ich irren. — Aber, Himmel, was entdeckt mein Auge am Ufer

1. Kapitel. 10. Conjunctionen.

Ufer im Sande? Gesn. 2. Adversativ, im Nachsatze: die schöne Morgenröthe hatte ihm sonst oft Lieder abgelockt; aber jetzt sang er nichts. Besonders zur Einschränkung: ich suchte ihn, aber er war nicht da. Zur Begleitung eines Einwurfes: die Natur ist hier schön; wird sie es aber auch für mich seyn? Es kann in allen Fällen so wohl zu Anfange eines Satzes, als auch nach einigen Worten stehen.

Allein, adversativ, so wohl im Vordersatze, als Nachsatze, allemahl aber zu Anfange: er wollte gern, allein er konnte nicht. Er ist ein rechtschaffener Mann; allein was hilft ihm das? Beyde zu verbinden, aber allein, ist wider den Sprachgebrauch.

Als, allemahl vor seinem Worte oder Satze, ist: 1. Comparativ: so roth als eine Rose; süßer als Honig; so viel als genug ist Wo es vor Adverbiis auch wegbleiben kann: so geitzig er auch ist. In Gleichnissen hat es oft eben und gleich vor sich: gleich, als wenn er schon überwunden hätte. 2. Explanativ: er hält sich als ein rechtschaffener Mann. 3. Restrictiv: der König, als Churfürst; ich habe sonst keine Vorzüge, als meine Unschuld. 4. Consecutiv: als dieses geschehen war; ich dachte eben zu verreisen, als ich deinen Brief erhielt. 5. Causal, doch nur mit daß, im Nachsatze, wenn zu vorher gehet: ich bin zu sehr gerührt, als daß ich viel reden könnte. 6. Circumscriptiv, für das bessere daß, doch nur mit wenn und ob: er will das Ansehen haben, als wenn er es recht gut meinte. Auch wohl mit Weglassung beyder: der Verdacht, als meine er es nicht redlich. 7. Copulativ, doch nur mit auch; im Nachsatze, wenn so wohl vorher gehet: so wohl dieser als auch jener; wo auch auch wegfallen kann, so wohl Tugend als Verstand.

Also, 1. Comparativ, doch nur zuweilen in der feyerlichen Rede für das kürzere so: ich will es also haben; besonders am Ende der Rede: sprach dein Herz also! 2. Causal oder vielmehr Illativ, eine Schlußfolge zu begleiten, so wohl zu Anfange des Satzes, als nach einigen Worten: er erbt alles, also auch das Rittergut; also bleibt es dabey, es bleibt also dabey; die vielen Geschäfte nöthigten mich also. 3. Continuativ, doch nur im gemeinen Leben, die Rede fortzusetzen.

Auch. 1. Copulativ, mit dem Nebenbegriffe der Vermehrung oder Steigerung: der Reichthum, die Ehre, auch das Vergnügen sind eitel; wenn wir ja sagen, so sagt er auch ja; wo es um des Nachdruckes willen auch voran stehet, so sagt auch er ja, er ist auch ein solcher, ein solcher ist er auch. Besonders mit aber und wie: ein redlicher, wie auch gelehrter Mann; ein gelehrter aber auch gefährlicher Mann. Und mit sondern und als im Nachsatze, wenn im ersten Falle nicht allein oder nicht nur, im letztern aber so wohl vorher gehet: er hat nicht allein sein Geld, sondern auch seine Ehre verloren;

ren; so wohl dieses als auch jenes. 2. Concessiv, nach einigen Worten: es geschehe auch wenn es wolle; wer er auch ist.

Auf daß, causal, eine Endursache zu bezeichnen mit dem Conjunctiv, weil diese noch ungewiß ist, nur noch zuweilen in der höhern und feyerlichern Schreibart, für damit: auf daß es uns künftig nicht an Mitteln fehle.

Außer, exceptiv, für ausgenommen: ich habe niemanden, außer ihn gesehen; wir gehen alle Tage spaziren, außer wenn es regnet.

Da: 1. Consecutiv, im Vordersatze, für als: da ich ihn sahe, bewegte sich mein Herz vor Freude. Da denn im Nachsatze oft noch ein zweytes da folgt: da die Sonne aufging, da ging Loth in Zoar ein. 2. Causal mit dem so im Nachsatze: da weder Stolz noch Ehrgeitz dich dazu bewegen, so ist deine Absicht tugendhaft. 3. Adversativ, so wohl im Vordersatze: da einer genug wäre, kommen ihrer acht. Als auch im Nachsatze mit doch: du lachst, da du doch Thränen vergießen solltest. Nur nicht mit schon, da ich schon nichts begangen. 4. Conditional, und mit dem Conjunctiv, doch selten mehr in der edlen Schreibart, für wenn, da er ja sterben sollte; da es ja so seyn müßte.

Dahér, illativ, so wohl zu Anfange, als nach einigen Worten: er war abwesend, daher entstand denn der Verdacht; es ist nichts an der Sache, ängstige dich daher

her nicht. Dannenher und dannenhero sind müßige Oberdeutsche Verlängerungen.

Damit, causal, eine Endursache zu bezeichnen, mit dem Indicativ, wenn sie bestimmt und gewiß, und mit dem Conjunctiv, wenn sie ungewiß ist: ich melde dir solches, damit du dich darnach zu richten wissest; ich warnte dich, damit du dich in Acht nehmen möchtest; thue es nur, damit er nicht zu sehr bestraft wird, besser werde.

Dann, welches mit denn nicht zu verwechseln. 1. Continuativ, nur noch im Kanzelleystyle. 2. Consecutiv: wir müssen erst lernen, und dann reden. 3. Conditional, nach wenn: wenn ich dich sehe, dann will ich es dir geben; ingleichen, mit der Versetzung, dann, wenn ich dich sehe, will ich es dir geben.

Darum, causal, so wohl im Vordersatze, da denn im Nachsatze weil folgt: ich konnte darum, oder darum konnte ich nichts sagen, weil ich nichts wußte. Als auch im Nachsatze, die Brücke war abgerissen, darum konnten wir nicht hinüber. Nur nicht, wenn weil den Vordersatz anfängt: weil die Brücke abgerissen war, darum u. s. f. wo so stehen muß. Darum daß für weil ist veraltet.

Daß, ist 1. Circumscriptiv, wenn es bloß den leidenden Gegenstand des vorher gegangenen Verbi durch einen Umweg bezeichnet: ich sehe, daß er kommt, ich weiß, daß es nicht recht ist. Auch mit der Inversion, daß es nicht

nicht recht ist, habe ich lange gewußt. Ingleichen einen Umstand zu beschreiben, und zu erläutern, er that es ohne daß er es wußte, oder auch, ohne es zu wissen; indessen, daß ich auf ihn wartete; es sind nun zehn Jahr, daß ich hier bin; o, daß du den Himmel zerrissest! Nach Art der Lateiner mit Weglassung des daß den Infinitiv zu setzen, ist außer den bey dem Verbo bereits angezeigten Fällen undeutsch, wir glauben nicht möglich zu seyn; obgleich daß auch weggelassen werden kann, ich höre er wird kommen. Wenn der Gegenstand noch ungewiß ist, so stehet der Conjunctiv, ich rathe dir, daß du es nicht thuest; welcher auch bey Anführung seiner und fremder Worte stehet, ich antwortete, sagte, bewies u. s. f. daß dieses nicht statt haben könne, (S. §. 684.) 2. Causal, so wohl a) wenn der Nachsatz zugleich die Ursache, den Grund des vorigen enthält, mit dem Indicativ: ich freue mich, daß du gesund bist. Ingleichen wenn er die Wirkung enthält: ich habe es nicht verschuldet, daß man so mit mir umgehet; mache es so, daß man dich loben kann; wo auch der Conjunctiv stehen kann, wenn die Wirkung noch ungewiß ist, daß man dich loben könne. Die Verneinung kann mit als umschrieben werden, es war zu schwer, als daß ich es heben konnte. Als auch b) eine Endursache, mit dem Conjunctiv, für damit und das veraltete auf daß: komm her, daß ich dich betrachte; zeige mir es, daß ich

sehe,

sehe, ob es richtig ist. 3. Conditional, eine Bedingung zu begleiten, gleichfalls mit dem Conjunctiv, mit der Bedingung, daß er komme. Aber auch mit dem Indicativ, ich will es thun, nur daß ich mich nicht zu lange aufhalten darf.

Demnach, illativ, zu Anfange des Satzes aber noch besser nach einigen Worten: es gibt demnach solche Leute, welche u. s. f. wie glücklich muß demnach ein Tugendhafter seyn. Es causal, zu Anfange einer Periode zu gebrauchen, demnach dieselben mein Gutachten verlangt, als habe u. s. f. ist nur noch in den Kanzelleyen üblich.

Denn. 1. Causal, die Ursache des vorher gegangenen Prädicates zu bezeichnen, zu Anfange des Satzes und mit dem Indicativ: er ist immer vergnügt, denn er ist mit allem zufrieden; erinnere dich deiner Ahnen, denn sie sind Beyspiele für dich. Wo die Ursache auch versteckt seyn kann: lebt er noch? denn in meiner Einsamkeit höre ich nichts von ihm. Wohlan, vernichte denn durch deinen Unverstand, die Sorgfalt, die ich angewandt, Gell. Besonders in Fragen: hat denn ein süßer Herr Verstand? 2. Illativ, einen versteckten Schluß zu bezeichnen, mit so: so mag es denn gut seyn, so bleibt es denn dabey. 3. Conditional, mit dem Conjunctiv, und nach einigen Worten, ich sähe denn nicht recht; es sey denn, daß er es läugne; du sollst nicht sterben, du habest denn den

Herren

Herren gesehen. 4. Comparativ, nur nach Comparativen für als, ehe denn ich sterbe, wer ist reicher denn er. 5. Exceptiv, auch für als: nichts denn Gold; dieß hat kein anderer gethan, denn du. 6. Consecutiv, eine Zeitfolge zu bezeichnen, besser dann: erst wollen wir essen, denn spaziren gehen.

Dennoch, adversativ: es sind Mährchen, und dennoch glaubst du es; sie reden sehr hitzig, dennoch werde ich nicht aus meiner Fassung kommen. Gehet ein Bindewort vorher, so stehet es nach einigen Worten: er zürnet zwar, aber er wird sich dennoch befriedigen lassen; ob man ihm solches gleich verboth, so that er es dennoch.

Derhalben und deßhalb oder deshalb, illativ und causal, beyde nur selten für daher: euer Gehorsam ist unter jedermann ausgekommen, derhalben freue ich mich über euch Röm. 16.

Desto. 1. Eine Steigerung nach Maßgebung des vorher gehenden Satzes, vor Comparativen: ich habe es nicht gewußt, daß sie zugegen waren, desto aufrichtiger ist mein Bekenntniß; gib es her, damit ich es desto besser betrachten könne. Um noch hinzuzusetzen, ist unnöthig und fehlerhaft: dieses ist um desto gewisser, das ist mir um desto lieber. 2. Proportional, ein gleiches Steigen und Fallen zweyer Sätze zu bezeichnen, im Nachsatze, und in Beziehung auf je: je größer unsere Freuden sind.

sind, desto mehr empfinden wir ihre Vergänglichkeit. Haben beyde Sätze ein gemeinschaftliches Verbum, so stehet je für desto: es wird je länger je schlimmer. Auch wohl außer dem in kurzen Sätzen: je höher du bist, je mehr demüthige dich. Ein doppeltes desto ist sprachwidrig: desto (je) größere Noth, desto nähere Hülfe. Ingleichen die Umschreibung des desto durch um so viel: je mehr Güte er mir erwiesen hat, um so viel mehr Erkenntlichkeit hege ich gegen ihn.

Dieweil, causal, für weil, nur noch im Oberdeutschen und andern gemeinen Mundarten, wo auch noch alldieweil vorkommt.

Doch. 1. Adversativ, im Nachsatze, wie aber und jedoch, und zu Anfange: er hatte versprochen zu kommen, doch er kam nicht; er spricht schlecht, doch schreibt er gut; du hättest alles erhalten, wo nicht mit Gewalt, doch mit Güte; ich erlaube dir viel, doch nicht zu viel. Auch einen Einwurf zu begleiten: die Natur ist hier schön, doch wird sie es auch für mich seyn? 2. Concessiv, wie dennoch: ob er mich gleich sahe, so redete er mich doch nicht an; zanken sie immer, ich weiß doch, daß sie mich lieb haben. 3. Conditional: morgen erwarte ich dich, doch daß du ihn mitbringest; ich will es dir sagen, doch mußt du mir versprechen, u. s. f. 4. Illativ, doch nur eine versteckte Schlußfolge zu bezeichnen: auf diese Art weiß man doch, woran man ist; ich
will

1. Kapitel. 11. Conjunctionen. 497

ich will doch zu ihm gehen. Auch mit Imperativen und Fragen; wirf mir doch das nicht vor! es ist doch nichts Böses?

Ehe, besser eher, consecutiv, im Vordersatze, mit denn, besser als im Nachsatze: sie wollte eher sterben, als sündigen. Ingleichen mit Verdoppelung des ehe und eher: ehe sie sich in ihrer Andacht stören läßt, eher läßt sie Herrn Simon wieder fortreisen, Gell.

Entweder, allemahl im Vordersatze, mit oder im Nachsatze. 1. Disjunctiv: entweder mit Gewalt oder mit List; entweder auf diese oder jene Art. Wo es zuweilen auch verschwiegen werden kann: gehorche, oder du wirst gestraft. 2. Partitiv: alle lebendige Geschöpfe sind entweder Menschen oder Thiere. Wenn mehr als zwey Glieder vorkommen, wird oder mehrmahls wiederhohlet und dem letzten ein oder auch, oder und endlich zugesellet.

Falls, conditional, nur im gemeinen Leben, für im Falle oder wenn.

Ferner, continuativ, zu Anfange der Rede, oder auch nach einigen Worten: ferner ist zu wissen; es folgt ferner daraus.

Folglich, illativ: du bist ein Mensch, folglich bist du auch sterblich; es ist eine Schwachheit, welche einiger Maßen nothwendig, folglich leicht zu entschuldigen ist. Die dafür üblichen folgsam, folgbar, einfolglich, verfolglich, allfolglich, sind niedrig.

Ji   Gleich.

Gleich. 1. Concessiv, doch nur mit ob, S. **Obgleich.** 2. Comparativ, so wohl zwischen zwey einzelen Dingen mit als und wie: er lebt gleich als oder gleich wie ein Engel, besser als oder wie allein. Als auch zwischen zweyen Sätzen, im Vordersatze, mit also oder so im Nachsatze: gleichwie das Gold besser ist, als das Kupfer, also u. s. f. Zuweilen auch im Nachsatze: ihr sollt vollkommen seyn, gleichwie euer Vater vollkommen ist, Matth. 5. In beyden Fällen kommt es im Hochdeutschen selten mehr vor.

Hingegen, adversativ, einen Gegensatz zu begleiten, zu Anfange des Satzes, oder auch nach einigen Worten: die Demuth ist überall angenehm, alles hingegen ist wider den Stolz, oder hingegen ist alles.

Je. 1. Distributiv, mit nachdem: es ist gleichgültig, ob dieses oder jenes geschiehet, je nachdem es die Umstände erfordern. 2. Proportinal, je — je, oder je — desto, S desto.

Jedoch, adversativ, wie das kürzere doch, S. dasselbe.

Indem. 1. Consecutiv, für da, als, so wohl im Vordersatze: indem ich ihm danken wollte, ging er weg; ich bemerkte, indem ich stille stand, daß u. s. f. Wo um mehreren Nachdruckes willen im Nachsatze auch wohl so oder da folgen kann: indem er aber also gedachte, siehe, da erschien ihm ein Engel, Matth. 1. Als auch im Nachsatze: Sohn, fing

1. Kapitel. 11. Conjunctionen.

fing der Vater an, indem er sterben wollte. Nur vermeide man die ungeschickten Nachahmungen des Französischen en: er umarmte ihn indem er weinte, besser weinend, oder und weinte; er stieg in die Kutsche, indem er dem Fuhrmanne einen besondern Weg zeigte, besser nachdem er — gezeigt hatte; und ihr, geliebte Gefährten meiner Ergötzungen, indem ihr eueren Geist in dem Schönen der Natur unterrichtet, so vergönnet mir, mit euch die frohen Monathe des Jahres als ein Weiser zuzubringen, wo der Satz eine ganz andere Wendung bekommen muß, wenn er Deutsch seyn soll. 2. Causal, für das bessere weil: er wurde ein trauriger Gesellschafter, indem der Gram alle seine Lebhaftigkeit verzehret hatte.

Indessen, im gemeinen Leben unterdessen, in der höhern Schreibart indeß. 1. Consecutiv, so wohl im Nachsatze: du lebest in allen Lüsten, indessen schwimmt dein Land in Thränen, oder da indessen dein Land in Thränen schwimmt, oder indessen daß dein Land u. s. f. Ohne als oder da das Verbum an das Ende zu setzen ist undeutsch: wie die mannigfaltigen Stimmen der Vögel in das Geschwätz der Frösche tönen, unterdessen ein warmer West unsere Wangen umfließt, für da indessen. Als auch im Vordersatze, in Beziehung auf den Nachsatz: indessen daß dein Land in Thränen schwimmet, lebst du in allen Wollüsten.

Ingleichen, desgleichen, copulativ: weil er eine einnehmende Gestalt, ingleichen alle zur Verführung nöthige Gaben besaß; so wohl er, als sie, desgleichen sein Vater, wie auch seine Schwester.

Kaum, consecutiv, am häufigsten im Vorbersatze, mit als, da oder so im Nachsatze: kaum hatte ich einige Schritte gethan, so wich der Boden unter mir, oder ich hatte kaum einige Schritte gethan, als der Boden unter mir wich.

Mithin, illativ und causal, doch nur im gemeinen Leben und in den Kanzelleyen für folglich.

Nachdem, consecutiv, von einer vergangenen Zeit, so wohl im Vordersatze, als Nachsatze: nachdem er das gesagt hatte, verschied er; ich will nun gerne sterben, nachdem ich dich gesehen habe.

Nehmlich, besser nähmlich für nahmentlich, explanativ, eine nur allgemein angegebene Sache näher zu bestimmen: es kamen ihrer drey, nähmlich Cajus, Titius, und Mylius.

Nicht allein, oder nicht nur, copulativ, im Vordersatze, da denn im Nachsatze sondern auch folgt: nicht allein er, oder nicht er allein, sondern auch wir; ich habe es nicht nur gesehen, sondern auch gehöret.

Noch, exclusiv, doch nur in einer Verneinung von mehrern Gliedern, wenn das erste nicht,
weder

weder oder ein anderes Verneinungswort bekommt: ich will dich nicht verlassen noch versäumen; ich habe es niemahls gesehen, noch etwas davon gehöret. Vorzüglich nach dem weder: weder Freude, noch Glück, noch Stern, weder Ruhm noch Ehre.

Nun. 1. Illativ: hast du nicht hören wollen, nun so magst du fühlen; oder nun du nicht hast hören wollen, so u. s. f. Besonders in der historischen Schreibart, als eine verbindende Partikel: nun war aber damahls ein Gebrauch u. s. f. 2. Causal: ich habe ihn immer geliebt, nun aber, da ich sehe, daß er meine Liebe mißbraucht, hat sie ein Ende, oder, nun ich aber sehe; nun du nicht kommen willst, so sollst du es auch nicht haben.

Nur. 1. Restrictiv: gib mir nur ein wenig; es kostet nur zehn Thaler; er verschenkte gern alles, nur um jedermann froh zu sehen. Es stehet so nahe als möglich bey dem Worte, auf welches sich die Einschränkung beziehet: er weiß es nur besser, richtiger nur er, oder er nur weiß es besser. 2. Conditional: wie sie befehlen, nur daß ich mich nicht zu lange aufhalten darf.

Obgleich, das seltnere obwohl, und das nicht so edele obschon, im Vordersatze, mit doch oder so im Nachsatze: obgleich ein Geist keinen Ort einnimmt, so befindet er sich doch irgendwo. Ingleichen im Nachsatze: ich habe es erfahren, obgleich kein Mensch es gesehen hatte. Die Pronomina und das Wörtchen nun machen eine Trennung nothwendig: ob er gleich sahe; ob nun wohl bekannt ist. Zuweilen auch Substantive: ob die Menschen gleich sterben müssen. Obgleich für wenn gleich ist im Hochdeutschen veraltet.

Oder. 1. Disjunctiv, den zweyten von zweyen Sätzen oder Gegenständen zu begleiten: dieß oder jenes; du mußt sehr unwissend, oder sehr boshaft seyn; Geld oder Waare. Besonders nach entweder, da es denn alle Sätze nach dem ersten begleitet: es fehlt ihm entweder am Vermögen, oder am Willen, oder auch an Gelegenheit. 2. Partitiv, gleichfalls nach dem entweder: die Steine sind entweder glasartig, oder thonartig, oder kalkartig, oder auch gemischt. 3. Explanativ: nicht alle Menschen können Herrn seyn, oder andern befehlen.

Sintemahl, causal, für weil, indem oder nachdem; eine im Hochdeutschen völlig veraltete Conjunction.

So, eine im Deutschen sehr nützliche Partikel, 1. Den Nachsatz zu bezeichnen nach verschiedenen andern Conjunctionen, besonders nach wenn, weil, da, nachdem, wie, damit, um, obgleich, obwohl, obschon. Aber auch häufig, wenn keine Partikel vorher gehet, einen jeden Nachsatz anzukündigen: du hättest ihn besänftigen sollen, so sähe ich doch, u. s. f. es
wäh=

währete nicht lange, so ließ er mir sagen; wo doch der Mißbrauch zu vermeiden, und das so, wenn eine bloße Zeitfolge in kurzen Sätzen zu bezeichnen ist, nicht ohne Noth zu setzen: als er das gesagt hatte, schwieg er. Aber auch, 2. oft für sich allein und im Vordersatze, und zwar, a) Copulativ, so — als, für so wohl als auch, doch nur in der dichterischen Schreibart: so Geduld als Zeit verstrich, Haged. b) Conditional für wenn, doch im Hochdeutschen selten mehr: so Gott will; so mirs geht wie ich will. c) Illativ: so gehe keiner zur Ruhe des Grabes, er habe denn süße Früchte getragen; so wollen sie es nicht thun? d) Concessiv: so unhöflich diese Frage auch ist, so muß ich sie doch thun; dieß kann ich, so alt ich bin, wohl leiden; so gern ich auch wollte, so unmöglich ist es doch. e) Restrictiv: so wie ich ihn kenne, ist er ein ehrlicher Mann; so viel ich weiß.

So wohl — als auch, copulativ, S. Als.

Sondern. 1. Adversativ: nicht du, sondern dein Bruder; ich habe es nicht gesehen, sondern nur gehöret. 2. Copulativ, im Nachsatze, mit auch, wenn nicht allein, nicht nur vorher gehet: er ist nicht allein unwissend, sondern er hasset auch allen Unterricht.

Sonst, exceptiv, oder vielmehr causal, für im entgegen gesetzten Falle, wo nicht: bezahle mich, sonst verklage ich dich; ich will ihm

ihm nachgehen, er möchte sonst Händel anfangen.

Theils — theils, copulativ, oder vielmehr partitiv, eine Eintheilung zu begleiten: sein Vermögen bestehet theils in Geld, theils in Wechseln, theils in Grundstücken.

Um, causal, eine Absicht zu bezeichnen, mit dem Infinitiv und dem Wörtchen zu: ich habe es gethan, nicht um reich zu werden, sondern um andern Gutes zu thun; wo aber der Mißbrauch zu vermeiden, wenn der Infinitiv mit zu diese Absicht allein schon ausdruckt. Am liebsten steht es im Vordersatze: um dich zu beruhigen, habe ich diesen Entschluß gefasset. Wenn keine Absicht zu bezeichnen ist, ist um fehlerhaft: wenn ich innere Ruhe genug hätte, um mein Herz den Vergnügungen zu öffnen.

Und, die einfachste copulative Conjunction, welche so wohl einzele Dinge, Handlungen, Beschaffenheiten und Umstände als auch einzele Sätze neben einander stellet: Arme und Reiche, groß und schwer, essen und trinken, er kam von und aus Frankfurt. Bey Substantiven verbindet sie nur einerley Casus, der Glanz der Sonne und der Sterne. Wenn mehrere auf einander folgende Wörter verbunden werden sollen, so stehet sie nur zwischen den letzten: Religion, Tugend, Pflicht und Gewissen verachten. Den Fall eines Nachdruckes ausgenommen: Religion, und Tugend, und Pflicht, und Gewissen verachten. Dagegen

gen der Affect sie auch wohl ganz verschweiget: Corneille starb arm, voll Verdruß, voll Unmuth. Eben so oft verbindet es ganze Säze: er liegt da und ist krank; er sagte, er wäre unruhig, und das war eben schlimm. In der höhern Schreibart stehet es auch für das causale so: harre, und du wirst sehen, daß die übel zu deinem größten Glücke dienen, Gell.

Ungeachtet, (nicht unerachtet, noch weniger ohnerachtet,) concessiv, für obgleich: er that es, ungeachtet ich es ihm verbothen hatte.

Vielmehr und vielweniger, adversativ, ersteres dem geringern etwas höheres, und dieses dem höhern etwas geringeres entgegen zu setzen: da es ihm nicht unmöglich ist, wie vielmehr wirst du es thun können; einem Fremden verzeihet man nicht gern, viel weniger dir.

Weder, exclusiv, wenn mehrere Dinge in einzelen Gliedern oder Sätzen verneinet werden, da es denn das erste Glied, so wie noch die folgenden begleitet, S. Noch. Das weder, anstatt des noch, zu wiederhohlen, weder du, weder er, ist im Hochdeutschen ungewöhnlich.

Weil. 1. Causal, so wohl im Vordersatze, da denn im Nachsatze so stehet: weil du gefehlt hast, so mußt du auch Strafe leiden. Als auch im Nachsatze: ich that es, weil es mir so gefiel. 2. Consecutiv, wo es auch dieweil lautet, am häufigsten im gemeinen Leben, für indem,

dem: kommen sie, weil oder dieweil ich noch hier bin.

Wenn. 1. Conditional, so wohl im Vordersatze, mit so oder dann im Nachsatze: wenn ich ihn sehe, so will ich es ihm sagen; wenn du mitgehest, dann sollst du es erfahren. Als auch im Nachsatze: du sollst es erfahren, wenn du mitgehest. Oft auch mit anders; wenn du anders mitgehen wirst. 2. Concessiv, mit gleich, auch, schon, so wohl im Vordersatze und so — doch im Nachsatze: wenn du gleich hundert Augen hättest, so würde er dich doch betriegen. Als auch im Nachsatze: Cajus ist verständiger als Titius, wenn dieser gleich gelehrter ist. 3. Comparativ, mit als: er thut eben als wenn er noch Recht übrig hätte.

Wie. 1. Comparativ, so wohl im Vordersatze, mit so im Nachsatze: wie das Leben so der Tod. Als auch im Nachsatze für das bessere als: so reich wie du, besser als. 2. Causal, für daß: ich wundere mich, wie er es thun können. 3. Explanativ, mit denn, am häufigsten im gemeinen Leben: wir konnten wenig sehen, wie es denn auch ein dicker Nebel war. 4. Concessiv mit wohl, wie obgleich: er kaufte es nicht, wiewohl er reich genug war.

Wo, conditional, für das bessere wenn, so wohl im Vordersatze, mit so im Nachsatze: wo du mir nicht hilfst, so u. s. f. Als auch,
aber

aber am seltensten, im Nachsatze: **ich werde böse, wo du nicht folgest.**

Wofern und dafern, conditional, für wenn: **ich will es dir geben, dafern du zu mir kommen wirst,** oder, **dafern du — so will ich es dir geben.** So auch wofern.

Wohl, concessiv, für sich allein nur im gemeinen Leben, für das bessere zwar: **wir sind wohl arm, aber u. s. f.** Am häufigsten mit ob, S. Obwohl.

Zumahl, explanativ, mit da: **ich kann es dir nicht geben, zumahl da du es nicht verdienest.**

Zwar, concessiv, im Vordersatze, so wohl zu Anfange, als nach einigen Wörtern, mit aber, allein, doch, nichts desto weniger, oder hingegen im Nachsatze: **zwar hat der Winter die Bäume entlaubet, aber u. s. f.** Für ob zwar, ist obgleich edler.

12. Gebrauch der Interjectionen.

§. 755. Die Interjectionen drucken die Empfindungen als bloße Empfindungen aus, und können daher nur in einem sehr weiten Verstande Wörter genannt werden. Sie regieren um deßwillen auch nichts, können von keinem andern Worte regieret werden, und stehen in der Rede allemahl da, wo die Empfindung als bloße Empfindung ausgedruckt werden soll, S. §. 545. 549.

§. 756. Wenn die Ausdrücke der innern Empfindung oft mit einem Casu verbunden werden, so rühret derselbe nicht von der Interjection, sondern von dem Verhältnisse her, in welchem man sich die Person oder Sache dabey denkt, und welches oft von einem verschwiegenen Verbo abhängt. Am häufigsten stehet das Nennwort bey einem Empfindungsworte als der Nahme des Subjectes im Nominativ oder Vocativ: ach, ich armer Mann! ach du armes Kind! ey der kluge Mann! o, welch ein Glück! Seltener im Genitiv, ach, des armen Menschen! o, der Entzückung! o, der Schande! o, des klugen Mannes! o, pfuj des garstigen Menschen! Öfter im Dativ, als dem Casu des persönlichen Gegenstandes, besonders nach weh und wohl, weh mir! wohl dem Menschen, welcher u. s. f. Zuweilen auch im Accusativ: o, mich unglücklichen! pfuj dich an.

§. 757. Da auch Wörter, d. i. Ausdrücke klarer Begriffe, als Empfindungswörter gebraucht werden können, z. B. Gottlob! so können auch diese zuweilen einen Casum erfordern, wohin besonders wohl, heil, Glück auf, Glück zu, leider u. s. f. gehören, wovon die erstern den Dativ, das letztere aber in leider Gottes den Genitiv erfordert.

§. 758. Die Empfindungswörter stehen in der Rede allemahl da, wo die Empfindung als Empfindung angedeutet werden soll; am häufigsten zu Anfange des Satzes, die in demselben durch klare Begriffe entwickelte Empfindung vorläufig anzukündigen: ach, wie schlägt mir das Herz! ach, daß der gute Mann gestorben ist! wo das daß die umschreibende Conjunction ist; ach,

ach, das ist schön! ey, ey, bey Leibe nicht! ha, diese kleine Furcht steht Männern gar nicht an! oho, finde ich dich da?

Aber auch oft in der Mitte und am Ende der Rede: ich habe ihnen viel zu sagen, ach, recht viel; sie geht, ha, welchen Stolz gibt ihr die Tugend ein! Weiße. Das hat dir doch gefallen? he? er ist, leider! nicht mehr am Leben; gegrüßet seyst du edles Licht, o Sonne!

Zweytes Kapitel.

Von der Wortfolge, oder der Ordnung, wie die Wörter in der Rede auf einander folgen.

1. Von der Folge der Wörter überhaupt.

§. 759.

Die einzelen Wörter werden um deswillen mit einander verbunden, damit sie unsere Empfindungen und Vorstellungen andern hörbar machen. Sie müssen daher in einer gewissen Ordnung auf einander folgen, welche die Wortfolge oder der Redesatz in der engern Bedeutung, lehret.

§. 760. Die Folge der Wörter in einer Rede hänget von der Folge der Vorstellungen und Begriffe ab, welche nicht bey allen Völkern, und folglich nicht in allen Sprachen einerley ist. Die Deutsche Sprache hat nebst manchen andern den

Grund-

Grundsatz dunkel angenommen, daß man in der Folge seiner Vorstellungen von dem minder bestimmten und zufälligen, zu dem bestimmtern und wichtigern fortgehen müsse, wodurch sie zugleich den Vortheil erhalten hat, daß die Aufmerksamkeit des Zuhörers nicht allein unterhalten, sondern auch bis zu Ende des Satzes gesteigert wird.

§. 761. Daher stehet das Subject voran und das Prädicat folgt demselben, weil jenes zwar an und für sich bestimmt genug, in der Rede aber der unbestimmteste Theil ist, und erst durch dieses seine ganze Aufklärung erhält; daher gehen die Bestimmungswörter, das Verbum finitum ausgenommen, vor dem bestimmten her, und zwar nach dem Maße ihrer geringern oder schärfern Bestimmung; daher wird das regierte Wort so oft dem regierenden vorgesetzt; daher hat das Verbum finitum seine Bestimmungswörter gemeiniglich nach sich, weil mit ihnen die Bestimmung des Prädicates immer höher steigt, bis es endlich durch das unmittelbar zu dem Verbo finito gehörige Adverbium, Participium oder Verbum infinitum seine völlige Bestimmtheit erhält.

§. 762. Das Subject macht ordentlicher Weise den Anfang einer jeden Rede und das Prädicat beschließt sie: dasjenige Leben ist lang, welches den großen Endzweck des Lebens erreicht. Sollte dasselbe auch nur durch das unbestimmte es ausgedrückt werden: es kommt jemand, es frieret mich, es grauet mir, wo im ersten Falle der nachfolgende Nominativ

eine

2. Kap. Von der Folge der Wörter.

eine Apposition macht, in den übrigen aber das Verbum mit seinem Casu das Prädicat ist.

§. 763. Alle Bestimmungswörter des Substantives, einige Umstandswörter ausgenommen, gehen vor demselben her, und zwar nach dem Grade ihrer Bestimmung, so daß der Artikel, oder ein allgemeines Zahlwort den Anfang macht. Auf dieses folgen im letztern Falle das Pronomen demonstrativum, dann das Posessivum, auf dieses das bestimmte Zahlwort, und endlich das Adjectiv, welches sich unmittelbar an das Substantiv anschließt: alle diese deine drey schönen Häuser; alle unsere lieben Freunde; die drey tapfern Männer. All leidet nur ein persönliches Pronomen vor sich, wir alle. Die allgemeinen Zahlwörter außer all nehmen nur dann den ersten Platz ein, wenn sie mit dem Genitiv verbunden werden: jede dieser unserer süßen Freuden; viele deiner traurigen Nächte; mancher unserer besten Freunde. Außer dem stehen viel und wenig unmittelbar vor dem Adjectiv: diese vielen ängstlichen Sorgen.

§. 764. Ist eine Ordnungszahl vorhanden, so folgt sie unmittelbar auf die Grundzahl: die drey ersten tapfern Männer. Ist keine Grundzahl vorhanden, so stehet die Ordnungszahl bald vor bald nach dem Adjectiv, nachdem dieses oder jene mit dem Substantiv das Ganze ausmacht, welches bestimmt werden soll: der traurige vierte Tag nach seinem Tode; das ist nun der vierte traurige Tag. Ist unter mehrern Adjectiven eines aus einem Umstandsworte concresciret, so

gehet

gehet es den übrigen vor: das ganze fruchtbare und große Land; der völlige dritte Theil; das halbe südliche Frankreich.

§. 765. Ist eine Präposition vorhanden, so gehet sie als die Bestimmung des bloßen Verhältnisses allen übrigen Bestimmungswörtern des Substantives vor: in allen diesen deinen Angelegenheiten; von jeder deiner Handlungen; mit dem besten und edelsten Anstande. Hat eines von den Bestimmungswörtern des Substantives wieder sein eigenes Bestimmungswort, so stehet dasselbe unmittelbar vor dem erstern: diese drey überaus angenehmen Tage. Welches auch statt findet, wenn ein Adjectiv und concescirtes Participium einen Casum regieret, oder eine Präposition mit einem Casu bey sich hat: diese große, uns vor Augen schwebende Gefahr; jener arme deiner Hülfe bedürftige Mensch. Die Fälle, in welchen das Adjectiv hinter seinem Substantive stehet, sind bereits §. 622. angezeiget worden.

§. 766. Wenn ein Substantiv durch ein unconcrescirtes Umstandswort bestimmt wird, so stehet dasselbe bald vornen bald hinten. Vornen stehen, ganz, halb, etwas, nichts, viel, wenig, solch, so, weiland: ganz Pohlen, er ist ganz Zärtlichkeit, viel Wein, wenig Geld, solch ein Mensch, so ein Haus, weiland Kaiser Carl. Hinten stehen selber, allein, und die Umstandswörter des Ortes, da, dort, hier, her u. s. f. Ich selber, wir allein der Mann da, die ganze Zeit her, von Hause aus. Sowohl vornen als hinten können stehen:

2. Kap. Von der Folge der Wörter.

genung, mehr, selbst: genung Zeit, Zeit genung, mehr Brot, etwas Brot mehr; der Kaiser selbst, selbst der Kaiser, selbst deine heitersten Tage.

§. 767. Hat das Substantiv eine Apposition bey sich, so stehet das bestimmende und erklärende am häufigsten hinten, da es denn darauf ankommt, welches als das bestimmte oder erklärte angesehen werden soll: mein Vater der König, oder der König mein Vater, Italien das schöne Land, oder das schöne Land Italien. S. §. 608.

§. 768. Regieret das Substantiv einen Genitiv, so kann derselbe auch voran stehen, S. §. 621. Hat das durch den Genitiv erklärte Hauptwort eine Präposition bey sich, so stehet sie vor dem erstern: mit des Landes Bewilligung. Wird es durch eine Präposition mit ihrem Casu oder einem Umstandsworte erkläret, so stehen selbige hinten: der König von Spanien, Liebe zur Tugend, ein Überfall von hinten. Eben diese Stelle bekommt der Infinitiv mit zu: Begierde zu lernen, Lust zu spielen, außer wenn der Infinitiv die Gestalt eines Hauptwortes annimmt, er hat zum Spielen Lust. Die Präpositionen stehen ordentlicher Weise vor ihren Substantiven; allein einige werden ihnen entweder jederzeit, oder nur zuweilen nach gesetzet. Jene sind: halben und halber (§. 506.) entgegen (§. 513.) zuwider (§. 517.) und zum Theil gegen über, (§. 522.) diese, ungeachtet (§. 508.) wegen (§. 509.) nach,

nach, (§. 514.) durch, (§. 520.) und zu Folge, (§. 526.)

§. 769. Alles Unselbständige, das Verbum finitum ausgenommen, nimmt seine Bestimmung, sie bestehe nun aus einem Adverbio, oder aus einem Substantive mit oder ohne Präposition, gewöhnlich vor sich. Folglich das Beschaffenheitswort, sehr schön, recht gut, unglaublich groß, Rühmens werth, des Wachens müde, seiner Aufmerksamkeit unwerth, zu allem geschickt; das Adjectiv, ein vorzüglich schönes Haus, ein wohl betagter Mann, ein der Wahrheit begieriges Gemüth, die vor Freude trunkene Seele; das Participium, es sey concrescirt oder nicht, ein schnell laufendes Pferd, das von dem Grame gebeugte Herz; das Zahlwort und Pronomen, nur dieser, fast hundert, selbst dieser, wo aber selbst auch hinten stehen kann; der Infinitiv, schnell laufen, bald kommen, in den Wald gehen, um von der Sache zu kommen, schön geschrieben haben. Eben um deswillen stehet in den zusammen gesetzten Verbis die Partikel auch in dem Infinitiv voran, ausgehen, einlaufen.

§. 770. Wenn die Beschaffenheitswörter durch eine Präposition mit ihrem Casu oder durch den Infinitiv mit zu bestimmt werden, so haben sie ihre Bestimmung am häufigsten nach sich: gütig gegen jedermann, geneigt wohl zu thun. Indessen kann selbige auch zuweilen voran stehen, wohl zu thun geneigt; besonders wenn eine
Präs

2. Kap. Von der Folge der Wörter. 515

Präposition mit ihrem Casu die Bestimmung ist, gegen jedermann gütig.

§. 771. Ein Umstandswort kann nur durch ein anderes Umstandswort bestimmt werden, welches gleichfalls voran stehet: von oben, seit gestern, sehr bald, recht früh. Erst und noch können auch hinten stehen, heute noch wird er kommen, gestern erst sahe ich ihn. Sind der Umstandswörter mehrere, so stehet das bestimmte in der Mitte: von oben her, nach unten zu, von unten herauf.

§. 772. Das Verbum kann auf sehr mannigfaltige Weise bestimmt werden, und macht alsdann mit allen seinen Bestimmungen eigentlich das Prädicat aus. Diese bezeichnen entweder etwas selbständiges oder etwas unselbständiges; zu jenem gehören so wohl die Gegenstände der Sache und Person, oder die Casus Verbi, als auch allerley Umstände und Nebenbestimmungen, so fern sie durch Präpositionen mit ihren Hauptwörtern ausgedruckt werden; zu diesem aber so wohl das Adverbium und Umstandswort, als auch, und zwar bey den Verbis mit unvollständigen Prädicaten, der Infinitiv und das Participium. Überhaupt betrachtet nimmt das Verbum finitum alle seine Bestimmungen hinter sich, und zwar wiederum nach dem Maße der schärfern oder geringern Bestimmung, daher das am stärksten bestimmende den Schluß der ganzen Rede macht. Doch von allen diesen Fällen müssen wir nun umständlicher reden.

§. 773. Kommen der sächliche und persönliche Gegenstand hinter einem Verbo zusammen, so stehet

het der letztere oder der Dativ gewöhnlich vor dem erstern oder dem Accusativ: **ich gebe einen Rath**, und mit dem Dativ, **ich gebe meinem Freunde einen Rath**. Hat aber der Accusativ ein Pronomen Possessivum bey sich, welches auf das Subject zurück führet, so stehet er vor dem Dativo: **der Sterbende vermachte sein Vermögen fremden Personen**. Welches auch sehr häufig geschiehet, wenn der Accusativ schärfere oder genauere Bestimmungen vor sich hat als der Dativ: **offenbare deine Geheimnisse niemanden; gib diesen Rath einem andern**. Aber, **gib deinem Bruder diesen Rath**, weil dein schärfer bestimmt als dieser. Ist einer von beyden Casibus ein Pronomen, so folget dasselbe unmittelbar auf das Verbum: **gib ihm diesen Rath, gib es oder gib dasselbe deinem Bruder**. Sind beyde Casus Pronomina, so gehet der Accusativ gemeiniglich dem Dative vor: **sage es mir, schicke ihn uns**. Wohin auch das Reciprocum sich gehöret: **sie ergaben sich ihnen, er bildete es sich ein, sie maßeten ihn sich an**. Doch ist es oft gleichgültig, welches Pronomen voran stehet: **sie maßeten sich ihn an, ich will ihn dir, oder dir ihn anvertrauen, er gab es mir, oder er gab mir es, er gab mirs**.

§. 774. Wird der sächliche Gegenstand durch den Genitiv, der persönliche aber durch den Accusativ ausgedruckt, so stehet dieser jenem vor: **man überzeugte den Verbrecher verschiedener Missethaten; er begab sich der Sache; ich**

ich verſicherte ihn deſſen. Wenn ein Verbum mit zweyen Accuſativen verbunden wird, ſo ſtehet derjenige, welcher der eigentliche Nahme des Dinges, oder auch der perſönliche Gegenſtand iſt, vor: du nannteſt deinen Freund dein alles; er ſchalt den Mann einen Verführer. Wird einer dieſer Caſuum durch ein Subſtantiv mit ſeiner Präpoſition näher beſtimmt, ſo müſſen dieſe Beſtimmungen unmittelbar auf denſelben folgen: der König von Preuſſen gewann die Schlacht bey Prag.

§. 775. Wird das Verbum außer dem Worte, welches es unmittelbar regieret, noch durch eine Präpoſition mit ihrem Subſtantive beſtimmt, ſo ſtehen dieſe gewöhnlich hinter jenem: die reitzendſte Ausſicht erfüllet unſer Auge mit dem ſanfteſten Vergnügen; das machte einen tiefen Eindruck auf unſere Sinnen; der Himmel gab dem Menſchen die Vernunft zu ſeiner Führerinn. Sind es Umſtände der Zeit und des Ortes, ſo können dieſe zuweilen auch voran ſtehen: die reitzendſte Ausſicht erfüllete an dieſem Tage u. ſ. f. Beſonders, wenn der Caſus Verbi kein genau beſtimmendes Wort vor ſich hat: der Wind zerbrach vor drey Tagen einen Baum, aber er zerbrach den Baum vor drey Tagen; ich fand in Berlin ein Paar alte Bekannte; aber ich fand unſern Freund in Berlin. Werden Zeit und Ort zugleich beſtimmt, ſo gehet die Zeit voran: der Wind zerbrach vor drey Tagen im Walde einen Baum. Iſt einer von den Caſibus

bus Verbi ein Pronomen, so folget dieses allemahl unmittelbar auf das Verbum: **ich fand ihn vor drey Tagen in Berlin.**

§. 776. Wird ein Verbum durch mehrere Substantive mit ihren Präpositionen bestimmt, so stehet dasjenige zuletzt, welches dasselbe am genauesten und schärfsten bestimmt. Zeit und Ort gehen den übrigen Bestimmungen, und unter diesen die Zeit dem Orte, vor: **du rechnest ihn ohne Ursache unter die Ungetreuen; er trat wegen seiner Unschuld mit fröhligem Gesichte vor das Gericht; das Glück stehet mit dem Tode in einem grausamen Bündnisse; der Gefühllose blieb an diesem Tage, auf der schönsten Flur, bey aller Erweckung der zärtlichen Natur, dennoch ohne alle Empfindung.**

§. 777. Auf eben dieselbe Art stehen alle unselbständigen Bestimmungswörter hinter dem Verbo finito, nach dem Maße ihrer Bestimmung, daher die Umstandswörter, und unter diesen die der Zeit und des Ortes voran gehen, die des Umfanges, des Grades u. s. f. folgen, und das Beschaffenheitswort den Schluß macht: **der Wind wehet heftig, der Wind wehet überaus heftig, der Wind wehet heute überaus heftig, der Wind wehete heute früh bey uns überaus heftig.**

§. 778. Kommt noch ein Casus des Verbi dazu, und dieser ist ein Pronomen, so gehet es allen übrigen Bestimmungswörtern vor: **ich liebte ihn überaus zärtlich, er sagte es mir sehr offen-**

offenherzig. Ist es ein Substantiv, so stehet es vor dem Beschaffenheitsworte, welches das Verbum am stärksten bestimmt: die größte Last wird einem Geduldigen leicht; entdecke deinem Freunde deinen Gram offenherzig. Die Umstandswörter stehen da, wo sie etwas bestimmen, und nach dem Maße, wie sie bestimmen, so daß Zeit und Ort auch hier voran stehen: sie trinken gern Wein; ich schickte neulich meinen Bedienten über Land; ich sahe ihn noch diesen Morgen hier ganz heiter; sie waren gestern sämmtlich angekleidet.

§. 779. Da dasjenige Unselbständige, wodurch ein Verbum am genauesten bestimmt wird, allemahl zuletzt stehet, so machen auch bey zusammen gesetzten Verbis die trennbaren Partikeln und bey den Verbis mit unvollständigen Prädicaten, folglich auch in den zusammen gesetzten Zeiten aller Verborum, das Participium und der Infinitiv den Beschluß, und nehmen alle übrige Bestimmungswörter zwischen sich und dem Verbo in die Mitte: meine Hoffnungen fahren erschrocken auf, und schauen über den schmahlen Rand des Lebens hinab; wo auf die trennbare Partikel ist, welche zu dem Verbo fahren gehöret, hinab aber das Umstandswort, wodurch schauen am stärksten bestimmt wird. So auch: er schenkte mir den Becher der Trübsal voll ein; Tiberische Künste hüllen seinen Anschlag in die dunkelste Nacht der tiefsten Verstellung ein.

§. 780.

§. 780. Eben dieses gilt auch von den zusammen gesetzten Zeiten aller Verborum, wo das Hülfswort das eigentliche Verbum ist, zwischen welchem und dem bestimmenden Participio oder Infinitive alle übrige Bestimmungen stehen müssen: wir sind gestern überaus herrlich von ihm bewirthet worden; nicht die rollende Sonne, nein die Tugend hat seinen Geist zur Reife gebracht. Und von den Infinitiven, welche denn ihre Bestimmungswörter, wenn dergleichen vorhanden sind, wieder vor sich nehmen: da ruhet er unter dem Schatten seiner Lorbern, heißt den Lärm des Hofes fliehen, und nur eine kleine Zahl weiser Geister sich ihm nahen; ich sahe diesen Morgen die schwarze Gewitterwolke schnell über dem Walde daher fahren.

§. 781. Da außer dem Verbo finito alles Unselbständige seine Bestimmung vor sich nimmt, so gehet auch, wenn zwey und mehr Infinitive zusammen kommen, der bestimmende unmittelbar vor dem bestimmten her: ich habe ihn gehen lassen; ich will es dir verfertigen helfen; wir haben ihn kommen sehen. Wo lassen, helfen und sehen durch die Infinitive gehen, verfertigen und kommen ihren Aufschluß erhalten. Kommen drey Infinitive zusammen, welche man doch gern ihrer Dunkelheit wegen zu vermeiden sucht, so stehet derjenige, welcher vornehmlich der Bestimmung bedarf, voran: ich habe dir die Sache wollen verfertigen helfen, für verfertigen helfen wollen.

§. 782.

2. Kap. Von der Folge der Wörter.

§. 782. Da das Verbum durch sein unselbständiges Bestimmungswort, es sey auch von welcher Art es wolle, seine ganze Verständlichkeit erhält, so darf dieses nicht durch allzuviele oder lange Zwischensätze von dem erstern getrennet werden. Die Sonne ging am frühen Himmel über bethaute Hügel, welche ihr Haupt in ferne Thäler streckten, mit majestätischem Glanze auf; wo das Verbum ging schon der Aufmerksamkeit entwischet, ehe man noch an das Bestimmungswort auf kommt. Eben das gilt von dem Participio und dem Infinitive in der vergangenen Zeit und von dem Infinitive bey den Verbis mit unvollständigen Prädicaten.

§. 783. Der Infinitiv mit zu stehet gleichfalls nach dem Verbo und dessen Bestimmungswörtern: ich befahl ihm zu gehen; ich befahl ihm diesen Morgen in allem Ernste, zu gehen; und nimmt, wie alles Unselbständige außer dem Verbo finito seine Bestimmungswörter vor sich: ich befahl ihm diesen Morgen in allem Ernste, mir so gleich aus den Augen zu gehen. Kommt zu dem Verbo noch ein Infinitiv oder Participium, d. i. in den zusammen gesetzten Zeiten, so kann der Infinitiv mit zu, wenn er allein stehet, oder nur wenige Bestimmungswörter bey sich hat, so wohl vorn als hinten stehen: ich habe ihm befohlen aus dem Hause zu gehen, oder ich habe ihm aus dem Hause zu gehen befohlen. Hat er der Bestimmungswörter mehr, so stehet er der Deutlichkeit wegen hinten: wir haben beschlossen, diesen Tag auf dem Lande zuzubringen. Indessen gibt es auch Fälle, wo sein Platz unveränderlich ist; so wohl vorn: man hat ihm Wein zu trinken gegeben, ich habe es ihm zu wissen gethan; als auch hinten: er befürchtete erkannt zu werden; ich wünschte ihn kennen zu lernen.

§. 784. Die Verneinung stehet unmittelbar bey dem Worte, dessen Begriff sie verneinet. Ist es das Verbum, so beschließet sie den Satz: ich sahe ihn diesen ganzen Tag nicht. Verneinet sie den Begriff eines andern unselbständigen Begriffes, so stehet sie vor demselben: ich habe ihn diesen ganzen Tag nicht gesehen; er war nicht zu Hause. Die Verrückung verändert den Sinn: es ist dir nicht erlaubt zu gehen, sagt etwas anders, als, es ist dir erlaubt nicht zu gehen.

§. 785. Was bisher von der Folge der Wörter in der Rede gesagt worden, betrifft den gewöhnlichen und natürlichen Gang der Vorstellungen und Begriffe. Allein der Deutsche ist nicht so sehr daran gebunden, daß er nicht theils nach der Beschaffenheit der Rede selbst, theils um eines Nachdruckes willen, in manchen Fällen davon abgehen könnte und müßte.

2. Von der Veränderung der natürlichen Wortfolge nach der Beschaffenheit der Rede.

§. 786. Der Sprechende zählet entweder die Reihe seiner Vorstellungen so auf, wie er sie hat, ohne

ohne alle künſtliche Verbindung der Säze, oder er verbindet dabey die Säze durch die Conjunctionen, oder es hat auch ſeine jedesmahlige Gemüthsſtellung einen Einfluß auf ſeine Rede und die Folge ſeiner Ideen. Der erſte Fall ändert an der natürlichen Ordnung der Wörter eigentlich nichts, wohl aber die beyden leztern.

§. 787. Der erſte Fall begreifft die erzählende, beſchreibende oder unterrichtende Rede in ſich, wo der Sprechende das, was er empfunden hat oder weiß, ſo wie er es empfunden hat, wieder hörbar macht. Er thut dieſes entweder ſo, daß er ſeine eigenen Empfindungen oder Einſichten andern mittheilet, und zugleich für die Wahrheit deſſen ſtehet, was er ſaget, in welchem Falle die Rede in dem Indicativ fort gehet; oder er führet ſich oder einen andern empfindend oder redend ein, ohne für die Wahrheit deſſen zu ſtehen, was er erzählet.

§. 788. Der lezte Fall macht die relativiſche Art der Rede aus, wo der Hauptſatz oder das Wort, welches die Empfindung oder Rede ankündigt, im Indicativ, die Empfindung oder Rede ſelbſt aber im Conjunctiv mit oder ohne daß ſtehet: man ſagte mir, daß er gekommen ſey, oder er ſey gekommen; ich glaubte, daß er ſchon gekommen ſey, oder er ſey ſchon gekommen.

§. 789. Wenn man ſeine oder eines andern Worte, in der Perſon, in welcher ſie geſprochen worden, wiederhohlet, ſo kann der Hauptſatz, welcher

cher die fremden Worte ankündigt, entweder voran, oder nach einigen der angeführten Worte stehen; im letztern Falle tritt der Nominativ hinter das Verbum: ich sprach zu ihm, du Thor, wie sehr betriegst du dich; du Thor, sprach ich zu ihm, wie sehr betriegst du dich.

§. 790. Führet man seine oder eines andern Worte relativ an, so gehet der Hauptsatz allemahl voran, und die angeführte Rede stehet, wenn sie von einiger Länge ist, am liebsten im Conjunctiv ohne daß: als man den Paoli überreden wollte, zu den Französischen Truppen überzugehen, sagte er zu seiner Nation: was er suche, sey das schätzbarste unter allen zeitlichen Gütern, die Freyheit; die Anerbietungen der Franzosen stritten wider seine Ehre und wider den Geist der Freyheit, welcher in seinem Blute walle, und sein Herz bis in seinen Tod beleben werde; die Felsen, welche ihn umgeben, sollten eher schmelzen, als er aufhören werde, der Freyheit treu zu seyn; er habe edel angefangen, und wolle nicht auf eine schändliche Art aufhören, die Freyheit und das Vaterland zu schützen u. s. f. Hat man einmahl mit dem Conjunctiv ohne daß angefangen, so kann man diese Conjunction in der Folge nicht zur Fortsetzung der angeführten Rede gebrauchen.

§. 791. Die meisten Conjunctionen verändern zwar die natürliche Ordnung der Wörter, allein es gibt deren doch einige, welche selbige ungeän-

2. Kap. Von der Folge der Wörter. 525

geändert laſſen. Dieſe ſind denn, aber und ſondern, wenn ſie allein ſtehen, und kein anderes Wort in ihrer Geſellſchaft haben, welches eine Änderung verurſachte, vielmehr und zwar, wenn ſie nicht am Anfange des Satzes, ſondern nach einigen Wörtern ſtehen, doch und dennoch, wenn ſie im Vorderſatze ſtehen, oder wenn zwar vorher gehet, und hingegen oder hergegen, wenn ſie ein Subſtantiv begleiten, welches einem andern entgegen geſetzet iſt: ſeine Brüder müſſen erſt einwilligen, denn ſie ſind ſeine Miterben, nicht, denn ſie ſeine Miterben ſind; die Tugend adelt, das Laſter aber, oder, aber das Laſter ſchändet; du haſt es nicht allein gethan, ſondern du haſt es auch nach der That geleugnet; ich habe nichts unterlaſſen, ich habe vielmehr alles mögliche gethan; ſie waren zwar unſchuldig daran; ich freue mich doch, oder dennoch, darüber, wenn gleich u. ſ. f. er iſt zwar zornig, doch er wird ſich noch beſänftigen laſſen. Auch die Partikeln allein, entweder, oder, nehmlich, und, und weder ändern nichts an der Ordnung, ſondern laſſen diejenige ſtehen, welche anderer Urſachen wegen ſtatt findet.

§. 792. Wenn die Gemüthsſtellung des Sprechenden oder eine der übrigen Partikeln eine Veränderung in der natürlichen Wortfolge verurſacht, ſo iſt dieſelbe nur von gedoppelter Art; entweder wird das Subject der Rede, oder der Nominativ, hinter das Verbum geſetzt, oder das

Verbum finitum tritt an das Ende der Rede, und nimmt alsdann alle seine Bestimmungswörter vor sich.

a. Stellung des Subjectes hinter das Verbum.

§. 793. Diese Veränderung der natürlichen Wortfolge findet statt: 1. In Anreden, Befehlen, Bitten und Aufmunterungen, wenn sie durch den Imperativ ausgedruckt werden, doch nur, wenn das Subject ein Pronomen ist: *sage du es, erlauben sie mir, es ihnen zu sagen, lasset uns gehen.* Ist der Nahme des angeredeten Gegenstandes ein Substantiv, so kann er vorn, in der Mitte oder am Ende stehen: *o Gott, sende einen mitleidigen Strahl herab, mich zu erleuchten,* oder, *sende, o Gott, einen u. s. f.* oder, *sende — mich zu erleuchten, o Gott.* Wird aber der Gegenstand umschrieben, so stehet er am schicklichsten voran: *du, dessen Wort aus der Finsterniß den Funken, die Sonne, heraus schlug, entzünde Weisheit in meiner Seele!* Alles übrige bleibt an seiner Stelle: *glaube es nicht; fürchte dich nicht, es ihm zu sagen.*

§. 794. 2. In unmittelbaren Fragen, sowohl ohne fragendes Pronomen: *steigen wohl süße Gerüche von unentflammten Weihrauch auf? soll denn des Himmels doppeltes Eigenthum verloren seyn?* Als auch mit demselben, da denn das Pronomen mit seinen Bestimmungen unmittelbar vor dem Verbo stehet: *wer*

wer ist das? wo sahest du ihn? welchen
Menschen meinest du? was für einen Feh
ler hast du begangen? wo sich in unmittelba
ren Fragen das was für nicht gern trennen
läßt, nicht was hast du für einen Fehler
begangen? welches doch geschehen kann, wenn
die Frage eine bloße Verwunderung ausdruckt. Ist
wie das Fragewort, so hat es das dazu gehörige
Adverbium gleich nach sich: wie oft sagte er
es? wie viel gab ich dir? Wiederhohlet man
die Worte eines andern in fragender Verwunde
rung, so bleibt die natürliche Ordnung, und der
bloße Ton der Stimme muß die Frage bezeichnen:
ich hätte es gethan? wie? er sollte es dir
gesagt haben?

§. 795. 3. Kleidet die Frage eine Verwun
derung oder einen Ausruf ein, so stehet das Sub
ject gleichfalls hinter dem Verbo, wenn wie oder
was für den Ausruf anfängt, da denn ersteres
seine Bestimmung wiederum gleich nach sich hat:
wie voll war dieser Abend von den süßesten
Freuden? wie glücklich sind doch die, wel
che nicht mehr erwachen! Oder mit der fra
genden Verneinung: wie viele sanfte Ergetzun
gen erwachen nicht mit jeder Morgen
röthe für uns! Hat aber das Adverbium
ein so bey sich, so stehet es hinten: wie hast du
doch alles so weislich eingerichtet? für, wie
so weislich hast du doch alles eingerich
tet? Das Fragewort was für kann in diesem
Falle zuweilen getrennet werden: was sind doch
das für seltsame Begebenheiten? Aber nicht

alles

allemahl: was für eine todte Stille herrscht an diesem Orte?

§. 796. 4. In Wünschen, doch nur, wenn der Wunsch durch das Imperfect oder Perfect ausgedruckt wird, und keine Partikel da ist, welche eine andere Ordnung erfordert: **hätte ich es doch nicht gethan! Möchte doch mein Lied noch feuriger seyn! Wollte Gott, daß es nicht geschehe!** Wird der Wunsch im Präsenti ausgedruckt, so bleibt die natürliche Ordnung: **Gott wolle nicht, daß es geschehe! Der Himmel segne dich!**

§. 797. 5. Wenn das bestimmte Subject durch das es unbestimmt angekündiget wird, in welchem Falle jenes hinter dem Verbo stehet: **es steigen Seraphim von allen Sternen nieder,** Raml.

§. 798. 6. Wenn wenn, so oder da ausgelassen sind, oder von obgleich, obschon, da doch, und andern zusammen gehörigen Conjunctionen eine verschwiegen wird: **kommt er, so ist es gut; sehe ich ihn, so will ich es ihm sagen; bin ich gleich arm, so bin ich doch tugendhaft.**

§. 799. 7. Nach so und da, wenn sie im Nachsatze stehen: **wo ich bin, da will er auch seyn; wenn es drey schlägt, so will ich kommen.** Ingleichen nach den vergleichenden solch, so, ferner nach also, desto, alsdann, erstlich, zweytens, u. s. f. und überhaupt, nach allen Umstands- und Beschaffenheitswörtern, wenn sie vermöge der Inversion die

2. Kap. Von der Folge der Wörter.

anfangen: solch oder so einen Mann habe ich noch nie gesehen; also will er es nicht thun? alsdann will ich es dir geben. Ferner nach allen mit da, dar, und hier zusammen gesetzten determinativen Partikeln, wenn sie den Satz anfangen: dahin sollst du gehen, daher kam es, hierin liegt es, damahls geschahe es, darauf sagte er u. s. f. So auch nach darin, dabey, darunter, darnach, darneben, dagegen, dazwischen, damit, davon, davor, hieraus, hiervon, u. s. f. Siehe den folgenden Abschnitt von der Inversion.

b. Stellung des Verbi an das Ende der Rede.

§. 800. Diese Art der Wortfolge, welche man auch die verbindende zu nennen pflegt, wirft das Verbum, worunter man allemahl das wahre eigentliche Verbum oder das Verbum finitum verstehen muß, bis an das Ende der Rede, daher dasselbe seine Bestimmungen in diesem Falle nicht nach sondern vor sich hat. Der Nominativ oder das Subject macht hier den Anfang, dann folgt der Casus des Verbi, auf diesen die übrigen Bestimmungen desselben, und endlich das Verbum selbst. Ich habe unsern Freund in langer Zeit nicht gesehen, ist die natürliche Wortfolge; hast du unsern Freund in langer Zeit nicht gesehen? die erste abweichende oder fragende? weil ich ihn in langer Zeit nicht gesehen habe, die verbindende.

§. 801. Diese Art der Wortfolge findet statt:

1. Nach den Conjunctionen als, wenn es consecutiv, comparativ, explanativ und causal ist, auf daß, bevor, bis, da, dafern, ehe, damit, daß, demnach, wenn es für weil stehet, falls, im Falle, gleich wie, je, indessen, wenn es für indessen daß stehet, das noch in den Kanzelleyen übliche maßen und immaßen, nachdem, nun, causal, nun du gekommen bist, ob, obgleich, obschon, obwohl, seit, seit dem, das veraltete sintemahl, so für wenn, ingleichen wenn es concessiv ist, so bald, weil, wenn, wenn es nicht unmittelbar fragt, wie wohl, wofern, wo nicht.

2. Nach den relativen Pronominibus der, welcher, wer und was.

3. Nach den relativen Partikeln, weswegen, wo, wobey, von wannen, woher, wohin, womit, wozu, woran, woraus, worauf, worin, wovon u. s. f. wenn sie nicht fragen. Ingleichen nach daher und andern mit da und dar zusammen gesetzten Partikeln, wenn sie, welches doch in den meisten Fällen fehlerhaft ist, bloß relativ gebraucht werden, daher es denn geschehen ist. Sind sie determinativ oder demonstrativo=relativ, so erfordern sie die vorige zweyte Ordnung, daher ist es denn geschehen.

4. Nach den Fragewörtern warum, was, was für, wie, wo, u. s. f. wenn sie nicht unmittelbar fragen: ich weiß nicht, warum

2. Kap. Von der Folge der Wörter. 531

er es nicht gethan hat; ich sehe schon, wie ich es anfangen muß; man fragte mich, was das für ein Mann sey.

§. 802. Da diese Partikeln das Verbum bis an das Ende der Rede versetzen, so fangen sie auch allemahl den Satz an. Wie, so und je haben dabey ihr Adverbium, und der, welcher und wer ihr Nennwort gleich nach sich: wie gut er es haben wird; so sehr er sich auch darnach sehnet; er war es, dessen Standhaftigkeit dich so entzückte; bey welchem von euch beyden ich es finden werde.

§. 803. Ist der Casus Verbi ein persönliches Pronomen, so tritt er dem Nominative noch vor, wenn dich der Himmel damit beglücken wird, wenn dir dieses gelingen sollte; aber nicht, wenn der Nominativ ein persönliches oder relatives Pronomen ist, wenn er dich damit beglücken wird, was sich nur finden wird. Wenn sich die Conjunction theilen lässet, oder wenn sie noch eine Conjunction in ihrer Gesellschaft hat, so nehmen sie die persönlichen Pronomina und den Nominativ in die Mitte: ob ich ihn gleich warnte; wenn dein Freund nur das nicht versiehet.

§. 804. Da das Verbum hier alle seine Bestimmungswörter vor sich hat, so treten selbige in der obigen natürlichen Ordnung vor demselben her, daher nicht allein das Adverbium, das Participium, und der Infinitiv vor demselben stehen, weil ich dich gewarnet habe, wenn du mir kommen wirst, ich weiß, was ihm am Herzen liegt; sondern auch die trennbare Partikel der zusammen gesetzten Zeitwörter sich wieder unmittelbar an dieselben anschließt: als er es abschlug, daß er von hier ausgehe.

§. 805. Kommen aber bey einen Verbo zwey Infinitive oder ein Participium mit einem Infinitivo zusammen, so stehet das Verbum finitum am schicklichsten vor beyden: wenn ich es werde durchgesehen haben, ehe ich dich will unterdrücken lassen, wenn du ihn hättest singen gehöret.

3. Von der Inversion, oder der Abweichung von der gewöhnlichen Wortfolge um des Nachdruckes willen.

§. 806. Die Deutsche Sprache ist an diese drey Arten der Wortfolge nicht so strenge gebunden, daß sie nicht um des Nachdruckes und oft um der bloßen Abänderung der Rede willen, in vielen Fällen davon sollte abgehen können, welche Abweichung eine Inversion oder Versetzung genannt wird.

§. 807. Da in der natürlichen Folge der Rede das Subject als der wichtigste aber auch zugleich unbestimmteste Theil allemahl voran stehet, so stehet es dem Redenden frey, wenn er einen Begriff und dessen Ausdruck heraus heben, und die Aufmerksamkeit des Zuhörers vorzüglich auf denselben lenken will, ihn aus seiner Ordnung heraus zu nehmen und an die Stelle des Subjectes zu setzen, da denn die ganze folgende Rede gleichsam als eine

bloße

bloße Bestimmung eines solchen heraus gehobenen Begriffes angesehen wird. Diese Freyheit findet so wohl bey einzelen Wörtern, als bey ganzen Sätzen statt.

§. 808. Wenn bey der Versetzung einzeler Wörter ein Wort in die Stelle des Subjectes tritt, so weicht der Nominativ zugleich hinter das Verbum, wie bey der fragenden Wortfolge. Die vornehmsten Arten der Wortversetzung sind folgende:

1. Wenn ein Infinitiv oder Adverbium, als das Bestimmungswort des Prädicates, es sey nun ein bloßes Beschaffenheitswort, oder ein Participium, oder auch ein Umstandswort, in die Stelle des Subjectes gesetzet wird: noch immer liebst du Sclaverey und Mühe; mächtig sind die, welche mich hassen; dein ist alles, dein ist der Tag, und dein ist diese Finsterniß der Nacht; noch vor morgen soll es geschehen; dort strahlen die edelsten Wahrheiten; nach und nach wurden wir vertrauter; betrübt sollte er seyn? gesagt ist es leicht; graben mag ich nicht.

2. Wenn ein Umstand oder die Präposition mit ihrem Casu in die erste Stelle gesetzt wird: bloß für andere ist dieser Überfluß da; wenn von ihrem Genusse unsere ganze Seele erfüllet ist; auf diese Art weiß man doch, woran man ist; selbst in dieser Nacht der Schwachheit schenkt sie der Seele Ruhe.

3. Wenn der Casus des Verbi voran stehet: eine solche Ruhe genießt die sterbende Unschuld; die Elenden und Armen gibst du ihm,

ihm, (dem Tode,) die Jugend und die Fröhligen raubt er; ihm sollte ich ungehorsam seyn? dir grünet das Thal, dir sprießen die Blumen; sein ganzer Reichthum ist eine elende Hütte;

4. Wenn der Accusativ dem Dativ vorgesetzet wird: ich gebe den Rath dir; laß diesen einzigen Trost der leidenden Unschuld; der Milch aus dem Felsen und Wein sich erschuf, Willam.

5. Dahin gehören auch die Impersonalia, welche mit dem Dativ verbunden werden, welche sich auf mehr als eine Art versetzen lassen: es grauet mir davor, mir grauet es davor, davor grauet es mir, mir grauet davor, davor grauet mir.

6. Wenn in der ersten abweichenden Wortfolge der Nominativ, welcher hinter dem Verbo stehen sollte, vor dasselbe tritt; nur in der höhern Schreibart, und in Fragen und Ausrufungen: die ewige Nacht, was ist sie sonst, als ein zorniger Blick von dir? Die Blüthe der Gesundheit, wie bald verwelkt sie in Kraftlosigkeit und Krankheit! Gell. So auch wenn in der höhern Schreibart ein Umstand zwischen das Verbum und den Nominativ gesetzt wird: die Freude des verjüngten Jahres, überall blickt sie hervor, für das mattere, die Freude des verjüngten Jahres blickt überall hervor, oder überall blickt die Freude — hervor.

7. Wenn

7. Wenn das Verbum, wenn es in der zweyten abweichenden Wortfolge an das Ende der Rede treten sollte, vor seinem Nennworte stehet; eine Versetzung, welche eben keine der schönsten ist, weil der Nachdruck nichts dabey gewinnet: daß, wer zu menschlich ist, nicht vernehme das Ach derer, die sterblich sind, Klopst.

§. 809. Die Versetzung ganzer Sätze ist nicht bloß um des Nachdruckes willen, sondern auch im gemeinen Leben in vielen Fällen sehr gewöhnlich, und macht oft gleichfalls, daß das Subject hinter sein Verbum tritt: daß er heute kommen wird, weiß ich. Aber den Nachsatz zwischen dem Vordersatze und seiner Conjunction einzuschieben, ist wider die Natur der Deutschen Sprache: daß Ew. Wohlgeb. mit diesem Schreiben beschwerlich zu fallen, ich mir die Freyheit nehme; und damit er, daß man ihm wohlgerathen, durch den Ausgang erfahre.

§. 810. Die Versetzung einzeler Wörter geschiehet in der Absicht, der Rede Nachdruck und eine angenehme Abänderung zu verschaffen; sie ist daher unter den gehörigen Umständen eine Schönheit. Allein sie wird fehlerhaft:

1. Wenn sie bloß um des Reimes und Sylbenmaßes willen geschiehet: eh Treu zu schwören ward zur Kunst; wer heilig zu leben sich wagt, und die Wege der Tugend zu gehn. Dichter erlauben sich zwar dergleichen Versetzungen sehr häufig, allein sie werden um deßwillen nicht zu Schönheiten.

2. Wenn die trennbare Partikel der zusammen gesetzten Zeitwörter aus ihrer natürlichen Stelle gerissen wird: dann sehen Engel weinend an der Hölle jungen Bundsgenossen, wo an an dem Ende der Rede stehen sollte; weg ist er gegangen; fort wäre er gereiset?

3. Wenn ein Wort zum Nachtheil anderer, welche nothwendig voran stehen müssen, hervor gezogen wird; doch unnatürliches, wie schwer mans oft erkennt, weit schwerer wird dennoch Natur von Kunst getrennet; wo zugleich die ausgelassene Conjunction so eine fehlerhafte Dunkelheit verursacht.

4. Wenn der unkenntliche Casus des hervor gezogenen Accusatives eine Zweydeutigkeit verursacht, welches im Singular bey Fämininis und Neutris, im Plural aber bey allen Substantiven der Fall ist: die jovialische Luft durchschnitt der Vögel Schaar; wo ungewiß wird, welches der Accusativ oder der Nominativ ist, folglich ob es eine Versetzung ist, oder nicht. So auch, so beweint dein Grab die Liebe; meine Stimme höre deine Jugend; die frohe Jugend züchtigt das strenge Alter mit mürrischem Ernste; unvorsichtige Herzen überraschen die Laster. Wo die natürliche Ordnung den Accusativ und Nominativ schon durch ihre Stelle deutlich genug bezeichnen, und alle dunkele Zweydeutigkeit heben würde.

5. Wenn gleichgültige Wörter, welche keinen wahren Nachdruck gewähren können, aus ihrer

Ordnung geriſſen und an die erſte Stelle geſetzt werden: **ungeſtümer von ſtürmiſcher Freude wallt nicht das ängſtliche Herz des Miſſethäters auf; und hätt in Frieden bis an deinen Tod zu laſſen dich der Herr der Herrſcher beſchloſſen; zur Ordnung ward was iſt, eh etwas war erleſen.**

Drittes Kapitel.
Von den Sätzen.

1. Verſchiedene Arten derſelben.

§. 811.

Unſere Vorſtellungen, folglich auch die Ausdrücke derſelben, beſtehen allemal darin, daß wir von einem Dinge etwas behaupten oder verneinen. Der Nahme des Dinges, von welchem ſolches geſchiehet, heißt **das Subject,** dasjenige was von demſelben bejahet oder verneinet wird, **das Prädicat,** beyde zuſammen aber machen den Satz aus.

§. 812. Das Subject iſt gemeiniglich, aber nicht nothwendig allemahl, ein ſelbſtändiges oder als ſelbſtändig gedachtes Ding; es kann ſolches auch der Infinitiv eines Verbi, oder ein Adverbium ſeyn: **graben mag ich nicht; Land und Volk regieren hemmt die Sorgen nie,** Hag. **ſchwarz und weiß iſt zweyerley.** Das **Prädicat** beſtehet entweder aus einem einigen

Worte, oder aus mehrern Wörtern; im erstern Falle muß es aus einem Verbo mit einem vollständigen Begriffe bestehen, **dein Feind schläft;** im letztern Falle enthält das Verbum entweder einen allgemeinen und unvollständigen Begriff, in welchem Falle derselbe durch ein Adverbium ergänzet werden muß: (S. §. 395.) **der Sommer ist nahe, die Blume wird welk, die Uhr hat geschlagen;** oder es wird auch das Prädicat nach seinen Eigenschaften, Beschaffenheiten und Umständen näher bestimmt.

§. 813. Ein Satz ist seiner **Materie** nach entweder **einfach**, wenn er bloß aus dem Subjecte und dessen Prädicate bestehet, oder **zusammen gesetzt**, wenn zwey und mehrere Sätze zu einem einigen Satze verbunden werden. Beyde Arten sind entweder **nackte Sätze**, wenn so wohl das Subject als das Prädicat ohne alle nähere Bezeichnung ausgedruckt werden, oder **ausgebildete**, wenn beyde nach ihren Verhältnissen, Eigenschaften, oder Umständen näher bezeichnet werden, oder endlich **erweiterte**, wenn Ursachen, Bedingungen oder Umstände zwischen dem Subjecte und dem Prädicate in eigenen Sätzen eingeschoben oder auch dem letztern beygefüget werden, in welchem Falle die erstern **Nebensätze** heissen, um sie von dem **Hauptsatze** zu unterscheiden. In allen Fällen können so wohl das Subject als Prädicat entweder einfach oder mehrfach seyn, in welchem Falle die verschiedenen Subjecte oder Prädicate entweder ohne alle Verbindung neben einander gestellet,

oder

oder auch durch Conjunctionen mit einander verbunden werden.

§. 814. Der Frühling nahet sich, ist ein nackter einfacher Satz; der Frühling nahet sich und der Winter fliehet, ein nackter zusammen gesetzter; der holde Frühling nahet sich mit schnellen Schritten, und vor seinen erwärmenden Fußtapfen fliehet der mürrische Winter, ein ausgebildeter zusammen gesetzter; der Frühling, auf welchen die Schöpfung bisher harrete, nahet sich, ein durch einen Nebensatz erweiterter Satz; Schwäche des Geistes, Mangel des Geschmackes, Unruhe der Begierden, Verwöhnung an betäubende Ergetzungen, pflegen das Vergnügen an den Reitzen der Natur zu tödten, ein einfacher Satz mit mehrern Subjecten; der bescheidene Mond hebt sein Haupt hinter dem dunkelen Walde hervor, versilbert die Spitzen der Berge umher, und steigt feyerlich langsam am blauen Himmel herauf, ein einfacher Satz mit mehrfachen Prädicaten.

§. 815. In Ansehung der Form sind die Sätze entweder erzählend, wenn sie Begebenheiten oder Urtheile, so wie sie von uns empfunden worden, darstellen, oder bittend und befehlend, oder fragend, oder wünschend, oder auch ausrufend, und oft können in einem und eben demselben Satze mehrere Formen mit einander abwechseln. Die erzählende mit der ausrufenden: ich weiß du bist stolz, o der Stolz
er-

erblaßt vor einer solchen Scene! Die erzählende mit der fragenden: *wenn dieses ist, welche Worte sind denn traurig genug, ein solches Bild zu schildern?*

§. 816. Die zusammen gesetzten Sätze sind so vielfach, als es Verhältnisse zwischen zwey und mehrern Sätzen gibt, welche durch Conjunctionen ausgedruckt werden können, folglich eben so vielfach, als die Conjunctionen in einer Sprache sind. S. §. 541. f.

§. 817. Vermittelst der copulativen, continuativen, disjunctiven und exclusiven Conjunctionen können drey und mehrere Sätze in einen zusammen gezogen werden. Allein die übrigen verbinden deren nur zwey, welche allemahl in einem gegenseitigen Verhältnisse gegen einander stehen, und wovon derjenige, welcher den Grund des andern enthält, oder um deswillen der andere vorhanden ist, weil er gemeiniglich voran stehet, der *Vordersatz*, der andere aber der *Nachsatz* genannt wird. Wohl aber können mehrere Sätze, von welchen jeder seine eigene Conjunction hat, in einen zusammen gezogen werden: *so schön auch die Anstalten waren, so waren sie doch unwirksam, weil die Nation arm war, und niemand den nöthigen Vorschuß thun wollte.* Doch alsdann verdienet der Satz schon den Nahmen einer *Periode*.

1. Copulativ, wenn zwey oder mehrere Sätze in einem gleichen Verhältnisse stehen, und daher entweder nur neben einander aufgezählet, oder

3. Kapitel. Sätze. 1. Ihre Arten. 541

oder mit einem Nebenbegriffe der Steigerung neben einander gestellet werden. Das erste geschiehet durch die Conjunctionen und, ingleichen, desgleichen, dergleichen; das letztere durch auch, nicht allein — sondern auch u. s. f. Die dicken Wolken zerflogen, und der Himmel lächelte über das hervor sprießende Grün der Felder hin. Graben mag ich nicht, auch schäme ich mich zu betteln. Durch dergleichen Streitigkeiten wird nicht allein alle Hoffnung zur Einigkeit benommen, sondern auch vieles Ärgerniß angerichtet. Stax ist bey dem allen nicht allein blödsinnig, er ist auch wirklich boshaft, oder, sondern er ist auch wirklich boshaft.

2. Continuativ, mehrere Gründe, Urtheile oder Sätze ihrer Zahl oder Folge nach mit einander zu verbinden: zum ersten oder erstens war die Witterung nicht günstig zu reisen, zum andern (zweytens) fehlete es mir noch an einigen Bedürfnissen, dann fanden sich noch einige andere Hindernisse, und endlich hörte auch die Ursache der Reise auf.

3. Circumscriptiv, wenn der eine Satz den leidenden Gegenstand des andern vorstellet: es schien, daß oder als wenn unsere Sinnen geschärfet würden. Der König verordnete, daß in jedem Bezirke Aufseher über die Handlung und das Gewerbe verordnet, Bergwerke angelegt, und Jahrmärkte eingeführet werden sollten. Das Ver-
gnü=

gnügen unterscheidet sich von der Zufriedenheit bloß dadurch, daß es lebhafter ist. Zuweilen auch mit der Inversion, daß er ein ehrlicher Mann ist, weiß ich lange; daß es so kommen würde, habe ich mir wohl vorgestellet.

4. Conditional, wenn der eine Satz die Bedingung, der andere aber den möglichen Erfolg enthält, welcher Erfolg den Hauptsatz ausmacht, der, wenn wenn die Bedingung begleitet, so wohl vorn als hinten stehen kann: wenn ich dir zeigte, daß du dich betriegest, und deiner Leidenschaft blindlings folgest; so würdest du dich schämen; oder, du würdest dich schämen, wenn ich dir zeigte u. s. f. oder wenn ich dir nun zeigte, daß — wie sehr würdest du dich da schämen! Wo Bedingung und Erfolg auch ohne Conjunction verbunden werden können: man lehre den Menschen nachdenken, Urtheile bilden, und Ideen mit einander vergleichen: sogleich wird er anfangen, sich mehr mit geistigen Gegenständen zu beschäftigen, als vorher. Oft ist der Satz der Form nach conditional, dem Verstande nach aber causal: wenn häufige Zusammenkünfte die Geselligkeit unterhalten, die Sitten verfeinern, und den guten Geschmack allgemeiner machen: so haben die Gesellschaften der feinern Welt noch einen neuen Vorzug, und es ist nicht nur Wohlstand, sondern auch Pflicht, sie zu besuchen. Ich thue es nicht,

er

er verspreche mir denn, daß er zu mir kommen wolle. Ich will es dir sagen, doch mußt du mir versprechen, daß du mich nicht verrathen willst. Da hast du bare funfzig Thaler, nur unterlasse den Gesang, Hag.

5. Disjunctiv, wenn mehrere mögliche Fälle oder Bedingungen einander ausschließen: entweder alles ist Blendwerk, und es ist kein Zusammenhang, kein Sinn, kein Endzweck in allem was unter der Sonne ist; oder der Himmel ist ein unendliches, ein unschätzbares Kleinod. Sein Leben war so tugendhaft und sein Herz so rein, daß entweder künftige Scenen Palmen zu geben haben, oder er wäre nie geboren worden.

6. Adversativ, wenn von zwey Sätzen einer dem andern entgegen gesetzt, oder einer durch den andern eingeschränkt wird: ich gestehe es, dieser Beweis ist alt, aber die Wahrheit wird durch keine Jahre geschwächt. Die Vernunft ist keine erworbene Geschicklichkeit, sondern sie ist eine Gabe der Natur. Wie glücklich sind doch die, welche nicht mehr erwachen; allein auch dieses wäre vergebens, wenn Träume das Grab beunruhigen. Das Lesen des Euclides erwecket Vergnügen, aber freylich nur dem Geometer. Alle alte Spartaner liebten die Leibesübungen, die Jagd, den Krieg, und die Beschwerlichkeiten; alle Sybariten hingegen die Weichlichkeit, den Müßig-

Müßiggang und die sinnlichen Ergötzlichkeiten.

7. Concessiv, wenn der eine Satz die scheinbare Aufhebung des andern verneinet, oder wenn von dem einen Satze behauptet wird, daß er der Wahrheit des andern keinen Eintrag thue: ich habe gefehlt, so sehr ich mich auch bestrebte, nicht zu fehlen. Obgleich alle Menschen Kinder eines gemeinschaftlichen Stammvaters sind, so sind sie doch in der äußern Würde von einander unterschieden. Unsere Neigungen sind ihrem Werthe nach gar sehr verschieden, ob sie gleich in ihrem Ursprunge alle gleich edel sind. Glänzt der Landmann gleich nicht in Purpur, so ersetzt ihm doch die ländliche Ruhe die Abwesenheit des städtischen Schwulstes reichlich.

8. Causal, wenn der eine Satz die Ursache oder den Endzweck und der andere die Wirkung enthält, wo gemeiniglich die Folge oder Wirkung vor der wirkenden Ursache her gehet, aber auch auf dieselbe folgen kann: der Landmann ist frey von den Schmerzen des Mitleidens, weil er keinen Dürftigen Mangel leiden siehet. Gefällt dem Ehrgeizigen sein Rang, wozu er sich erhoben hat, weil er sich geschmeichelt und gefürchtet siehet? Wie mancher hat mit Freuden allen süßen Ergetzungen der Sinne entsagt, um sich ganz dem geistigen Vergnügen zu widmen! Frankreich fürchtete, daß Corsica

unter

3. Kap. Sätze 1. Ihre Arten.

unter eine fremde Seemacht kommen möchte, daher vereinigte es sich mit der Republik, die Ruhe in derselben wieder herzustellen. Wie sollte der Peruaner nach dem Gelde begierig seyn können, da er die Vortheile nicht kennet, welche es ihm verschaffen kann? Die Lebhaftigkeit unsers Vergnügens entstehet aus dem Verlangen; denn ohne Verlangen gibt es in der Welt keinen lebhaften Grad des Vergnügens.

9. Explanativ, wenn der Nachsatz eine Erklärung, Erläuterung, oder nähere Bestimmung des Vordersatzes ist: die Erfahrung lehret uns, daß ein genossenes Vergnügen in Schmerz und Verdruß ausarten kann, das ist, (oder) daß es die Ursache eines größern Verdrusses werden kann, als in seiner Art das Vergnügen war. Viele Entdeckungen der höhern Rechenkunst sind nichts anders als neue Arten, längst bekannte Dinge zu bezeichnen. Es gibt eine Art von Wörtern, welche für den Philosophen sehr wichtig sind, nähmlich diejenigen Wörter, welche natürliche Zeichen derjenigen Ideen sind, welche sie ausdrucken.

10. Comparativ, wenn entweder der eine Satz ein sinnliches Bild des andern enthält, oder überhaupt zwey Dinge in verschiedenen Sätzen mit einander verglichen werden: seine Stirn lächelte so heiter, als das Licht, welches in vergolde-

goldenen Abendwolken niedersinkt. Alles, auch noch so verschiedene Vergnügen entstehet aus einer und eben derselben Grundkraft der Seele, so wie in der körperlichen Natur aus einer einigen Kraft eine Menge verschiedener Erscheinungen entstehet. Das Denken kann eben so wenig von unserer Natur getrennet werden, als das Anziehen des Eisens von dem Magnet, oder das Brennen von dem Feuer. Gleichwie der Gefangene, wenn er aus einem finstern Kerker erlöset worden, wie neugeboren von seiner Veränderung entzückt wird: so frohlocket die Seele, wenn sie von irdischen Verbindungen befreyt, sich zur Gegend der Vernunft aufschwingt, und unsterbliche Hoffnungen athmet.

11. *Proportional,* wenn die in mehrern Sätzen enthaltenen Aussprüche in gleichem Verhältnisse steigen oder fallen: So viel sie durch die List verloren, so viel gewannen sie durch den überfall. Je mehr wir das geistige Vergnügen genießen, desto lebhafter wird unser Geschmack daran. Der Mensch beschäftigt sich immer weniger mit sinnlichen Gegenständen, je fähiger er zu deutlichen Begriffen wird. So eifrig die Mächte des Lichts bemühet waren, diesen Endzweck zu erreichen, eben so heftig strebte das Heer der Hölle, ihn zu hintertreiben. Die Menschen unterscheiden sich durch Stand und Würde, nachdem

(oder

3. Kapitel. Sätze. 1. Ihre Arten.

(oder je nachdem) das Schicksal sie hat vornehm oder geringe lassen geboren werden.

12. Consecutiv, wenn der eine Satz die Zeit bezeichnet, wenn der Ausspruch des andern Satzes statt findet oder statt gefunden, und zwar auf verschiedene Art. 1) Wenn die Begriffe beyder Sätze zu einer und eben derselben Zeit statt finden, vermittelst der Partikeln indem, indem daß, indeß, indessen, indessen daß, während, so bald, so bald als, als, da, wenn, und das veraltete weil: die letzten Farben des abgeschiedenen Tages fingen schon an, zu verbleichen, als wir das geliebte Sommerhaus erreichten. Steig empor, steig empor, meine Seele, dein Thron ist in der Höhe, indeß mein sterblicher Theil danieder sinkt, hier zu sterben. Wenn die Tugend ohne Mitgift erscheint, so wird sich ein jeder lieber mit der eigennützigen Selbstliebe vermählen. Indem (oder wenn, oder indessen daß) dort die Waldströme sich in finstere Abgründe hinab stürzen, so locken hier stille Thäler und sanft rieselnde Bäche. So bald das Verlangen aufhört, sinkt das Vergnügen zum bloßen Gefallen hinab. 2) Wenn abwechselnde Handlungen als solche, ohne genaue Bestimmung der Zeit bezeichnet werden, durch bald — bald, jetzt — dann. Bald streiften wir durch die Zimmer des Sommerhauses, bald in dem Garten, bald in den

benachbarten Fluren umher. Jetzt schien er ganz im Nachdenken verloren zu seyn, dann erhob er seine Blicke zur entweichenden Sonne, und endlich brach er in diese Worte aus u. s. f. 3) Wenn das, was in dem Haupt- oder Nachsatze gesagt wird, eher geschiehet, als das in dem Vordersatze, durch ehe oder besser eher, ehe noch und das halb veraltete bevor: ehe noch der ruhige Abendglanz anfing, sich über die Fluren zu verbreiten, wandelte er schon in einsamen Gegenden umher. 4) Wenn der Ausspruch des Nachsatzes erst nach dem Ausspruche des Vordersatzes statt findet; durch als, nachdem, kaum, sobald, seit, seitdem. Kaum haben wir einen Wunsch erreicht, so machen wir Anschläge auf neue Vergnügungen. Er war kaum eingeschlummert, als ihn schon ein Geräusch erweckte. Nachdem der rohe Naturmensch Sprache erfunden hatte, so konnte er seinen Begriffen und Vorstellungen immer mehr Licht und Klarheit mittheilen; oder der rohe Naturmensch konnte — nachdem er u. s. f. Wenn die Göttinn des Glücks ihr Kind aus dem Gesträuche der Niedrigkeit hervor gezogen und es zum prangenden Mittelpuncte aller Augen gemacht hatte, dann sahe ich es oft auf einmahl herabstürzen, und den, der unsers Morgens Neid war, den Neid unsers Abends werden.

13. Illa-

13. Illativ, wenn der Nachsatz eine Folge, einen Schluß aus dem Vordersatze enthält: es ist nichts an der Sache, mache dir daher oder demnach keine Unruhe. Die bloße Ermahnung war nicht hinlänglich, ich mußte also nachdrücklichere Maßregeln ergreiffen. Alle diese Dinge sind der Einbildungskraft angenehm, folglich haben sie eine natürliche Schönheit. Du hast nicht hören wollen, nun so magst du fühlen.

14 Exceptiv, wenn der eine Satz eine Ausnahme von dem andern enthält: es gehet alles gut, außer daß der eine Punct noch nicht bewilliget worden; welches außer in der edlern Schreibart doch häufiger gebraucht wird, einzele Dinge, als ganze Sätze auszunehmen. Sie sind alle unbeschädigt, nur zwey haben ein wenig gelitten. Alles fühlet Reize der verjüngten Natur, du nur hast keine Empfindung für sie.

15. Restrictiv, wenn ein Satz eine Einschränkung des andern enthält. Die Erfahrung ist oft der stärkste und deutlichste Beweis der Wahrheit, und in so fern ist sie auch ein Zuwachs der Vernunft. Einheit, Mannigfaltigkeit, und übereinstimmung der Theile machen uns einen Gegenstand nur in so fern angenehm, als sie auf die wirksame Kraft der Seele eine vortheilhafte Bezie=

Beziehung haben. Wo der Satz oft in der That conditional oder causal ist: so fern du ein Mensch bist, in so fern darfst du dich der Thränen nicht schämen, d. i. wenn oder da. Die wesentliche Kraft der Seele bleibt auch in ihrem ruhigen Zustande einerley, nur daß sie mit weniger Stärke wirkt.

16. Exclusiv, oder Remotiv, wenn ein Satz eine Ausschließung enthält, wohin in Ansehung ganzer Sätze besonders ohne mit dem Infinitiv und dem Wörtchen zu gehöret: die Seele denkt über alles nach, was sich ihr mit Klarheit darstellt, ohne sich zu bekümmern, von was für Art die Gegenstände sind. Ohne mich bey dieser Sache aufzuhalten, will ich nur untersuchen u. s. f. Einzele Begriffe und Dinge werden durch nicht, ingleichen durch weder und noch ausgeschlossen.

§. 819. Die vornehmsten Fehler, welche bey zusammen gesetzten Sätzen begangen werden, sind: 1. wenn die Sätze verworfen werden, und dadurch Dunkelheit verursachen: ich sende ihnen das beygeschlossene Buch, um ihnen ein Vergnügen zu machen, als eine Meßneuigkeit mit der ersten Post; für, um ihnen ein Vergnügen zu machen, sende ich ihnen das beygeschlossene Buch, als eine Meßneuigkeit mit der ersten Post. 2. Wenn nicht die gehörigen Conjunctionen gebraucht,

braucht, und selbige versetzt werden: der Arzt wird durch die Theorie nicht nur durch die Erfahrung auch zu einem großen Arzte gebildet, für: nicht nur durch die Theorie, sondern auch durch die Erfahrung. 3. Wenn die Hauptsätze mit zu vielen Nebensätzen und Nebenbegriffen überladen werden. 4. Ekelhafte Häufung der circumscriptiven Sätze: Cajus sollte nicht wissen, daß wir es gerne sehen, daß er nicht leiden will, daß sein Sohn studiret.

2. Zusammenziehung der Sätze durch die Adverbia und Participia, oder von der Participial-Construction.

§. 820. Die Deutsche Sprache hat den Vortheil, daß sie vermittelst der Adverbien und Participien, so fern sie als Adverbia gebraucht werden, zwey Sätze in einen zusammen ziehen, und dadurch der Rede Neuheit und kernvolle Kürze mittheilen kann, daher diese Zusammenziehung vorzüglich in der höhern Schreibart gebraucht wird. Man nennet sie die Participial-Construction, obgleich die eigentlichen Adverbia eben so vielen Theil daran haben, als die Participia, nur daß diese zuweilen noch den Nebenbegriff der Zeit ausdrücken können.

§. 821. Diese Zusammenziehung findet nur alsdann statt, wenn mehrere mit einander verbundene Sätze eines und eben dasselbe Subject in einem und eben demselben Casu haben, da denn die Nebensätze entweder ihr Verbum wegwerfen, oder auch dasselbe in ein Participium verwandeln. In beyden Fällen gehen sie in ein bloßes Adverbium über, bestimmen als solche das Verbum des Hauptsatzes und machen mit demselben einen und eben denselben Satz aus. Der verkürzte Satz kann in den meisten Fällen dem Hauptsatze bald vor-, bald nachgesetzet, bald aber auch zwischen dessen Subject und Prädicat eingeschaltet werden.

§. 822. Da die Adverbia kein Substantiv, wohl aber ein Verbum bestimmen können, so findet auch diese Zusammenziehung nur alsdann statt, wenn der verkürzte Nebensatz den Begriff des Verbi bestimmt, nicht aber, wenn er unmittelbar auf das Substantiv gezogen werden kann und muß. Doch davon hernach. Das Verbum, welches auf solche Art verschwiegen werden kann, ist nur allein das Verbum seyn, in einigen wenigen Fällen auch werden. Andere Verba lassen sich auf diese Art nicht verstoßen.

a. Zusammenziehung der Sätze durch die Adverbia.

§. 823. Das Adverbium im engsten Verstande, so fern es noch von dem Participio verschieden ist, bezeichnet eine Beschaffenheit ohne allen Nebenbegriff der Zeit. Wenn also zwey oder mehr mit einander verbundene Sätze einerley Subject in einerley Casu haben, so können sie in manchen Fällen ihr Verbum wegwerfen, und vermittelst des Adverbii desselben, wenn dasselbe noch eine Bestimmung

mung bey sich hat, in bloße Bestimmungen des in dem Hauptsatze befindlichen Verbi übergehen. Die Fälle da dieses geschehen kann, sind folgende:

1. Wenn unter der obigen Voraussetzung zwey oder mehr Sätze auch ein gemeinschaftliches Verbum haben, so kann dieses in den folgenden Sätzen verschwiegen werden, da denn die dazu gehörigen Adverbia u Bestimmungswörter des Verbi in dem ersten Satze übergehen: Dann ist das Leben ein Sitz des Trostes, reich an Ruhe, noch reicher an künftigen Hoffnungen; für, es ist reich an Ruhe u. s. f. Wie schnell fließt nicht unser Leben vorüber, zu schnell für unsere Geschäfte, oft zu schnell selbst für unsere Empfindung.

2. Wenn zwey oder mehr Sätze, welche einerley Subject in einerley Casu aber verschiedene Verba haben, mit und verbunden werden sollten, so können diejenigen, welche das Verbum seyn nebst einem Adverbio bey sich haben, ihr Verbum wegwerfen, und in bloße Bestimmungen des nächsten Verbi übergehen, welches alsdann seinen Nominativ hinter sich nimmt: froh, daß die Sache so abgelaufen war, und des langen Wartens müde, ging ich schnell nach Hause, für, ich war froh, daß die Sache so abgelaufen war, ich war zugleich des langen Wartens müde, und ging daher schnell nach Hause. Des Blutes satt schmilzt mein Herz von so viel heissen Thränen, oder mein Herz schmilzt, des Blutes satt, von so viel heissen Thränen, oder mein Herz schmilzt

schmilzt von so viel heissen Thränen, des vielen Blutes satt, oder endlich, mein Herz, des Blutes satt, schmilzt u. s. f. Wenn ich der Thorheit müde, sie bereue. Von kaltem Schrecken bleich bat jeder um sein Leben. Doch Herr, ein Fehler ists, wenn man, zu großmuthsvoll, den Frevler stets verschont, den man bestrafen soll, Weiß. So auch mit mehrern Sätzen: diese schroffe Klippe, welche an Gutem unfruchtbar, von gefährlichen Übeln rauh, stündlich durch überhangende Wolken geschwärzt wird. Auf ähnliche Art auch mit Substantiven, welche alsdann die Gestalt einer Apposition bekommen: in seinem Hause ein Fremdling wandert der Geist mit Erstaunen auf und nieder, und verwundert sich über das seinige.

3. Wenn ein Nebensatz, dessen Prädicat das Verbum seyn mit einem Adverbio ist, eine Beschreibung eines vorher gehenden Substantives ist, auf welches er vermittelst der relativen der oder welcher zurück geführet wird; mit Auslassung so wohl des Relativi als des Verbi. Am häufigsten und liebsten zur Beschreibung des Subjectes: O Anschlag, deiner werth, groß, wie du selber bist, Weiße. Zwey Ritter mir getreu, und tapfer in dem Streite, eben des.

Ein Gaul, der Schmuck von weissen Pferden.
Von Schenkeln leicht, schön von Gestalt,
Und wie ein Mensch stolz von Geberden,
Trug seinen Herrn durch einen Wald, Gell.

Aber

Aber auch zuweilen, obgleich mit einiger Dunkelheit und Zweydeutigkeit, zu Beschreibung eines andern in dem Hauptsatze befindlichen Substantives: O Freund, du sahest sie, die Scene voller Tod, von königlichem Blut, von Bruderblute roth!

4. In Causal=Sätzen, wo außer dem Verbo seyn auch die Conjunction in dem Vordersatze weggelassen werden kann: zu schwach ein Treffen zu liefern, zog er sich zurück, für weil oder da er zu schwach war, — so u. s. f.

Zu furchtsam für den Thron, vergaß er oft die Pflichten
Des Richters, Königes, und Helden zu entrichten,
Weiße.
Nie froh vom jetzigen, stets wechselnd keinem treu,
Erfahren wir genug, wie nichtig alles sey, Hall.

5. In concessiven Sätzen, mit Verschweigung so wohl des Verbi seyn, als der Conjunction; doch nur selten, und nicht ohne Dunkelheit: ihre zärtlichen Erinnerungen, die sie uns auch todt noch gab, d. i. auch da sie schon todt war, oder obgleich sie schon todt war. Mit Beybehaltung der Conjunction folglich des ganzen Satzes das Verbum seyn zu verschweigen, macht Härte: dennoch prahlst du noch immer damit, obgleich mit Schande bedeckt.

6. In comparativen Sätzen, wo besonders das Adverbium gleich auf diese Art gebraucht wird da inzwischen der Zirkel der Natur, gleich einem Rade, fortrollet. Wo das lange Leben, gleich einem dreymahl er=
zählten

zählten Märchen keine Annehmlichkeit mehr hat. Gleich verschwenderischen Vorfahren haben seine frühern Jahre seine künftigen Stunden enterbt.

§. 824. Diese ganze Zusammenziehung ist vorzüglich der edlern, noch mehr aber der höhern Schreibart eigen. Indessen ist sie doch auch in manchen Fällen auch im gemeinen Leben angenommen. Dahin gehöret besonders das in Aufschriften übliche, Herrn — wohnhaft in Berlin, ingleichen, N. N. gebürtig aus Franken.

b. Zusammenziehung der Sätze durch das Participium Präteriti.

§. 825. Das Participium Präteriti hat in der Conjugation so wohl eine thätige als leidende Bedeutung, da es denn im erstern Falle zugleich den Begriff des Vergangenen hat; Außer der Conjugation aber, kann es selten anders als leidend gebraucht werden. S. §. 461. Es läßt sich daher zur Zusammenziehung zweyer oder mehrerer Sätze auch nur alsdann gebrauchen, wenn es eine wirklich leidende Bedeutung hat, d. i. wenn es von einem Activo herstammet, und mit dem Verbo seyn verbunden ist.

§. 826. Die Fälle in welchen es unter dieser Bedingung zur Zusammenziehung zweyer oder mehrerer Sätze gebraucht werden kann, sind folgende:

1. Wenn solche Sätze einerley Subject haben, so können diejenigen, in welchen sich ein Participium Präteriti in leidender Bedeutung mit dem

dem Verbo seyn befindet, das letztere nebst der Partikel und und den Relativis der und welcher wegwerfen, und in bloße Bestimmungen des einen Satzes übergehen: *getäuscht von diesem Traume, oder von diesem Traume getäuscht, folgt ich ihm blindlings,* für, ich war von diesem Traume getäuscht und folgte ihm blindlings. *Siehe hier der Tiefe große Herrschaften entrissen,* d. i. siehe hier große Herrschaften, welche der Tiefe entrissen sind. *Gegenden von der Natur mit allem Nutzen bereichert und mit der ganzen Kunst ihrer Mahlerey geschmückt. Die Nachwelt, angesteckt von ihrer Ahnen Wuth,* u. s. f. Hall. *Von aller Furcht befreyt, eil ich zu dir zurücke. Umgeben von Rosengebüschen stehet die reitzende Flora da. Was für beladene Meere, beladen von Menschen, des Reichthums oder des Krieges wegen!*

2. Auf ähnliche Art läßt sich ein solcher negativer Satz in ein mit un zusammen gesetztes Participium verwandeln. *Die Thiere weiden auf ungepflügten Rasen, sie trinken den Strom ungekünstelt, und unverbittert durch Ungewißheit und fruchtlose Hoffnung. Allein noch ungelehrt, sich niedrig zu verstecken, glaubt er dem Mortimer,* Weiße. Besonders wenn ohne mit zu und einem Infinitivo Passivi stehen sollte: *Wenn das schlimmste kommt, so kommt es ungefürchtet, ohne daß es gefürchtet worden, oder ohne gefürchtet zu werden. Sonnen leuchten ungesehen. Wo*
ist

ist der Sterbliche, welcher ewige Freuden unentzückt, unerhoben, unentflammt erwägen kann? ohne entzückt, erhoben und entflammt zu werden.

3. Wenn in zweyen Sätzen mit einerley Subject ein Verbum Activum befindlich ist, so wird dieses in der höhern Schreibart zuweilen in das Participium Präteriti verwandelt und dem ersten Satze einverleibet: reizend steht Flora da, das Gesicht nach ihren aufblühenden Blumen gekehret, d. i. und kehret das Gesicht. Jetzt folgen wir dem Menschenfreund, den Blick gekehrt nach Wien. Hart ist es, wenn ein Verbum reciprocum auf diese Art verwandelt wird, der Schäfer, der, auf seinen Stab gelehnt, aus seiner Hütte heraus schauet, wo man ein hier ungewöhnliches thätiges Verbum lehnen gedenken muß. Fehlerhaft aber, wenn zwey Subjecte statt finden, der Berg, sein Gipfel mit Bäumen umkränzt, ragt in die Wolken; wo es richtiger heissen müßte, mit Bäumen umkränzt, ragt der Gipfel des Berges in die Wolken. Am sichersten vermeidet man diesen ganzen Gebrauch, weil das Participium Präteriti hier eine sprachwidrige thätige Bedeutung annehmen muß.

4. In einigen wenigen bereits eingeführten Fällen läßt sich in bedingten passive ausgedruckten Sätzen derjenige, welcher die Bedingung enthält, mit Wegwerfung der Partikel und des Verbi werden mit dem Hauptsatze zusammen ziehen; wohin besonders die Formeln, gesetzt, dieß bey Seite
ge-

gesetzt, ausgenommen, dieß abgerechnet, alles dieses ungerechnet, dieß voraus gesetzt, u. s. f. gehören. Dieses auf den jetzt gedachten Fall angewendet, wird man finden, u. s. f. leſſ.

§. 827. Auch diese Verkürzung der Rede ist vorzüglich der höhern Schreibart eigen; doch hat sie sich in einigen Fällen auch in die Sprache des gemeinen Lebens eingeschlichen: ein Stück Brot, mit Butter bestrichen. Besonders auf den Titeln der Bücher: Popens Lockenraub übersetzt von N. N. Neues Wörterbuch, herausgegeben, vermehrt, verbessert von N. N. u. s. f.

§. 828. Da das Participium Präteriti außer der Conjugation nie thätig und nur selten neutral gebraucht werden kann, so findet diese Zusammenziehung nur alsdann statt, wenn dessen Bedeutung wirklich leidend ist. Die Bäume ihre nackten Zweige bekleidet, verjüngen sich wieder; die Erde, sich verjüngt, bringt Blumen und Kräuter; den Freund, von mir gegangen, sehe ich nicht wieder; sind daher lauter fehlerhafte Arten des Gebrauches, weil das Participium daselbst bald thätig, bald neutral gebraucht worden. Nur von einigen Neutris kann das Participium auf diese Art gebraucht werden: ein Geschlecht von dir entsprungen, dein Herz zum Guten verdorben.

3. Zu=

c. Zusammenziehung der Sätze durch das Participium Präsentis.

§. 829. Dieses hat die thätige und neutrale Bedeutung seines Verbi mit dem Nebenbegriffe der gegenwärtigen Zeit, und wird allemahl gebraucht, wenn die Art und Weise, wie der Begriff eines Verbi finiti verstanden werden soll, durch den Begriff eines andern Verbi in der gegenwärtigen Zeit ausgedruckt werden kann: **ich fand ihn schlafend; singend ging er davon; er that es sitzend; bethend steht sie auf, bethend legt sie sich nieder,** Gell. **lächelnd siehet er auf die Verwüstung herab; halb träumend kämpft ihm nur der kleinste Theil entgegen,** Weiße.

§. 830. Da kein Hülfswort dabey auszulassen ist, so kann es auch nur auf gedoppelte Art zur Zusammenziehung mehrerer Sätze gebraucht werden.

1. Wenn ein relativischer Erklärungssatz ein Verbum im Präsenti hat, so kann dasselbe in der höhern Schreibart in das concrescirte Participium verwandelt werden, und mit Weglassung des relativen welcher das Subject bestimmen: **der erste Schmuck der sich belaubenden Bäume,** d. i. der Bäume, welche sich belauben. **Die dich fliehenden Sorgen.**

2. Wenn zwey Sätze mit einerley Subjecte, deren Verba in einerley einfachen Zeiten stehen, mit und verbunden sind, so kann das Verbum des einen in das Participium übergehen und mit Weg-

Weglaſſung der Conjunction und das Verbum des andern beſtimmen; welche Verkürzung doch auch nur der höhern Schreibart angemeſſen iſt: der Schäfer, welcher, auf ſeinem Haberrohre ſpielend, die Reize des jungen Frühlinges fühlet, d. i. welcher auf ſeinem Haberrohr ſpielet, und u. ſ. f. Die Sonne bricht, alles mit Freude belebend hervor. Der Schmeichler, niederträchtig ſich vor dir bückend, hält ſchon den Dolch auf dich gezückt, wo doch die Verkürzung ſchon zu hart iſt, weil der völlige Satz eigentlich durch das Relativum welcher ausgedruckt werden ſollte, welches bey dem Participio Präſentis nicht wegfallen darf. So auch, die Berge, ihr ſtolzes Haupt empor ſtreckend, verkündigen den Frühling; wo der Härte doch durch die Verſetzung abgeholfen werden kann: ihr ſtolzes Haupt empor ſtreckend verkündigen ſchon die Berge den Frühling. Hier ſteht die Bildſäule des Dichters, die Leyer in der Hand haltend, für und hält; wo die höhere dichteriſche Schreibart auch wohl das Participium haltend verſchweigt: gern will ich große Thaten thun, die Leyer in der Hand, Gleim.

§. 831. Eine andere Conjunction als und läßt ſich bey dieſem Participio Präſentis nicht verſchweigen. Daher kanh man nicht ſagen, ſehend, daß dieſes geſchah, ſprach er; hörend, daß er verrathen ſey, entwich er, für als er ſahe, als er hörte; wo zugleich der Begriff des ſehen und hören mit dem ſprach und entwich

wich nicht gleichzeitig ist, daher auch um deswillen kein Participium Präsentis stehen kann. Überdieß kann das Participium als ein wahres Adverbium nur den Begriff des Verbi, nicht aber unmittelbar das Nennwort bestimmen.

d. Fehlerhafter Gebrauch dieser Construction.

§. 832. Dieser bestehet, außer dem, was in dem vorigen bereits bemerket worden, vornehmlich in folgendem:

1. Wenn zwey Sätze zwar einerley Subject haben, dasselbe aber in beyden in verschiedenen Casibus stehet: mitleidig würde dich das Todesurtheil geretten, für, du würdest mitleidig seyn, und dich würde u. s. f. Durch mein eigenes Herz verdammt, ist mir das Leben verhaßt. In beyden Fällen ist zugleich eigentlich das Verbum werden verschwiegen, welches doch nur selten geschehen darf.

2. Wenn die verkürzten Sätze verschiedene Subjecte haben: die Bildsäulen der Dichter, welche oben an der Allee stehen, das Haupt mit jungen Rosen bekränzt; wo entweder Bildsäulen und Haupt, als zwey verschiedene Subjecte angesehen werden müssen, oder auch das Verbum haben verschwiegen ist, welches doch nie fehlen darf. Um deswillen läßt sich auch nicht sagen, das Wetter gut seyend, trat er die Reise an, wo doch zugleich mehrere Fehler zusammen kommen.

3. Wenn der verkürzte Satz ein anderes Substantiv als das Subject bestimmt, oder durch die Stel-

Stellung wenigstens ungewiß wird, worauf er gehet; welches Leben in den erheiterten Lüften, voll von dem Triumphliede der Lerchen; wo die Lüfte, weil sie das Subject nicht sind, nicht auf diese Art bestimmt werden können, wenn sie nicht durch das Relativum welche zum Subjecte gemacht werden: welches Leben in den erheiterten Lüften, welche, voll von dem Triumphliede der Lerchen u. s. f. Von tiefer Nacht beherrscht, sah ich den in Fesseln schmachten, welcher u. s. f. Wo das Participium auf den gehen soll, der Natur der Sprache nach aber nur auf das Subject ich gehen kann. So auch, fliehe das Laster, schwarz wie die Finsterniß der Nacht.

4. Wenn bey dem Adverbio und Participio Präteriti ein anderes Verbum als seyn ausgelassen wird: der an dem Nerven des Lebens reißt, welcher, ein wenig mehr gerissen, die Glocke läuten wird, wo das Verbum werden verschwiegen ist. So auch: ein Geschlecht, welches von dem Verhängnisse verschlungen, in ewige Nacht versinken mußte. So bald ein Mensch durch die Zeit erfahrner, (gemacht,) den Schlüssel des Lebens gefunden, so öffnet er ihm die Thore des Todes. Lasset mich sterben, von grausen Gespenstern in Wolken zerrissen, d. i. lasset mich — zerrissen werden und sterben.

An dem erschrecklichen Wagen gespannt, erscheinet
zur rechten
Schnaubend und stolz, hoch setzend, die Mähne gesträubet, die Brust breit,
Eines der tapfersten Rosse vom Hügel, Denis.

Wo bey gesträubet und breit das Verbum haben hinzu gedacht werden muß. Überdieß stehet gesträubet active und mit einem Casu, und die Brust breit für breit von Brust ist sprachwidrig.

5. Wenn in einander geschobene verkürzte Sätze Dunkelheit und Verwirrung verursachen: die immer lebendige Quelle, die in ein Marmorbecken, von Liebesgöttern gehalten, herab fallend, einen sanft kühlenden Thau verspritzet. Mehrere ähnliche Fehler kommen bey den neuern witzigen Schriftstellern häufig genug vor.

Viertes Kapitel.
Von den Perioden.

§. 833.

Die älteste und einfachste Art der Rede bestand darin, daß man die Sätze ohne alle Verbindung neben einander stellte. Nach und nach fing man an, sie zu verbinden, aber anfänglich auch noch sehr einfach und einförmig, daher z. B. die Hebräische Sprache noch die meisten Sätze mit und verbindet. Mehr Geschmack und Cultur führete nicht

4. Kapitel. Von den Perioden. 565

nicht allein mehr Mannigfaltigkeit in den Verbindungsarten ein, daher der Gebrauch der übrigen Conjunctionen, sondern änderte auch die Sätze selbst durch Zusammensetzung, Verkürzung, Anwendung der Frage, der Ausrufung u. s. f. ab.

§. 834. Ein Beyspiel einer solchen abgeänderten Rede sey folgendes: Je mehr sich in der Kindheit die Vernunft zu entwickeln anfängt, je mehr der Gebrauch der Sprache zunimmt, desto lebhafter äußert sich auch das Verlangen der Seele nach klaren und deutlichen Begriffen. Das Kind wird von allen Dingen gerührt, welche sich ihm darstellen, von dem Himmel, der Sonne, den Thieren, dem Gesange der Vögel, den Blumen, kurz von allem was es sieht. Unerschöpflich in Fragen will es alles wissen, und wird oft unwillig, daß es die Sprache nicht zwingen, und die Worte nicht schnell genug forttreiben kann. Woher kommt diese unersättliche Wißbegierde in der Seele des Kindes? Woher anders, als von der Natur, damit die Seele dadurch gereizet werde, diejenigen Kenntnisse bey Zeiten einzusammeln, welche ihrer Würde gemäß sind, und einst ihre Glückseligkeit befördern sollen. Wir treten bey unserer Geburt auf eine Schaubühne, wo noch alles für uns dunkel ist, und werden gleichsam in ein prächtiges Zimmer geführet, welches noch von keinen Lichte erhellet ist. Doch es fängt an, zu dämmern, und nunmehr fangen wir an, einen Theil von demjenigen zu erkennen, was um uns ist. Unsere Neugier wird rege, wir werden unruhig und können kaum den Aufgang der Sonne erwarten. Endlich erscheinet sie, wirft ihre Strahlen in das Zimmer, und nach und nach wird dessen ganze Pracht erhellt. Aber, welche geheime Betrübniß verbittert dem Fremdlinge den Reitz so schöner Gegenstände! Er siehet sie, aber er kennet sie nicht, weiß weder ihren Nahmen, noch ihren Nutzen; alles was ihn rührt, ist nur der äußere Glanz. Doch der Wunsch wird erfüllt; es tritt eine Person herein. Mit tausend Fragen eilt ihr der Fremdling entgegen, und erhält nach und nach von allem Unterricht. Noch nimmt er nur einen entfernten Antheil daran; weil er zwar alles bewundert, aber auch alles für Schätze hält, an welche er keinen Anspruch hat. Allein, man sagt ihm, daß sie ihm gehören, daß er nur darum hierher gebracht worden, um sie in Besitz zu nehmen und zu gebrauchen. Und nun, welche Freude, die sich seines Herzens bemächtigt! Mit welcher Entzückung fragt er nach seinem Wohlthäter, um ihm danken zu können! u. s. f.

§. 835. Ein jeder Satz macht für sich ein völliges Ganzes aus, und wird jederzeit in einem Athem ohne Absatz ausgesprochen, daher er auch am Ende mit einem Puncte bezeichnet wird. Wird er, er sey nun einfach oder zusammen gesetzt, bis zu einer gewissen beträchtlichen Länge erweitert, oder vielmehr, werden mehrere Sätze zu einem schön verbundenen Ganzen zusamnten gesetzet: doch so, daß es immer noch in einem Athem ohne Ermüdung ausgesprochen werden kann, so entstehet eine Periode im engsten Verstande, welche sich von dem bloßen Satze vornehmlich durch die größere Länge und Ausdehnung unterscheidet.

§. 836. Die Periode hat ihre Vollkommenheit den ältern Griechen zu verdanken, welche bey den Vortheilen ihrer Sprache in dem Baue derselben immer noch unerreichbare Muster bleiben. Da die Lehre von derselben mehr in die Wohlredenheit als Sprachlehre gehöret, so mag hier folgendes davon genug seyn.

§. 837. Jeder Satz läßt sich bis zu einer Periode erweitern und ausdehnen, und die Vollkommenheit einer Rede bestehet in Ansehung ihres äußern Baues vornehmlich darin, daß einfache und zusammen gesetzte Sätze mit den Perioden auf eine geschickte Art abwechseln. Doch wird sie in der ernsthaften und feyerlichen Schreibart häufiger gebraucht, als in der Sprache des gesellschaftlichen Umganges.

§. 838. In jeder Periode liegt ein Hauptsatz zum Grunde, und so wie dieser beschaffen ist, einfach oder zusammen gesetzt, so ist es jene auch. Soll ein einfacher Satz zu einer Periode erweitert werden, so kann solches entweder durch Erweiterung,

rung, Beschreibung und umständliche Bezeichnung so wohl des Subjectes als des Prädicates, oder dadurch geschehen, daß man den einfachen Hauptsatz in mehrere Sätze zerfället, welche einen und eben denselben Hauptgedanken von verschiedenen Seiten darstellen, und oft werden bepde Mittel in einer und eben derselben Periode zugleich angewandt. So läßt sich z. B. der einfache Satz, *die Reitze des Frühlinges erfülleten uns mit einem unvergeßlichen Vergnügen*, auf folgende Art zu einer Periode erweitern: das Grüne, welches die Flächen bekleidete und so mannigfaltig abwechselte, die junge Saat, welche auf den Aeckern hervorsproßte, die in Blüthe eingehülleten Fruchtbäume, das leise Gemurmel des nahen Silberbaches, an welchem die zärtliche Nachtigall lockte, die Milde der Luft, die aus den frischen Kräutern aufsteigenden Düfte, der westliche Himmel, der bey dem Untergange der Sonne von Purpur glühete, kurz alles was wir sahen und empfanden, erfüllete unsere Herzen mit einem Vergnügen, welches uns eben so unvergeßlich bleiben wird, als es unbeschreiblich war.

§. 839. Vollkommener sind die zusammengesetzten Perioden, in welchen ein zusammen gesetzter Hauptsatz zum Grunde liegt, dessen Vordersatz und Nachsatz, oder wenigstens einer von beyden auf verschiedene Art erweitert, und zu einem schön verbundenen Ganzen ausgedehnet worden, in welchem die Aufmerksamkeit des Zuhörers oder Lesers bey jedem Satze zunimmt, bis sie endlich am Ende der Periode befriedigt wird. Die zusammen gesetzten Perioden sind daher so vielfach, als es die zusammen gesetzten Hauptsätze sind, welche zum Grunde gelegt werden, und da sowohl der

4. Kapitel. Von den Perioden.

Vorderſatz, als auch der Nachſatz auf ſehr vielfache Art erweitert werden können, ſo findet auch eine unendliche Mannigfaltigkeit unter den Perioden ſtatt. Ein Paar Beyſpiele mögen zur Probe genug ſeyn.

Beyſpiele einer copulativen Periode: Die Schaar geſelliger Hirten macht den benachbarten Himmel zum Zeugen ihres Fleiſſes und ihrer Unſchuld; ihre Tage, welche anſtatt der Nacht, nur mit einer leichten Dämmerung abwechſeln, wallen ihren kleinen Hütten in glückſeliger Einförmigkeit vorüber; ihr Herz iſt über Neid, Kummer und Sorgen erhaben, und Scherz und Spiel und Freundſchaft, und ein von Geſang und Horn gewecktes Echo laſſen ſie die ganze Welt, nur nicht ihre entfernten Galatheen vergeſſen, deren Ruhm ſie oft das öde Gebirge wiederhallen lehren.

Einer circumſciptiven, wo der Vorderſatz das Subject, der Nachſatz aber das Prädicat vorſtellet: wer nur denjenigen groß nennet, welcher in einem ungewöhnlichen Grace alles iſt, was er ſeyn ſoll; wer aus der Anzahl groſſer Monarchen jeden ausſtößt, deſſen Regierung nicht durch ihn ſelbſt, ſondern nur durch das glückliche einträchtige Genie vortrefflicher Diener glänzte, und der nur weiſe genug war, ſich leiten zu laſſen, da er ſelbſt hätte leiten ſollen; wer mit unverwandtem Blicke auf den einzigen würdigen Zweck eines Königes, keine, auch nicht die glänzendſten Thaten bewundert, ſo bald ſie jenem Zwecke entgegen lauffen; wer das einſeitige Talent des Kriegers von dem mannigfaltigen, ſo viele andere Talente in ſich ſchlieſſenden eines Monarchen unterſcheidet: der wird der groſſen Könige, groß im ächten Sinne des Wortes, durch ganze Jahrhunderte und unter ganzen Nationen vergebens ſuchen. Engels Lobrede.

Einer conditionalen: Wenn ich den Abend meiner Tage erreichen, wenn er eben ſo heiter ſeyn ſoll, als es mein Morgen war: o, so vergönne mir gütiger Himmel, nicht Reichthum, nicht Würden, nur dieses Loos, aus den Unruhen der Geschäfte nicht unwürdig ermattet, in den Schatten des Landes zurück zu kehren, da die letzten Erquickungen der Weisheit zu schöpfen, und nur einigen redlichen Freunden und meinem Thale bekannt, den Geist voll stiller Zufriedenheit zu dem Genusse weit höherer Freuden auszuathmen, als er hier empfing. **Hirschfelds Landleben.**

Einer adversativen, wo in dem Nachsatze das aber verschwiegen worden: Nur der Unverstand meistert und siehet erstaunt, wenn sich ihm hier und da die Nothwendigkeit von Uebeln verräth, die er mit besserer Erkenntniß so leicht gehoben glaubte; die Klugheit, mit tieferm Blicke in den Zusammenhang, siehet die Theile durch das Ganze gerechtfertigt, erkennt in den Unvollkommenheiten Quelle oder Bedingung höherer Vollkommenheit, und schweigt, wo sie nicht durchblickt, voll Ehrerbiethung, weil sie in dem dunklern verdecktern Theile des Planes eben dieselbe Weisheit muthmaßet, die ihr aus dem hellern und offnern entgegen leuchtet. **Engels Lobr.**

Einer causalen: die Unbeständigkeit unserer sinnlichen Vergnügungen soll für uns eine Warnung seyn, uns ihnen nicht mit einem blinden Vertrauen, nicht mit einer unmäßigen Begierde zu überlassen: denn sie sind uns nur als kleine Erfrischungen auf der Reise dieses Lebens zugestanden; sie entfliehen, wenn wir uns ihren ewigen Besitz träumen, und wir erwachen, um uns betrogen zu sehen.

Einer comparativen: so wie die Schönheiten der Natur ermatten, verwelken, abfallen, verwesen und sich in eine traurige Einöde verlieren: so verwelken die Ergötzungen der Erde, so fallen die Kräfte des Leibes ab, so sinken die Reitze der Schönheit in den Staub, so werden wir unsern Reichthümern und Würden entrissen, so wird die von uns noch übrige Asche, wie das Andenken unserer Nahmen, und oft unserer Thaten zerstreuet, und die nach uns

4. Kapitel. Von den Perioden.

uns erwachende Nachwelt nimmt unsere Stellen ein, ohne zu wissen, wer sie besessen hat.

Einer consecutiven: indem der Herbst und der Winter unsern Sinnen allmählig die Gegenstände der Ergetzungen des Sommers entziehen, und die Seele in den öden beschneyten Tagen eine Art der Erhohlung von ihren genossenen Vergnügungen schöpft: so bereitet sie sich zum neuen Genusse des Frühlinges, dessen Freuden ihr desto willkommner sind, je länger sie dieselben hat entbehren müssen.

§. 840. Da es zur Mannigfaltigkeit der Rede viel beyträget, wenn die gerade Art des Vortrages in die Frage und den Ausruf verwandelt wird: so findet dieses auch in der Periode statt. Hier ist ein Beyspiel davon: Was für innere Vollkommenheiten jeder Art, in welchem Grade zu erreichen möglich? auf welchen Wegen? welche nach den Umständen die wichtigsten? wie jede andere nach ihnen abzumessen, daß keine zum Ruin des Ganzen übertrieben werde, und doch auch keine mangele? wie jedes durch jedes unterstützen, die zahllosen Räder der Maschine in einander eingreiffen zu lassen? wie die Gesetzgebung, die Disciplin, die Staats-Oeconomie, jedes für sich, und jedes in der Verbindung auf die höchste Vollkommenheit hinzurichten? wie das größte fremde Interesse, mit welcher Vorsicht es in das eigene zu verweben? alle diese verwickelten, so unzählig viel befassenden Aufgaben zu lösen und glücklich zu lösen, was für Forderungen für einen König! was für ein Geist muß es seyn, der sich bis zu der Höhe, wo die Uebersicht möglich ist, empor schwingen, und mit dem Blicke des Adlers den ganzen weiten Kreis überschauen soll! Ængels Lobr.

§. 841. Man enthalte sich in den Perioden der Parenthesen so sehr als möglich, weil sie der Deutlichkeit und Rünbe schaden, schiebe nicht zu viele

viele Sätze in einander, welche Dunkelheit verursachen, dränge nicht zu entfernte Vorstellungen in eine Periode zusammen, verbinde nicht Sätze mit einander, welche keinen leichten und ungezwungenen Zusammenhang haben, verlasse die einmahl angefangene Construction niemahls, messe die Länge der Sätze nicht ängstlich gegen einander ab, man suche die Aufmerksamkeit mit dem Gange der Periode zu steigern, und mache sie nie länger, als die Deutlichkeit es verstattet, und als sie bey der gewöhnlichen Stärke des Athems mit allen Abänderungen der steigenden und fallenden Stimme ohne Ermattung und Erschöpfung hergesaget werden kann. Den Wohlklang und die Rünbe müssen Geschmack und ein feines Gefühl lehren.

Zweyter

Zweyter Theil.

Von der

Orthographie

oder

Fertigkeit

richtig zu schreiben.

Erstes Kapitel.
Allgemeine Grundsätze derselben.

§. 1.

Wenn wir sprechen, so machen wir unsere Gedanken und Vorstellungen andern mit den von einem Volke angenommenen Tönen hörbar; wenn wir aber schreiben, so machen wir eben diese Töne den Augen sichtbar, und dadurch dem Verstande hörbar.

§. 2. Es ist wider alle Wahrscheinlichkeit, daß die Deutschen in dem Stande ihrer Wildheit schreiben können. Die Franken waren das erste Deutsche Volk, welches bey seiner Niederlassung in dem schon gesitteten Gallien gebildet zu werden anfing und daselbst zugleich schreiben lernte. Da sie in Gallien keine andere Schriftzeichen als die Römischen fanden, so entlehnten sie diese auch für die Deutsche Sprache, und führten sie nachmahls mit ihrer Herrschaft auch in dem übrigen Deutschlande ein.

§. 3. Das Bedürfniß der Deutschen Sprache veranlaßte in den von den Römern entlehnten Schriftzeichen nach und nach manche Veränderungen. Zugleich war die äußere Gestalt derselben in allen Jahrhunderten vielfachen Veränderungen ausgesetzt, welche theils von dem Geschmacke und der Mode,

theils

theils aber auch, und zwar vornehmlich, von dem Bedürfnisse des Schreibens herrühreten. Je häufiger man schrieb und schreiben mußte, desto flüchtiger, leichter und kürzer suchte man auch die Schriftzeichen zu machen, bis sie die Gestalt unserer heutigen Current-Schrift bekamen

§. 4. Für Bücher und feyerliche Schriften hatte sich in den mittlern Zeiten aus der Römischen Schrift eine gewisse eckige Schrift gebildet, welche sehr irrig die Gothische, und weil sie in den Klöstern von den Mönchen zu den Abschriften der Bücher am häufigsten gebraucht wurde, im gemeinen Leben die Mönchsschrift genannt wird. Als die Buchdruckerkunst erfunden ward, behielt man sie anfänglich in dem ganzen Europa in den gedruckten Büchern bey, vertauschte sie aber in Italien und dem westlichen Europa sehr bald mit der in dem erstern Lande erfundenen runden Schrift, welche in den neuern Zeiten auch in England und Holland angenommen wurde.

§. 5. Die Deutschen bequemten sich zu dieser runden Schrift nur in Ansehung der Lateinischen Sprache, behielten aber für ihre Muttersprache, nebst den Dänen und Schweden, die alte eckige bey, mit welcher noch jetzt alle Deutsche Bücher gedruckt werden. Man hat in den neuesten Zeiten mehr als einmahl den Vorschlag gethan, sie auch hier mit der runden Lateinischen Schrift zu vertauschen, allein wenig Beyfall damit gefunden. Es ist auch nicht abzusehen, was damit gewonnen werden könnte, da ganz Deutschland bereits an die gebrochene Schrift gewöhnet ist, und Ausländern die Deutsche
Sprache

1. Kapitel. Allgemeine Grundsätze.

Sprache dadurch eben so wenig leichter und angenehmer gemacht werden kann, als ihnen die Slavonischen Mundarten und andere Sprachen geworden sind, welche die runde Italienische Schrift angenommen haben.

§. 6. Da die Schrift die hörbaren Töne, so fern sie Zeichen der Gedanken und Vorstellungen sind, dem Auge sichtbar machen soll: so folget daraus, daß sie keine andern Töne, als in der Aussprache gehöret werden, und sie nicht anders, als sie wirklich gehöret werden, ausdrucken kann und darf. Daher ist das erste Grundgesetz für die Schrift aller Sprachen: schreib, wie du sprichst.

§. 7. Indessen hat dieses so tief in der Natur der Sache gegründete Gesetz, doch zu allen Zeiten und bey allen Völkern beträchtliche Ausnahmen erlitten. Das Äußere der Sprache ist veränderlich, und folget außer allerley zufälligen Umständen, dem jedesmahligen Grade der Cultur und des Geschmackes bey einem Volke. Da die Aussprache nur für den gegenwärtigen Augenblick gilt, so störet solches die allgemeine Verständlichkeit, die höchste und einige Absicht der Sprache, nicht. Allein die Schrift ist für eine längere Zeitdauer bestimmt, und daher haben diejenigen Völker, deren Aussprache mehrmahligen schnellen Veränderungen unterworfen zu seyn pflegte, aus einer dunkeln Empfindung der Unbequemlichkeiten, welche aus den eben so häufigen und beträchtlichen Veränderungen der Schrift erfolgen würden, sich zum Gesetze gemacht, diese der Aussprache nicht in allen ihren

Abwechselungen folgen zu lassen. Daher schreiben manche Völker anders, als sie sprechen, und erlangen dadurch wenigstens den Vortheil, daß sich der nächste Ursprung ihrer Wörter in der Schrift länger erhält, als in der Aussprache, und dadurch auch der Nachwelt bey allen Veränderungen der letztern immer noch verständlich bleibt.

§. 8. Die Deutsche Sprache hatte nicht so viele Veranlassung, von dem ersten Naturgesetze aller Sprachen abzuweichen, weil der Wachsthum der Deutschen in der Cultur von je her sehr langsam und unmerklich war, daher auch ihre ohnehin mit keiner fremden vermischte Sprache in einem langen Zeitraume nur sehr unbeträchtliche Veränderungen im Äußern erlitte, welche wenigstens nicht so wichtig waren, daß der nächste Ursprung der Wörter dadurch wäre verdunkelt worden. Die Deutschen haben daher zu allen Zeiten im Ganzen so geschrieben, wie sie gesprochen haben.

§. 9. Abweichungen finden sich freylich auch hier, und wo finden sich die nicht? So lautete z. B. das s, vor dem p, t, u. s. f. als man die Deutsche Sprache zu schreiben anfing, wenigstens bey den Franken, vermuthlich noch eben so rein, als die Niederdeutschen es noch jetzt aussprechen. Ungeachtet nun die herrschenden Oberdeutschen Mundarten diesem Buchstaben nachmahls den vollen Zischlaut unterschoben, und diese Aussprache auch im Hochdeutschen allgemein ward, so unterließ man doch, diese Aussprache durch die Schrift zu bezeichnen, anfänglich vermuthlich aus der Überzeugung, daß diese Aussprache fehlerhaft sey, und nach=

1. Kapitel. Allgemeine Grundsätze.

nachmahls, um den allgemeinen Gebrauch nicht zu verletzen.

§. 10. Da keine Sprache so vollkommne Schriftzeichen hat, daß jeder einfache Laut sein eigenes Zeichen, aber auch nicht mehr als ein einiges, hätte, solche vollkommne Schriftzeichen, wenn sie auch eingeführet werden könnten, doch nur auf eine kurze Zeit brauchbar seyn würden, weil die Aussprache allerley Veränderungen ausgesetzet ist: so reicht die bloße Aussprache oft nicht hin, zu entscheiden, mit welchem Zeichen dieser oder jene Laut geschrieben werden soll, z. B. wo man ein ä oder tiefes e, ein f oder ein v zu schreiben hat. Um nun bey dieser Ungewißheit doch die Übereinstimmung und mit derselben die allgemeine Verständlichkeit zu erhalten, so hat man fast in allen Sprachen durch eine stillschweigende Übereinkunft folgende drey Entscheidungsgründe angenommen, 1. die erweisliche nächste und unmittelbare Abstammung, 2. den allgemeinen Gebrauch, und 3. die Analogie; worunter doch der letzte am wenigsten gebraucht wird, die beyden erstern aber oft über die Gränzen ihres Gebiethes streitig sind.

§. 11. Hierauf beruhet nun die **Orthographie** oder **Rechtschreibung**, welche im engsten Verstande die Lehre ist, wie eine Sprache nach den in derselben angenommenen Gesetzen richtig geschrieben werden soll, oft aber auch, obgleich nicht im schicklichsten Verstande, eine jede Art und Weise bedeutet, wie jemand eine Sprache und ihre einzelen Laute schreibet. Da man erst richtig sprechen muß, ehe man richtig schreiben kann, die Orthographie auch einen großen Theil ihrer Erweislichkeit aus der Sprachlehre erhält, so kann sie auf eine gründliche und fruchtbare Art nicht eher als nach dieser vorgetragen werden.

§. 12. Man schreibt um eben der Ursache willen, warum man spricht, d. i. um von jedem Gliede seiner Nation ohne Mühe verstanden zu werden. Hierauf gründet sich nun das allgemeine Grundgesetz der Deutschen Orthographie: **man schreibe, so wie man spricht, der allgemeinen besten Aussprache gemäß, mit Beobachtung der erweislichen nächsten Abstammung oder des allgemeinen Gebrauches, und wo diese nicht hinreichen, der Analogie.**

§. 13. Man schreibe also 1. das Deutsche und alles was das Deutsche Bürgerrecht erhalten hat, folglich fremde Nahmen und Wörter, wenn die letztern auf eine oder die andere Art im Deutschen aufgenommen und allgemein verständlich sind, mit **Deutschen Buchstaben. Folglich der Apostel Paulus, das Evangelium Matthäi, Antiquitäten.**

§. 14. Man schreibe 2. wie man spricht, weil die Schrift die Töne des Mundes dem Auge sichtbar darstellen soll. Man schreibe daher jeden deutlich gehörten einfachen Laut mit seinem eigenen Zeichen, schreibe aber auch nicht mehr, als in der Aussprache wirklich gehöret wird. Man schreibe also nicht Ambt, Lamb, u. s. f. weil die Aussprache hier kein b mehr hören läßt. Zu den Ausnah-

1. Kapitel. Allgemeine Grundsätze.

nahmen, welche theils schon in der Lehre von den Buchstaben angeführet worden, theils noch in folgenden vorkommen werden, gehören besonders die aus fremden Sprachen entlehnten Nahmen und Wörter, welche, wenn sie aus bekannten Europäischen Sprachen sind, und nicht schon das Deutsche Bürgerrecht erhalten haben, um der Verständlichkeit willen auch im Deutschen so geschrieben werden müssen, als sie in ihrer Sprache geschrieben werden. Also Voltaire, Chalons, Journal, Cavallier, Chishull, nicht aber Woltär, Schalong, Schurnal, Kawallier, Tschishull. Aber um eben dieser Verständlichkeit willen schreibt man aus unbekannten Sprachen entlehnte Wörter nach der bekannten und einmahl eingeführten Aussprache: also Janitscharen, Ottomannen, Karawane, China, Moses, Isaac, ob sie gleich eigentlich Jenkidschäri, Otschmannen, Kierwane, Moscheh, Jizchak, und Tsina heissen sollten.

§. 15. Es müssen daher auch die aus der Lateinischen Sprache entlehnten Nahmen und Wörter, wenn letztere nicht schon das Bürgerrecht erhalten haben, auf Lateinische Art geschrieben werden; Cicero, Cato, nicht Zizero, Kato. Wohl aber Staat, Engel, Zepter, Sklave, Pöbel u. s. f. weil sie schon das Bürgerrecht erhalten haben, und unter dieser Gestalt allgemein bekannt sind. Unmittelbar aus dem Griechischen entlehnte Nahmen und Wörter schreibt man jetzt gern nach Griechischer Art, folglich mit einem k, wo es im Griechischen ist: Katechismus, Kadmus,

mus, Ktesiphon, Sophokles. Nur diejenigen, welche durch das Latein zu uns gekommen sind, und unter der zischenden Aussprache des Römischen c bereits allgemein bekannt sind, können nicht anders als nach Römischer Art geschrieben werden. Folglich Cerberus, Centaur, Cepheus, Cimon, Cypern, Thucydides.

§. 16. Man schreibe wie man spricht, aber 3. der allgemeinen besten Aussprache gemäß, welche in Ober-Sachsen und besonders in Meißen und dem Churkreise, dem Vaterlande der Hochdeutschen Mundart, aber auch hier nicht unter dem großen Haufen, sondern in den höhern Classen der Einwohner und den feinern Gesellschaften zu suchen ist. Man schreibe also der Bauer, die Bauern, sauer, Knabe, Krähe, spät, schäkern, schwatzen, schmeicheln, golden, dürfen, spritzen, Mönch, hindern, süß, Füße, Muße, otium, u. s. f. und nicht Baur, Bauren, saur, Knab, Krahe, spat, schökern, schwätzen, schmäucheln, gülden, dörfen, sprützen, Münch, hintern, süs, Füsse, Muse oder Musse, weil sie unter andern auch wider die allgemeine gute Aussprache sind. Die gute Obersächsische Aussprache unterscheidet i und ü, ei oder ey, von ai, eu und äu, ö und das hohe e, g, ch, j und k sehr genau.

§. 17. Da aber einerley Laute oft sehr verschiedene Zeichen haben, z. B. das ä und tiefe e, eu und äu, das gedehnte a, aa und ah, das gedehnte e, ee und eh, das gedehnte i und ie, die weichen Buchstaben

ben am Ende und ihre harten, v und f, t und th, k, q und c, u. s. f. (Siehe Th. 1. §. 11.) so beobachte man in solchen Fällen 4. die erweisliche nächste **Abstammung**, oder man schreibe in einem abgeleiteten Worte keine andern Buchstaben als das unstreitige nächste Stammwort und die Ableitungssylbe erfordern. Folglich Liebe, lieben, lieblich, von dem Stammworte lieb, und nicht Libe, liben, lieplich oder lieblig, weil die Ableitungssylbe lich lautet; Gräber, und nicht Greber, weil der Singular Grab lautet; adelig, untadelig, allmählig, und nicht adelich, untadelich, allmählich, oder allmählich, weil die Ableitungssylbe ig und nicht ich ist; Ältern, Ärmel, Bäcker, und nicht Eltern, Ermel, Becker, weil sie zunächst von alt, arm und backen abstammen; Aende oder der Aussprache nach noch besser Aente, und nicht Ernde, weil es vermittelst der Ableitungssylbe de oder te von dem veralteten arnen abstammet; Schatz, Platz, kratzen, letzen u. s. f. und nicht Schaz, Plaz, krazen, lezen, oder Schazz, Plazz, krazzen, lezzen, weil sie vermittelst der Ableitungssylbe zen, von Wörtern gebildet sind, welche sich auf ein t endigen; aber nicht Gräntze, Schantze, Tantz, Hertz, Schmertz, u. s. f. weil ihre Stammwörter kein t haben. Ausnahmen machen, 1. diejenigen abgeleiteten Wörter, welche entweder durch Vermischung der Mundarten, oder durch den langen Gebrauch, von ihren jetzt bekannten Stammwörtern abgewichen sind, und wo die Etymologie der

Dd 4

allgemeinen Aussprache nachstehen muß, wie edel, Adel und adelig, Dach und decken, hoch und Höhe, fertig und fahren, Henne und Hahn, setzen, Satz, ansässig, und seßhaft, Borste und bürsten, Vetter und Vater, und tausend andere mehr, deren nächste Stammwörter zum Theil verloren gegangen sind, daher die noch übrigen Seitenverwandte nicht dafür angenommen, und zur Änderung der einmahl allgemeinen Schreibart wider die Aussprache gemißbrauchet werden dürfen. Andere haben in oder nach der Ableitung durch den Gebrauch allerley Veränderungen erlitten, welche, wenn sie einmahl durch die allgemeine Aussprache bestätiget sind, nicht geändert werden dürfen: Pöbel von populus, Teufel vermuthlich von diabolus, Bischof von episcopus, dreyßig von drey und zug, welches letztere in zwanzig, vierzig, u. s. f. in zig übergegangen ist. 2. Diejenigen Wörter, welche zwar nicht auf Veranlassung der Aussprache, aber doch durch den Schreibegebrauch in der Ableitung einige Veränderung erlitten haben z. B. behende, entbehren, Jenner, Heu, Geschwulst, Durst, Anstalt, Brunst, brünstig, blutrünstig, Kunst, Gunst, Gespinst u. s. f. wovon die vier ersten der Abstammung nach ein ä, die letztern aber verdoppelte n und l haben sollten und der Aussprache nach haben könnten, weil sie von Hand, bären, oder baren, tragen, bringen, Januar, hauen, schwellen, dürre, stellen, brennen, rinnen, können, gönnen, spinnen abstammen.

§. 18.

1. Kapitel. Allgemeine Grundsätze.

§. 18. Wenn die Art, einen Laut zu schreiben, weder durch die Aussprache, noch durch die nächste erweisliche Ableitung bestimmet werden kann, so entscheidet selbige 5. der Gebrauch, der, so fern er von dem Gebrauche der Aussprache, der Bildung und Veränderung der Wörter noch verschieden ist, der Schreibegebrauch genannt wird. Ist dieser allgemein und entschieden, so kann er ohne Nachtheil der allgemeinen Verständlichkeit, der ersten und höchsten Absicht so wohl des Sprechens als des Schreibens, nicht verletzet werden. Ist er aber ungewiß und schwankend, wie er es denn in vielen Fällen ist, so bleibet, wenn die übrigen Schreibegesetze zu seiner Bestimmung nicht hinreichen, es dem Willkühre eines jeden überlassen, sich nach der erkannten größern Wahrscheinlichkeit zu bestimmen. In das Gebieth des Schreibegebrauches im engsten Verstande gehören vornehmlich die Fälle, wo ein gedehnter Hülfslaut durch die Verdoppelung, oder durch ein h, oder durch ein angehängtes e, oder auch gar nicht bezeichnet werden soll, wo in Stammwörtern ein ä oder e zu schreiben, wo ei oder ey statt finden muß, wo die vier flüssigen Hauptlaute l, m, n und r ein h erfordern oder nicht, wo ein t oder th geschrieben werden muß, u. s. f. worunter viele einzele Fälle ausgemacht und unstreitig, viele aber schwankend und willkührlich sind, besonders seitdem der allgemeine Gebrauch durch die Neuerungen und Künsteleyen so vieler Sonderlinge gestöret und unterbrochen worden.

§. 19. Oft hilft 6. die Analogie den schwankenden Gebrauch bestimmen, wenn andere Entscheidungsgründe fehlen. So würde man, auch ohne deutliche Erkenntniß des Ablettungslautes d, und ohne sich an das Verbum gedulden zu erinnern, das Wort Geduld mit einem weichen d schreiben, weil die ähnlichen Huld und Schuld dergleichen haben. Wenn man weiß, daß in abgeleiteten Wörtern das e des Stammwortes zwar oft in ein i, aber nie leicht in ein ü übergehet, so wird man nicht Würken, Gebürge und Gefülde schreiben, sondern wirken, Gebirge und Gefilde, wenn auch eine fehlerhafte Aussprache den doch so merklichen Unterschied unter dem i und ü nicht bezeichnen sollte. Wüllen und gülden für wollen und golden sind wider alle Analogie.

§. 20. Es folget hieraus: 1. die Art zu schreiben muß nach der allgemeinen besten Aussprache bestimmet werden, nicht nach der Aussprache der Provinzen, welche als Provinzial-Aussprache gut seyn kann, aber als Hochdeutsch fehlerhaft seyn würde. Man schreibet fehlerhaft Damf, Ferd u. s. f weil die gute Aussprache das p vor dem f sehr deutlich hören läſſet. 2. Die Abstammung muß der Aussprache, so bald sie allgemein ist, nachstehen, d. i. man darf die einmahl eingeführte Art, ein Wort zu schreiben nicht ändern, so bald die allgemeine Aussprache darunter leiden würde. Man darf daher Zettel nicht in Schedel, Kirche nicht in Kürche, Helleparte nicht in Helmbarte, u. s. f. verändern, wenn gleich

1. Kapitel. Allgemeine Grundsätze.

gleich diese Schreibarten der Abstammung gemäß sind. 3. Wenn aber die Abstammung die Schreibart bestimmen soll, so kann es 1. nur die nächste, 2. die erweislich wahre, und 3. die allgemein bekannte thun, weil nur diese die allgemeine Verständlichkeit, die einzige Absicht der Sprache, befördern kann. Je mehr die nächsten Stammwörter veraltet sind, je dunkler und ungewisser sie sind, desto unfähiger sind sie, die Art zu schreiben zu bestimmen. Unverzeihlich aber sind alle im Schreiben vorgenommene Veränderungen, wenn sie sich auf sehr entfernte, ungewisse oder gar willkührliche und ungegründete Ableitungen stützen, wie ämsig für emsig von Ameise, Gottscheds schmäucheln und Knäbelbart, Äsel für Esel von asinus, Ärle für Erle von alnus, Knoplauch oder gar Knoflauch für Knoblauch, von Knopf, u. s. f. 4. Der Schreibegebrauch ist ein Theil des Sprachgebrauches im weitesten Verstande, und hat mit demselben einerley Rechte, weil sie beyde nur eine und eben dieselbe Absicht haben, die leichte und allgemeine Verständlichkeit. Er folgt in den allermeisten Fällen der Aussprache und der nächsten Abstammung, schränkt aber auch beyde nicht selten ein, und herrscht in allen übrigen Fällen unumschränkt. 5. Da also einzele Glieder der Gesellschaft nicht befugt sind, den Sprachgebrauch eines Volkes zu ändern, so haben sie auch kein Recht, sich an dem Schreibegebrauch zu vergreifen, am wenigsten aber, wenn solches aus willkührlichen und ungegründeten Grundsätzen geschiehet.

§. 21.

§. 21. Der Unterschied in der Bedeutung ist kein hinlänglicher Grund, die gewöhnliche Schreibart gleichlautender Wörter zu verändern; theils, weil es wider allen Sprachgebrauch ist, die verschiedenen Bedeutungen eines Wortes durch die Schreibart zu unterscheiden; theils weil es mehr gleichlautende Wörter einer Art gibt, als durch die Schrift unterschieden werden können; theils endlich auch, weil es in sehr vielen Fällen noch unentschieden ist, was verschiedene Wörter und verschiedene Bedeutungen eines und eben desselben Wortes sind, daher solche Veränderungen oft sehr willkührlich seyn würden, wie Gottscheds **Mahl**, Mahlzeit, **Mal**, in einmahl, zweymahl, und **Maal** ein Zeichen.

§. 22. Die Freyheit, von der gewöhnlichen Art zu schreiben abzuweichen, kann sich daher nur auf folgende Fälle erstrecken. 1. Wenn von einem Worte ein bisher verkanntes unmittelbares, wenigstens höchst wahrscheinliches, noch nicht veraltetes Stammwort aufgefunden wird, und durch die Änderung die Aussprache nicht verletzet wird. So ist schlämmen von Schlamm, erwägen von wägen, einhällig von hallen, Gränze von Rain, Rand, besser als mit einem e; ergetzen besser als ergätzen oder ergötzen, von einem veralteten getzen, zumahl da auch das ö wider die gute Aussprache ist; ablugsen und belugsen, besser als abluxen, weil es vermittelst der Ableitungssylbe sen, von dem noch Oberdeutschen lugen, sehen, abstammt; Heurath besser als Heirath, weil es wahrscheinlicher von Heuer, Miethe,

1. Kapitel. Allgemeine Grundsätze.

Miethe, ehedem auch Kauf, als von einem andern Worte herkommt. Hingegen wird besser ohne Noth in bässer verändert, weil das Stammwort baß längst veraltet ist, folglich die allgemeine Verständlichkeit dadurch nichts gewinnet. Verletzt die Änderung die allgemeine Aussprache, so ist sie nur alsdann erlaubt, wenn die Aussprache erweislich fehlerhaft ist, und durch die Schreibart verbessert werden kann, und wenn die Änderung geringe und unmerklich ist. So ist Reuter, eques, ein Überbleibsel einer im Hochdeutschen veralteten rauhen Aussprache des Verbi reiten, daher es billig Reiter geschrieben und gesprochen werden sollte. Ereignen, sich zutragen, in dem ganzen Alterthume eraugenen, wird daher um der unläugbaren Abstammnng willen von Auge und dem alten augen, sichtbar werden, richtiger eräugnen geschrieben und gesprochen. 2. Wenn ein Wort aus Unachtsamkeit oder Unwissenheit anders geschrieben wird, als die allgemeine gute Aussprache es erfordert. So schreibt man für giebst, giebt, gieb, gieng, hieng, fieng, besser gibst, gibt, gib, ging, hing, fing, weil kein Hochdeutscher das i in diesen Wörtern dehnet, auch die nächste Abstammung dasselbe nicht erfordert, wie sie es wohl in vierte, Viertel und vierzig nothwendig macht. 3. Wenn selbst der Schreibegebrauch schwankend und ungewiß ist, da man sich denn wohl nach einer entfernten Abstammung, oder andern wahrscheinlichen Gründen bestimmen kann.

Zweytes Kapitel.
Von der Orthographie einzeler Buchstaben.

§. 23.

Große Anfangsbuchstaben werden gebraucht: 1. zu Anfange eines Satzes, oder nach einem Puncte, ingleichen nach einem Frage= und Ausrufungszeichen, wenn die letztern einen Satz beschließen, folglich anstatt eines Punctes stehen. 2. In distributiven Sätzen, auch wohl nach einem Colon, wenn die Sätze mit Zahlfiguren bezeichnet sind: meine Gründe sind: 1. Weil u. s. f. obgleich auch hier ein kleiner Buchstab schon hinlänglich ist. 3. Vor eigenen Nahmen und den davon abgeleiteten Adjectiven: Europa, Europäisch, Asiatisch, Deutsche Sprache. Wenn ein eigener Nahme ein appellatives Adjectiv vor sich hat, kann letzteres denselben entbehren: das schwarze Meer, der weisse Berg, das alte Testament, die obere Donau. 4. Vor allen Substantiven, und als Substantiva gebrauchten Wörtern: der Herr, die Geliebte, der Weise, das Rund der Erde, dein theures Ich, das Mein und Dein, das Gehen; aber nicht, wenn bey dem Adjective nur das Substantiv verschwiegen ist, ein offenbar gottloser, oder wenn es als ein Adverbium stehet, am besten, aufs neue, in allem, weil sich hier die substantive Form fast völlig verlieret.

Wenn

Wenn Substantiva als Adverbia stehen, so lässet man ihnen am richtigsten den großen Buchstaben: an Kindes Statt, Statt haben, an Statt. 5. Die Pronomina, wenn sie sich in schriftlichen Anreden auf die angeredete Person beziehen. Das Zahlwort ein, zum Unterschiede von dem Artikel groß zu schreiben, ist unnöthig. 6. Bey dem Anfange der Zeilen in Versen.

§. 24. Das meiste von demjenigen, was die richtige Schreibung einzeler Buchstaben betrifft, ist bereits in den Kapiteln von den Buchstaben, von der Bildung und Beugung der Wörter vorgekommen, oder doch leicht aus denselben zu entscheiden, daher es hier nicht wiederhohlet, sondern nur darauf verwiesen, und nur noch dasjenige angeführet werden darf, was noch nicht bemerket werden können.

§. 25. Da nach einem gedehnten Hülfslaute der folgende Hauptlaut nur einfach gesprochen werden kann, nach einem geschärften aber doppelt lautet, so erfordert das erste orthographische Gesetz, sie auch also zu schreiben. Folglich Haken, Ekel, der Schlaf, und nicht Hacken, Eckel, Schlaff; aber schmecken, Fall, irren, Laffe, Schlamm, und nicht schmeken, Fal, iren, Lafe, Schlam, welche nicht anders als gedehnt ausgesprochen werden können. S. Th. I. §. 87. f. wo die Ausnahmen davon angezeiget, und besonders bemerket worden, daß ch und sch nach geschärften Vocalen nie verdoppelt werden. Mit Beyseitsetzung dieser Regel alle Verdoppelung der Hauptlaute verwerfen, heißt eine der schönsten

Eigenheiten der Deutschen Sprache ausrotten, welche für Einheimische und Fremde eines der sichersten und fruchtbarsten Erleichterungsmittel der richtigen Aussprache ist.

§. 26. Da auch Doppellaute geschärft werden können, so muß der folgende Hauptlaut auch nach ihnen verdoppelt werden, wenn die Schärfung merklicher als die Dehnung ist: reissen, schmeissen, pfeiffen, Meissel, S. Th. 1. §. 89. Wenn durch die Ableitung oder Zusammensetzung zwey Consonanten einer Art zusammen kommen, so schreibt man sie lieber einzeln als zusammen gezogen. Folglich lieber ausstehen, Aussatz, aussehen, als aufstehen, Aufsatz, aufsehen. Eben so wenig dürfen zwey durch die Zusammensetzung zusammen kommenden k in ein ck zusammen gezogen werden.

§. 27. Wo aber weder Aussprache noch Ableitung die Verdoppelung erfordern, da ist sie fehlerhaft, wie in den Ableitungssylben schaft und haft, in after, oft, Schrift, Trift, Almosen, irdisch, Bret, nicht Brett, Schämel, u. s. f. wo f, l, t, m und r nicht verdoppelt werden dürfen; aber richtig in sammt, von sammen, herrschen, von Herr, er schafft von schaffen, Hoffnung von hoffen, vortrefflich von treffen, Pallast, wegen der Aussprache, Schifffahrt. Wohl aber rechtfertigt der Gebrauch die Unterlassung der in der Abstammung gegründeten Verdoppelung, in vielen Fällen, wenn die Aussprache nicht darunter leidet, z. B. Abt von abbas, Sylbe von Syllaba, Mittag für Mitt=

Mitttag, Gunst von gönnen, Kunst von können, Gewinst von gewinnen, Anstalt von stellen, Brunst von brennen u. s. f. ohne Zweifel die unnöthige Häufung der Hauptlaute zu vermeiden. Billig aber sollte man das t in der geschärften Endsylbe fremder Wörter, wenn es in der Declination nothwendig verdoppelt werden muß, und man sie zum Theil nach Deutscher Art schreibt, auch im Nominative verdoppeln, das Ballett, Bankett, banquerott, oder bankerott. Eben das gilt von der Ableitungssylbe der weiblichen Wörter, inn, Königinn, weil man sprechen muß Königinnen. In den unnöthigen hierinnen, darinnen, und worinnen, ist das n um der adverbischen Ableitungssylbe = en willen, (welche auch in dorten, hinten, vornen u. s. f. Statt findet,) verdoppelt worden; die bessern darin, hierin und worin, ohne Ableitungssylbe, bedürfen daher diese Verdoppelung so wenig, als Inhalt, Inbegriff u. s. f. Elle für Ehle zu schreiben, gründet sich auf eine falsche Aussprache, indem im Hochdeutschen das e gedehnt lautet.

§. 28. Obgleich die Dehnung eines Hülfslautes schon aus dem einfachen folgenden Hauptlaute hinlänglich erkannt wird, so pflegt man selbige doch in manchen Fällen noch besonders zu bezeichnen. Und zwar das gedehnte i in allen Fällen durch ie, und in manchen durch y, die übrigen einfachen Vocale aber nur am Ende oder vor den vier flüssigen Hauptlauten, und, obgleich selten, vor dem s und t, da sie denn entweder verdoppelt oder mit einem h begleitet werden. Th. 1. §. 29. Man merke davon überhaupt: 1. Die Dehnung des a, ä, e, o, ö, u, und ü wird in der Mitte des Wortes nur vor den vier flüssigen Buchstaben l, m, n, und r, und in einigen Fällen auch vor dem s und t bezeichnet. In Fehde ist es kein bloßes Zeichen der Dehnung sondern der Abstammung. In Waage, Haabe, Laaken, Haasen u. s. f. ist daher die Bezeichnung der Dehnung völlig unrichtig. 2. Aber nicht in allen Fällen, sondern eben so oft bleibt sie unbezeichnet. 3. Die Bezeichnung der Dehnung geschiehet bey dem a, e, und o entweder durch die Verdoppelung oder durch das h, bey dem i durch ie, bey dem ä, ö, u und ü durch das h allein. 4. Am Ende wird die Dehnung nur bey dem e und i bezeichnet, bey dem ersten durch die Verdoppelung, und bey dem letztern durch ie oder y. 5. Man verwechsele das dehnende h nicht mit dem h, wenn es zur Wurzel gehöret. In froh, frühe, Sprehe, ein Vogel, Schlehe u. s. f. gehöret es zur Wurzel. 6. Wenn die Dehnung in einem Stammworte durch die Verdoppelung des Vocales bezeichnet wird, und es in der Biegung und Ableitung den Umlaut bekommt, so stehet der daraus entstandene Vocal nur einfach: Aal, Diminut. Älchen, Haar, Härchen, Aas, pl. Äser, Paar, Pärchen. 7. Außer diesem Falle bleibt der gedehnte Vocal auch in den nächsten Ableitungen: drehen, Draht, (besser als Drath,) nähen, Naht, u. s. f. Aber nicht allemahl in den entfernten oder vergessenen: Schuster, von Schuh, Blume, Blut, Blüthe, von blühen.

hen. Am wenigsten aber, wenn in der Ableitung zugleich der Ton geändert wird, (S. Th. 1. §. 87.) daher warlich, von wahr, Furt und fertig, von fahren. 8. Das gedehnte i wird nicht allein vor den flüssigen Hauptlauten, sondern in allen Fällen bezeichnet. 9. In eigentlichen Partikeln wird die Dehnung des Hülfslautes, das i und ohne ausgenommen, nicht bezeichnet: daher da, so, wo, zu, an, her, ja. 10. Die Fälle, wo die Dehnung bezeichnet wird, und die jedesmahlige Art ihrer Bezeichnung lassen sich nicht durch Regeln bestimmen, sondern müssen aus dem Gebrauche erlernet werden. Man merke indessen folgende, als die vornehmsten.

§. 30. Das gedehnte a wird:

1. Verdoppelt, in Aa, ein Fluß, Aachen, die Stadt, Aal, ein Fisch, Aar, ein Vogel, Aas, cadauer, Haar, Maas, ein Fluß, Paar, doch häufiger Par, Raa, die Segelstange auf den Schiffen, besser die Rahe, der Saal, ein großes Zimmer, ein Wohnsitz, Besitz, daher Saalbuch, Saalgut, Saalmann, die Saat, Schaar, doch besser Schar, und folglich auch sich scharen und die Scharwache, der Staar in den Augen, der Staat, die Waare.

2. Durch h bezeichnet, in Ahle, ein spitziges Werkzeug, die Ahm, ahnden, der Ahn, die Ahnen, die Bahn, die Bahre, bewahren, Draht, von drehen, fahl, Fahne, fahren, mit allen seinen Ableitungen, wenn das a gedehnt bleibt, folglich Fahrt, Gefährte,

u. s. f.

u. s. f. gemahnen, Gemahl, Gefahr, gewahr, Hahn, Jahr, kahl, Rahm, Kahn, Krahn, lahm, Lahn, Mahl und mahlen, in allen Bedeutungen, Mahr der Alp, mahnen, Nahme, Naht von nähen, Nahrung, Pfahl, prahlen, der Prahm, Rahm, Rahmen, Sahlband, Sahlleiste, Sahlbache und Sahlweide, Sahne, schmahl auch schmal, Stahr ein Vogel, Stahl, Strahl, Vorfahr, Wahl, Wahn, wahr, wahrnehmen, Zahl, zahm, Zahn, und andern mehr.

3. Nicht bezeichnet, in Altan, Altar, an, bar in allen Bedeutungen, Barbar, Bart, Barte, Bram, Geniste, die Brame, der Rand, da, Damhirsch, dar, Fasan, gar, in beyden Bedeutungen, gethan, Gram, Gran, Hamen, kam, klar, Kram, Kranich, Marschall, Mäß, Mäße, welches bey einer richtigen Aussprache leicht von Masse zu unterscheiden ist, Plan, Qual, Roman, in den Ableitungssylben sal und sam, Same, schal, Schale, Scham, Schar am Pfluge, Scharbock, Scharwerk, Schwan, Span, sparen, Spital, Thal, Thran, ich war, zwar, und andern mehr.

§. 31. Das gedehnte e wird:

1. Verdoppelt, in Armee, dem niedrigen beede für beyde, die Been = Nuß, besser Behen, Beere, dem niedrigen Beest für Bestie, das Beet im Garten, die Beete, rothe Rübe, besser Bethe oder Bete, die See, besser zweysylbig.

2. Kapitel. einzeler Buchstaben.

sylbig, dem Niederſ. Geeſt, Heer, Kaffee, Klee, leer, Meer, Rappee, Reede oder Rehde für das unanalogiſche Rhede, Rundeel, Schlee, beſſer Schlehe, Schmeer beſſer Schmer, Schnee, See, Seele, Speer, die Spree, ein Fluß, die Spree, ein Vogel, beſſer Sprehe, Thee, Theer, verheeren, und dem Oberd. zween.

2. Mit h bezeichnet, iſt angenehm, annehmlich, befehlen, begehren, dehnen, Ehle, beſſer als Elle oder Ele, Ehre, empfehlen, Fehde doch nur um der Abſtammung willen, fehl, fehlen, Fehm, der Gehren, genehm, Gewehr, hehl, hehlen, das alte hehr, erhaben, Kamehl, beſſer als Kameel, Kehle, kehren, der Lehm, Letten, beſſer als das niedrige Leimen, lehne, ſchräge, die Lehne, lehnen in allen Bedeutungen, das Lehn, beſſer Lehen, lehren, Mehl, mehr, nehmen, Quehle, Sehne, ſehnen, ſehr, verſehren, ſtehlen, das Wehr, ſich wehren, zehn beſſer zehen, zehren.

3. Nicht bezeichnet, in bequem, beſcheren, dem, Demuth, denen, der, derer, Elend, er, Erde, Faſele, Galere, her, Herd, Herde, ob es gleich um der Verwandtſchaft mit Heer willen, auch Heerde geſchrieben werden kann, Herlinge, von herbe, Herold, je, Juwele, Pferd, quer, ſchel, der Schemen, Schatten, Schemel, beſſer Schämel, Schere, ſcheren, Schmer, ſchwer,

schwer, Schwert, selig, wen, wer, werden, Werth, und andern mehr,

§. 32. Das gedehnte i wird, wider die Natur der übrigen Hülfslaute, allemahl durch ie angedeutet, es stehe in der Mitte oder am Ende, und dort, vor welchem Hauptlaute es wolle: Bier, Biene, fliegen, Friederich, Papier, Saphier, das Nieth, Rappier, Kiebitz, u. s. f. Ausgenommen sind: Bidermann, besser Biedermann, dir, mir, wir, wider, wenn es gegen bedeutet, und die aus fremden Sprachen entlehnten, Berlin, Bibel, Biber, Bisam, Fiber, Faser, Kamin, Mine, im Festungsbaue, Pike, Pipe, Rubin, Spik, Tiger, der Stil oder Styl, die Schreibart, Titel, u. a. m. Wenn sie aber bereits das Bürgerrecht angenommen haben, so sollten sie auch billig auf Deutsche Art geschrieben werden, wie Fiebel, Fieber, die Krankheit, Niesche, die Niete in der Lotterie; zumahl wenn ihre nächste Abstammung aus einer fremden Sprache noch nicht ausgemacht, oder gar falsch ist, wie Fiedel, die Miene, von Gesichtszügen, Spieker, eine Art Nägel, das Paradies, der Anieß. Die ausländische Endung iren der Verborum wird, regieren, spazieren, balbieren, und einige andere ausgenommen, von den meisten ohne e geschrieben, ungeachtet sie schon als einheimisch angesehen werden kann. In der Schmid, des Schmids, dem Schmid, fällt das e um der gewöhnlichen geschärften Aussprache willen, weg, welches aber im Plural die Schmie-

2. Kapitel, einzeler Buchstaben. 599

Schmiede, wiederkommen muß. Zu Anfange eines Wortes nimmt das gedehnte i nie ein e an, Jgel, Jsopp; nur in ihm, ihn, ihr, ihnen, ihren, und ihren Ableitungen wird es mit einem h bezeichnet. Da das ie schon die Dehnung bezeichnet, so kann selbige nicht von neuem angedeutet werden. Doch stehet das h nach dem ie, wenn die nächste Abstammung es erfordert: du stiehlst, befiehlst, befiehl, und wer gebähren, gebohren, verlohren, schreiben will, muß auch gebiehrst, verliehrst schreiben. Die wenigen Fälle, wo auch ein geschärftes i, und ein zweysylbiges ie = e, durch ie ausgedruckt wird, sind bereits Th. 1. §. 17. 18. angezeiget worden.

§. 33. Das gedehnte o wird bezeichnet:

1. Durch die Verdoppelung, ob gleich nur selten. Am häufigsten geschiehet es noch in Moor, Morast, Loos, fors, und Moos, wofür aber doch Mohr, Los und Mos besser sind, in Roos, das Bienengewirk, Schoos, sinus, um den gedehnten Hülfslaut von dem geschärften in Roß und Schoß, Steuer, zu unterscheiden. Für Boot, cymba, Lootse, Pilot, vermuthlich, von leiten, und Noos, in Meissen, ein Stück Vieh, sind Both, Lothse, und Noß besser.

2. Häufiger durch das h, in Argwohn, Bohle, Bohne, bohnen, bohren, Dohle, Dohne von dehnen, Drohne, Johre, Frohne, gewohnen, hohl, hohlen, Hohn, Kohl, Kohle, Lohn, Mohn, Mohr, so wohl aethiops, als auch der Zeug, Ohm, Ohme,

Pp 4 ohne,

ohne, Ohr, Pohle, Pohlen, Rohr, Sohle, in allen Bedeutungen, Sohn, wohl, wohnen, und andern mehr.

3. Aber eben so oft auch gar nicht, wie in Bord, Borte, geboren, gegoren, geschoren, Dom, fror, Flor, in allen Bedeutungen, groß, Honig, erkoren, Kanone, Krone, Kloß, los, lose, losen, von dem richtigern Los, sors, Monath, Mond, Morast, Person, Pol, polus, empor, Pistole, Schloße, schon, schonen, Strom, schmoren, Thon, Ton, Thor, verloren, vor, u. a. m.

§. 34. Das gedehnte u wird nie mehr verdoppelt, denn für Muus, Brey, schreibt man richtiger Muß, weil das s nach dem gedehnten u hier einfach geschärft lautet. Wohl aber,

1. Bezeichnet man es durch ein h in buhlen, Huhn, Muhme, Pfuhl, Ruhm, Ruhr, Schuh, Spuhle, Stuhl, Uhr, Wuhne, und vielleicht noch einigen andern.

2. Noch häufiger aber gar nicht, wie in Blume, Blut, Busen, Buße, Chur, Flur, Geburt, die Gur, Hure, Krume, Muse, das Muß, Brey, die Muße, otium, Natur, nur, pur, Schule, Schnur, in beyden Bedeutungen, Schur, Schuster, Schwur, Spur, der Ableitungssylbe thum, thun, der Vorsylbe ur, und andern mehr.

§. 35. Das ä, ö und ü werden eigentlich und zunächst in solchen Wörtern geschrieben, welche den Umlaut bekommen, d. i. welche in der

Ablei-

2. Kapitel. einzeler Buchstaben.

Ableitung und Biegung einen der Vokale a, o und u, in den nächstfolgenden höhern, (der Aussprache nach,) verändern, Vater, plur. Väter, Sohn, plur. Söhne, Kunst, plur. Künste, gnädig, empören, Öhl, Bürger, von Gnade, empor, Oleum, Burg. Man darf daher keinen dieser höhern Vocale wider den Sprachgebrauch einführen, wenn nicht das erweislich gewisse nächste Stammwort einen der verwandten tiefern Vocale hat. Folglich nicht schökern, ächt, ämsig, ergötzen, Münch, Glötte, gülden, dörfen, u. s. f. sondern, schäkern, echt, von dem alten Ehe, Gesetz, emsig, ergetzen, Mönch, Glätte, golden, dürfen. Ob es gleich auch nicht an Beyspielen fehlet, in welchen das jetzige nächste Stammwort einen andern Vocal hat, z. B. zürnen, von Zorn.

§. 36. Da man diese Regel erst in den neuern Zeiten der Sprache mit Bewußtseyn zu beobachten angefangen, und der Laut des ä auch durch das tiefere e ausgedruckt wird, so ward dieses ehedem ohne Unterschied geschrieben, wenn gleich die Biegung und nächste Abstammung ein ä erfordert hätte. Man schrieb daher Veter, beschedigen, Megde, Stedte u. s. f. für Väter, beschädigen, Mägde, Städte. In den neuern Zeiten fing man an, dieses tiefe e wenn es aus dem a entstanden war, in der Biegung überall, und in der nächsten Abstammung sehr häufig, mit dem ä zu vertauschen. Man schreibt daher jetzt am liebsten und häufigsten Ägypten, Älster, Ältern, Ärmel, ansässig, Ärnde oder Ärnte,

Ärnte, Äsche, ein Baum und Fisch, Äspe, ein Baum, Ästrich, ätzen, Bäcker, dämmern, einhällig, erwägen, Fächer, gällen, Gränze, Häckerling, Häher, gräßlich, Häring, Häller, häßlich, Krämpe, Lärchenbaum, Lärm, nähmlich, von Nahme, (aber ganz richtig vornehm, vornehmlich, von nehmen,) schwämmen, Sänfte, Stämpel, Stängel, stämmen u. s. f. Indessen ist noch eine große Menge von Wörtern übrig, welche noch durchgängig nach alter Art mit einem e geschrieben werden, obgleich die nächste Abstammung ein ä erfordert; z. B. messen, besser, Geberde, behende, edel, entbehren, fertig, Fessel, Hecke, Heft, henken, Henne, Jenner, Kerl, Mehl, netzen, prellen, Rettig, Schelle, schmecken, verwegen, der Vetter, u. s. f.

§. 37. Das gedehnte ä, wird 1. mit h bezeichnet, in ähnlich, Ähre, ähren, pflügen, allmählig, bewähren, erwähnen, Fähre, Gefährte, Gefährde, Gemählde, Gewähr, gewähren, jähnen, Mähne, Mähre, in allen Bedeutungen, Mährte, nähmlich, nähren, ohngefähr, schmählen, Strähne, wählen, wähnen, währen, zählen, Zähre, u. s. f. 2. Nicht bezeichnet, in Bär, Bräme, gären, gebären, hämisch, mäßig, quälen, sämisch, schälen, schämen, Schämel, schwären, Eiter ziehen, Thräne u. s. f.

§. 38. Das gedehnte ö wird 1. durch h bezeichnet, in argwöhnen, dröhnen, fröhlich,

2. Kapitel, einzeler Buchstaben.

lich, fröhnen, gewöhnen, Höhle, höhnen, Köhler, Möhre, Öhl, Öhr, Röhre, stöhnen, versöhnen. 2. Gar nicht bezeichnet, in Börse, böse, empören, hören, König, kören, krönen, lösen, schön, schwören, Stör, stören, strömen, tönen, thönern u. s. f.

§. 39. Das ü und i sind oft streitig, besonders wenn die nächste Abstammung beyde zu verstatten scheinet. Besser mit i als ü werden geschrieben, ausfindig, Findling, beyde zunächst von finden, flistern, triegen, betriegen, betrieglich, Gimpel, der Ritt, Kitten, der Kittel, Kitzel, Kiste, cista, aber Küste, Strand, Gebirge, liederlich, Milbe, schwierig von schwer, Schwierigkeit, Sprichwort, wirken, wirklich, Wirkung, schließen, schließlich. Besser hingegen mit ü, ausbündig, von Ausbund, füssig, überflüssig, von Fluß, schlüssig von Schluß.

Das gedehnte ü wird 1. mit h bezeichnet, in Bühne, fühlen, führen, gebühren, kühl, kühn, Mühle, Pfühl, rühmen, rühren, schwühl, spühlen, wühlen, und a. m. 2. Gar nicht bezeichnet, in Blüthe, die Dünen, für, Gemüse, Geschwür, grün, Hüne, küren, müßig, schnüren, schüren, schwürig, von schwären, Thür, ungestüm, Willkür, u. s. f.

§. 40. Wenn man bey dem gedehnten a, e und o vor einem flüssigen Hauptlaute zweifelhaft ist,

ist, wie die Dehnung bezeichnet werden soll, so wählet man lieber das h, weil die Verdoppelung unschicklicher ist, und zu einer falschen Aussprache verleiten kann. Die Schreibart fremder Sprachen ist keine Regel für die Deutsche, so bald ein aus jenen entlehntes Wort das Deutsche Bürgerrecht und eine Deutsche Aussprache erhalten hat. Man schreibt daher ganz richtig Öhl, Pohlen, der Pohle, Staat, Paar, Kamehl, Brief, Fiebel, Fieber, ähren, pflügen, u. s. f. Am wenigsten aber, wenn das fremde Wort nicht so wohl für das Stammwort, als vielmehr für einen Seitenverwandten gehalten werden muß, wie von Nahme, Sohle, Pfahl, Pfuhl, Miene, Gesichtszug, u. s. f. erweislich ist. Aus allem erhellet, daß die Bezeichnung der Dehnung eines Vocales, sie geschehe nun durch die Verdoppelung oder durch das h, das ie ausgenommen, nur am Ende und vor flüssigen Hauptlauten, und in einigen Fällen auch vor dem s, ß und t statt findet. Haabe, Laaken, braachen, Haafen, Haafer, u. s. f. sind daher falsch. Muß das h in andern Fällen geschrieben werden, so ist es kein bloßes Zeichen der Dehnung, sondern der Abstammung, z. B. Mahd und Mähder von mähen, Fehde, von einem veralteten fehen oder fechen, daher unser fechten, Naht von nähen, Draht von drehen, u. s. f.

§. 41. Die doppelte Verrichtung des y ist bereits Th. I. §. 19. angemerket worden. Da der Gebrauch es als ein i am Ende der Wörter nach andern Vocalen seit langer Zeit eingeführet hat, und dessen Vertauschung mit dem i nicht den geringsten begreiflichen Nutzen gewähren, wohl aber wegen der Ungewohnheit die allgemeine Verständlichkeit stören kann, so ist nicht abzusehen, warum man dasselbe nicht sollte beybehalten können. Man braucht es indessen als ein i nur, 1. am Ende der Wörter, nach einem andern Vocal, da es denn mit dem a und e einen Doppellaut ausmacht, nach o und u aber wie j lautet: May, Bay, Ey, bey, frey, zwey, drey, Kinderey, Boy, huy, pfuy; welche letztern doch lieber Boje, huj, pfuj geschrieben werden. 2. In den davon abgeleiteten, Freyheit, freylich, zweyte, beyde, Freyer, frey-en, Kley-e, schney-en, schrey-en, spey-en. So auch mey-nen, welches lange Zeit nicht bloß zum Unterschiede von mein, sondern um der Abstammung willen, mit einem y geschrieben worden, aber jetzt mit einem i üblicher ist, welches auch von Meier, abmeiern, Heide, und andern mehr gilt.

§. 42. Des unangenehmen Oberdeutschen Doppellautes ai hat sich die feinere Hochdeutsche Mundart in den meisten Fällen entledigt. Man braucht ihn nur noch, theils in einigen eigenen und aus fremden Sprachen entlehnten Nahmen, wie Main, Mainz, Laie, Kaiser, Mai, oder vielmehr Maj oder May, Waid, Maiß, türkischer Weitzen u. s. f. theils in einigen echt Oberdeutschen Wörtern, wie Fraiß, Laib, massa, welches doch mit Leib, corpus, ein und eben dasselbe Wort ist; theils noch in folgenden, Hain, Rain, Saite, chorda, Waise,

or-

orphanus, und vielleicht noch in einigen andern. Ju eichen, meischen, miscere, Leich, Eimer, Getreide, Meise, Weidwerk, Heide, Wald, beitzen, u. s. f. ist das ei der Abstammung gemäßer, und auch zum Theil schon gewöhnlicher.

§. 43. Die Doppellaute äu und eu sind in der Aussprache nicht unterschieden, daher die Abstammung die jedesmahlige Schreibart bestimmen muß. Äu wird geschrieben, wenn das erweisliche nächste Stammwort au hat; folglich bäuchen, däuchten, häucheln, läugnen, Knäuel, eräugnen, schläudern, das Activum von dem Neutro schlaudern, Säule u. s. f. Aber Beute, Leumund, Meuchelmörder, schmeicheln, Kreisel, von Kreis, u. s. f. Keule und Heu erfordern um der Abstammung willen äu, sind aber mit dem eu einmahl allgemein üblich.

§. 44. In Ansehung der Hauptlaute vermeide man besonders die Verwechselung der weichen, scharfen und harten einer und eben derselben Art, besonders am Ende der Wörter, wo die weichen hart gesprochen werden. Ist ein solches Wort beugsam, so zeigt die Verlängerung den wahren Consonanten. So erhellet aus graben, Grabes, daß auch im Nominativ Grab geschrieben werden müsse. Wo die Aussprache ungewiß ist, da entscheidet die Abstammung oder der allgemeine Gebrauch; ist aber die Aussprache allgemein, so muß ihr die Abstammung nachstehen. So verlanget die Hochdeutsche Aussprache Aprikose, Haupt, Pilz, pökeln, Pöller, Pretzel, Putz, putzen,

putzen, u. ſ. f. wenn gleich die Abſtammung ein b zeiget. S. von dem b Th. 1. §. 22:23.

§. 45. Der dreyfache Gebrauch des c iſt Th. 1. §. 24 angezeiget worden. In eigentlich Deutſchen Wörtern iſt es, das ch und ck und einige eigene Nahmen ausgenommen, ſchon längſt mit dem k und z vertauſchet worden; ſo auch in fremden Wörtern, wenn ſie das Bürgerrecht erhalten haben, d. i. von allgemeinem Gebrauche ſind, und eine Deutſche Ausſprache und Endung angenommen haben. Man ſchreibt daher richtig Kaiſer, Kanzel, Kloſter, Kalender, Kapelle, Katheder, Bakel, Kammer, Kreutz, Küſter, Körper, Kanone, Kaffee, Kiſte, Keller, Krone, Kreatur, Kerker, Kaninchen, Kaſtiller, Zins, Zepter, Zentner, Zirkel, Bezirk, Ziffer, Zither, zingeln, Zinnober, Zimmet, die Zent, Polizey, Prozeß, Spezerey, u. ſ. f. zumahl, da manche dieſer Wörter wahren Deutſchen Urſprunges ſind. Aber in fremden Wörtern, welche ihre fremde Geſtalt behalten, und noch nicht das Bürgerrecht erhalten haben, das c zu verbannen, und Kommiſſarius, Kontrakt, abſtrakt, Zizero, Zypern, Kollegium, u. ſ. f ſchreiben zu wollen, verletzt die allgemeine Verſtändlichkeit, ohne einigen begreifflichen Nutzen zu gewähren. Doch kann man in Griechiſchen und Morgenländiſchen Wörtern, welche in ihrer Sprache ein k haben, auch im Deutſchen ein k gebrauchen, wenn die Ausſprache es verſtattet, und dieſe Wörter nicht ſchon mit dem c allgemein bekannt und eingeführet

ſind:

sind: **Ktesiphon, Sophokles, Kallai;** aber **Centaur, Thucydides, Cimon,** weil Aussprache und Gebrauch es so erfordern. Nur am Ende der Sylben solcher fremden Wörter, wo das c nach Deutscher Art eine falsche Aussprache bekommen würde, ist man genöthiget, dasselbe mit z und k zu vertauschen: **Commerz-Collegium, Sedez, Duodez, Artikel, Spectakel.**

§. 46. Da die wahre Hochdeutsche Aussprache die Gaumenlaute sehr genau von einander unterscheidet, das g und ch am Ende und die wenigen Fälle ausgenommen, wo ch und g wie k lauten, S. Th. 1. §. 26. 31. 32. so wird auch kein Hochdeutscher sie so leicht mit einander verwechseln, besonders wenn man die Lehre von der Bildung der Wörter dazu nimmt, welche die Ableitungssylben der Adverbien ig und lich unterscheiden lehret, S. 478. Nur die Ableitungssylben der Substantiven ig und ich, (S. §. 136) lassen sich nicht anders als nach dem Gebrauche unterscheiden. Da wir keine Ableitungssylbe igt haben, so kann icht auch nie zweifelhaft seyn, S. §. 137. und 478. Auch die Verkleinerungssylbe chen kann nie gen geschrieben und gesprochen werden, S. §. 136. Die Fälle, wo das ch zu Anfange der Wörter wie k lautet, sind bereits §. 26. angeführet worden. Da in Jagd die Hochdeutsche Aussprache das a sehr merklich dehnet, und das d gelinde hören lässet, so wird auch kein Hochdeutscher in Versuchung gerathen, dafür nach Art der Holländer Jacht zu schreiben, welche harte Laute nur nach geschärften Hülfslauten stehen können, wie

in

2. Kapitel. einzeler Buchstaben.

in Flucht, Sucht u. s. f. Vergl. §. 139. In U hat, welches oft irrig Agat gefunden wird, erfordern Abstammung und Aussprache ein ch.

§. 47. Wo chs, x, gs oder cks zu schreiben sind, muß der Gebrauch, in Ansehung der beyden letztern aber die Abstammung lehren. Das chs haben hergebracht, Achse, Achsel, Buchsbaum, Büchse, Dachs, Deichsel, drechseln, Flachs, Flechse, oder richtiger Flächse, Fuchs, Luchs, Lachs, Ochse, Sachsen, sechs, Wachs, wachsen, Wechsel. Das x, Axt, Eidexe, Hexe, Rux, fix, und die fremden, Oxhoft, Tax oder Taxus, Taxe, Exempel, Fixstern, laxiren, u. s. f. Das ck aber, gackfen, gluckfen, Häckfel, muckfen, schluckfen, stracks u. s. f. von gacken, glucken, hacken u. s. f. Flugs, von Flug und fliegen, und belugsen, ablugsen, von dem noch Oberdeutschen lugen, sehen, erfordern ein g.

§. 48. Dt findet, das einige Substantiv Stadt, vrbs, ausgenommen, nur dann Statt, wenn es aus det zusammen gezogen ist. Daher sind richtig beredt, für beredet; (aber beredsam und Beredsamkeit können auch unmittelbar von dem Infinitiv bereden abstammen,) gesandt, bewandt, Bewandtniß, verwandt, entwandt, befreundt, besser befreundet, todt, von dem veralteten Verbo toden, sterben, gescheidt,

scheidt, von scheiden in unterscheiden. Aber Schwert, Brot, (nicht Brod, weil man Brotes, Brote spricht,) Ärnte, u. a. m. haben kein Recht auf das d.

§. 49. Da das f, wenn es nach einem geschärften Vocal allein stehet, in der Aussprache verdoppelt wird, so muß es alsdann auch doppelt geschrieben werden: schlaff, Laffe, raffen, Löffel. Da auch Doppellaute geschärft werden können, S. §. 89. so sollte es alsdann auch doppelt geschrieben werden, so selten es auch geschiehet. Folglich greiffen, pfeiffen, schleiffen, sauffen u. s. f. Das f und v sind in der Aussprache nicht unterschieden und wechseln daher in Wörtern eines Stammes mit einander ab, vor, für und fördern, voll und füllen, Volk und folgen; daher nur der Gebrauch lehren kann, wo eines oder das andere geschrieben werden muß. In fest, Fehde, Festung, Fließ, Fell, Firniß, ist das f, in Vorwerk, und den zum Theil veralteten Titeln vest und ehrenvest noch das v üblich. Fremden Wörtern läßt man billig ihr ursprüngliches v, Vocel, Sclave, activ, passiv, naiv.

§. 50. Der Verwechselung des g mit dem ch, j und k kann nur die echte Hochdeutsche Aussprache, in manchen Fällen aber auch die Abstammung vorbeugen. Wer nicht Gelegenheit hat, die erstere zu hören, muß sich aus richtig geschriebenen Hoch-

2. Kapitel. einzeler Buchstaben.

Hochdeutschen Büchern zu belehren suchen. Man schreibt und spricht richtiger Glocke, Griebs, das Kerngehäuse in dem Obste, Glucke, gucken, gäten, Quarg, jähe, jähnen, Bälgentreter, Dogge, flügge, Kutsche, Markgraf, Gäscht, Jagd u. s. f. als Klocke, Kriebs oder Kröbs, Klucke, u. s. f. Reiger für Reiher zu schreiben, gründet sich gleichfalls auf eine falsche Aussprache.

§. 51. Von dem h, so fern es ein bloßes Zeichen der Dehnung ist, ist das Nöthige bereits gesagt worden. Außerdem schreibt man es da, wo Aussprache und Abstammung es erfordern: Habe, Hand, hoch, Hebräisch, Ehe, leihen, drohen, Schlehe, Floh, geschiehet, Hanseestadt; aber Elfenbein, und Ungarn, ohne dasselbe.

§. 52. Man hüte sich, das k, wenn kein anderer Hauptlaut darauf folget, nach einem gedehnten Hülfslaute durch ein ck auszudrucken und nach einem geschärften einfach zu schreiben, wie so häufig geschiehet: Ekel, Haken, blöken, sie buken, Gieke, u. s. f. aber Ecke, Hacke, locken, backen, lecken.

§. 53. Das pf ist ein durch das p verstärktes f, daher das erstere nicht weggelassen werden darf, zumahl da es auch in der Aussprache deutlich gehöret wird: Pferd, Pfand, Pfahl, klopfen, Schöpfer, Kopf, pfropfen. Aber man schreibe es auch nicht, wo die Hochdeutsche Aussprache es nicht erfordert. Also Pacht, Flaumfeder, Finne, und nicht Pfacht, Pflaumfeder und Pfinne.

§. 54. Das ausländische ph kommt im Deutschen nur noch in fremden Wörtern und eigenen Nahmen vor: Kampher, Zütphen, Westphalen, Ostphalen, Rudolph, Adolph, Philosophie, Phantom. In andern, welche bereits das Bürgerrecht im Deutschen erhalten haben, zumahl, wenn sie zunächst aus dem Französischen und nicht unmittelbar aus dem Lateinischen oder Griechischen aufgenommen worden, wird das ph sehr häufig mit dem f vertauscht: Fantast, Fantasie, Fasan, Faseole, oder Fasele, besser, um die Dehnung nicht zu verkennen, Fasehle.

§. 55. Qu für kw ist im Deutschen bey dem ersten Anfange des Schreibens eingeführet worden, und einmahl allgemein und verständlich, und darf daher nicht willkührlich geändert werden. Noch weniger ist das u mit dem v zu vertauschen, welches eine falsche Aussprache geben würde.

§. 56. Nach dem was Th 1. §. 40. f. von dem dreyfachen Sauselaute und dem vierfachen Zeichen desselben gesaget worden, ist hier wenig mehr zu bemerken übrig. Das ſ stehet allemahl zu Anfange und in der Mitte einer Sylbe, s aber am Ende, suchen, Rose, weise, böslich.

Ersteres wird auch beybehalten, wenn ein e verschlungen wird, welches alsdann durch den Apostroph angezeiget wird: aufgeblas'ner, verwais't, weis' und gütig; obgleich diese Verbeissung am besten vermieden wird. Wenn die Ableitung die Wegwerfung des e erfordert, so ist der Apostroph und folglich auch das lange ſ unnöthig: weislich, böslich, Röschen.

§. 57. Wer richtig spricht, und kein völlig verwahrlosetes Gehör hat, wird den Unterschied zwischen dem weichen Sauselaute ſ, dem geschärften ß nach gedehnten Hülfslauten, und dem gedoppelten ſſ nicht leicht verfehlen, und Preiß, preißen, Kreiß, Moos, Eiß, Greiß, für Preis, preisen, Kreis, Eis, Greis, Moos, oder Ries, Maß des Papieres, Reis, oryza, (aber Reis, Reiser, surculus,) auſer, gros, Schoos, für Rieß, Reiß, Reiſſes, außer, groß, Schooß schreiben. Boßhaft und Boßheit lassen sich mit der Analogie von erboßen rechtfertigen. Nur die Aussprache ist zuweilen zweifelhaft, besonders in größer und vergrößern, außer und äußern, welche häufig auch mit einem geschärften ö und äu gesprochen werden und alsdann ein ſſ nach sich erfordern würden; indessen ist doch die erste Schreib- und Sprechart der Analogie gemäßer. Daß das gedoppelte ſſ, wenn es am Ende einer Sylbe stehen sollte, in ein ß übergehet, ist bereits Th. I. §. 43, bemerket worden. So wie ſ nach ausgestoßenem e dennoch seine lange Figur behält, so sollte auch das ſſ im ähnlichen Falle selbige behalten: verlaſſ'ner, er iſſ't, für iſſet; indeſſen schreibt man doch faſt allgemein verlaßner, ißt. Aber dieses ßt durch ein ſt auszudrucken, ist völlig fehlerhaft, läſt für läßt oder läſſet, ſtöſt für ſtößt.

§. 58. In denjenigen aus dem Französischen entlehnten Wörtern, welche bereits das Bürgerrecht erhalten haben, wird das ch billig mit dem gleichlautenden sch vertauscht: Faschine, Nische, oder um die Dehnung des i nicht zu verfehlen, besser Niesche, Maschine, Schalotte, Schaluppe, Marschall, kuschen, Marsch, marschiren, Tusche. In andern behält man billig die fremde Schreibart bey, zumahl, wenn sie auch in andern Stücken ihr fremdes Ansehen behalten müssen: Chagrin, Chaise, Charlatan, Chevalier, Chicane, Chimäre, Genie u. s. f.

§. 59. Das t darf so wenig als ein anderer Hauptlaut nach einem gedehnten Hülfslaute verdoppelt werden, folglich nicht Brett, sondern Brēt, Brēter. Das ti, wo es in fremden Wörtern wie z lautet, mit zi zu vertauschen, hat nichts als die Neuheit vor sich. Man muß die säuselnde Aussprache des ti in solchen Fällen ohnehin schon aus dem Lateinischen und Französischen wissen, es wird also dadurch nichts erleichtert, wohl aber die eigentliche Gestalt des Wortes verbundunkelt, und folglich die leichte Verständlichkeit gehindert.

§. 60. In dem th stehet das h nicht bloß, die Dehnung des folgenden Hülfslautes zu bezeichnen, daher es auch nicht versetzt, und z. B. für thun, tuhn geschrieben werden darf. Das th stehet indessen freylich nur vor langen Hülfslauten, ob es gleich, so wie das Griechische ϑ vermuthlich ein Zeichen eines gezischten t, war, welches noch die Engländer aufbehalten haben. Ob nun gleich dieser Laut längst verloren gegangen ist, so sind wir doch jetzt nicht befugt, das h aus demselben zu verbannen, weil die leichte und allgemeine Verständlichkeit, das erste Grundgesetz der Sprache und Schrift, darunter leiden, und kein wesentlicher Vortheil dadurch erhalten werden würde. Die Fälle, wo es noch geschrieben wird, hängen ganz von dem Gebrauche, keines Weges aber von dem Niedersächsischen d ab, weil die Niedersachsen auch das Hoch und Oberdeutsche t in den meisten Fällen in ein d verwandeln.

§. 61. Man schreibt es so wohl am Anfange der Wörter, als in der Mitte und am Ende. Am Anfange, in Thal, Thaler, That, thärig, Thau, ros, (aber Tau, ein Schiffsseil,) thauen, Thee, Theer, dem alten theidigen, daher vertheidigen, Theil, theilen, Theriak, theuer, Thier, Thon, argilla, (aber Ton, tonus,) Thor, in beyden Bedeutungen, Thran,

Thran, Thräne, so wohl Zähre, als eine Art Bienen, in welchem letztern Falle es doch richtiger Drohne lautet, Thron, der Ableitungsſylbe thum, thun, Thunfiſch, Thür, Thurm, Thurnier, und ihren Ableitungen.

Am Ende in den Ableitungsſylben ath und uth, daher Armuth, Zierath, Heurath u. ſ. f. in Fluth, Gemüth, Koth, Loth, Monath, Muth, Noth, Rath, roth, Unflath, Wermuth, werth, Wirth, Wuth. In der Mitte, in Athem, Blüthe, Karthaune, gerathen, miethen, Pathe, Ruthe, wüthen, u. ſ. f. Daß es in fremden Wörtern, welche es in ihrer Urſprache haben, auch im Deutſchen beybehalten werden müſſe, verſtehet ſich von ſelbſt: Theater, Theorie, Gothe, Gothiſch.

§. 62. Da das th jetzt keinen weitern Nutzen hat, ſo iſt es unnöthig, es in ſolchen Wörtern einzuführen, wo der allgemeine Gebrauch es nicht hergebracht hat, und wenn der Gebrauch ſchwankend oder zweifelhaft iſt, ſo kann man ſich immer für das bloße t erklären. Man kann daher beten, Gebet, bieten, Gebot, Geburt, Bote, Alphabet, Abenteuer, Myrten, u. ſ f. ſchreiben, ob ſie gleich auch eben ſo oft mit einem h gefunden werden. In manchen Fällen iſt das h allem Anſehen nach verſetzt worden. Man ſchreibt daher richtiger Draht, Naht, Fahrt, als Drath, Nath, Farth.

§. 63.

§. 63. Wer das tz aus der Lehre von der Bildung der Wörter kennet, wird nicht in Versuchung gerathen, ein z oder zz dafür zu schreiben. Es ist allemahl das End t des Wurzelwortes mit dem Ableitungslaute s, welcher nach manchen Buchstaben, und besonders nach dem t so gern in den härtesten Sauselaut z übergehet: Blitz, blitzen, Schatz, platzen, reitzen, Platz, setzen, für Blit-s, blit-sen, Schat-s, plat-sen u. s. f. deren Wurzelwörter blit, schat, plat, reit u. s. f. noch hin und wieder vorhanden sind.

Drittes Kapitel.
Von der Theilung der Sylben.

§. 64.

Zusammen gesetzte Wörter werden so getheilet, wie sie zusammen gesetzet worden: da-mahls, nun-mehr, Erb-recht, Haus-rath. Eben dieses gilt von den Vorsylben der abgeleiteten Wörter, welche in der Theilung gleichfalls beysammen bleiben: ver-achten, be-stehen, ge-rinnen, Aus-satz, das-selbe, zer-fließen, ent-springen, er-äugnen, em-pfinden, em-pfehlen, weil das p nicht so wohl zur Vorsylbe gehöret, als vielmehr zur Verstärkung des f dienet.

§. 65. Wörter, welche vermittelst der Nachsylben abgeleitet sind, werden mehr nach der

Aussprache als nach der Ableitung getheilet. Wenn daher ein Hauptlaut zwischen zwey Hülfslauten stehet, so wird er in der Theilung zur folgenden Sylbe gezogen, er mag dazu gehören oder nicht: Lie-be, lie-ben, mei-nem, Bru-der, Ver-rich-tun-gen; so sehr auch die Ableitung Lieb-e, mein-em, Brud-er, Ver-richt-ung-en erfordert.

§. 66. Wenn zwey Hauptlaute zwischen zweyen Hülfslauten eines abgeleiteten Wortes vorkommen, so wird der eine zur vorher gehenden und der andere zur nachfolgenden Sylbe gezogen: Gelüb-de, fal-len, kön-nen, Städ-te, seg-nen, Tad-ler, tap-fer, trop-fen, Schät-ze, trot-zig, sech-zig. Da denn das lange ſ, wenn es am Ende zu stehen kommt, in ein kurzes übergehet: las-sen, Wes-pe.

§. 67. Die zusammen gezogenen Buchstaben, ck und st werden von vielen beysammen gelassen, und zur folgenden Sylbe gezogen: wa-cker, ko-sten. Da dieses aber wider die Aussprache ist, so theilet man sie lieber, da man denn das c in dem ck durch ein k ersetzen kann: wak-ker, kos-ten, oder besser kos-ten. Da in dem tz die Zusammenziehung nur schwach ist, so lässet es sich auch füglich theilen: het-zen.

§. 68. Zusammen gesetzte Zeichen eines einfachen Lautes bleiben jederzeit beysammen, folglich ch, ph, sch, ß und th: Spra-che, Pro-phet,

3. Kapitel. Theilung der Sylben. 619

phet, sie dra-schen, sto-ßen, zu-mu-then. Da ch und sch nach geschärften Hülfslauten nie verdoppelt geschrieben werden, so werden sie auch alsdann zur folgenden Sylbe gezogen, wenn sie gleich doppelt gesprochen werden müssen: ma-chen, na-schen, ungeachtet man in diesem Falle vielleicht richtiger mach-en, nasch-en, schreiben würde.

§. 69. Wenn zwey Hauptlaute durch ein ausgestoßenes e zusammen kommen, so bleiben sie oft lieber bey der folgenden Sylbe: ei-frig, ü-brig, hei-srer, besser heis'-rer; oft aber werden sie auch getheilt: kug-lich, üb-ler.

§. 70. Wenn von drey oder mehr Consonanten der letzte zur Ableitungssylbe, die ersten aber zur Wurzel gehören, so theilet man der Ableitung gemäß: sterb-lich, Vitz-thum, Bewandt-niß, Verderb-niß. Gehören sie aber zur Wurzel, so werden bald einer, bald auch zwey zur letzten Sylbe gezogen: Kräm-pfe, sum-pfig, Herb-ste, Kürb-se, Erb-sen.

§. 71. Wörter aus fremden Sprachen theilet man im Deutschen gleichfalls nach der Aussprache: E-van-ge-li-um, Pro-so-die. Indessen bleibt es unverwehrt, sie nach der Zusammensetzung zu theilen: Ev-angelium, Pros-odie.

Viertes Kapitel.

Von der Orthographie zusammen gesetzter Wörter.

§. 72.

Wenn man dasjenige, was Th. 1. §. 578. f. von den zusammen gesetzten Wörtern gesaget worden, gehörig erwäget, so werden wenig Zweifel mehr übrig bleiben, was als ein Wort geschrieben werden muß, oder nicht. Sollten sich dergleichen ja finden, so schreibt man solche Wörter lieber getheilt, weil die Zusammenziehung keinen Nutzen gewähret, wohl aber, wenn sie ohne Noth geschiehet, Dunkelheit macht und die Verständlichkeit störet. Nur von der Art, wie zusammen gesetzte Wörter zu schreiben sind, muß noch etwas gesaget werden.

§. 73. Ein jedes zusammen gesetztes Wort wird jetzt als ein einiges Wort geschrieben: Abendstunden, sehnsuchtsvoll, Erbschatzmeister, Tagelöhner. Nur in einigen Fällen behält man, um der Verständlichkeit und Deutlichkeit willen, die ehemahlige Art, solche Wörter durch das Bindezeichen zu verbinden, billig bey.

§. 74. Diese Fälle sind: 1. Wenn ein Deutsches Wort mit einem fremden Worte zusammen gesetzet wird: Consistorial-Rath, Privat-Stun-

4. Kap. zusammen gesetzter Wörter.

Stunde, Real=Schule, Ober=Consistorium, Raths=Collegium, Unter=Officier. 2. So auch, wenn ein eigener Nahme mit einem Gattungsnahmen zusammen gesetzet wird: Neu=Stettin, Alt=Brandenburg, Neu=York, Ober=Italien, Groß=Pohlen, Ober=Deutschland, Ober=Sächsisch. Hochdeutsch, Oberdeutsch und Niederdeutsch, werden auch häufig ohne Bindezeichen geschrieben. 3. Wenn zwey fremde Wörter, welche in der Ursprache keine Zusammensetzung ausmachen können, im Deutschen zusammen gesetzt werden: Justiz=Collegium, Intelligenz=Comtoir, Proviant=Commissarius. 4. In drey= und mehrfach zusammen gesetzten Deutschen Wörtern, wo sich die gehäuften Begriffe schwer als ein untrennbares Ganzes denken lassen, zur Erleichterung der Verständlichkeit: Ober=Rechnungsrath, Berg=Obergeschworner, Kron=Groß=Feldherr, Ober=Hofmarschall. 5. Wenn von mehrern auf einander folgenden Zusammensetzungen mit einerley bestimmten Worte, dieses in den erstern weggelassen wird: Ober= und Untergewehr, das Hinter= und Vordertheil, drey=vier= und mehrfach.

Fünf=

Fünftes Kapitel.
Von den im Schreiben gebräuchlichen Zeichen.

§. 75.

Die allgemeine und leichte Verständlichkeit, die höchste und einige Absicht der Sprache so wohl als der Schrift, hat verschiedene Zeichen nothwendig gemacht, worunter die Abtheilungszeichen die vornehmsten sind, weil sie die einzelen Glieder der Sätze von einander unterscheiden, und zum Theil auch den Ton der lebendigen Aussprache ersetzen. Ihr Gebrauch wird die **Interpunction** genannt.

§. 76. Diejenigen Zeichen, welche den Ton der lebendigen Stimme ersetzen, oder den Affect bezeichnen, sind das **Fragezeichen** (?) und das **Ausrufungszeichen** (!) Das erstere wird nur nach!unmittelbaren Fragen gesetzt: wie heißt dein Freund? aber nicht nach mittelbaren, oder erzählten Fragen: er fragte mich, wie er hieße; man wollte wissen, ob er kommen würde; weil sich die Stimme des Redenden hier nicht merklich verändert.

§. 77. Das Ausrufungszeichen stehet nach allen Interjectionen, wenn sie allein stehen: ach! oh! leider! platz! da lag er. Dienen sie

5. Kapitel. Orthographische Zeichen.

sie einem ganzen Satze zur Einleitung, so bekommt der Satz das Ausrufungszeichen, die Interjection aber nur ein Comma: ach, welch ein Schmerz! Hat der Ausruf die Gestalt einer Frage, so stehet das Ausrufungszeichen, nicht aber das Fragezeichen: wie glücklich bist du nicht! Der bloße Vocativ bedarf keines Ausrufungszeiches, es müßte denn die Leidenschaft sehr heftig seyn.

§. 78. Die Abtheilungszeichen, die Glieder eines Satzes abzutheilen, sind: der Schlußpunct (.), das Colon oder der Doppelpunct (:), das Semicolon oder der Strichpunct (;), und das Comma (,).

§. 79. Der Schlußpunct wird zu Ende eines Satzes oder einer Periode gesetzet, d. i. da, wo man in der Rede frischen Athem schöpfet. Er scheidet also ganze Sätze und Perioden.

§. 80. Das Colon scheidet, 1. den Vorbersatz von dem Nachsatze in concessiven, conditionalen, causalen, und zuweilen auch in comparativen Sätzen, besonders wenn sich der Nachsatz mit so anfängt; doch allemahl nur, wenn die Sätze von einer beträchtlichen Länge sind. Sind sie sehr kurz, so ist ein bloßes Comma hinlänglich. Es wird ferner gebraucht, 2. wenn man seine oder eines andern Worte unmittelbar anführet, und die nkündigung vorher gehet. Er sprach: nein, das hätte ich nicht gedacht. Stehet die Ankündigung nach einem oder einigen Worten, so bekommt

sie

sie nur ein Comma: nein, sprach er, das hätte ich nicht gedacht. 3. So oft man ein Beyspiel anführet, oder eine oder mehrere Sachen gleichsam aufzählet: was ich davon weiß, ist folgendes: es war u. s. f.

§. 81. Das **Semicolon** unterscheidet theils mehrere Glieder eines Satzes, wenn sie von einiger Länge sind, so daß das bloße Comma nicht Deutlichkeit genug gewähren könnte, theils auch den Nachsatz von dem Vordersatze in continuativen, adversativen, explanativen, illativen, exclusiven, exceptiven, und proportionalen Sätzen; aber immer nur, wenn sie von einiger Länge sind.

§. 82. Das **Comma** unterscheidet alle übrigen kleinern Glieder, welche nicht unmittelbar mit einander verbunden sind, und wird allemahl da gebraucht, wo man mit der Rede einen kleinen Absatz macht. Es stehet folglich: 1. vor und nach einem eingeschobenen Worte oder Satze: **hier spannt, o Sterbliche, der Seele Kräfte an. Nein, dachte ich, das ist zu viel.** 2. Vor einer Apposition mit ihrem Casu: **die Nacht, des Todes Freund.** 3. In copulativen, circumscriptiven, kurzen restrictiven, proportionalen und partitiven Sätzen. Ja in allen Sätzen deren Glieder von keiner erheblichen Länge sind, wo folglich das bloße Comma schon Unterschied genug gewähret. 4. Vor allen Relativen: **der Mann, welchen ich sahe. Der Boden, worauf du** du stehest. 5. Zwischen mehrern kurzen Subjecten oder Prädicaten, und zwischen allen Bestimmungswörtern, wenn sie nicht mit und oder oder verbunden sind: **Ehre, Gut, Leben, kurz, alles ist in Gefahr. Ich habe ihn gesehen, gesprochen und umarmet. Ein fleissiger, tugendhafter, wohl gesitteter, junger Mensch. Er war groß, reich, wohl gebildet und geehrt.** Einzele mit und und oder verbundene Begriffe bedürfen keines Comma, wohl aber ganze Sätze.

§. 83. Die übrigen Schreibezeichen sind: das **Anführungszeichen** „, die Worte eines andern so wohl bey ihrem Anfange und Beschlusse, als auch vorn an den Zeilen zu bezeichnen; das **Theilungszeichen** = oder —, ein getheiltes Wort, und das eben so gestaltete **Bindezeichen**, zusammen gesetzte Wörter in den oben angeführten Fällen zu bezeichnen; der **Einschluß** oder die **Parenthese**, ( ) oder [ ]; das Zeichen einer **abgebrochnen Rede** ‥ ‥, wohin auch der oft so sehr gemißbrauchte Gedankenstrich — gehört; und endlich der **Apostroph**, ein weggeworfenes e zu bezeichnen, **kaum hatt' er dieß gesagt.**

§. 84. Der Apostroph ist vornehmlich nach weichen Consonanten nothwendig, wenn sie nach weggeworfenem e hart lauten sollten: **er ras't, prüf't, verwes't.** Allenfalls auch vor dem es, er sprach's, hab ich's. Indessen ist diese Wegwerfung höchstens nur Dichtern erlaubt. Da die vertrauliche Sprache des Umganges das e am Ende sehr häufig wegwirft, so ist der Apostroph in solchen Fällen unnöthig: hab ich. Man hüte sich vor dem Irrthume, daß die Deutsche Sprache den Hiatus hasse, und zwey in zwey Wörtern zusammen kommende Hülfslaute fliehe, und daß daher der erste allemahl weggeworfen und durch den Apostroph bezeichnet werden müsse: klein' Aussichten, sieh' ihn, für kleine Aussichten, siehe ihn. Die Deutsche Sprache weiß davon nichts, und da sie ohnehin mit Consonanten reichlich versehen ist, so würde sie durch solche aus fremden Sprachen ihr aufgedrungene Neuerungen nur härter werden.

E N D E.